Johann Nepomuk Czermak

Gesammelte Schriften

Zweiter Band. Populäre Vorträgeund Aufsätze und biographische Skizze von Anton

Springer

Johann Nepomuk Czermak

Gesammelte Schriften
Zweiter Band. Populäre Vorträgeund Aufsätze und biographische Skizze von Anton Springer

ISBN/EAN: 9783744705554

Hergestellt in Europa, USA, Kanada, Australien, Japan

Cover: Foto ©Thomas Meinert / pixelio.de

Weitere Bücher finden Sie auf **www.hansebooks.com**

GESAMMELTE SCHRIFTEN

VON

JOH. NEP. CZERMAK,

VORM. PROFESSOR DER PHYSIOLOGIE IN LEIPZIG.

IN ZWEI BÄNDEN.

ZWEITER BAND.

POPULÄRE VORTRÄGE UND AUFSÄTZE

UND

BIOGRAPHISCHE SKIZZE VON ANTON SPRINGER.

MIT DEM PHOTOGR. BILDNISS CZERMAK'S, DREI LITHOGR. TAFELN UND 44 HOLZSCHNITTEN.

LEIPZIG,

VERLAG VON WILHELM ENGELMANN.

1879.

Vorlesungen theilweise erst skizzirt. Das Interesse des Lesers
empfahl einen formellen Abschluss und so wurde derselbe
von der Hand eines eben so nahe befreundeten, wie mit den
letzten Bestrebungen, Studien und Anschauungen des Verfassers
innig vertrauten Mannes mit möglichster Annäherung an die
Gedanken und Absichten desselben hinzugefügt.

INHALT.

Gern folge ich dem Wunsche meiner verehrten Freundin, Frau MARIE CZERMAK, das Buch, welches die Schriften ihres verstorbenen Mannes den Genossen und Freunden gesammelt und geordnet darbietet, mit einer kurzen Schilderung seines Lebens zu begleiten. Freilich kann ich über den Professor der Physiologie JOHANN NEPOMUK CZERMAK nicht als Fachmann sprechen. Was ich über seine wissenschaftliche Thätigkeit zu sagen habe, kann und darf nur die Berichte kundiger Gelehrten wiedergeben. Aber wie mein guter HANS sich menschlich entwickelte und gross wurde, über seine Jugend und seinen persönlichen Charakter, glaube ich, steht mir vor vielen Anderen das Urtheil zu. Denn wir waren seit unserer Knabenzeit eng befreundet, lebten so manches Jahr als treue Kameraden zusammen und hielten an unserem Bunde auch dann fest, als uns das Schicksal und die verschiedene Laufbahn äusserlich getrennt hatten.

JOHANN NEPOMUK CZERMAK entstammt einem in Prag und weiterhin in Böhmen berühmten Medicinergeschlechte. Der Grossvater hatte sich durch eigene Kraft zu hohem Ansehen und ausgedehnter Wirksamkeit emporgeschwungen. Noch lange nach seinem Tode wurde viel von seinen glücklichen Kuren erzählt und besonders eine von ihm erfundene Theemischung wegen ihrer erprobten Heilkraft dankbar gepriesen. Der Vater JOHANN CONRAD CZERMAK vermehrte durch persönliche Liebenswürdigkeit noch namhaft die ererbte Klientel. Er galt als der vornehmste Arzt in der böhmischen Hauptstadt. Wenige adelige Häuser gab es, in welchen er nicht als ärztlicher Berather regelmässig vorsprach, und da das Beispiel der hohen Aristokratie wie in allen andern, so auch in diesem Punkte ansteckend wirkte, so erbaten sich auch viele reiche Bürgerfamilien seine Dienste. Vielbeneidet war seine Stellung: sie war nicht allein einträglich, sondern hob auch den Besitzer in den heimischen Gesellschaftskreisen. Der Glanz der Hilfesuchenden warf auch auf den Arzt einen hellen Schein zurück. Doch fehlte es auch nicht an

ANTON SPRINGER,

Schattenseiten. Die dunkelste war die Entfremdung des Vaters von
der Familie. Nur bei der Hauptmahlzeit konnten die Kinder, deren
allmählich fünf gezählt wurden, auf die Gegenwart des Vaters hoffen.
Der ganze Tag gehörte den Kranken, welche, je geringer ihr Uebel,
je volltönender der Namen, desto länger den Leibarzt festhielten; die
Abende wurden von den geselligen Pflichten und Freuden regelmässig in Anspruch genommen. So blieb wie das Regiment im
Hause, so insbesondere die Kindererziehung der Sorge der Mutter
ausschliesslich anvertraut. Frau JOSEPHINE CZERMAK war eine Dame
von stattlicher Schönheit, noch als Matrone von fesselnder Liebenswürdigkeit. Sie hatte als Mädchen die reicheren Mittel zu geistiger
Ausbildung schmerzlich vermisst, auch als junge Frau, durch ge-
sellige Pflichten vielfach abgezogen, nicht immer die gewünschte
volle Musse gefunden. sich in Bücher zu vertiefen. Diese Hemmungen steigerten mit der Sehnsucht auch die Achtung vor jeder Art
von Bildung und liessen diese, die künstlerische wie die gelehrte,
in idealem Lichte erscheinen. Sie weckten auch in der begabten
Frau eine seltene Energie des Willens und eine Kraft und Beständ-
digkeit im Streben, wie sie nur selten angetroffen wird. Die Laufbahn ihrer Kinder zu ebnen, ihnen von früh an alle Mittel zu einem
erfolgreichen Leben bereit zu halten, darauf war ihr ganzer Sinn
gerichtet. Sie erreichte ihr Ziel, sie erreichte noch mehr. Willig
fügten sich, gern glaubten ihr die Söhne, auch nachdem sie zu
Männern gereift waren. Die Mutter übte stets auf sie einen dauern-
den und wichtigen Einfluss. Sie griff tief in ihre Anschauungen ein
und nahm an ihren Plänen nicht allein immer den regsten, sondern
oft auch einen leitenden Antheil, denn die Söhne waren seit den
Kinderjahren gewöhnt, auf das sorgende und wachende Mutterauge
zu achten und von der Hingabe der Mutter an ihre Interessen überzeugt. Frau CZERMAK war in den vornehmen Kreisen, in welchen
auch sie sich vielfach bewegen musste, beliebt und gern gesehen,
dabei im Hauswesen auf strenge Ordnung und bürgerliche Einfachheit bedacht, nirgends aber so glücklich wie in der Kinderstube. Die
Verantwortung, welche auf ihr ruhte, steigerte den Erziehungseifer.
Wahrhaft rührend war es anzusehen, mit welcher fast ängstlichen
Hast die sorgsame Mutter Alles heranzog und an ihr Haus zu fesseln
bemüht war, wovon sie sich Vortheil und günstigen Einfluss auf die
Kinder versprach. Gouvernante, Hauslehrer, Speciallehrer aller Art

reichten sich die Hände, selbst den Spielen wurde mit Vorliebe ein
lehrhafter Charakter verliehen, durch literarische Wettkämpfe mit
Altersgenossen der Ehrgeiz der Kinder angespornt. Zuweilen mochte
man fürchten, dass des Guten zu viel geschehe und einer begabten
Natur zu wenig Freiheit gelassen werde. Der am reichsten begabte
war ohne Frage der zweite Sohn, JOHANN NEPOMUK oder wie der
Rufname lautete: HANS, und für ihn war in der That eine Zeit lang
diese Gefahr vorhanden.

HANS CZERMAK wurde am 17. Juni 1828 geboren. Schon in
den frühesten Kinderjahren erregte seine Lernfreude, die Leichtigkeit
im Auffassen, die Mannigfaltigkeit seiner Interessen bei Freunden
und Verwandten grosse Bewunderung. Kaum dass er die Feder
führen konnte, schrieb er auch schon kleine Gedichte und kurze
Komödien: zum Zeichnen offenbarte er grosse Lust und zur Musik
eine besonders glückliche Anlage. Nun spielte damals in Prag der
Klavierunterricht überhaupt eine grosse Rolle. Dieser allein wurde
gründlich betrieben, vielleicht allzugründlich. Je schlechter die
öffentlichen Schulen waren, je dürftiger der wissenschaftliche Unterricht bestellt, desto stolzer war man auf die gute Beschaffenheit der
Musikschule, desto eifriger wurde das Klavierspiel gepflegt. Dass
die musikalische Fertigkeit mit Bildung gleichbedeutend sei, und
den grössten Gewinn im Leben biete, stand allgemein als Grundsatz
fest. Hörte man doch alle Tage, dieser General, jener hochgestellte
Beamte, dieser angesehene Advocat, jener rasch beförderte Professor
in Oesterreich dankten ihr Glück der früh erworbenen und am rechten Orte kundgegebenen musikalischen Kunst. Natürlich rief auch
das grosse Talent unseres HANS nach eifriger Pflege. Drei Nachmittage in jeder Woche verbrachte er in dem Musikinstitut, welches
der alte blinde PROKSCH nach der bekannten LOGIER'schen Methode
leitete. Täglich musste überdies zu Hause stundenlang bald allein,
bald mit einem jüngeren Lehrer geübt werden. PROKSCH war ein
tüchtiger Meister. Nur konnte er niemals begreifen, dass ein Schul-
junge auch noch andere Aufgaben zu lösen habe, als am Klavier
zu sitzen und Tonleitern zu spielen. HANS wäre mit den Gymna-
sialstudien, die er in seinem neunten Jahre begann, bald in Conflict gerathen, hätte der Klassenlehrer hier auf seinem vollen Rechts-
scheine bestanden. Glücklicher Weise war dieser — FRANZ MÜHL-
WENZEL — nicht nur persönlich mit der Familie CZERMAK befreundet,

sondern auch ein billig denkender Mann, der überdies selbst das
Schuljoch drückend fand. Denn für eine ganz andere Laufbahn
hatte sich MÜHLWENZEL vorbereitet, in der beschreibenden Natur-
geschichte sich eifrig umgesehen und technologische Fragen studirt.
Da sich ihm auf diesem Gebiet keine Wirksamkeit öffnete, er sonst
ein braver Mann war und Gönner besass, so wurde ihm eine Lehrer-
stelle am Gymnasium übertragen. Die Kenntnisse, welche MÜHL-
WENZEL verlangte, konnte sich der leicht und rasch lernende HANS
bequem erwerben. So wurde das Gleichgewicht zwischen den musikalischen Uebungen und dem Gymnasialstudium ziemlich erhalten.
Es kam aber dennoch ein Augenblick, in welchem das Zünglein der
Wagschale sich bedenklich auf die Seite der musikalischen Kunst
neigte. HANS, vierzehnjährig, hatte ein »Impromptu« für das Klavier
componirt, PROKSCH diesen Versuch gebilligt, Hausfreunde an Lob
und Bewunderung es nicht fehlen lassen. Das Impromptu erschien
als Opus I im Drucke und wurde überdies von dem jugendlichen
Schöpfer im Salon des Oberstburggrafen von Böhmen, wie der Regie-
rungspräsident damals hiess, vorgespielt. Der Beifall lockte zu weiteren Versuchen. Wer weiss, ob nicht der Pfad des virtuosen Dilettantismus dauernd betreten worden wäre, wenn nicht das Schicksal
zur rechten Zeit zum Einlenken gemahnt. Der Vater starb plötzlich
(1843) und unerwartet. Die Verbindungen mit der vornehmen Welt,
jedem künstlerischen Dilettantismus förderlich, lockerten sich. Kurz
vorher stieg ferner HANS in den obersten Gymnasialcursus empor, womit ein Lehrerwechsel verbunden war. Der neue Klassenlehrer, WEN-
ZESLAV SVOBODA, ein mitunter wunderlicher, aber von der Natur
genial angelegter Mann, sprachenkundig wie wenige, in alter und
neuer Poesie trefflich bewandert, selbst ein formgewandter Dichter,
nahm an seinem Schüler herzliches Interesse, erkannte rasch dessen
seltene Begabung, meinte aber doch, eine kleine Nachhilfe in Latein
und Griechisch könnte nicht schaden. Diese zu geben, dazu wurde
ich, der eben das Gymnasium verlassen und SVOBODA's Gunst auf
die Universität mitgenommen hatte, ausersehen.

Der geringe Altersunterschied zwischen uns gab dem Verhältnisse alsbald ein gutes kameradschaftliches Gepräge. Die Schul-
arbeiten machten im Ganzen geringe Mühe. Es blieb uns Zeit genug
zu Scherz und Spiel und allerhand Beschäftigungen, die uns um
so angenehmer und wichtiger dünkten, je entfernter sie den nächsten

Schulzwecken standen. Die Musik trat nicht ganz in den Hinter-
grund. Doch wurde sie vorzugsweise nach einer Richtung gepflegt,
nur das Spiel prima vista weiter ausgebildet. Was sich an vier-
händigen Klavierauszügen in den musikalischen Leihbibliotheken von
grossen Orchesterwerken vorfand, wurde von uns durchprobirt. Schu-
mann stand damals noch nicht auf dem Repertoir, die ältern Klassi-
ker aber von Haydn bis Mendelssohn kannte und verstand Hans
vortrefflich. Zu neuem Leben erwachte er, als ihm um diese Zeit
die grossen deutschen Dichter näher traten. Bei der geistigen Ab-
sperrung Oesterreichs von Deutschland hielt es unendlich schwer,
sich ausreichende Literaturkenntnisse zu verschaffen. Schiller allein
erfreute sich auch hier einer gewissen, durch das Theater vermit-
telten Volksthümlichkeit. Lessing jedoch und besonders Goethe
blieben nur den engsten Kreisen zugänglich. Ihre Werke hätte man
in Familienbibliotheken meistens ganz vergeblich gesucht. Da traf
es sich denn glücklich, dass ein Hauslehrer — der letzte in der
langen Reihe — Goethe's sämmtliche Werke, das Geschenk einer
hohen Gönnerin, besass. Freilich nur in einem schändlichen amerikanischen Nachdruck, in einem Bande vereinigt. Das Riesenfor-
mat und der hässliche Druck hinderten Hans ebensowenig, sich den
Inhalt mit leidenschaftlicher Gier anzueignen, wie die Eifersucht
des Besitzers, welcher seinen Schatz sorgsam vor profanen Augen
hütete und stets neue Verstecke für denselben ersann. Immer wieder wurde das Buch in den verborgenen Winkeln entdeckt, und
während die Andern schliefen bis tief in die Nacht darin gelesen.
So vergingen die Schulmonate bei leichter Arbeit und mannigfaltigem
Genusse rasch und fröhlich. In der Ferienzeit durften kleine Reisen
unternommen werden. Die Mutter, auch gegen mich stets von grösster
Güte, wollte uns dieses Mittel, früh zur Reife und zu selbstständigem
Wesen zu gelangen, nicht versagen und durfte uns vertrauen, dass
wir die gegönnte Freiheit nicht missbrauchen würden. So zogen wir
denn wiederholt selbander in die weite Welt. Das erste Mal führte
uns das Elbdampfschiff nach Dresden, von da die Eisenbahn, ge-
bührend von uns angestaunt, nach Leipzig. Wir ahnten damals
nicht, dass wir beide in Leipzig unsere Laufbahn beschliessen würden. Natürlich lockte uns wissbegierige Jünglinge die Universität.
Von einem einzigen Professor, Drobisch, war uns Näheres bekannt.
Der Professor der Philosophie in Prag, Franz Exner, ein Anhänger

HERBART'S wie DROBISCH, sprach stets mit grosser Anerkennung von
letzterem und da ich damals gleichfalls HERBART eifrig studirte, so
war auch HANS der Name geläufig. Wir hätten gern eine Vorlesung
bei DROBISCH gehört, verirrten uns aber und mussten ein, wie uns
schien, entsetzlich langweiliges, jedenfalls uns unverständliches Colleg
bei VON DER PFORDTEN aushalten. In Leipzig war es auch, wo wir
zum ersten Male dem Rauchgotte opferten. In einem Schaufenster
lockten uns angeblich chinesische Cigarren, von schönen Bändchen
umspannt und überaus zierlich geformt. Wir kauften und rauchten.
An diesem Tage assen und tranken wir nicht mehr.

Im nächsten Jahre wagten wir einen viel grösseren Ausflug. In
Linz wohnten Verwandte CZERMAK'S, deren Einladung zum Besuch
gern Folge geleistet wurde. Es war eine prächtige Fahrt, zunächst
bis Budweis im Postwagen, in welchem der immer gesprächige, rasch
alle Herzen gewinnende HANS ununterbrochene Fröhlichkeit verbrei-
tete, dann auf der Pferdebahn bis Linz. Diese besass die Eigenthümlichkeit, dass man auf ihr wegen der vielen Curven und grossen
Steigung langsamer fuhr, als wenn man zu Fusse marschirte. Auch
wir machten die Hälfte des Weges zu Fusse, mussten uns nur
vorsehen, dass wir den von einem Pferde gezogenen Waggon nicht
allzu weit überholten. In Linz ging es uns ganz gut, doch stellte
sich allmählich die Langeweile ein. Mit den Jesuiten auf dem Freien-
berge zu disputiren, wie es HANS einmal muthig und erfolgreich
zu grösstem Ergötzen eines ältern Fremden gethan, hatte auf die
Dauer seine Bedenken, andere geistige Anregungen gab es in dem
österreichischen Phäakenlande nicht. Rasch wurde daher eine Wanderung nach Ischl und Salzburg in das Werk gesetzt. In Salzburg
gaben wir einen Empfehlungsbrief an den Verwalter der gräflich
KUENBURGSCHEN Güter ab. Der joviale alte Herr quartierte uns in
dem weitläufigen gräflichen Palast ein, führte uns in seine Stamm-
kneipe und schilderte die weitere Ausdehnung unserer Reise nach
Tirol und der Schweiz so lockend, dass wir kaum widerstanden.
Das wichtigste Hinderniss, unsern schmalen Geldbeutel, beseitigte
er, indem er uns das Reisegeld vorstreckte. Der nachträglichen
Billigung unserer Wanderlust zu Hause waren wir ziemlich sicher,
durften im schlimmsten Fall die Hauptschuld auf unsern Ver-
sucher schieben. Wir gingen daher freudigst auf den Vorschlag
ein und erbaten das Reisegeld. Aber o Himmel! Der alte Herr

hegte einen förmlichen Hass gegen alle Banknoten. Silber, meinte er.
wäre das einzig richtige und sichere Geld. So schleppte er denn
zwei grosse Säcke einher, in welchen sich die ganze Summe in
lauter schweren Silberstücken befand. Unser Jubel, in der Alpen-
welt höher steigen zu können, machte anfangs die aufgebürdete Last
leicht. Später freilich, wenn die schweren in der Rocktasche bewahrten Beutel bei jedem Schritte an die Beine schlugen, fluchten
wir weidlich der Silberliebe unseres Salzburger Gastfreundes und
freuten uns über jede merkliche Minderung unseres Schatzes.

Mehrere Thäler Tirols hatten wir durchstreift, Innspruck besucht, den Arlberg überstiegen, endlich Feldkirch erreicht. Nun
galt es, unbehelligt über die Grenze zu kommen. Unser Passirschein.
in Linz ausgefertigt, berechtigte uns nur zu einer Wanderung im
Salzkammergute und war nahezu abgelaufen. Da meinten wir es
recht pfiffig anzustellen, wenn wir von dem Grenzamt die Erlaubniss
zur Rückkehr nach Linz, aber über Bayern, wo wir Freunde hätten.
erbaten. Den klug ausgesonnenen Plan traf jedoch giftiger Spott
und Hohn. Ein wahrer Platzregen grober Redensarten ergoss sich
aus dem Munde des Polizeischreibers. Dass wir uns packen und
bei schwerer Strafe geraden Wegs nach Linz zurückwandern sollten, war sein Endbescheid. Zum Glück warf er uns in seiner
Wuth unsern Reiseschein vor die Füsse. ohne in denselben die »ge-
bundene Marschroute« einzuschreiben. Sonst hätten wir uns schwerlich weitergeholfen. Mit gesenktem Kopfe standen wir rathlos auf
der Strasse von Feldkirch. Da winkte uns verstohlen ein Postillon.
der den Verhandlungen beigewohnt. Gegen ein gutes Trinkgeld wolle
er uns, der eine Extrapost nach Vaduz zurückführe, ungefährdet
über die Grenze schaffen. Die Pferde standen bereits angespannt.
Heimlich krochen wir unter das Wagenleder und blieben hier versteckt bis wir die Grenze überschritten. Dann fuhren wir wie vor-
nehme Herren vierspännig im offenen Wagen mit schmetterndem Post-
horn in Vaduz ein. Von Wallenstadt aus begannen wir unsere Wanderung nach Zürich, dem Rigi und Luzern. In Zürich wurde pflicht-
schuldig bei dem alten OKEN hospitirt und in den Buchhandlungen
nach verbotenen Früchten gespähet. Die Erinnerung an die fröhlichen Schweizer Tage, an die ganze Reise mit ihren kleinen Fähr-
lichkeiten und grossen Genüssen, hielt HANS sein ganzes Leben lang
fest. Ueber den Bodensee, Augsburg und Regensburg traten wir

die Heimreise an. Nicht ohne Herzklopfen nahten wir uns der Grenzstation, wo die Donaudampfer anlegten und die Pässe vorgezeigt werden mussten. Doch schliesslich konnte uns nichts Schlimmeres begegnen, als dass wir jetzt nach Linz auf dem kürzesten Wege zurückzukehren gezwungen wurden. Den kürzesten Weg empfahl aber ohnehin der Stand unserer Reisekasse. Als wir uns in Regensburg einschifften, besassen wir gerade noch genug Geld zu einem mässigen Frühstück. Mit einem tüchtigen Donnerwetter wurden wir von dem Grenzbeamten entlassen. Am Abend sassen wir fröhlichen Sinnes bei den Verwandten und holten die versäumten Mahlzeiten gründlich nach.

Mit sechzehn Jahren kam HANS bereits an die Universität. Nach der altösterreichischen Schulordnung musste er zuerst einen zweijährigen philosophischen Cursus vollenden, ehe er das eigentliche Fachstudium begann. Von den Lehrern an der philosophischen Facultät übte nur ein Einziger Einfluss auf den jungen Studenten, dieser aber auch den tiefsten und nachhaltigsten. Kurz zuvor war FRANZ PETŘINA als Professor der Physik an die Prager Universität berufen worden. An dem Lyceum in Linz, einer Zwitteranstalt, halb Gymnasium, halb Universität, wie sie ehemals in Oesterreich beliebt waren, hatte PETŘINA viele Jahre lang seine Wissenschaft lehren müssen, ohne dass ihm nur ein einziges Instrument zur Verfügung stand. Eine Tafel im Auditorium war sein ganzes physikalisches Cabinet. Auf dieser mochte er, wenn er Lust hatte, mit Kreide die Instrumente zeichnen und die Maschinen versinnlichen. Vielen Lehrern mangelte aber selbst diese Lust. Sie lasen ihr Heft ab, die Schüler lernten das Heft auswendig. So wurden z. B. selbst an der Prager philosophischen Facultät sämmtliche descriptive Naturwissenschaften vorgetragen, ohne dass die Zuhörer jemals ein Thier, eine Pflanze oder ein Mineral auch nur in der Abbildung gesehen hätten. Der gewissenhafte PETŘINA, der sich aus der tiefsten Armuth durch eigene Kraft emporgearbeitet hatte, wollte von diesem hergebrachten Schlendrian nichts wissen. Was ihm der Staat versagte, ersetzte PETŘINA durch persönliche Energie. Er arbeitete sich seine Instrumente selbst. Natürlich musste er bei der Kargheit der Mittel auf die einfachsten Constructionen Bedacht nehmen und tausend Mittel ersinnen, um die Kosten der Instrumente zu verringern. Es war eine harte Schule, aber für den rastlos thätigen Mann segens-

reich. Er gewann auf diese Weise eine Sicherheit der Hand, eine
Schärfe und Klarheit des Blickes, eine Vertrautheit mit den Bedingungen einer glücklichen Experimentirkunst, die ihm in Prag, wo er
über ein reiches Cabinet verfügte, trefflich zu statten kam. Mochte
immerhin sein Vortrag bei allgemeinen theoretischen Betrachtungen
schwerfällig und ungelenk erscheinen, sobald er Experimente vorführte, bewährte er eine vollendete Meisterschaft. Er fand in CZERMAK
einen überaus gelehrigen Schüler, der ihm namentlich die Kunst, mit
den einfachsten Mitteln zu experimentiren und die Instrumente praktisch einzurichten, abschaute, und jetzt schon den Grund zu seiner
nachmals so sehr bewunderten Virtuosität als Experimentator legte.

Die Wahl des Fachstudiums kostete CZERMAK nicht den leisesten
Kampf. Sowohl die Familientradition wie die eigene Neigung wiesen
ihn auf die ärztliche Laufbahn. Das Mikroskop hatte ihn schon in
den Knabenjahren als Spielzeug viel beschäftigt, der thierische Leichnam, da er einen Vetter und den ältern Bruder unter HYRTL's Anleitung unausgesetzt und mit wahrer Leidenschaft seciren und injiciren
sah, längst das Schauerliche für ihn verloren. Den engeren Beruf
innerhalb des weiten medicinischen Studiums bestimmte gleichfalls
die Familientradition. Wie in der nächst höheren Generation der
ältere Bruder der Praxis, der jüngere (JOSEPH JULIUS CZERMAK) den
theoretischen Disciplinen sich gewidmet hatte, so ergriff auch jetzt
der ältere Sohn die praktische Laufbahn, HANS aber sollte und wollte
den Fusstapfen des Oheims folgen. JOSEPH JULIUS CZERMAK hatte
in der glänzendsten Weise seine wissenschaftliche Laufbahn begonnen. Mit 28 Jahren wurde er bereits zum Professor der Physiologie
an der Wiener Universität ernannt. Auch für ihn aber, wie für so
viele andere talentvolle Naturen wurde die allzeit genussfrohe Hauptstadt zu einem Capua. Sein Witz und geistreiches Wesen, verbunden mit einer leichtlebigen Natur machten ihn zu einem beliebten
Gesellschafter. Immer weitere Kreise umfasste sein Verkehr, immer
enger beschränkt wurde die Zeit, in welcher er sich in seine Wissenschaft vertiefen und seinen Arbeiten rückhaltlos hingeben konnte. Als
HANS 1845 in Wien seine medicinischen Studien begann, blieb ihm
bei aller Pietät für den Oheim die leise Abnahme der Geisteskraft
desselben auf die Länge nicht verborgen. Schon der Druck, welchen
diese Einsicht auf sein dankbares Gemüth üben musste, erwies sich
seiner wissenschaftlichen Entwickelung wenig förderlich. Dazu kam

als weiteres Hemmniss ruhiger Studien sein Eintritt in die Burschenschaft, welche sich in grösstem Geheimniss unter den Wiener Studenten aufgethan hatte und den radikalsten politischen Tendenzen
huldigte. HANS war von Jugend auf liberal gesinnt, namentlich die
religiöse Freiheit fand in ihm stets einen begeisterten Verfechter, politischen Parteiinteressen aber stand er fern. Daher konnte er sich auch
nicht für das Evangelium STRUVE's, das in den Studentenkreisen
Wiens so hoch galt, erwärmen, den wohlgemeinten aber unreifen
Radikalismus der Genossen nicht theilen. Er war aber viel zu ehrlich und gewissenhaft, um das in ihn gesetzte Vertrauen zu täuschen
oder wohl gar zu brechen. Einmal in die Burschenschaft aufgenommen hielt er es für seine Pflicht, in ihr auszuharren. Die Entfernung aus Wien allein konnte ihn aus der verworrenen Lage be-
freien. Und so begrüsste er nach zweijährigem Aufenthalte in Wien
denn auch die Einladung PURKYNĚ's, die Studien in Breslau fortzusetzen, mit heller Freude.

Um PURKYNĚ's wie aus Granit gehauenes Haupt hatte unsere
Phantasie seit jeher einen strahlenden Schein gewoben. Wir wussten
aus den Erzählungen Aelterer, dass er in seiner Heimat eine unerhörte Zurücksetzung erduldet, weil er es verschmäht hatte zu wedeln
und zu kriechen, und verehrten ihn als einen Märtyrer freier Wissenschaft. GOETHE's Lob seiner »Versuche zur Physiologie der Sinne«
hatten wir gelesen und gehört, dass GOETHE's und HUMBOLDT's Em-
pfehlung seine Berufung an die Breslauer Universität bewirkt. Unter
den Idealen, zu welchen man in CZERMAK's Hause emporblickte,
stand PURKYNĚ in erster Reihe. PURKYNĚ hatte bei der Naturforscherversammlung in Prag 1837 viel in CZERMAK's Familie ver-
kehrt, mit der Mutter gute Freundschaft geschlossen und ihr das
Versprechen gegeben, wenn sie einen ihrer Söhne nach Breslau senden wolle, ihn wie seinen eigenen Sohn aufzunehmen. Dieses Versprechen löste PURKYNĚ im Herbste 1847. In Breslau von dem
»auserwählten, durchaus ursprünglichen Geiste« PURKYNĚ's geleitet,
von dessen Assistenten FRANTZIUS freundschaftlich berathen, begann
CZERMAK seine eigentliche Schule als Physiologe. Doch musste er
dieselbe zunächst für einige Zeit unterbrechen. Er hatte die Oster-
ferien 1848 im mütterlichen Hause zugebracht, die Märzrevolution
in Prag erlebt. Wie hätte er nicht auch die hochwogenden Hoffnungen auf die Wiedergeburt des Vaterlandes zur Freiheit theilen

und von der Bewegung, die alle Stände, jedes Alter ergriff, sich fern halten sollen? Er liess sich wieder in die Matrikel der Prager Universität einschreiben, und als die Studentenschaft bewaffnet wurde — um den Streit zwischen Deutschen und Czechen zu meiden, wurde dieselbe nach altrömischem Vorbilde zu einer Legion zusammenge- stellt — übernahm er in der medicinischen Cohorte das Commando über die erste Centurie. Obschon er sich an der politischen Agita- tion wenig betheiligte, — er klagte vielmehr oft über die Einbusse an Zeit, welche die ewigen Allarmirungen, Paraden und Wachen ver- schuldeten, — so hätte ihm doch leicht seine Ehrenstellung verhäng- nissvoll werden können. In der Studentenlegion hatte allmählich die radikale czechische Partei die Herrschaft an sich gerissen. Die Lor- beeren der Wiener Aula liessen diese nicht ruhen. Hatten die Wie- ner Studenten, das Gespenst einer militärischen Gegenrevolution stets vor Augen, im Mai die Verlegung der Armee an die russische Grenze verlangt, so forderten Vertreter der Prager Legion, die sich aber selbst das Mandat gegeben hatte, von dem commandirenden General die Auslieferung einer bespannten Batterie und von 60000 Patronen an die Studenten. Unter dieser bescheidenen Petition stand auch CZERMAK's Name. Die Unterschrift war aber eine unverschämte Fälschung. Ohne CZERMAK's Wissen hatte ein radikaler Wortführer dessen Namen auf das Papier gesetzt. Die Abweisung der Petition bildete das Vorspiel zu dem Prager Pfingstaufstande, der alsbald losbrach. Auf den Ruf der Signalhörner eilte CZERMAK am Pfingst- sonntag mit Schärpe und Säbel in die Universität, um den hier ver- sammelten Studenten das Thörichte und Lächerliche einer Schild- erhebung vorzuhalten. Während er noch sprach und zum Frieden mahnte, stürmten Grenadiere das Haus. CZERMAK trat ihnen entgegen, um zu erklären, dass Niemand an Widerstand denke. Die Soldaten rissen ihm aber in ihrer blinden Wuth Schärpe und Säbelgurt vom Leibe, stiessen ihn mit Kolben und schleppten ihn unter fortwähren- den Misshandlungen in das Militärgefängniss (Stockhaus). Erst am zweiten Tage gelang es der Vermittlung einflussreicher Freunde, ihn aus dieser Bedrängniss zu retten. Doch erschien es rathsam, da die Unterschrift auf der Petition ihn noch immer gravirte, Prag vorläufig zu meiden. CZERMAK flüchtete nach Wien, wo ihn alte Freunde herz- lich begrüssten und wo bald auch zahlreiche Prager Bekannte an- langten. Mich rief gleichfalls die Pflicht des Reichstagsreporters nach

Wien und so verlebten wir wieder nach längerer Trennung mehrere
fröhliche Monate zusammen. An die Politik dachte CZERMAK nicht
länger. Ab und zu besuchte er, sich zu erheitern, die Reichstags-
sitzungen, wo komische Scenen selten mangelten, auch stellte er sich
öfter Mittags oder Abends im »rothen Igel« ein, wo viele böhmische
Abgeordnete regelmässig einkehrten. Seine gute Laune und die vortrefflich geübte Kunst, zu necken und die Menschen, ohne dass sie
es merkten zur breitesten Entfaltung ihrer lächerlichen Seite zu ver-
locken, verschafften uns stets vergnügte Stunden, und machten ihn
zum allgemeinen Liebling des Kreises. Die meiste Zeit brachte er
aber im Verkehr mit Fachgenossen und mit mikroskopischen Studien
zu. Unter den Genossen standen ihm der bereits von Prag her eng
befreundete Geognost CARL PETERS und der Assistent HYRTL's, Dr.
CARL LANGER, am nächsten. Die Freude an still behaglichem Zu-
sammenleben und freundschaftlichem Gedankenaustausche steigerte
sich in dem Maasse als die politische Tollwuth immer weitere Wiener
Kreise ergriff und jeden ausgedehnteren Verkehr verwehrte. Dass
man in den lärmerfüllten Wirthshäusern das eigene Wort nicht vernahm, war lange nicht das Schlimmste: dass man aber so viel radi-
kalen Unsinn anhören musste, machte den Aufenthalt an öffentlichen
Orten unerträglich. Wir gewöhnten uns daran, die Abende bald in
der Stube des einen, bald in der Wohnung des andern Freundes
zuzubringen. Das letzte Mal, am Vorabend vor CZERMAK's Abreise
nach Breslau, am 3. October bewirthete uns Doctor LANGER. Als
Prosector der Anatomie wohnte er in der Universität, der vielberüch-
tigten »Aula«. Als wir uns um Mitternacht nach langer, durchaus nicht
trockener Sitzung trennten, fanden wir den gewöhnlichen Ausgang
versperrt und mussten unsern Weg durch die grosse Halle nehmen.
Keine menschliche Seele schien in diesen gewaltigen, nur von der
Lampe unseres Wirthes erhellten Räumen zu athmen. Todesstille um-
gab uns, unbewacht lehnten die Fahnen der Studentenlegion an der
Wand. Was wäre geworden, wenn wir, wie einer von uns scherz-
weise vorschlug, die Fahnen versteckt hätten und am andern Morgen alle diese »Trophäen der Freiheit« verschwunden gewesen
wären? In dieser Nacht hallten für viele Jahre harmlose Scherz-
worte in der Aula zum letzten Male wieder. Keiner von uns ahnte,
dass nur zwei Tage später ein so entsetzlicher Sturm hier losbrechen
würde.

Mit verdoppelter Energie warf sich CZERMAK in Breslau im Jahre 1849 auf sein Fachstudium. Bereits im März konnte er die ersten Früchte desselben der gelehrten Welt vorlegen. Er hielt in der naturwissenschaftlichen Section der Schlesischen Gesellschaft für vaterländische Cultur einen Vortrag über die Spermatozoiden von Salamandra atra, welcher von zahlreichen Abbildungen begleitet, in den Gesellschaftsberichten abgedruckt wurde. Auch die von SIEBOLD und KOELLIKER geleitete Zeitschrift für wissenschaftliche Zoologie und JOHANNES MÜLLER's Archiv für Anatomie und Physiologie zählten bereits in diesem Jahre CZERMAK zum Mitarbeiter und brachten die Erstlinge seiner Untersuchungen, die sich vorwiegend auf Nerven-physiologie bezogen.

Im Herbst 1849 schloss er seine Studienzeit in Breslau ab. Eigener Wunsch und PURKYNĚ's Rath führten ihn nach Würzburg. Ehe er aber hier sich niederliess, benutzte er die Ferien zu einer längeren Reise nach dem Rheine und nach Belgien. Seine Mutter hatte im Interesse der künstlerischen Erziehung ihres jüngeren Soh-nes JAROSLAV einen längeren Aufenthalt in Dresden, Düsseldorf. Brüssel und Antwerpen genommen. Auf einem Theile ihres Weges begleitete sie auch HANS. In Bonn stellte die Mutter den jungen Gelehrten ihren alten Bekannten von der Naturforscherversammlung in Prag her, den Professoren HARLESS und NÖGGERATH, vor: noch viel fesselndere Persönlichkeiten lernte CZERMAK in Belgien kennen. Eine glücklicherweise bald gehobene Krankheit der Mutter in Brüssel hatte die Berufung eines Arztes veranlasst. Leider ist mir der Name desselben nicht mehr gegenwärtig. Ich entsinne mich nur. dass wir Alle mit Vergnügen seinen Schilderungen von Land und Leuten und seinen Erzählungen lauschten — er war ein intimer Freund DE POTTER's und hatte an der Septemberrevolution 1830 einen thätigen Antheil genommen — und dass er CZERMAK förmlich in sein Herz geschlossen hatte. Er begleitete ihn in die naturwissenschaftlichen Sammlungen, führte ihn bei Brüsseler Gelehrten ein und bestärkte ihn in seinem Entschlusse, SCHWANN in Lüttich aufzusuchen. Das war eine der ersten persönlichen Begrüssungen von Fachgenossen, welche CZERMAK seither so gern und in so ausgedehnter Weise übte. Es gab wenige Männer, die so rasch und so leicht Bekanntschaft anknüpften wie CZERMAK. Sein leutseliges und gesprächiges Wesen, sein Eingehen auf die verschiedenartigsten Interessen bewirkten, dass

selbst auf kurzen Reisen sich ein angenehmer Verkehr mit anfangs
fremden, schweigsamen Leuten entspann. Wenige Männer gewannen
aber auch so sehr in persönlicher Begegnung wie CZERMAK. Die
neidlose Anerkennung jedes fremden Verdienstes, die Wärme seiner
Empfindung, die Liebenswürdigkeit seiner Natur verwandelten gar
bald die Bekannten in Freunde und liessen ihn Dank diesem zahlreichen Freundeskreise bald fast in allen Ländern Europas sich heimisch fühlen.

In Würzburg, wo er seit dem Herbst 1849 seine Studien fort-
setzte, lehnte er sich vorzugsweise an KOELLIKER an und trat mit
VIRCHOW, LEYDEN, GEGENBAUR in persönlichen Verkehr. Dass
auch die gemüthlichen Seiten des Lebens nicht leer ausgingen, dafür sorgte namentlich das Haus des Dr. HERZ, wo er am fleissigsten
einsprach und mit dessen Gliedern er nach seiner Entfernung aus
Würzburg in Briefwechsel blieb. Die künftige Laufbahn war CZER-
MAK durch die eigene Anlage und Neigung, wie durch das Vorbild
seiner Lehrer so scharf vorgezeichnet, die Richtung seiner Arbeiten
schon jetzt so klar bestimmt, dass es ihn drängte, aus der Vielge-
schäftigkeit, die im Universitätsstudium kaum vermieden werden
kann, herauszukommen und seinen Lebensabschnitt als Student zu
schliessen. Mit 22 Jahren promovirte er bereits. Die Doctordisser-
tation, am 2. Juli 1850 der Facultät vorgelegt, behandelt die mikroskopische Anatomie der menschlichen Zähne 'observationes novae de
structura dentium penitiori'. Die angehängten Thesen erscheinen
theils als Reflexe älterer, unter PURKYNĚ's Einfluss angestellten Versuche und Beobachtungen, theils werfen sie aber schon einen Schatten voraus auf die Richtungen und Arbeiten, welchen CZERMAK später
mit besonderer Vorliebe huldigte. Hierher gehören die Thesen, welche
sich auf die Functionen des Auges beziehen und namentlich jene,
deren Titel lautet: methodus paracenteseos thoracis, quam interpella-
tus proponam omnibus reliquis mihi videtur praeferenda. Der medicinischen Praxis die Früchte exacter physikalischer Forschungen
zuzuwenden, erschien ihm schon damals ein würdiges und wichtiges
Ziel der physiologischen Wissenschaft.

Als junger Doctor griff CZERMAK abermals zum Wanderstab,
diesmal in Begleitung KOELLIKER's und mit ausschliesslicher Be-
tonung der Fachinteressen. Nach England, Schottland und zuletzt
nach Holland, »der Wiege der Anatomie« richteten sie ihre Schritte. In

Utrecht lernte CZERMAK SCHROEDER VAN DER KOLK, HARTING, DON-
DERS, MULDERS kennen. Die gründliche mathematisch-physikalische
Bildung, welche sich in Holland wie eine Tradition fortgeerbt hatte,
übte auf ihn den grössten Eindruck und festigte seinen Entschluss,
die Lücken in den eigenen mathematischen Studien so bald als möglich auszufüllen. Eine spätere Zeit, meinte er, wird die Gleichgül-
tigkeit der Zeitgenossen, deren viele schon vor einem Wurzelzeichen
einer algebraischen Formel erschrecken, nicht begreifen. Auch der
Experimentirkunst, allen Bestrebungen, den Unterricht anschaulich zu
gestalten, die Lehrmittel zu verbessern, widmete er schon damals die
eingehendste Aufmerksamkeit, so der Beleuchtungsweise HARTING's
bei dem Mikroskopiren, einem verbesserten Apparat zum Zeichnen
mikroskopischer Gegenstände u. s. w. Wie in Utrecht so fand CZER-
MAK auch in Amsterdam und Leyden die freundlichste Aufnahme
und durch VROLICK, VAN DER HOEVEN, HALBERTSMA die mannig-
fachste Belehrung.

Während der ganzen Reise stand CZERMAK mit PURKYNĚ in
regstem Verkehre. In zahlreichen, an den alten Lehrer gerichteten
Briefen legte CZERMAK über jeden seiner Schritte genaue Rechenschaft
ab und gewährte diesem überdies den offensten Einblick in seine
noch vielfach gährende Gedankenwelt. in alle Ziele, Pläne und
Wünsche. Sie sind Zeugnisse des intimen Verhältnisses. das zwischen PURKYNĚ und CZERMAK nun schon seit Jahren waltete und
bald auch einen äusseren Ausdruck empfangen sollte.

PURKYNĚ hatte, als er 1848 in Prag bei dem Slawencongresse
weilte, dem Grafen LEO THUN wiederholt die Neigung zur Rückkehr
in die Heimat ausgesprochen. Graf THUN, seit 1850 Minister des
Unterrichts und damals, ehe noch der kirchliche Fanatismus seinen
Geist verwirrte, freieren idealen Anschauungen zugänglich, erinnerte
sich dieser Zusage und berief den freilich schon dreiundsechzigjäh-
rigen PURKYNĚ an die Prager Universität. Die Bedingungen desselben: Errichtung eines physiologischen Instituts und die Berufung
CZERMAK's als Assistenten wurden gern bewilligt. Im Winter 1850
übersiedelte CZERMAK nach Prag.

Verglichen mit den grossartigen Palastbauten, welche in jüngsten
Tagen für den wissenschaftlichen Dienst errichtet werden, besass
das Prager physiologische Institut ein überaus kümmerliches und
dürftiges Aussehen. In einer von der Universität weit abgelegenen

Strasse (Brenute-Gasse) hatte PURKYNĚ ein zufällig leer stehendes
Privathaus mässigen Umfanges gemiethet. Im Erdgeschosse trieben
lärmende Handwerker ihr Wesen, das zweite Stockwerk enthielt die
Privatwohnung PURKYNĚ's, in der ersten Etage wurde zwischen dem
Auditorium und dem mit einigen Mikroskopen und wenigen Instrumenten ausgestatteten Arbeitskabinet der Assistent einquartiert.
Die Pflichten des Assistenten belasteten nicht allzuschwer CZERMAK's
Zeit. PURYKNĚ's Liebe zum beschaulichen Leben hatte in den
letzten Jahren gar sehr zugenommen. Auf seinem Ruhebette in
genau horizontaler Lage ausgestreckt konnte er noch interessante
Selbstbeobachtungen anstellen und geistvolle Phantasien ausspinnen:
die frühere Schnellkraft des Geistes war aber gesunken. Die Vorlesungen, zumal jene in deutscher Sprache, erschienen ihm als eine
Last, zum Heranbilden von Schülern fehlte ihm die Ausdauer. In
CZERMAK's Arbeiten aus dieser Zeit ist daher PURKYNĚ's Einfluss
weniger ersichtlich als jener der Prager medicinischen Schule. Stand
auch dieselbe nicht mehr auf derselben Höhe wie in OPPOLZER's
Tagen, so entfaltete sie doch noch immer in der »Prager Vierteljahrsschrift« eine reiche literarische Wirksamkeit und übte auf junge Aerzte
aus Deutschland und der Schweiz eine grosse Anziehungskraft.
CZERMAK steuerte sowohl grössere Abhandlungen wie kritische Berichte zu der Vierteljahrsschrift und verkehrte viel und freundlich mit
den ausländischen Aerzten. Beinahe an jedem Nachmittage ver-
sammelte sich zur Kaffeestunde ein grösserer oder kleinerer Kreis in
CZERMAK's Stube. Bald wurde musicirt, wobei CZERMAK's alter
Freund, der Chemiker Dr. HLASIWETZ, den Hauptantheil hatte, bald
über politische oder wissenschaftliche Fragen discutirt. In dem meist
offenen Nebenzimmer hatten wir an zwei wohl dreitausend Jahre
alten aegyptischen Mumien, die CZERMAK viele Monate beherbergte,
um die Muskelgewebe mikroskopisch zu untersuchen, stets würdig
ruhige Zuhörer, mochten wir selbst auch zuweilen in hitzigem Rede-
kampfe entbrennen.

Gern hätte sich CZERMAK auch an der Universität habilitirt. Um
sich auf das Dociren vorzubereiten, hielt er in einem naturwissenschaftlichen Vereine, Lotos, wiederholt mit dem grössten Beifall aufgenommene Vorträge. Die venia docendi stiess aber auf unerwar-
tete Schwierigkeiten. Die Nativistenpartei in der Facultät wider-
strebte jedem Schritte, welcher das Monopol der österreichischen Uni-

versitäten zu erschüttern drohte. Sie wollte das Würzburger Doctor-
diplom nicht anerkennen und wies auf die Bestimmung in den Prager
Facultätsstatuten hin, welche ein klinisches Studium von mindestens
zwei Jahren von einem Doctor der Medicin verlangte. Nun hatte
allerdings CZERMAK den klinischen Cursus viel rascher absolvirt,
aber in einem Falle doch bereits die Praxis ausgeübt. Freilich, wäre
dieser Fall allgemein bekannt gewesen, schwerlich hätte er zur
Glättung der Hindernisse beigetragen. Der excommunicirte Priester
AUGUSTIN SMETANA, CZERMAK's Lehrer der Philosophie, lag im Sterben. Seine Bekehrung wäre ein Triumph für die katholische Kirche
gewesen. Der Cardinalerzbischof Fürst SCHWARZENBERG kam selbst
in die Wohnung und trat an das Lager des von CZERMAK und mir
gerade bewachten Kranken, um einen Widerruf SMETANA's, der seinen Austritt aus der Kirche feierlich und öffentlich erklärt hatte, zu
erlangen. Es folgte eine überaus peinliche Scene. Die in der Form
zwar höflichen, aber immer eindringlicheren Mahnungen des Fürsten
versetzten den Kranken in die höchste zornige Aufregung. Um derselben ein Ende zu machen, berief ich mich auf die Autorität des
anwesenden Arztes. Da trat CZERMAK vor, erklärte als Arzt jede
weitere Verhandlung als ein Attentat auf das Leben des Kranken
und erzwang dadurch, dass der Cardinal unverrichteter Dinge Stube
und Haus verliess.

. Die Verzögerung der Habilitation trübte nicht den Sinn CZERMAK's.
Es handelte sich ja nur um einen kurzen Aufschub, und er wusste,
dass die Bedenken sich keineswegs gegen seine Person richteten,
sondern nur der Wahrung alter Privilegien galten. Es verging kaum
ein Tag, an welchem er nicht Beweise allseitiger hoher Achtung und
Anerkennung empfing. Gelehrte Gesellschaften sandten ihm ihre
Diplome, die Zeitschriften lobten seine Arbeiten, die angesehensten
Aerzte der Hauptstadt horchten auf seine Rathschläge. Der beste
Schild und Schutz gegen jede Verstimmung war aber die Liebe,
welche gerade jetzt mit unwiderstehlicher, alle anderen Gedanken
verdunkelnder Macht in sein Herz einzog.

CZERMAK war den geselligen Freuden nicht abhold, brachte die
Abende gern im Kreise von Freunden zu und wurde überall als
hoch willkommener Gast begrüsst. Viel verkehrte er in den Familien
der aus Deutschland gerufenen Professoren, mit welchen er, selbst
an deutschen Universitäten gebildet, mannigfache Berührungspunkte

besass. Einheimische waren in diesem Kreise nur selten anzutreffen.
am häufigsten die Damen des LÄMEL'schen Hauses und deren Freun-
dinnen. CZERMAK's Bekannte und Kameraden merkten bald, dass er
gewisse Familien mit besonderer Vorliebe besuchte, in bestimmten
Häusern seine Liebenswürdigkeit am glänzendsten entfaltete. Der
Magnet, der ihn anzog, blieb nicht lange verborgen. Die Reize,
die feine Bildung, die musikalischen Talente der jüngsten Tochter
LÄMEL's machten auf ihn tiefen Eindruck.

MARIE VON LÄMEL war für ihn keine neue Erscheinung. Die
Familien CZERMAK und LÄMEL standen seit langen Jahren in freund-
schaftlichen Beziehungen zu einander. Das LÄMEL'sche Haus zählte
zu den angesehensten in Prag, der Zutritt in dasselbe galt als ein
vielbeneidetes, nur selten und den Würdigsten gewährtes Vorrecht.
Frau VON LÄMEL, eine geborene EICHTHAL, übte die Kunst der
feinen Repräsentation in vollendeter Weise. Ritter LEOPOLD VON
LÄMEL, der Chef eines der grössten österreichischen Bankhäuser,
besass in allen Kreisen, unter allen Ständen die wärmsten Verehrer.
Ein tapferer Patriot, auf welchen der Staat in allen Bedrängnissen
sicher rechnen durfte, und welcher dem österreichischen Finanz-
minister öfter in der liberalsten Weise Hilfe leistete, in den Regie-
rungskreisen hochgeschätzt, hatte sich LÄMEL dennoch die volle
Selbständigkeit des Charakters und Unabhängigkeit der Gesinnung
bewahrt. War es doch LÄMEL gewesen, welcher CHARLES SEALS-
FIELD 1823 die Mittel zur Flucht aus dem Kloster und aus Oesterreich bereit gestellt hatte, und noch in seinem hohen Alter stand
LÄMEL in der Reactionsperiode in der ersten Reihe der politischen
Opposition. Nicht die geschäftliche Verbindung allein führte ihn mit
einer grossen Zahl europäischer Celebritäten zusammen. Angesehene,
hochgestellte Fremde, welche die böhmischen Bäder bereisten, waren
regelmässig mit Empfehlungen an Herrn VON LÄMEL ausgerüstet.
Auch sein persönliches Wesen und seine politische Erfahrung führten
ihm zahlreiche Freunde aus dem Auslande zu. Nur in LÄMEL's Hause
waren hervorragende Staatsmänner, Gelehrte und Künstler aus
Deutschland und Frankreich öfter anzutreffen, nur hier fühlten sie
sich heimisch und gaben sich frei und unbefangen im Verkehr.
CZERMAK war schon in früher Jugend häufig im LÄMEL'schen Hause
zu Gaste gewesen und hatte auf Kinderbällen mit der jüngsten
Tochter, der kleinen MARIE, sich besonders gern im fröhlichen Reigen

geschwenkt, so dass er schon damals mit seinem Flämmchen ge-
neckt wurde. Jetzt trat ihm die Jugendfreundin wieder entgegen.
Der Herzensbund war rasch geschlossen. Im Juni 1853 führte
CZERMAK das vielumworbene Mädchen vor den Altar.

Die Hochzeitreise führte das junge Paar nach Frankreich, zum
Besuche von Verwandten der Frau, mit welchen seitdem CZERMAK
und später sein Bruder JAROSLAV, der Maler, die freundschaftlichsten
Beziehungen unterhielten. An eine stetige, ausgedehnte Arbeit war
natürlich in diesen Monaten nicht zu denken; doch zeigen seine
»Briefe aus Bordeaux« und die 1854 veröffentlichte »Untersuchung
der Gewebe eines Mumienarmes aus dem Caveau de St. Michel in
Bordeaux«, wie unablässig und unbedingt CZERMAK im Dienste seiner
Wissenschaft stand. Nach der Vaterstadt zurückgekehrt, wollte sich
CZERMAK, der vier Jahre PURKYNĚ als Assistent zur Seite gestan-
den hatte, als Privatdocent für Physiologie und mikroskopische Anatomie habilitiren. Doch währte sein Aufenthalt in Prag nicht mehr
lange. Der Unterrichtsminister, Graf LEO THUN, von massgebender
Seite auf den jungen, rastlos thätigen Forscher aufmerksam gemacht,
suchte CZERMAK nach Kräften zu fördern. Ihn für die Prager Universität dauernd zu gewinnen, hinderten äussere Umstände, insbesondere die Rücksicht auf PURKYNĚ, der mit zunehmendem Alter
immer eifersüchtiger auf seine Stellung wurde und durch CZERMAK's
Berufung neben ihm vielleicht verletzt worden wäre. An einer andern österreichischen Universität war aber keine Professur der Physiologie erledigt. So bot ihm denn der Minister (Ostern 1855) eine
Professur der Zoologie an der Grazer Universität an. Obschon
CZERMAK (in seiner Eingabe an die Regierung), mit Recht von sich
behaupten durfte, er habe sich mit allen Anforderungen bekannt
gemacht, welche man an einen wissenschaftlichen Zoologen zu stellen
berechtigt ist, so nahm er doch die Stelle nur unter der Bedingung
an, dass ihm die erste erledigte physiologische Kanzel zugesichert
werde.

Das Beharren bei der physiologischen Wissenschaft kündigte der
neue Professor der Zoologie in seiner Antrittsrede ziemlich unver-
hüllt an: »Mich führte die anatomisch-physiologische Forschung in
das Gebiet der Zoologie. Es war mir daher viel wesentlicher, zu erfahren, was ein Säugethier, ein Insekt, ein Wurm, ein Polyp sei, wie
die Lebensverrichtungen der Thiere zu Stande kommen, auf welche

Weise sie sich in dieser Hinsicht von andern Thieren unterscheiden und welche Stelle sie nach ihren verwandtschaftlichen Beziehungen im Thierreiche einnehmen, als die zwei lateinischen Namen kennen zu lernen, unter welchen ein Thier in den zoologischen Registern geführt wird, oder nur zu merken, dass z. B. Cyprinus Carpio vier Bartfäden besitzt, während Cyprinus Carassius ganz ohne Bartfäden ist«.

Es mag der Umstand, dass er die »Handlangerarbeit«, wie er die Zoognosie benannte, nicht völlig bei Seite schieben durfte, nach dem Gesetze des Contrastes den Reiz tieferer physiologischer Studien verstärkt haben. Denn gerade aus der Grazer Zeit stammen die »Beiträge zur Physiologie des Gesichtssinnes und des Tastsinnes«, welche sich durch die Fülle und die exacte Schärfe der Beobachtungen auszeichnen und die vollkommene Vertrautheit mit den mathematischen Grundlagen der Wissenschaft bekunden. Rascher, als es CZERMAK erwarten konnte, wurde er von der zoologischen Professur abberufen und der Physiologie zurückgegeben. Und dennoch war er unglücklich, als sein Wunsch in Erfüllung ging. Der Minister hatte wirklich seine Zusage gehalten und die erste in Oesterreich erledigte Lehrkanzel der Physiologie CZERMAK im Herbst 1856 übertragen. So sicher war er der Zustimmung des letzteren, dass er ihn gar nicht befragte, sondern mit dem Anstellungsdecret überraschte. CZERMAK hatte, was wohl verzeihlich war, ganz vergessen, dass unter den österreichischen Universitäten auch eine polnische existire. Niemals war ihm die Möglichkeit einer Versetzung nach Krakau in den Sinn gekommen. Und gerade nach Krakau traf ihn der Ruf. CZERMAK befand sich in der peinlichsten Stimmung. In der sprachfremden Stadt sah er sich als einen Verbannten an. Er konnte weder für seine Familie, noch für seinen persönlichen Verkehr auf eine fröhliche Zukunft hoffen, und musste überdies, von den Fachgenossen abgeschnitten, eine Schädigung seiner wissenschaftlichen Interessen fürchten. Am liebsten hätte er seine Entlassung aus dem Staatsdienste genommen, doch überwog schliesslich die Einsicht, dass der offenbar ganz gute Wille des Ministers nicht mit schroffer Ablehnung beantwortet werden dürfe. CZERMAK gab soweit nach, dass er sich verpflichtete, zwei Semester in Krakau zuzubringen. Langsam genug schlichen sie zu Ende. Die Einrichtung eines kleinen physiologischen Institutes nahm die

meiste Zeit in Anspruch, der Verkehr mit dem Leidensgenossen
OSKAR SCHMIDT gewährte einige Zerstreuung.

Nach Ablauf der beiden Semester nahm CZERMAK seinen vorläufigen Aufenthalt in Wien, ein fleissiger Gast in BRÜCKE's und
LUDWIG's Arbeitsräumen, um hier eine günstige Wendung seines
Schicksals abzuwarten. Und diese blieb nicht lange aus. Der
Professor der Physiologie an der Pester Universität, SCHORDANN,
war in den Ruhestand getreten. Bei dieser Neubesetzung (Sommer
1858) dachte der Minister sofort an CZERMAK, welcher nicht zögerte,
das ihm übertragene Amt anzunehmen. Freilich war es auch jetzt
keine deutsche Universität, welcher er seine Kräfte widmen sollte,
und kam er auch in diesem Falle wieder unter Leute mit fremder
Sprache und theilweise fremder Bildung. Aber Wien war leicht zu
erreichen, der Verkehr mit den Fachgenossen in der österreichischen
Hauptstadt ohne Schwierigkeiten aufrecht zu halten. Die Stadt Pest
blühte sichtlich auf und zeigte sich nach allen Richtungen in gross-
artigem Aufschwunge begriffen. Die österreichische Regierung führte
mit dem ungarischen Volke einen harten politischen Kampf. Um
den Druck, welchen sie auf den öffentlichen Geist ausüben musste,
weniger empfindlich zu machen, suchte sie die materielle Wohlfahrt
zu heben und die Unterrichtsanstalten zu fördern. So erfreute sich
auch die Universität ihrer reichsten Gunst: jeder Wunsch, der im
wissenschaftlichen Interesse an das Ministerium gestellt wurde, war
der Gewährung sicher. Dieses Alles wirkte auf CZERMAK's Verhältnisse vortheilhaft zurück und liess ihn das neue Amt mit fröhlichen
Hoffnungen antreten. Sie wurden nicht getäuscht. CZERMAK zählte
die Pester Jahre zu den glücklichsten seines Lebens: sie waren die
glänzendsten, die er als Lehrer und Forscher genoss. Nicht nur
unter den Deutschen, welche in Pest eine ganz andere Rolle spiel-
ten als in der galizischen Krönungsstadt, gewann er zahlreiche,
selbst innige Freunde, auch die Glieder des magyarischen Gelehrten-
standes kamen ihm wohlwollend entgegen und bewahrten ihm un-
getheilte Achtung. Alle Briefe aus Pest athmen volle Befriedigung
über sein Leben und sein Wirken, können von der herzlichen Aufnahme, die er und seine Frau gefunden, nicht genug erzählen,
schildern den anregenden Verkehr, insbesondere mit Dr. JOHANN
WEISS, dem nächsten Freunde seiner späteren Jahre, welchem auch
dieser Bericht das Meiste und Beste verdankt, mit den hellsten Farben.

Allerhand Schwierigkeiten mussten allerdings überwunden werden, ehe sich seiner Thätigkeit eine völlig freie Bahn öffnete. Sein
Vorgänger war von einer heiligen Scheu vor jeder Demonstration
und jedem Experiment erfüllt gewesen. Weder selbständige Forschung, noch Anleitung zu derselben waren von SCHORDANN, einem
Prachtexemplar des altösterreichischen Professorentypus, in den Kreis
seiner Pflichten gezogen worden. Das Ablesen des »Heftes« bildete
den Mittelpunkt seiner Wirksamkeit. An CZERMAK trat zunächst
die Aufgabe heran, ein Institut mit den nöthigen Apparaten herzustellen. Das Ministerium ging auf seine Forderungen und Vor-
schläge so vollständig ein, und zeigte sich so freigebig, dass er
bereits am 3. November 1858 die Anstalt mit der Versicherung eröffnen konnte, die Pester Universität brauche in dieser Hinsicht
den übrigen Hochschulen des In- und Auslandes von nun an nicht
mehr nachzustehen.

Die experimentelle Physiologie hielt ihren Einzug in die Räume
der Universität. Vivisectionen, bis dahin kaum gekannt, nur in den
seltensten Fällen geübt, gelangten an die Tagesordnung. Zu dem
besonderen Hervorheben des experimentellen Theiles bewog ihn
nicht allein die angeborene Neigung, dazu zwangen ihn auch die
thatsächlichen Verhältnisse. Gar manche seiner Zuhörer waren der
deutschen Sprache nur in beschränktem Maasse mächtig, andere
wieder der mathematisch-physikalischen Grundlagen unkundig, auf
welche CZERMAK in der Regel seine Lehren stützte. Seinem einfach klaren, stets durch gelungene Versuche beleuchteten Vortrage
gelang es, alle Zuhörer zu fesseln. Selbst ein ausgedehnter Kreis
praktischer Aerzte wandte sich, durch CZERMAK's Vorlesungen angeregt, wieder den physiologischen Studien zu. Wesentlich ihnen
zu Nutz und Frommen gab CZERMAK's Assistent, Dr. BALOGH, in
ungarischer Sprache die »Mittheilungen aus dem physiologischen
Institute der Pester Universität« heraus. Der Wechselverkehr mit
den ärztlichen Kreisen der Hauptstadt steigerte sich, als CZERMAK
an magyarischen Fachjournalen mitzuarbeiten begann. Auch die
grösste und stolzeste Freude eines Lehrers, die Heranbildung unmittelbarer Schüler wurde CZERMAK in Pest zu Theil. Mit seinen
Erfolgen in der Lehrthätigkeit wetteiferten die Triumphe auf der
Laufbahn des Forschers. Denn in die Pester Zeit fallen die epochemachenden Arbeiten über den Kehlkopfspiegel.

Als CZERMAK nach der trüben Krakauer Episode sich 1857 in Wien niedergelassen hatte, beschäftigte ihn vorzugsweise das Studium der Physiologie der Stimme und Sprachlaute. So ernst nahm er es mit demselben, dass er bei dem Lehrer des Arabischen am Polytechnikum, HASSAN aus Kairo, Unterricht nahm, um die Aussprache arabischer Laute kennen zu lernen. Die Resultate seiner Forschungen veröffentlichte er in den Sitzungsberichten der Wiener Akademie. Sie waren zunächst rein theoretischer Natur. Um über die arabischen Kehlkopflaute genaueren Aufschluss zu gewinnen, beschloss er, auch GARCIA's Untersuchungsmethode anzuwenden und mit dem Kehlkopfspiegel zu experimentiren. Er entlehnte zu diesem Zwecke von dem Primararzte am Krankenhause, Dr. L. TÜRCK, mehrere Spiegel, welche dieser im Sommer 1857 zu diagnostischen Zwecken hatte anfertigen lassen. Die Versuche, welche CZERMAK an sich selbst machte, liessen ihn sofort auch die hohe praktische Bedeutung des Instrumentes erkennen. Am 27. März 1858 empfahl er in der Wiener medicinischen Wochenschrift den Kehlkopfspiegel allen Aerzten zur allgemeinsten und ausgedehntesten Benutzung, und schon im Aprilhefte der Sitzungsberichte der Akademie veröffentlichte er »physiologische Untersuchungen« über den Kehlkopfspiegel, dessen Einrichtung er verbesserte, wie er auch die Beobachtungsmethode zuerst präcis und scharf festgestellt hatte.

In Pest setzte er seine Arbeiten mit rastlosem Eifer fort. »Nur wer Zeuge gewesen«, heisst es in einem Pester Nekrologe, »jener, Tage und selbst Nächte hindurch fortgesetzten Versuche, welche CZERMAK an seinem eigenen Kehlkopfe mit dem neuen Instrumente ausgeführt, um die Gesetze der Stimmbildung zu studiren — die Nachbarn erschraken über die Nachts stundenlang vernommenen ungewohnten Töne — nur der vermag einen richtigen Begriff zu gewinnen von der begeisterten, unermüdlichen Hingebung, mit welcher CZERMAK sich einem Gegenstande zu widmen im Stande war, der einmal sein Interesse geweckt«. Mit den Selbstbeobachtungen gingen zahlreiche Vorträge in den Sitzungen des Pester ärztlichen Vereins Hand in Hand. Seine Demonstrationen waren so überzeugend, dass ihm die hervorragendsten praktischen Aerzte, allen voran der Professor der Chirurgie BALASSA, Kranke zur Untersuchung und zur Einholung der Diagnose zuschickten. CZERMAK hatte die Genugthuung, dass er bereits am 8. Januar 1859 einen »eklatanten« Fall,

der den hohen Werth des Kehlkopfspiegels für Heilzwecke bewies,
in der Wiener medicinischen Wochenschrift veröffentlichen konnte.
Es handelte sich um einen an »nervöser Heiserkeit« leidenden Mann,
bei welchem die laryngoskopische Untersuchung einen kleinen Poly-
pen am rechten wahren Stimmbande als Ursache der Heiserkeit erkennen liess. Wenige Wochen später brachte er sieben weitere
laryngoskopische Diagnosen zur Kunde des ärztlichen Publikums
und zwar zuerst »aus Dankbarkeit gegen die Pester Collegen« in
dem Orvosi Hetilap, der magyarischen medicinischen Wochenschrift.
Eine Reise in den Herbstferien benützte CZERMAK, um in den klinischen Anstalten von Leipzig, Berlin, Breslau sein laryngoskopisches
Verfahren zu demonstriren und für die Anwendung des Kehlkopfspiegels Anhänger zu werben. Am Schlusse des Jahres legte er
die endgültigen Resultate seiner Forschungen und Untersuchungen
in dem Buche: Der Kehlkopfspiegel und seine Verwerthung für
Physiologie und Medicin nieder. Eine französische Uebersetzung
im Jahre 1860, die bald darauf folgende Aufnahme des Buches in
die »selected memoirs« der New Sydenham-Society und die bereits
1863 nothwendige neue Auflage des Originalwerkes bildeten glänzende literarische Ruhmestitel. Noch grösser als das Glück des
Buches war der praktische Erfolg seiner Entdeckungen. In der
ersten Auflage seines Werkes erklärt CZERMAK den Zweck des
letzteren erreicht, wenn der Kehlkopfspiegel der Reihe der täglich
gebrauchten Instrumente eingereiht würde, wie der Augenspiegel
und längst schon das Stethoskop. In der Vorrede zur zweiten Auflage durfte er mit gerechtem Stolze sagen: »Es sind nach und nach
alle jene Erwartungen von den Leistungen des Kehlkopfspiegels
in der Praxis erfüllt worden, zu welchen ich mich schon durch die
Erstlingsresultate meiner verbesserten Methode angeregt und berechtigt fühlte«.

Keinen anderen Wunsch durfte man für CZERMAK hegen als
die Dauer dieses innerlich und äusserlich vollkommen befriedigenden Daseins. Und gerade diesem Wunsche versagten die Götter die
Erfüllung. Der italienische Krieg 1859, in seinem Kommen wie im
Ausgange längst vorhergesehen, raubte Oesterreich nicht allein eine
schöne Provinz, sondern hob den ganzen Staat aus den Angeln,
vernichtete mit einem Schlage den mühselig während eines Jahr-
zehnts errichteten politischen Bau. In keinem Lande Oesterreichs

raste der Sturm so heftig wie in Ungarn. Die Nation erinnerte sich
nur der schweren Leiden, welche sie seit dem blutigen Ende der
Revolution erduldet, sie vergass darüber das einzelne Gute, welches
die reactionäre Regierung geschaffen. In einem Rufe einigten sich
alle Ungarn: Fort mit der Centralisation, fort mit den Trägern der
Centralisation, mit den Deutschen! Die nationale Bewegung ergriff
auch die Universitätskreise. Die Studenten verfassten eine Petition
um Erhebung der magyarischen Sprache zur Unterrichtssprache und
der neugewählte Senat schloss sich der Forderung der Studenten
an. Was sollte CZERMAK thun? Gewiss durfte er annehmen, dass
der Schritt nicht gegen seine Person gerichtet sei. Er war der
Sympathie seiner Zuhörer und der Achtung seiner Collegen sicher.
Offenbar hatte das angesehenste medicinische Journal: Orvosi Hetilap auch CZERMAK vor Augen, als es »im Interesse der Wissenschaft und Bildung« sich gegen die Petition des Senates aussprach.

Die deutschen Professoren befanden sich in der peinlichsten
Lage. Wenige unter ihnen mochten es lieben, für Werkzeuge der
reactionären Regierung gehalten zu werden. Wenn sie aber die
politischen Tendenzen der magyarischen Nation billigten, sprachen
sie damit die eigene Absetzung aus. Aus der widerspruchsvollen
Stellung, in welche auch CZERMAK trotz seiner geringen Empfänglichkeit für alles politische Treiben gerathen war, rissen ihn die
dringenden Bitten seiner Schwiegereltern, in ihrer Nähe in Prag zu
leben. Sie empfanden schmerzlich die Entfernung von Kindern und
Enkeln und sahen jetzt in den wirren Zeiten, die über die Pester
Universität hereinzubrechen drohten, für CZERMAK den passenden
Augenblick gekommen, ihrem Wunsche zu willfahren. CZERMAK
ging sofort auf diesen Plan ein. Er reichte freiwillig dem Ministerium
seine Resignation ein und nahm am 13. Juli 1860 von seinen Zuhörern mit herzlichen Worten Abschied. Gerade in diesen Tagen
wurde CZERMAK's »Bericht über das physiologische Institut in Pest«
im Drucke vollendet. Die Schrift, welche seine Thätigkeit als Universitätslehrer einleiten sollte, gestaltete sich auf diese Art zu einem
Rechenschaftsberichte und zu einem Schlussworte, mit welchem er
sich von seinem Wirkungskreise lossagte.

»Mögen meine Nachfolger jenen Geist, welchen ich in meinem
Berufskreise zu wecken bestrebt war, fernerhin lebendig erhalten
und auf dem noch jungfräulichen Boden dieses Landes heimisch

machen. Ich selbst fühle mich nicht berufen, trotz aller Beweise von Freundschaft und Anerkennung, deren ich mich bisher erfreute, meine Thätigkeit als Universitätslehrer in Pest jener nationalen Strömung entgegen länger fortzusetzen, welche in der Petition des akademischen Senates um sofortige Einführung der magyarischen Unterrichtssprache an der Universität einen unzweideutigen Ausdruck gefunden. Und so nehme ich denn schliesslich freundlichen und herzlichen Abschied von Pest, von den Freunden und Schülern, indem ich mich der Hoffnung hingebe, dass ich eben so bleibende und wohlthätige Spuren meines zweijährigen Wirkens an der hiesigen Hochschule hinterlasse, als ich bleibende und angenehme Erinnerungen an die schöne, wenn auch kurze Zeit meines hiesigen Aufenthaltes mitnehme«.

Mit dem Entschlusse, als einfacher Privatmann der physiologischen Forschung ausschliesslich zu leben, übersiedelte CZERMAK nach Prag, wo er auf dem väterlichen Grundstücke sich ein kleines Laboratorium erbaute, und wie die 1864 publicirten »Mittheilungen aus dem physiologischen Privatlaboratorium« lehren, eifrig mit Specialstudien beschäftigte. Den Kehlkopfspiegel hielt er aber auch jetzt noch in den Händen fest. Die vollendete Meisterschaft im Demonstriren mit demselben legte den Gedanken nahe, nachdem er literarisch den Gegenstand abgeschlossen, nun auch durch unmittelbare, persönliche Unterweisung Anhänger und Mitarbeiter zu sammeln. Der Reise nach deutschen Universitätsstädten im Jahre 1859, und einem Ausfluge nach Paris 1860 reiht sich eine längere Wanderung nach England, Schottland und Irland 1863 an. In London, Dublin, Glasgow, Edinburgh setzte er seine Propaganda in Hospitälern, öffentlichen gelehrten Gesellschaften und Privatkreisen fort und bekehrte einen grossen Theil der medicinischen Welt von dem überraschend hartnäckigen Unglauben an den praktischen Werth der Laryngoskopie. Im chemischen Hörsaal des St. Bartholomäus-Hospitals in London gelang es ihm unter dem freundlichen Beistande Professor FRANKLAND's die bei prachtvoller elektrischer Beleuchtung erhaltenen laryngoskopischen Bilder in beträchtlich vergrösserten Dimensionen vermittelst einer Linse auf einen Schirm zu projiciren. Ueberall drang er durch und erfreute sich grosser Anerkennung. Das Throat-Hospital ernannte ihn zu seinem Vicepräsidenten, gelehrte Gesellschaften schenkten ihm ihre Diplome. Einen Augenblick dachte er daran, sich in London als laryngoskopischer Diagnostiker förmlich und dauernd niederzulassen.

Wohlverdient waren alle diese Erfolge. Leider sollten sie nicht ungetrübt bleiben. die Freude an dem siegreichen Einzuge des Kehlkopfspiegels in die medicinische Praxis durch einen hässlichen, von Dr. TÜRCK in Wien angeregten Prioritätsstreit arg vergällt werden. CZERMAK sah sich zur Abwehr und zur Vertheidigung seiner Rechte gezwungen. Und diese Rechte mussten ihm sofort zugestanden werden, wenn man die Frage richtig stellte und unbefangen prüfte. wer die Bedeutung des Instrumentes für Heilzwecke erkannt und die Erfindung zuerst fruchtbar gemacht hatte.

»Ich verwendete. erklärte CZERMAK. von vornherein einen grossen durchbohrten Hohlspiegel zur Beleuchtung. um das Licht auf den eingeführten Kehlkopfspiegel immer in jener Richtung zu werfen. in welcher das Auge des Beobachters in den Spiegel hineinsieht und um zugleich das Licht einer künstlichen Lichtquelle z. B. einer einfachen Moderateurlampe hinreichend zu concentriren und zu den fraglichen Versuchen verwenden zu können. Ich hatte mir eine bequeme und ausreichende künstliche Beleuchtung geschaffen, welche mich in den Stand setzte ununterbrochen arbeiten zu können. ohne Sonnenlicht erwarten zu müssen. welches meine beiden Vorgänger, GARCIA und TÜRCK absolut nicht entbehren zu können glaubten. Weiter aber habe ich meine allerersten Versuche an mir selbst angestellt, um die Bedingungen kennen zu lernen, die sowohl vom Beobachter, als vom Beobachteten für das Gelingen des Versuches zu erfüllen sind, und nur hierdurch habe ich jene gründliche Vertrautheit mit allen Seiten der Aufgabe und jene manuelle Geschicklichkeit erlangt. welche allein zur Erzielung endgültiger Resultate führen konnte«.

Mit berechtigtem Stolze durfte CZERMAK daher sagen: »das Kehlkopfspiegelchen war eine spröde Braut. von vielen gekannt und umworben, ich aber habe sie heimgeführt«. Er durfte von sich behaupten, dass er allein den Kehlkopfspiegel vor dem Schicksal des Vergessenwerdens bewahrt und erst durch seine Untersuchungsmethode die Erfindung erfolgreich gemacht habe. Zuweilen scherzte er über den »Türckenkrieg«. in welchen er habe ziehen müssen. In Wahrheit aber liess der Streit einen scharfen Stachel in ihm zurück. Dass die Pariser Akademie den Monthyonpreis zwischen ihm und

seinem Concurrenten theilte, obgleich sie CZERMAK's Verdienste vollständig anerkannte und ausdrücklich erklärte, auf die Prioritätsfrage
nicht eingehen zu wollen, verlieh der Auszeichnung einen bittern
Beigeschmack und trübte tief seine Stimmung. Ob die Keime der
Krankheit, welche sich gerade in dieser Zeit zeigten und auf sein
ganzes Leben und Wirken von nun an einen düsteren Schatten war-
fen, nicht durch die langen und starken Gemüthsaffecte in ihrer
Entwicklung gefördert wurden?

CZERMAK's Aufenthalt in Prag währte nahezu fünf Jahre. Alle
Freunde und Fachgenossen glaubten, die Regierung werde ihn
.dauernd an seine Vaterstadt durch Verleihung einer Professur fesseln.
Da diese Erwartung unbegreiflicher Weise nicht in Erfüllung ging,
auch sonst die Wirksamkeit in Prag ihm nicht vollständig zusagte,
dachte CZERMAK an eine Aenderung seines Aufenthaltes und nahm
1865 einen Ruf nach Jena an. Rasch lebte er sich in den Gelehrten-
kreis Jena's ein; emsig waltete er seines Amtes und auch die Special-
forschung erfreute sich, wie die Schriften der Wiener Akademie
aufweisen, reicher Pflege. Ein neues Thätigkeitsfeld bot sich CZERMAK
hier in populären Vorträgen. Bis dahin hatte er sich nur einmal
auf diesem Felde versucht, in Brünn, wo sein älterer Bruder JOSEPH
als Director der Landesirrenanstalt lebte, 1858 einen Vortrag über
das Wesen der Nerventhätigkeit gehalten. In Jena musste er sich
der akademischen Sitte fügen und an den weithin bekannten »Rosen-
vorträgen« theilnehmen. Das Herz, das Ohr, die Sprach- und
Stimmbildung waren die Gegenstände, welche er in den Jahren
1867 bis 1869 im Rosensaale behandelte. CZERMAK hatte von dem
Werth und Nutzen populärer Vorlesungen eine bessere Meinung als
die Mehrzahl der Fachgenossen. Er war überzeugt, dass »wissenschaftliche Vorträge, welche keinerlei sachliche Kenntnisse voraussetzen, sondern unter Anwendung einiger Einbildungskraft und Aufmerksamkeit von Jedermann verstanden werden können — und hierdurch allein dürfen und sollen sich sogenannte populäre Vorträge
von streng wissenschaftlichen unterscheiden — eines der werthvollsten
Mittel zur Verbreitung wahrer Bildung und Humanität darstellen
und der Würde der Wissenschaft und ihrer Vertreter nicht den mindesten Eintrag thun«. Allerdings legte er auch einen hohen Maassstab an den Vortragenden und verlangte von diesem eine noch gründ-
lichere und umfassendere Vorbereitung als für ein Fachcollegium.

Ihm kam dabei seine Meisterschaft im Demonstriren, seine Geschicklichkeit in der Herstellung von Apparaten und Anschauungsmitteln
zu Statten. Schon längst hatte seine Kunst, selbst schwierige und
verwickelte Probleme klar und deutlich zu machen, mit den einfachsten Apparaten zu operiren, und durch die präcise und scharf
logische Darstellung das Verständniss seiner Lehren förmlich zu
erzwingen, Bewunderung erregt. Jetzt konnte er seine Kunst vollkommen zur Geltung bringen und sein Ideal naturwissenschaftlichen
Unterrichtes verkörpern. Es ist kaum zweifelhaft, dass der Erfolg
der populären Vorträge auf seinen Entschluss, abermals Wohnort
und Thätigkeitskreis zu ändern, mitbestimmend einwirkte.

CZERMAK war kein Fanatiker des Katheders. In der regelmässigen Wiederkehr der Semester, in der stetigen Wiederholung
derselben Lehrcurse fand er eine lästige Fessel freier Thätigkeit.
Er konnte seiner Neigung, nur Selbsterforschtes zu lehren und jede
Demonstration, jedes Experiment in vollendeter Weise vorzuführen,
nicht nachleben, er musste sich in einzelnen Theilen seiner Wissenschaft an überlieferte Lehren, an fertige Resultate halten. Auch die
Pflichten und Rechte, welche durch das Corporationswesen der Universitäten bedingt waren, erschienen ihm wenig zusagend. Dazu
kam noch, dass allmählich in der Richtung seiner Gedanken eine
Wendung eintrat, welche ihn eine grössere Concentration wünschen
liess, als sie die mannigfachen Geschäfte eines Docenten gemeinhin
gewähren.

Nach dem jämmerlichen Zusammenbruche der naturphilosophi-
schen Speculation herrschte eine Zeit lang der Empirismus ziemlich
unbeschränkt. Vollständig zurückdrängen liessen sich aber die Fragen
nach dem letzten Grunde der Dinge, nach der einheitlichen Wurzel der
mannigfachen Erscheinungswelt nicht, auch die Untersuchungen nicht
zurückweisen, unter welchen Bedingungen die Erkenntniss zu Stande
kommt, welches Maass von Gewissheit ihr innewohnt. Gerade die
hervorragendsten Naturforscher fühlten das Bedürfniss, von den Thatsachen der äusseren Erfahrung zu begriffsmässigen Bestimmungen
emporzusteigen, der philosophischen Betrachtungsweise sich wieder
zu nähern. CZERMAK, mit einer besonders feinen Empfänglichkeit
für jeden neuen Zug in seiner Wissenschaft begabt, stets scharf
ausspähend auf die Wege, welche die moderne Naturbetrachtung
einschlug, griff mit immer wachsendem Eifer, ja mit wahrer Be-

geisterung die Aufgaben auf, welche die Philosophie dem Naturforscher stellte. Um sich genauer zu orientiren, warf er sich auf
das Studium SCHOPENHAUER's und pflegte mit Vorliebe den Verkehr
mit Philosophen, unter welchen ihn der geistesverwandte LAZARUS
vorzugsweise fesselte.

CZERMAK's elastischer Geist erregt doppelte Bewunderung, wenn
man sich erinnert, dass er den Entschluss, fortan den tiefsten Problemen der Naturwissenschaft seine Forscherkraft zu widmen, in
Tagen fasste, in welchen ihn die traurige Gewissheit eines unheil-
baren Leidens bereits umschwebte. Bei einem Besuche Karlsbads war
er einmal mit einem diabeteskranken Freunde zusammengetroffen.
Vom Wissensdrang getrieben, prüfte er den Harn des Kranken, ihn
mit dem eigenen vermeintlich gesunden vergleichend und machte
da die unheimliche Entdeckung, dass er von dem gleichen Leiden
ergriffen sei. CZERMAK vergalt es Karlsbad nicht, dass ihm hier
zuerst die frohe Lebenszuversicht entrissen wurde. Kein Ort glänzte
so hell in seinen Erinnerungen, wie Karlsbad, keinen Ruf vernahm
er so freudig, wie die Mahnung des Arztes, welche ihm den Gebrauch des Sprudels vorschrieb. In jedem Sommer der letzten zehn
Jahre kehrte er für einige Wochen in Karlsbad ein und zählte diese
zu den angenehmsten und heitersten, die er jemals verlebt hatte.
Er gehörte zu den regelmässigen, zu den beliebtesten Mitgliedern
der Tafelrunde, welche sich in dem gastlichen Hause seines Arztes.
Dr. SEEGEN, zu versammeln pflegte. Sein Talent, Bekanntschaften
anzuknüpfen und zu festen Freundschaften weiterzuspinnen, kam
hier zur vollen Geltung. Es besuchte keine literarische oder wissenschaftliche Celebrität Karlsbad, mit welcher er nicht in Verkehr getreten wäre. Und sammelten sich die neugewonnenen Freunde zu
einem Feste oder zu einem geselligen Verein, so tauchte auch die
alte Lust an Scherz und neckendem Spiele wieder auf, und muntere
Reden und launige Verse entströmten zu allgemeiner Erheiterung seinen Lippen. Doch währte die gute Stimmung immer nur die kurzen
Wochen der Kurzeit. Der tückische Dämon liess sich auf einige
Augenblicke vergessen, aber nicht bannen und vertreiben. Durch
die sorgsamste Pflege und peinlich gewissenhafte Befolgung diäte-
tischer Vorschriften konnte der rasche Fortschritt der Krankheit gehemmt werden, die Hoffnung auf Wiedergenesung erschien aber
seinem klaren Blicke gar bald eitel. Um so rathsamer war es, die

Kräfte zusammenzuhalten und was von Lebensmuth und Energie vorhanden war, in einer Richtung zu sammeln. Ohne Bedenken gab CZERMAK die Professur in Jena auf und übersiedelte 1869 nach Leipzig, wo ihm eine ordentliche Honorarprofessur angeboten worden war. Er blieb mit der Universität verbunden, durfte jedoch über das Maass und die Form seines Wirkens frei bestimmen.

Ueber seine Ziele und Zwecke sprach sich CZERMAK in der Leipziger Antrittsrede (13. November 1869) mit voller Offenheit und Entschiedenheit aus: »Bei der vollendeten Vertretung der Physiologie durch LUDWIG, sagte er, müsse er seinen Vorlesungen eine besondere Richtung geben, eigenthümliche Ziele denselben stecken«. Indem er als die höchste Aufgabe der Physiologie »die folgerichtige und erfahrungsgemässe Ableitung des gesammten Lebens mit allen übrigen Naturerscheinungen aus einem und demselben Reiche allgemeiner Gesetze des Wirkens« bezeichnet, definirt er sein Vorhaben dahin, »den Versuch einmal zu wagen, die Physiologie als einen Gegenstand zu behandeln, der sich etwa wie die allgemeinen philosophischen Collegien als unerlässliches Element eines höheren Bildungsganges in den Studienplan eines jeden Universitätshörers einfügen lasse«. CZERMAK nahm für die Physiologie »eine centrale Stellung in dem weiten Kreise des Wissens und Könnens« in Anspruch und in einer schriftlichen Aufzeichnung aus jenen Tagen legte er folgendes Bekenntniss ab: »Jeder, der gar keines künstlerischen Interesses und Genusses fähig wäre, würde heutzutage gewiss nicht zu den Gebildeten gezählt werden. Nun, die Zeit dürfte nicht mehr fern sein, wo man auch denjenigen nicht für voll erklären wird, der bei näherer Betrachtung der Naturvorgänge kalt und unberührt bleiben würde, keinen, dem künstlerischen analogen geistigen Hochgenuss im Begreifen der Natur zu empfinden im Stande wäre«. Um die Erkenntniss des Naturwirkens dem Laienverstande nahe zu bringen, hielt er die unmittelbare Anschauung, auch das demonstrative experimentelle Element im Vortrage unentbehrlich und legte auf eine zweckmässige Einrichtung des Hörsaales das grösste Gewicht. »Das Auditorium muss in ein Spectatorium verwandelt werden«.

Nach zwei Seiten hin entfaltete CZERMAK in den ersten Jahren seiner Leipziger Periode eine rastlose Wirksamkeit. Er scheute weder Mühe noch Kosten, um den Musterhörsaal auf seinem Privatgrundstücke den höchsten Anforderungen entsprechend zu gestalten. Eine Reise, im December 1869 nach London unternommen. galt vorzugsweise der Besichtigung ähnlicher Institute. Huxley und Tyndall gingen ihm dabei freundschaftlich an die Hand. Gleichzeitig aber begann er mit nahezu fieberischer Hast die Vorbereitung der akademischen Vorträge. Kaum dass er sich einen Spaziergang. eine Erholung gönnte. den ganzen Tag. oft auch den grössten Theil der Nacht bis zu den ersten Morgenstunden brachte er am Schreibtische zu. Die hinterlassenen Aufzeichnungen beweisen, dass er die wichtigsten physiologischen Processe für die Vorlesungen speciell durchgearbeitet. überall auch bereits die nöthigen Demonstrationen. die Aufeinanderfolge der Experimente skizzirt hat. Ihm genügte aber nicht, die einzelnen Erscheinungen in vollkommener Anschaulichkeit den Zuhörern vorzuführen, er wollte vielmehr mit einer Darlegung der Principien der mechanischen Naturauffassung die Erörterung der eigentlichen physiologischen Processe einleiten und so auf diese Art eine Lücke. wie er meinte. im medicinischen Unterrichtssystem ausfüllen.

Liegen auch Czermak's Vorträge nicht in der endgültig abgeschlossenen Form vor. — alle Freunde wissen. wie unablässig er an seinen Schriften feilte. und immer wieder an Einzelheiten zu ändern und zu bessern fand. — so reicht doch die Gestalt. in welcher sie sich erhalten haben. hin, seine Zielpunkte erkennen zu lassen. Es galt, nach seinen eigenen Worten, den Nachweis zu liefern, dass die Vorgänge in der Natur. so verschieden und mannigfach sie auch erscheinen mögen, in letzter Instanz durch mechanische Bewegung zu Stande kommen, dass es für den Naturforscher nur mechanische Bewegungskräfte, nur Combinationen derselben Anziehungs- und Abstossungskraft gebe. Allem Geschehen liegen Bewegungen und deren Triebkräfte zu Grunde. Diese Einsicht hoffte er durch die Vorträge zum Gemeingut aller Gebildeten zu machen. Er wollte zunächst den Kreislauf der Stoffe in den drei Naturreichen schildern, die Unzerstörbarkeit der Materie. der Stoffatome beweisen. Von der Unzerstörbarkeit der Kraft. von den mannigfachen Formationen der letzteren handelten weitere Vorträge. Endlich sollte das eigentliche Wesen der Formationen. auf welchem das Gesetz der Erhaltung der Kraft beruht. ergründet werden. Wohl kannte Czermak den Gegensatz dieser Lehren zu den von Alters her herrschenden

Anschauungen, insbesondere zu dem überlieferten Kirchenglauben. Diese Erkenntniss aber konnte und durfte ihn nicht hindern, was er für Wahrheit hielt, offen auszusprechen und zu vertheidigen. Von Natur friedliebend und jedem herausfordernden Wesen abhold, in politischen Dingen maassvoll gesinnt, hatten ihn doch Erfahrung und die eigene Jugendentwickelung die Schäden und Gefahren engherziger Dogmatik nur allzu deutlich wahrnehmen lassen, als dass ihm der Gedanke, in den Kampf der Wissenschaft gegen die Irrthümer des alten Glaubens persönlich einzugreifen, irgend welche Pein verursacht hätte. Wie sehr wünschte er vielmehr seinen Vorlesungen eine ähnliche Bedeutung zu verleihen, welche die Sonntagsvorträge in der George-Hall in London, von den hervorragendsten englischen Gelehrten gehalten und gegen die Orthodoxie unmittelbar gerichtet, besassen. Und einen grossen Erfolg hätten sie auch ohne Zweifel erreicht, wenn nicht Krankheit und äussere Umstände hemmend dazwischen getreten wären. Für die Erhaltung der Kraft in der Natur stritt er, aber die eigene Körperkraft sank immer tiefer, durch die rastlose Arbeit übermässig angestrengt, insbesondere durch die ärgerlichen Sorgen, welche die Herstellung des »Spectatoriums« veranlassten, nahezu aufgerieben. Der Bau zwar war rasch und zu seiner vollsten Befriedigung vollendet worden, die innere Einrichtung dagegen, und die Beschaffung der Apparate verzögerten sich gegen alle Berechnung und ohne seine Schuld ungebührlich lange, so dass er die Zeit bis zur Eröffnung des Hörsaales wiederholt als seine Märtyrerzeit schilderte. Und es liessen nicht die körperlichen Kräfte allein nach. Auch die geistige Frische litt unter den immer häufiger und stärker sich wiederholenden Anfällen schwerster Melancholie. Dunkle Bilder belasteten seine Phantasie, eine krankhafte Furcht, das Richtige zu treffen, lähmte seinen Willen. Langsam nur, unter stetem Schwanken, reiften seine Entschlüsse, selbst die einfachste äussere That kostete ihn mannigfache innere Kämpfe und grosse Mühen. Und war sie vollbracht, hätte er sie am liebsten wieder ungeschehen gemacht. Als er endlich am 21. December 1872 das »physiologische Privatlaboratorium der Universität Leipzig« feierlich mit einer Vorlesung eröffnete, wie arg stach die resignirte Stimmung von der Schaffensfreude ab, welche seine Antrittsrede vom Jahre 1869 durchweht hatte. Es bekümmere ihn tief, so begann er, nicht erfüllt zu haben, was er vor einem Triennium in

d *

Aussicht gestellt, allein zahllose Hemmungen und Hindernisse hätten seine Gemüths- und Gesundheitsverhältnisse bis zur Unerträglichkeit verschlimmert. Viele Monate hindurch sei er von jeder geistigen Thätigkeit, von der Verfolgung und Ausführung seiner wichtigsten Ideen und Pläne zurückgehalten worden, und auch jetzt sei die Kraft und die Freude noch nicht in vollem Maasse wiedergekehrt. Allerdings entstand »ein in mannigfachen Richtungen mustergültiger Versammlungsraum, wie ihn wohl kaum eine andere unserer deutschen Universitäten besitzen dürfte; doch die besonderen und weitläufigen Vorkehrungen für den geplanten physiologischen Anschauungsunterricht fehlen noch fast gänzlich und werden erst sehr allmählich herbei zu schaffen sein, vorausgesetzt, dass mir die Kraft und die Freude an der Arbeit vollkommen wiederkehrt und dauert. Denn ich kann und will mich nicht wieder zu übermässigen, für meine Individualität aufreibenden Anstrengungen drängen und drängen lassen.« In liberalster Weise übergab er am Schlusse seines Vortrages das Spectatorium der Universität zu wissenschaftlichen Zwecken. Früher und in anderer Weise, als er sich es gedacht, trat die Leipziger Universität den Besitz der Musteranstalt an. Nach CZERMAK's Tode überwies die Wittwe den ganzen Bau der Hochschule und liess ihn in dem »medicinischen Quartier« neu aufrichten, in der zuversichtlichen Hoffnung, dass der in der ersten Anlage des Spectatoriums verkörperte Grundgedanke auch hier seine lebendige Verwirklichung finden und die auf Anschauung gegründete Naturerkenntniss sich als wichtiges allgemeines Bildungsmittel bewähren werde.

Fast wie eine Ahnung des nahen Todes, der ihn neun Monate später ereilen sollte, klingen diese trüben, verzagten Worte in seiner Eröffnungsrede. Einer ähnlichen gedrückten Stimmung gab er im Herbst 1872 in mündlichen und schriftlichen Aeusserungen schroffen Ausdruck. Doch noch einmal erwachte in CZERMAK die alte Begeisterung für die wissenschaftliche Forschung. Ein letzter warmer Sonnenstrahl erleuchtete den Abend seines Lebens. Im böhmischen Bade Wartenberg hatte er, leider nur vorübergehend, Erleichterung und Stärkung gefunden, hier zufällig seine Aufmerksamkeit auf hypnotische Erscheinungen bei Thieren gelenkt. Nach Leipzig zurückgekehrt, studirte er mit grossem Eifer »das Wunderexperiment über den Einfluss der Einbildungskraft der Hühner« und war im

Anfang 1873 im Stande, nicht nur in Fachjournalen die hypnotischen Erscheinungen zu erörtern, sondern auch in populären, auf zwei Abende vertheilten Vorträgen anschaulich und lebendig zu schildern. Der Erfolg derselben war so gross, dass er sie am 11. und 17. Februar wiederholen musste. Die 500 Zuhörer, welche das Amphitheater füllten, überzeugten sich bei dieser Gelegenheit von der unübertrefflichen Einrichtung des »Spectatorium« und von der vollendeten Lehrgabe des Meisters. Und wie Czermak es stets liebte, von dem Einzelnen zu allgemeinen Betrachtungen emporzusteigen und seine besonderen Studien der menschlichen Bildung dienstbar zu machen, so benutzte er auch die Beschreibung der hypnotischen Erscheinungen zu einem Feldzuge gegen die geistige Epidemie des Spiritismus und geisselte in schonungsloser Weise die Gespenstergläubigen, welche damals noch nicht wie in unseren Tagen ihren Wahn mit scheinwissenschaftlichen Namen schmückten. Es schien ihn ein neues Leben zu durchströmen. Seine Freunde lasen mit freudiger Ueberraschung in seinen Briefen, dass er sich »wohl und wunderbar genesen fühle«. Er dachte an die Vollendung seiner Vorlesungen über die Principien der mechanischen Naturauffassung: er hoffte, durch den Erfolg seiner Vorträge über den Hypnotismus sichtlich gehoben, im Winter auch den längst vorbereiteten grösseren Cyclus wirklich halten zu können; er plante eine »Spritztour nach Constantinopel« und übernahm im Verein mit Professor Rosenthal die Herausgabe der deutschen Publikationen der »Internationalen wissenschaftlichen Bibliothek«. Im Verborgenen hatte aber der Todeskeim sich stetig entwickelt. Das frische, heitere Wesen, die stattliche Erscheinung waren der Krankheit schon seit längerer Zeit zum Opfer gefallen. Aber eine eigenthümliche Vergeistigung der Züge machte sich in den letzten Jahren bemerkbar und wirkte auf jeden Betrachtenden in hohem Grade fesselnd. Der Kopf erschien ausgearbeiteter, die Stirn mächtiger, das Auge hatte an Milde, der Mund an Feinheit gewonnen.. Im Sommer 1873 brach er plötzlich zusammen, die diabetischen Erscheinungen gestalteten sich immer gefahrdrohender. Weder Wartenberg, noch Karlsbad, in früheren Jahren wenigstens augenblicklich erfolgreich, brachten Linderung des Leidens. Beinahe schon sterbend kehrte er nach Leipzig zurück. Doch war ihm noch in den letzten Tagen eine grosse Freude beschieden. Seine Tochter, von ihm als die einzige besonders zärtlich geliebt, hatte sich mit einem ihm vielfach nahestehenden, von ihm hochgeschätzten Manne verlobt. Er legte auf seinem Sterbelager in sichtlich gehobener Stimmung die Hände des Brautpaares zusammen. Wenige Tage später, am 16. September 1873 schloss ein Leben, welches ein Vierteljahrhundert lang der Wissenschaft, ihrer Vertiefung und Ausbreitung treu und unablässig gedient hatte.

È bello doppo il morire vivere ancora. CZERMAK lebt fort in der liebevollen Erinnerung der Familie und der Freunde, welche zu erwerben und festzuhalten er trefflich wie kaum ein anderer Mann verstand. Sein Gedächtniss an der Leipziger Universität sichert das »CZERMAK'sche Spectatorium«.

Sein Name bleibt in der Geschichte der medicinischen Wissenschaft unvergessen und für ewige Zeiten ruhmreich an die Laryngoskopie geknüpft. Wir beklagen seinen vorzeitigen Verlust, wir preisen ihn aber als einen Forscher, der Grosses nicht nur angestrebt, sondern auch geleistet hat.

Populäre

physiologische Vorträge,

gehalten

im akademischen Rosensaale zu Jena

in den Jahren

1867 — 1868 — 1869.

(Mit Tafel 1—3 und 34 Holzschnitten.

[Wien, Czermak. 1869.]

Vorwort.

In Jena werden seit mehr als zwei Decennien alljährlich während des Wintersemesters im Saale des akademischen Rosengebäudes wissenschaftliche Vorlesungen aller Art vor einem zahlreichen, überwiegend aus Damen bestehenden Publikum abgehalten.

Der Ertrag dieser »Rosenvorlesungen«, welche ursprünglich der um Jena so hochverdiente, erst kürzlich verstorbene Geheime Hofrath Prof. GÖTTLING ins Leben gerufen hatte, um sich reichlichere Mittel zur Gründung und Erweiterung des archäologischen Museums der Universität zu verschaffen, wird zu verschiedenen gemeinnützigen Zwecken bestimmt.

Abgesehen von dieser materiellen Seite der Sache hält man es in Jena von vielen Seiten für eine Art moralischer Verpflichtung eines Akademikers dem gebildeten Publikum der Universitätsstadt gegenüber, an dem Unternehmen der Rosenvorlesungen activ sich zu betheiligen.

Ich habe mich als Mitglied des hiesigen Senats und der medicinischen Facultät einer solchen Betheiligung an diesem Unternehmen um so weniger entziehen zu dürfen geglaubt, als ich die Meinung mancher achtungswerthen Fachmänner ni c h t theile, dass es werthlos sei, und die Wissenschaft profaniren heisse, dem Laienpublikum sogenannte »p o p u l ä r e V o r l e s u n g e n« zu halten, sondern im Gegentheil fest überzeugt bin, dass wissenschaftliche Vorträge, welche keinerlei sachliche Vorkenntnisse voraussetzen, sondern unter Anwendung einiger Einbildungskraft und Aufmerksamkeit von J e d e r - m a n n verstanden werden können — und hierdurch allein dürfen und

1 *

sollen sich sogenannte »populäre« von streng wissenschaftlichen Vorträgen unterscheiden! — eines der werthvollsten Mittel zur Verbreitung
wahrer Bildung und Humanität darstellen. und der Würde der Wissenschaft und ihrer Vertreter nicht den mindesten Eintrag thun!

Im Begriffe meine akademische Stellung in Jena mit einer solchen
in Leipzig zu vertauschen. wünsche ich durch die vorliegende Ver-
öffentlichung der von mir gehaltenen »Rosenvorträge« zunächst dem
gebildeten Publikum der ersteren Stadt. in welcher ich nun seit vier
Jahren gewohnt und gewirkt habe. ein Zeichen dankbarer Erinnerung
an diese schöne Zeit ungestörter Berufsthätigkeit und gemüthlichen
Stilllebens zu hinterlassen: — sodann die vielen Beweise freundlichen
Entgegenkommens von Seite der Bewohner meiner neuen Heimat zu
erwiedern: — und endlich den weiten Kreisen der deutschen Leser-
welt einen vielleicht nicht unwillkommenen Beitrag zur populären
naturwissenschaftlichen Literatur darzubieten.

Ich habe es mir nicht leicht werden lassen, den Leser in den
Stand zu setzen, meinen Besprechungen mit Leichtigkeit folgen zu
können. Zahlreiche bildliche Darstellungen — fast durchweg nach
selbstentworfenen Zeichnungen — begleiten zu diesem Zweck erläu-
ternd den Text.

Aber freilich die unmittelbare Wirkung des lebendigen Wortes
und der *ad oculos* demonstrirten Experimente lässt sich hierdurch nicht
ganz erreichen!

Jena, Ostern 1869.

Der Verfasser.

I.

Das Herz und der Einfluss des Nervensystems auf dasselbe.

Vortrag, gehalten den 9. Januar 1867.

(Mit Tafel 1 und 8 Holzschnitten.)

Geehrte Versammlung!

Man spricht in allen Sprachen von Menschen ohne Herz — und meint damit Menschen ohne Gemüth; dagegen sagt man von einem gemüthvollen Menschen, er habe Herz: — ein gutes, ein schlechtes, ein hartes, ein weiches Herz u. s. w.; solcher figürlichen Redensarten, in denen das Herz eine ethische Bedeutung bekommt, gibt es unzählige!

Der Gegenstand, mit welchem ich Sie heute Abend genauer bekannt zu machen und in ernsterer Weise zu unterhalten bemüht sein werde, betrifft das menschliche Herz — und was mich dazu bestimmte, gerade diesen Gegenstand an diesem Orte zu besprechen, ist einfach der Wunsch, Ihnen die Antwort des Physiologen zu geben auf die naheliegende Frage: Wie kommt das Herz zu jener ethischen Bedeutung, welche ihm der Sprachgebrauch aller Völker und Zeiten beilegt, da es seiner eigentlichen Natur nach doch nichts anderes ist, als ein zwar höchst sinnreiches, im Grunde aber höchst prosaisches Pumpwerk, welches das Blut in den Gefässröhren des Körpers in kreisender Bewegung umhertreibt; — ein Pumpwerk, bestehend aus rhythmisch sich zusammenziehenden sogenannten Fleisch- oder Muskelfasern und versehen mit beweglichen Klappen oder Ventilen, aus sehnigen Häutchen gewebt. —

Wie kommt das Herz als ein grob materieller Fleischklumpen zu einer Beziehung zu den idealsten Regungen unsers Gemüthslebens?

Dass übrigens eine geheimnissvolle und innige materielle Beziehung zwischen Herz und Gemüth existirt, welche der Sprachgebrauch nicht unberechtigt bis zur Identificirung der beiden Ausdrücke steigert — das ist eine Thatsache der täglichen Erfahrung. Wer von uns hätte sein Herz nicht stärker und rascher pochen gefühlt bei einer frohen Nachricht, welche der elektrische Draht unverhofft brachte? — oder wenn freudiges Gelingen die Mühen langer Arbeit lohnte, ungeduldige Erwartung den quälend langsamen Schritt der Zeit verwünschen liess? Wer von uns hätte nicht empfunden, dass das Herz wiederum träge, schwach und langsam schlug, wenn tiefe Entmuthigung oder Trauer die Stimmung unseres Gemüthes verdüsterte? Ja die meisten werden schon erfahren haben, dass das Herz momentan ganz stillstehen konnte, wenn eine erschütternde Kunde sie unerwartet — wie ein Blitz aus heiterem Himmel — traf, oder eine unmittelbare Gefahr mit all' ihren überwältigenden Schrecken plötzlich an sie herantrat!

In der That, wem sollten entgangen sein die so verschiedenartigen Veränderungen der Herzthätigkeit während der Momente enthusiastischer Begeisterung, zorniger Wallung, peinlicher Verlegenheit, sittlicher Entrüstung, angstvoller Erwartung, lähmenden Schreckens, überwältigender Freude — — —? Doch wozu die Beispiele häufen, vielleicht hat sich eben jetzt, während ich davon spreche, in mancher Brust hier im Saale — infolge wach gerufener Erinnerungen und Gefühle die Energie und Zahl der Herzschläge geändert! —

Kurz, in zartbesaiteten wie in derbern Naturen ist der Parallelismus der Gemüths- und Herzbewegungen ein so auffallender, dass es niemand wundernehmen kann, wenn der innige Zusammenhang beider Erscheinungen seit jeher die Aufmerksamkeit der Menschen gefesselt und zur figürlichen Vertauschung von Gemüth und Herz veranlasst hat.

Welches sind nun aber die geheimnissvollen Fäden jenes wunderbaren Zusammenhangs? Welches sind die verborgenen Wege, die so direct vom Sitze des Gemüthslebens zum Herzen führen — dem mechanischen Centrum des Blutkreislaufs?

Durch welche Einrichtungen und Vorgänge wird der offenkundige Parallelismus zweier so differenter Thätigkeiten vermittelt?

Diese Fragen nach dem gegenwärtigen Standpunkt der Experimentalphysiologie zu beantworten; eine Erklärung zu geben, wie die Regungen des Gemüthes vermittelst des Nervensystems die Thätigkeit des Herzens beeinflussen, dies eben soll den eigentlichen Gegenstand meines heutigen Vortrags ausmachen!

Zunächst muss ich Sie jedoch eine Strecke Weges durch das wenig anmuthige Gebiet anatomisch-mechanischer Vorstellungen führen, um

Sie auf einen Standpunkt zu bringen, von dem aus sich uns ein lohnender Einblick in diese Seite des räthselhaften Getriebes unseres seelisch-materiellen Doppelwesens eröffnen wird!

Beginnen wir mit der anatomischen Betrachtung der äussern Gestalt und des innern Baues des menschlichen Herzens.

Die Gestalt unseres Herzens hat eine nur sehr entfernte Aehnlichkeit mit jener des Coeur-As der Spielkarten — wie Sie unbedenklich zugeben werden, wenn Sie einen Blick auf diese Tafel (vgl. Fig. 1) werfen, welche in kolossalem Maassstabe [1]) ein menschliches Herz mit seinen grossen zu- und abführenden Gefässen von vorn gesehen darstellt — selbst wenn Sie von den letztern ganz abstrahiren wollen.

Es ist eine stumpf kegelförmige, aus ungemein verwickelt angeordneten, sogenannten Muskelfasern gewebte

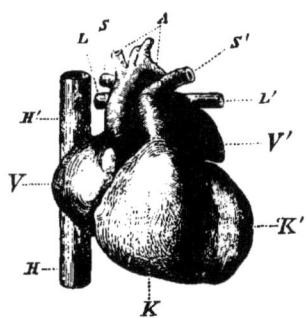

Fig. 1. Halbschematische Ansicht eines menschlichen Herzens von vorn. Etwa ¹⁄₆ natürliche Grösse.

V die rechte, *V'* die linke Vorkammer; *K'* die rechte, *K'* die linke Kammer; *H* die untere, *H'* die obere Hohlvene; *S*, *S'* der linke und der rechte Ast der Lungenschlagader: *L*, *L'* rechte und linke Lungenvene; *A* die grosse Körperschlagader oder Aorta mit ihrem Bogen und ihren zum Kopf und den obern Extremitäten gehenden Aesten.

Fleischmasse, welche durch eine Längsfurche in eine rechte (*V, K*) und in eine linke (*V', K'*) Hälfte und durch eine ringsum laufende Querfurche in einen obern (*V, V'*) und in einen untern (*K, K'*) Abschnitt — also in vier verschmolzene Theile getheilt wird.

Im Innern schliesst das Herz eine Höhle ein, welche entsprechend der Längsfurche durch eine fleischige Scheidewand in zwei vollkommen getrennte Hälften zerfällt, so dass wir mit Recht von einem rechten und von einem linken Herzen reden können: — während entsprechend der Querfurche von der Innenfläche der Wandungen jeder dieser Herzhälften sehnige Lappen oder Zipfel entspringen, die durch Sehnenfäden nach unten befestigt sind, und — wenn sie sich gegeneinander legen, je einen obern dünnwandigen und einen untern dickwandigen Raum abgrenzen.

Der erstere heisst die Vorkammer oder der Vorhof, der letztere die Kammer oder der Ventrikel, und das ganze Herz besitzt somit vier Räume — zwei Kammern und zwei Vorkammern.

Sehen wir uns diesen innern Bau in unserer bildlichen Darstellung an, nachdem wir durch einen ersten Schnitt die beiden Herzhälften

---

[1] Vgl. die Anmerkung auf S. 8.

von einander getrennt [1] (vgl. Fig. 2 und durch einen zweiten, einen Flächenschnitt, jederseits die vordere Wand abgetragen haben, um das Herz und die grossen Gefässe zu eröffnen (vgl. Fig. 3).

Fig. 2. Die beiden Hälften des Herzens.
M die Durchschnittsfläche der senkrechten Scheidewand des Herzens. Die Bedeutung der übrigen Buchstaben wie in Fig. 1.

Mit diesen vier Hohlräumen des Herzens stehen mehrere grosse Blutgefässröhren in Verbindung, welche, wie die verschiedene Dicke ihrer durchschnittenen Wandungen andeutet, von zweierlei Art sind.

Die dünnwandigen münden in die Vorkammern und führen das Blut aus allen Theilen des Körpers zum Herzen, sie heissen Venen oder Blutadern (*H*, *H'* und *L*, *L'*).

Die dickwandigen entspringen aus den Kammern, und durch sie treibt die Thätigkeit des Herzens das Blut wieder heraus, welches letztere in ihren Verzweigungen zu allen Körpertheilen gelangt: sie heissen Arterien oder Schlagadern (*S*, *S'* und *A*). An ihrem Ursprung finden sich taschenförmige Klappen, die sogenannten Taschenventile, welche, wenn sie durch das Blut aufgebläht und gegeneinander gepresst werden, die Arterien gegen die Kammern zu verschlies-

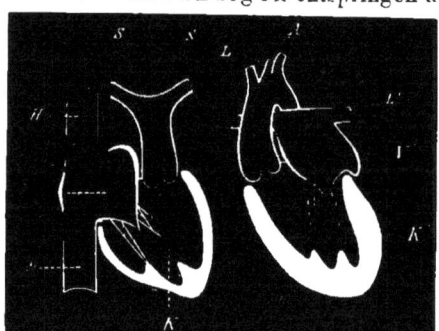

Fig. 3. Schematischer Durchschnitt der beiden Herzhälften und ihrer zu- und abführenden Gefässstämme.
Die linke Kammer *K'* ist viel dickwandiger als die rechte *K*. Ebenso sind die Wandungen der Arterien (*S*, *S'* und *A*) stärker als die der Venen (*H*, *H'* und *L*, *L'*). Im Grunde der Kammern befinden sich warzenförmige Vorsprünge der Fleischwände, von denen feine Sehnenfäden ausgehen, die sich an die Ränder und unteren Flächen der zwischen Kammer und Vorkammer befindlichen Zipfelklappen ansetzen. An den Ursprüngen der Arterien sieht man die halbmondförmigen oder Taschenklappen.

sen, in entgegengesetzter Richtung sich aber leicht öffnen lassen. Wo die Vorkammern in die Kammern einmünden, sind gleichfalls

---

[1] Bei der Vorlesung wurde ein eigens zu diesem Zwecke verfertigtes, zerlegbares Bildschema des Herzens von kolossalen Dimensionen benutzt.

klappenartige Vorrichtungen angebracht, welche jedoch nicht taschen-
förmig sind, sondern dreieckige, segelartige sehnige Lappen oder
Zipfel darstellen und deshalb Zipfelklappen heissen. Sie sind
nach unten durch feine Sehnenfäden, die von ihren Rändern und von
ihren untern Flächen ausgehen, an warzenförmig vorspringende mus-
kulöse Zapfen der Kammerwand befestigt; werden sie von unten her
durch das andringende Blut aufgebläht — wie Segel vom Winde —
so legen sie sich aneinander und verschliessen dem Blute den Rückweg
in die Vorkammer, während sie dem Blutstrom aus der Vorkammer
nach der Kammer hin kein Hinderniss entgegenstellen. Jede Kammer
ist daher ein Raum, der nach zwei Seiten durch Klappen geschlossen
werden kann.

Setzen wir in unserm zerlegbaren Bildschema die abgeschnittenen
Vorderwände wieder auf (vgl. Fig. 2), und schieben wir die beiden
Herzhälften zusammen, indem wir die
Lungenarterie auf die Aorta bringen und
ihren linken Ast (S) unter dem Aortenbogen
durchstecken, so haben wir wieder das
ganze Herz vor uns (vgl. Fig. 1), dessen
innerer Bau Ihnen wol klar geworden sein
wird!

Die aus den Kammern hervortreten-
den Arterien verästeln sich baumförmig in
immer feinere Aeste und lösen sich endlich
innerhalb der Organe in Netze von mikroskopisch feinen Röhrchen, — den sogenannten Haarröhrchen oder Capil-
largefässen auf. Aus diesen Capillar-
gefässnetzen entstehen durch allmähliche
Verschmelzung immer stärkere Röhrchen,
die Venen, welche schliesslich in die Vorkammern münden.

Die Blutgefässe bilden also ein allseitig
geschlossenes, vielfach verzweigtes, ringförmig in sich zurücklaufendes Röhren-
system, dessen Centrum das Herz ist.

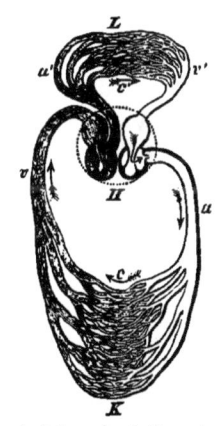

Fig. 4. Schema des Gefässsystems.
H das Herz mit seinen Klappenvorrichtungen; *a* die Verästelung der
grossen Körperschlagader Aorta;
c das Capillarnetz, in welches sich
dieselbe in den Theilen des Körpers
K auflöst; *v* die grossen Körper-
venen; *a'* die Lungenschlagader, *c'*
das Capillarnetz der Lunge *L*, *v'* die
Lungenvene. Die Pfeile zeigen die
Richtung des Blutstroms innerhalb
des Gefässröhrencirkels an.

Den Zusammenhang der Abschnitte dieses Systems erkennen Sie
aus dem Schema (Fig. 4).

Aus der linken Kammer entspringt die dickwandige arterielle
Röhre *a*, verästelt sich baumförmig und löst sich endlich in allen
Theilen des Körpers *K* in ein Capillarnetz *c* auf. Aus diesem entspringen

die dünnwandigen venösen Röhren v, welche in die rechte Vorkammer münden. Diese communicirt mit der rechten Kammer, aus
welcher wieder ein dickwandiges arterielles Rohr a' entspringt, das
sich baumförmig verästelt und in der Lunge L, und zwar ausschliesslich in der Lunge, in das Capillarnetz c' auflöst, dessen mikroskopische Röhrchen wieder zu stärkern dünnwandigen venösen Gefässen v'
verschmelzen, die als Lungenvenen direct in die linke Vorkammer und
durch diese endlich in die linke Kammer führen. Wir sind an unserm
Ausgangspunkte wieder angelangt, indem wir den ganzen Röhrencirkel durchliefen. Sie sehen, dass derselbe aus zwei Hälften besteht.
Die kleinere Hälfte desselben führt durch die Lunge L und verbindet
die rechte Kammer mit der linken Vorkammer, die grössere Hälfte
umfasst den ganzen Körper K und verbindet die linke Kammer mit der
rechten Vorkammer. Da beiderseits Vorkammer und Kammer direct
communiciren, so schliesst das Herz die kleine oder Lungenhälfte
mit der grossen oder Körperhälfte des Gefässsystems zu einem
einzigen und ganzen Röhrencirkel zusammen.

Ausgestattet mit der Kenntniss der Anatomie des Herzens und des
Gefässsystems, können wir nun zur physiologischen Betrachtung der Herzthätigkeit und der mechanischen Leistung des Herzens
als eines Pumpwerks übergehen.

Die Thätigkeit des Herzens besteht in rhythmischen, d. h. nach
bestimmtem Rhythmus abwechselnden Zusammenziehungen und Erschlaffungen der contractilen Fleischwände seiner vier Abschnitte. Den
Zustand der Zusammenziehung nennt man Systole, den Zustand der
Erschlaffung Diastole.

Während der Diastole Erschlaffung füllen sich die Herzhöhlen
mit Blut und werden erweitert und ausgedehnt; während der Systole
hingegen verengern sie sich und entleeren das in ihnen enthaltene Blut.

Die beiden Herzhälften arbeiten genau synchronisch, d. h.
die Vorkammern beider Hälften verfallen genau zur selben Zeit in
Systole und dann in Diastole, ebenso die beiden Kammern: dagegen
arbeitet Vorkammer und Kammer derselben Seite ungleichzeitig.

Es erfolgt nämlich die Systole der Vorkammern während der
Diastole der Kammern und umgekehrt; auch dauert bei den Vorkam-
mern die Diastole weit länger als die Systole, während bei den Kammern
Systole und Diastole etwa die gleiche Dauer haben.

Der Rhythmus der Herzbewegung wird dadurch ein complicirter,
und man fasst ihn noch am leichtesten auf, wenn man sich zunächst
das ganze Herz, alle vier Abschnitte desselben, in Diastole — erschlafft denkt.

Zuerst tritt die kurze Systole der beiden Vorkammern auf — dann folgt sofort die lange Systole der Kammern, während die Vorkammern bereits wieder erschlaffen und erschlafft bleiben; sodann geht auch die Systole der Kammern in Diastole über und damit ist wieder das ganze Herz erschlafft und verharrt einige Momente in diesem Zustand, welchen man die Pause nennen kann, — bis wieder die Systole der Vorkammern die Reihe der Bewegungen beginnt, deren einmaliger Ablauf einen sogenannten Herzschlag darstellt. Der Herzschlag zerfällt also in drei Momente: 1. Moment, charakterisirt durch die Systole der Vorkammern; 2. Moment, charakterisirt durch die Systole der Kammern; 3. Moment, charakterisirt durch die diastolische Erschlaffung sämmtlicher Herzabschnitte.

Der erste Moment nimmt sich, musikalisch gesprochen, nur wie ein Auftakt oder Vorschlag aus zu dem zweiten Moment, während der dritte Moment, die Pause, sehr variable Zeitwerthe hat.

Auf diese blos beschreibende Auseinandersetzung des Rhythmus der Herzbewegungen will ich mich jedoch nicht beschränken. Ich will Ihnen denselben vielmehr an einem blossgelegten lebendig schlagenden Thierherzen unmittelbar zur Anschauung bringen.

Erschrecken Sie nicht, meine verehrten Damen und Herren! Es soll dabei keine jener Grausamkeiten Ihnen vor Augen geführt werden, welche man den Physiologen — freilich gedankenlos genug — so sehr zum Vorwurf macht. Ich sage gedankenlos, weil man im blinden Eifer der thierfreundlichen Entrüstung eben nicht daran denkt, einerseits, dass der Fortschritt der Wissenschaft und Kenntniss vom Leben ohne experimentelle Eingriffe in den lebenden Organismus absolut unmöglich ist; andererseits aber, dass die Grausamkeiten unserer glorreichen Schlachtfelder und — unserer Küchen quantitativ wie qualitativ jene der physiologischen Laboratorien bei weitem übertreffen.

Kann man aber in den Jubel der Via triumphalis mit Begeisterung einstimmen; kann man sich dem Genusse einer leckern Schüssel lebendig aufgebrochener Austern, lebendig gesottener Krebse, zu Tode gehetzten Wildes, einer Pastete aus Fettlebern gestopfter Gänse u. s. w. u. s. w. mit ruhigem Behagen hingeben — dann wird man sich doch wol auch ohne Gewissensbisse erlauben dürfen, Experimente an lebenden Thieren zu machen und die hervorgerufenen Erscheinungen mit Gemüthsruhe und ungestörter Aufmerksamkeit zu beobachten! — Oder ist etwa die Befriedigung materieller leiblicher Genüsse und ehrgeiziger staatlicher Machtforderungen grösserer, ja auch nur gleicher Opfer werth, als die Befriedigung eines der höchsten und edelsten Bedürfnisse des menschlichen Geistes — des wissenschaftlichen

Forschungstriebs? — Der brutalen Thierquälerei wird kein Vernünftiger das Wort reden — das wissenschaftliche Experiment ist aber keine Thierquälerei. Und wenn wir hier auch nicht das jesuitische: »Der Zweck heiligt die Mittel« auf unsere Fahne schreiben wollen, so können wir immerhin behaupten, dass der Zweck die Verantwortung für das Mittel mit tragen müsse. Doch genug!

Ich habe Ihnen ja gleich von vornherein die beruhigendsten Versicherungen über die Natur meiner Demonstration gegeben, und wenn ich Ihnen jetzt sage, dass ich bei Beginn der Vorlesung einen Frosch durch meinen Assistenten enthaupten und auf diese Weise in ein besseres Jenseits befördern liess, um ihm sein fortpulsirendes Herz herauszuschneiden, so wird diese Mittheilung Ihr Interesse und Ihre Aufmerksamkeit für den anzustellenden Versuch hoffentlich ebenso wenig beeinträchtigen, als der Appetit und das heitere Gleichgewicht der Gemüthsstimmung einer Tischgesellschaft gestört wird, welcher man eine Schüssel gebratener Tauben vorsetzt — trotzdem dass jeder Theilnehmer sehr gut weiss, wie vor wenigen Stunden diesen unschuldigen, gefiederten Geschöpfen die Hälse umgedreht und die Köpfe grausam abgerissen wurden.

Ich kehre zu dem Herzen unseres auf dem Altar der Wissenschaft geopferten Frosches zurück. Dasselbe hat wie gesagt, nicht aufgehört zu pulsiren — ja es kann, gegen Trockniss und Kälte geschützt, noch Stunden lang fortfahren rhythmisch und kräftig zu schlagen, wie wenn es noch ungestört an seinem natürlichen Platze, im lebenden Körper sässe.

Es eignet sich somit vortrefflich zur Demonstration des Rhythmus der Herzbewegung. Bei der Grösse dieser Versammlung würde der Versuch jedoch vergeblich sein, das winzige Object den einzelnen Theilnehmern herumzuzeigen. Um dennoch zum Ziele zu kommen und Sie alle zu Augenzeugen der rhythmischen Thätigkeit des Herzens zu machen, werde ich eine kleine optische Vorrichtung benutzen, welche ich vor einigen Jahren für solche Gelegenheiten ersonnen und Kardioskop, d. h. Herz- oder Pulsspiegel genannt habe (vgl. Fig. 5).

Der Pulsspiegel ist ein kleines, leichtes Spiegelchen von Glas oder Metall, welches durch den leisesten Anstoss um eine horizontale Axe hebelartig auf- und abbewegt werden kann und mit dem pulsirenden Körper so in Berührung zu bringen ist, dass sich die Pulsationen des letztern auf dasselbe übertragen. Indem nun die Spiegelfläche mit grellem Lichte beleuchtet wird, entsteht durch Reflexion auf einer gegenüber liegenden Wand ein weithin sichtbares Lichtbild, welches

die hebelförmigen Bewegungen des Spiegelchens und somit die Bewegungen des pulsirenden Körpers genau und in vergrössertem Maassstabe zur Anschauung bringt.

Ich werde also für unsern Zweck zwei solcher Spiegelchen nehmen,
das eine auf die Vorkammer, das andere auf die Kammer des schlagenden Froschherzens legen, sodann eine concentrirte Beleuchtung erzeugen und die entstandenen Lichtbilder vertical übereinander auf
jenen weissen Schirm werfen. Sie gestatten, dass ich für einige Augenblicke sämmtliche Lichter im Saale auslöschen lasse, um den Raum
möglichst zu verdunkeln.

Fig. 5. Das Kardioskop.

Man erkennt das ausgeschnittene Froschherz auf der horizontalen Platte des verschiebbaren Trägers.
Auf der Herzkammer (links) sowol als auf den Vorkammern (rechts) liegen kleine viereckige Korkplättchen, in welche die Spitzen von Nadeln eingestochen sind, die in den horizontalen Axen festsitzen,
welche die Spiegelchen (von denen das eine nur durch punktirte Linien angedeutet ist) vermittelst
kleiner, federnder Messinghülschen tragen.

Die in der Finsterniss wie ein paar Mondscheiben leuchtenden,
auf- und niederbewegten Lichtbilder werden den Rhythmus der Aufeinanderfolge von Systole und Diastole der Vorkammer und Kammer
des winzigen Froschherzens Ihnen allen sichtbar wiedergeben vgl.
Fig. 6 .

Sie sehen jetzt in der That zwei mondscheibenartige Lichtbilder
auf jener Wandtafel, welche sich nach einem bestimmten Rhythmus
auf- und niederbewegen. Jedes derselben geht von einem bestimmten
Punkte, den es während der Ruhe einnimmt, nach unten und kehrt
alsbald nach oben auf denselben Punkt zurück. Das Heruntergehen
bedeutet Systole, das Zurückkehren nach oben Diastole des betreffenden Herzabschnitts.

Bemerken Sie. wie das obere, den Vorkammern entsprechende
Lichtbild einen kürzern Weg macht, und längere Zeit in Ruhe verharrt.
als das untere Lichtbild, welches den Bewegungen der Kammer folgt.
Bemerken Sie ferner. wie es das obere Lichtbild ist, welches nach

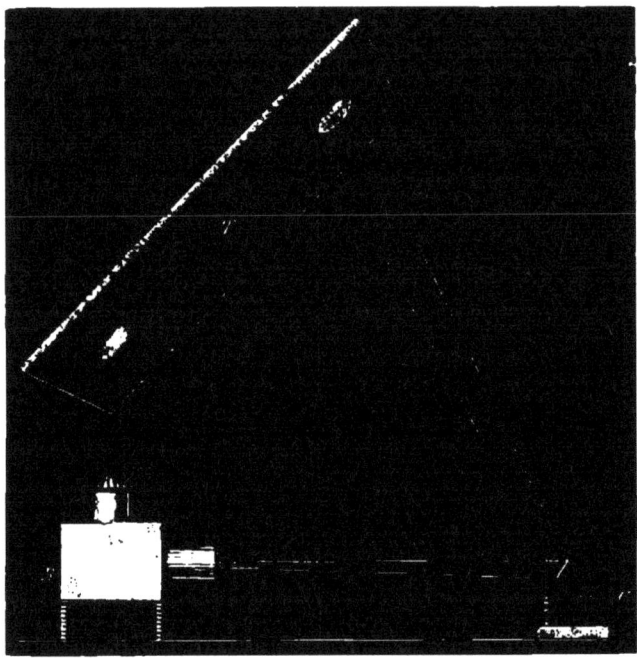

Fig. 6. Dient zur Erläuterung der Demonstration des Rhythmus der Herzbewegung vermittelst
des Kardioskops.

Bei *B* erkennt man eine der Laterna-magica ähnliche Beleuchtungsvorrichtung, bei *C* das Kardioskop —
letzteres unverhältnissmässig gross, und im strengen Profil gezeichnet, um die Stellung der Spiegelchen und der Nadeln. die Korkplättchen auf den beiden Herzabschnitten, sowie den Gang der Lichtstrahlen deutlich sichtbar zu machen. Zur Vermehrung der Deutlichkeit sind überdies punktirte und
ausgezogene Linien verwendet worden, und zwar die erstern für die Lichtstrahlen, das Spiegelchen
und die Nadel, welche mit der Kammer in Beziehung stehen, die letztern für die gleichnamigen Objecte,
die auf die Vorkammer Bezug haben. Endlich wurde auch noch die Kammer im Moment der Systole
gezeichnet, um über die diastolisch-platten Vorkammern hinweg sichtbar zu werden.
T ist eine mit weissem Papier überzogene grosse Wandtafel, welche schräg aufgehängt, die mondscheibenartigen Lichtbilder in einer senkrechten Linie übereinander auffängt. Das obere entspricht,
wie sich leicht verfolgen lässt, den Vorkammern, und nimmt augenblicklich seine höchste Stellung —
die Ruhestellung für die Diastole ein; während das untere der Kammer entspricht und seine tiefste
Stellung — die Stellung für das Maximum der systolischen Contraction einnimmt. —

jeder Ruhepause den Ablauf der Bewegungen von neuem beginnt und
einleitet. und wie das untere Lichtbild sich erst dann zu bewegen anfängt. wenn das obere seinen Niedergang bereits vollendet hat und
eben den Rückweg antritt. Ja, sieht es nicht fast aus, wie wenn das
obere Lichtbild erst niederzucken müsste. um das untere zu erreichen.
anzustossen und in Bewegung zu setzen?

Durch längere Betrachtung dieses zierlichen Schauspiels wird es Ihnen leicht sein, den Rhythmus des Herzschlags vollständig aufzufassen.[1]

Ich lasse die Lichter im Saale wieder anzünden — eine kleine Störung, die leicht zu vermeiden gewesen wäre, wenn wir uns hier im Rosensaale bereits einer Gasbeleuchtung erfreuten! —

Nachdem ich Ihnen eben den Rhythmus der Herzthätigkeit auseinandergesetzt und an einem ausgeschnittenen Froschherzen durch mein Kardioskop anschaulich gemacht habe, gehe ich jetzt zur Erläuterung des Mechanismus des Herzens als eines Pumpwerkes über, d. h. zur Erklärung der Art und Weise, wie das Herz durch die abwechselnden Zusammenziehungen und Erschlaffungen seiner vier Abschnitte und durch das Spiel seiner Klappen oder Ventile das Blut im Gefässsystem des Körpers in einer kreisenden Bewegung von bestimmter Richtung umhertreibt.

Werfen Sie nochmals einen Blick auf die Durchschnittszeichnung der beiden Herzhälften (Fig. 3), und denken Sie sich, dass alle vier Abschnitte in Erschlaffung begriffen und vollständig mit Blut gefüllt sind.

Nach dem auseinandergesetzten Rhythmus der Herzbewegung

---

[1] Um dem Leser eine Vorstellung von der beschriebenen Demonstration mit dem Kardioskop zu geben und ihn zugleich in den Stand zu setzen, sich den Rhythmus der Herzbewegung mit derselben Anschaulichkeit vorzuführen, wie wenn er einer solchen Demonstration selbst beiwohnte, habe ich die Fig. 7 auf der Tafel 1 entworfen. Der Leser braucht nämlich diese Tafel nur herauszunehmen, auf ein Stück Pappe aufzuziehen und die schwarze Scheibe sowie die weissen Spalten an ihrer Peripherie sauber ausschneiden zu lassen, dann eine lange dicke Stecknadel genau durch den Mittelpunkt der Scheibe in einen Kork zu stossen, um die Scheibe um eine horizontale Axe leicht drehbar zu machen, und endlich den Kork, in welchem die als Drehungsaxe dienende Nadel steckt, an einen Stiel zu befestigen, mit der linken Hand den Stiel zu halten, mit der andern die Scheibe nach rechts in Schwung zu versetzen und vom Rücken der Scheibe her durch die Spalten am Rande in einen Spiegel zu blicken, in welchem sich die Zeichnung der schwarzen Scheibe mit ihren weissen Kreisflächen spiegelt (vgl. das Figürchen neben der schwarzen Scheibe); so wird er — wenn ihm derartige optische Vorrichtungen überhaupt noch nicht bekannt sein sollten — mit Staunen gewahren, dass sich die weissen Kreisflächen innerhalb der viereckigen Felder lebhaft auf- und niederbewegen und zwar genau in derselben Art und mit demselben Rhythmus wie die mondscheibenähnlichen Lichtbilder der Herzspiegelchen bei der durch Fig. 6 erläuterten Demonstration. Die obern, mehr nach der Peripherie liegenden weissen Kreisflächen entsprechen dem Vorkammerlichtbilde, die untern dem Kammerlichtbilde auf der Wandtafel T in Fig. 6. Sie führen genau dieselben Bewegungen aus wie jene Lichtbilder bei der wirklichen Demonstration, und können daher wie diese den Rhythmus der Herzbewegungen vollkommen anschaulich machen.

tritt die kurze Zusammenziehung oder Systole der Vorhöfe zuerst auf,
und zwar beginnt sie an den Mündungen der grossen Venenstämme
und pflanzt sich mit grosser Geschwindigkeit über die ganze Vorkammer fort.

Der grösste Theil des eingeschlossenen Blutes wird infolge dessen
durch die klaffenden Zipfelklappen in die schon gefüllten Kammern
hineingetrieben und muss dieselben plötzlich ausdehnen. Wie nun die
kurze Zusammenziehung der Vorkammer nachlässt, schliessen sich die
Zipfelklappen sofort, indem das in die erschlaffende Vorkammer aus
dem überfüllten und gespannten Ventrikel infolge elastischen Rück-
schlags zurückstrebende Blut die einzelnen Zipfel segelartig hervor-
wölbt und gegeneinanderpresst. Ein Umschlagen der Zipfel nach oben
verhindern die Sehnenfäden, die vom Rande und der untern Fläche
derselben nach unten zu den warzenförmig vorspringenden Muskel-
Zapfen des Grundes der Kammern gehen. Das Blut versperrt sich
auf diese Weise selbst den Rückweg und bleibt in der Kammer eingeschlossen.

Dies alles ist das Werk eines Augenblicks am Ende der Vorhofs-
systole, und wenn nun auf die Vorhofsystole, wie Sie sahen, sofort die
Systole der Kammer erfolgt, so muss sie das in ihr eingeschlossene
Blut durch die sich in dieser Richtung leicht öffnenden Taschenventile
in die Arterien hineintreiben, da kein anderer Weg offen steht, auf
dem das gepresste Blut entweichen könnte, denn die geschlossenen
Zipfelklappen schliessen nur um so sicherer und fester, je mehr der
Druck von unten wächst.

Nachdem sich die Kammer von Blut entleert hat, verfällt sie in
Erschlaffung. Das Blut würde nun sofort aus den überfüllten Arterien
in dieselbe zurückströmen, wenn nicht die Taschenventile der Arterienwurzeln durch das zurückstrebende Blut selbst im Augenblicke ent-
faltet, aufgebläht, gegeneinandergepresst und geschlossen würden,
wie vorhin die Zipfelklappen zwischen Vorhof und Ventrikel.

Die erschlaffende Kammer kann sich also nur von der Vorhofseite
her mit neuem Venenblute füllen, denn die Zipfelklappen öffnen sich
in dieser Richtung widerstandslos, während die Taschenventile fest
geschlossen bleiben.

In dem nun eintretenden Moment der Pause wird das in allen
vier Abschnitten erschlaffte Herz wieder vollständig mit Blut aus den
Venen gefüllt und der folgende Herzschlag pumpt es neuerdings in die
Arterien hinein — und so fort und fort, so dass durch den angegebenen
Mechanismus der Herzpumpe die Venen immerfort entleert, die Arterien
immerfort gefüllt werden.

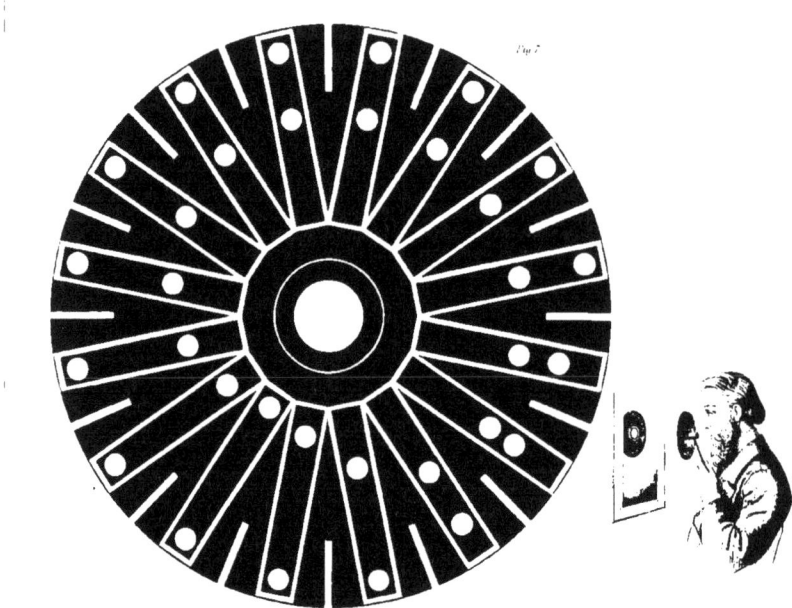

Fig. 1.

Die Herzpumpe fördert nur in der Richtung von den Venen gegen die Arterien, nicht aber umgekehrt, weil die Ventile nur in der ersten Richtung sich öffnen, in der letzteren aber, wie angegeben, absolut schliessen.

So also wirkt das Herz als Pumpwerk! Wie kommt nun durch diese rhythmische Herzwirkung eine continuirliche Kreislaufbewegung des Blutes innerhalb des in sich geschlossenen Gefässröhrencirkels zu Stande?

Einfach so: Wir sahen, dass das Blut durch das schlagende Herz aus den Venen fort und fort in die Arterien hinübergepumpt wird. Mit jedem Herzschlag steigt der Druck und die Spannung des Blutes in den sich überfüllenden elastischen Arterien, wodurch, beiläufig bemerkt, der sogenannte Puls entsteht, während Druck und Spannung in den sich entleerenden Venen fällt.

Da nun die Arterien mit den Venen durch die Capillarröhrchen unmittelbar zusammenhängen, so muss das Blut aus den Arterien durch die Capillaren hindurch in die Venen überströmen.

Wohin sonst könnte auch das in die Arterien eingepumpte Blut entweichen? Direct ins Herz zurück kann es nicht, weil die Taschenventile an den Arterienwurzeln den Weg in dieser Richtung sperren, anderweitige Oeffnungen in den Wänden gibt es nicht — also muss das Blut gegen die Capillaren fliessen und durch die Capillaren in die Venen hineingepresst werden und in diesen wieder nach dem Herzen zurückströmen.

Indem nun die Spannung und Ueberfüllung der Arterien eine solche Höhe erreicht, dass eine genau gleiche Blutmenge continuirlich aus den Arterien durch die Capillaren in die Venen überströmen muss, als das pumpende Herz rhythmisch aus diesen letzteren in die Arterien hinübertreibt — so wird Ihnen ohne Zweifel klar sein, wie sich auf diese Weise durch die rhythmische Herzthätigkeit eine das ganze Leben hindurch dauernde Circulation des Blutes von der angegebenen Strömungsrichtung innerhalb des Gefässröhrencirkels herstellt! —

Werfen wir jetzt nochmals einen Blick auf das Schema der Gefässröhrencirkel (vgl. Fig. 4), um den Kreislauf und die augenfälligen Veränderungen des strömenden Blutes innerhalb des Gefässsystems im Zusammenhange zu verfolgen, so ergibt sich Folgendes:

Das Blut strömt vom linken Ventrikel durch die Arterien (a) nach den Capillaren (c) aller Körpertheile (K), in denen es Sauerstoff abgibt, Kohlensäure aufnimmt und seine hellrothe Farbe verliert; dann strömt es aus diesen Körpercapillaren durch die Venen (v) in den rechten Vorhof, aus dem rechten Vorhof in die rechte Kammer, wie

der krumme Pfeil anzeigt, aus der rechten Kammer durch die Lungen-
arterien a' in die Capillaren c' der Lunge L', in denen es wieder
Sauerstoff aus der Luft aufnimmt, Kohlensäure und Wasserdampf abgibt und wieder hellroth wird, und gelangt durch die Lungenvenen (v')
in den linken Vorhof, um endlich wieder in die linke Kammer zurück-
zukommen und den angegebenen Kreislauf in der Richtung der Pfeile
neuerdings zu beginnen und solange die Herzthätigkeit andauert
continuirlich fortzusetzen.

Der erörterte Kreislauf besteht aus zwei Abschnitten: dem sogenannten grossen oder Körperkreislauf und dem kleinen oder
Lungenkreislauf. Die Arterien des grossen Kreislaufs a führen hell-
rothes, sogenanntes arterielles Blut, die Venen v dagegen dunkles
oder venöses Blut — umgekehrt im kleinen Kreislauf: die Arterien
a' führen da dunkles oder venöses, die Venen v' hingegen helles
arterielles Blut.

In Fig. 4 sind die Abschnitte des Gefässsystems, welche dunkles
Blut führen, durch eine leichte Schattirung ausgezeichnet. Der Begriff
Arterie und Vene wird nicht durch die Färbung des Blutes bestimmt,
das sie führen, sondern durch die Richtung, in welcher sie es führen.
Arterien sind solche Gefässe, die das Blut vom Herzen w e g nach der
Peripherie führen; Venen hingegen solche, in denen Blut zum Herzen
zurückkommt.

Um Ihnen endlich noch beiläufig den Sinn und die Bedeutung
der ganzen Einrichtungen und Erscheinungen des Blutkreislaufs verständlich zu machen, muss ich Sie daran erinnern, was schon Mephisto
sagt, als er vom widerstrebenden Faust die Unterschrift des Pactes
mit einem Tröpfchen Blut verlangt: »Blut ist ein ganz besonderer Saft!« In der That, Blut ist auch ein ganz besonderer Saft
von höchster physiologischer Bedeutung — denn das Blut stellt, phy-
siologisch betrachtet, die grosse Vorrathskammer von Kraft und
Stoff dar, in welche alle Einnahmen an Ernährungs- und Brennmaterial
durch die Verdauungs- und Athmungswerkzeuge fliessen, und aus
welcher auch wiederum alle Ausgaben zur Erhaltung der Structur und
der Lebensthätigkeiten der einzelnen Organe, und somit des ganzen
Organismus bestritten werden. Ohne den Wechsel und die Er-
neuerung des Blutes kann das Leben nicht bestehen —
ja, wird der Zufluss von hellrothem, lebenskräftigem Blut einem
einzelnen Organe abgeschnitten, so stellt es seine Thätigkeit ein und
stirbt bei lebendigem Leibe ab — denn jedes Organ schöpft nur aus
dem durch seine Capillargefässe strömenden Blute die materiellen
Bedingungen seiner Erhaltung und Kraftentwickelung und gibt an

dasselbe dagegen die Zersetzungsproducte und Rückstände seines Verbrauchs ab.

Deshalb also muss das Blut circuliren, wenn es nicht alsbald erschöpft und unbrauchbar werden soll, sondern wenn es im Gegentheile sich in seiner normalen lebenskräftigen Zusammensetzung behaupten und dem ganzen Organismus auf die Dauer das Leben erhalten soll.

Deshalb haben auch die speciellen Circulationsverhältnisse des Blutes in den einzelnen Organen und die dieselben beherrschenden Herzbewegungen und Gefässverengerungen und Gefässerweiterungen eine so hohe Bedeutung für alle Lebensthätigkeiten, mögen sie nun blos materieller oder zugleich auch höherer, geistiger Natur sein.

Auf diese wenigen Andeutungen muss ich mich für jetzt beschränken; jedenfalls werden dieselben genügen, um Sie den weiten Abstand der unmittelbaren, mechanischen Wirkungssphäre des Herzens von — und zugleich die, wenn auch entfernte Beziehung derselben zu dem Erscheinungskreise des Gemüthslebens — mit dem es nichtsdestoweniger in so wunderbar innigem Zusammenhange steht — ermessen zu lassen.

Vielleicht ist es mir bei einer andern Gelegenheit vergönnt, Ihnen das reiche Bild der vegetativen Lebensvorgänge, welches ich hier kaum im flüchtigsten Umriss skizziren konnte, im Detail auszumalen! — Für heute habe ich jedoch eine andere Aufgabe zu lösen!

Alles was ich bisher behandelt, waren Mittheilungen, welche nur zum Verständniss des eigentlichen Hauptthemas meines Vortrags führen sollten — zum Verständniss der physiologischen Erklärung jenes oft erwähnten Zusammenhangs zwischen den Regungen des Gemüths und der Thätigkeit des Herzens.

Lassen Sie uns hier einen Moment stillstehen und einen raschen Blick auf das bisher Dargelegte zurückwerfen!

Zuerst haben wir die äussere Gestalt und den innern Bau des Herzens betrachtet; sodann haben wir die rhythmische Thätigkeit und den Mechanismus der Herzpumpe erörtert; und endlich haben wir die hierdurch hervorgebrachte Kreislaufbewegung des Blutes innerhalb des grossen und kleinen Gefässröhrencirkels kennen gelernt und ihre Beziehung zur Erhaltung aller Lebensäusserungen berührt.

Jetzt — nachdem Sie mit dem Wesen und der functionellen Bedeutung der Bewegungen des Herzens näher vertraut sind — jetzt kann ich zur Auseinandersetzung des Einflusses schreiten, welchen das Nervensystem auf das Herz ausübt, — woraus sich dann von selbst

ergeben wird, wie und auf welche Weise die Regungen des Gemüths,
eben vermittelst des Nervensystems, den Herzschlag zu verändern im
Stande sind!

Indem ich diese letzte Auseinandersetzung beginne, muss ich
Ihnen zunächst erklären, wie es überhaupt zu den rhythmischen Zusammenziehungen und Erschlaffungen der Herzabschnitte kommt.

Das Herz enthält die Bedingungen seiner rhythmischen Thätigkeit in sich selbst — denn nicht nur beim Frosche, wie Sie selbst
vorhin sahen, — und noch jetzt an den Bewegungen der durch die
Beleuchtung im Saale verblassten mondscheibenartigen Lichtbilder des
fortarbeitenden Kardioskops wahrnehmen können — sondern auch bei
den höheren Wirbelthieren, ja — wie Versuche an eben Enthaupteten
lehren, sogar beim Menschen, fährt das aus dem Körper ganz
herausgeschnittene Herz einige Zeit fort regelmässig rhythmisch zu
schlagen.

Die Anregung und Triebkraft zu seiner rhythmischen Thätigkeit
empfängt das Herz nämlich unmittelbar von einem besondern Nervensystem, welches im Herzen selbst eingebettet ist — und
aus zerstreuten Häufchen von mikroskopisch kleinen sogenannten
Ganglienbläschen oder Nervenzellen besteht, aus denen zahlreiche
Nervenfädchen entspringen, deren feinste Ausläufer in die Fleisch-
oder Muskelfasern des Herzens eindringen und daselbst ihr Ende
finden. In den Ganglien- oder Nervenzellen entstehen durch die ununterbrochenen Ernährungsvorgänge jene der Nervensubstanz eigenthümlichen Erregungszustände, welche sich als motorische oder
Bewegungsimpulse — wie elektrische Depeschen im telegraphischen
Leitungsdraht — innerhalb der Nervenfädchen bis in die Herzmus-
kelfasern hinein fortpflanzen und die letztern zur Zusammenziehung
veranlassen!

Diese motorischen Impulse und die von ihnen veranlassten Zusammenziehungen der Herzwandungen erfolgen aber deshalb rhythmisch unterbrochen durch Momente der Ruhe und Erschlaffung —
weil die in den Nervenzellen entstehenden Erregungszustände auf
Widerstände stossen und sich daher erst nach Ueberwindung dieser
Widerstände — also rhythmisch unterbrochen — fortpflanzen und auf
die Muskelfasern übertragen können.

Wären innerhalb des Herznervensystems keine Einrichtungen zur
Entstehung solcher Widerstände vorhanden, so könnte es auch begreiflich keinen rhythmischen Wechsel von Zusammenziehung und Erschlaffung, von Systole und Diastole geben, weil die Herzwandungen
infolge des ununterbrochenen Nervenreizes fortwährend zusammen-

gezogen bleiben würden, oder wir müssten, auf jede Erklärung
im voraus verzichtend, annehmen, dass die Entstehung des Nervenreizes nun einmal eine rhythmisch unterbrochene sei!

Die Rhythmik des Herzens findet also ihre einfache und vollständige Erklärung in der Voraussetzung von Widerstandseinrichtungen
im Herznervensystem.

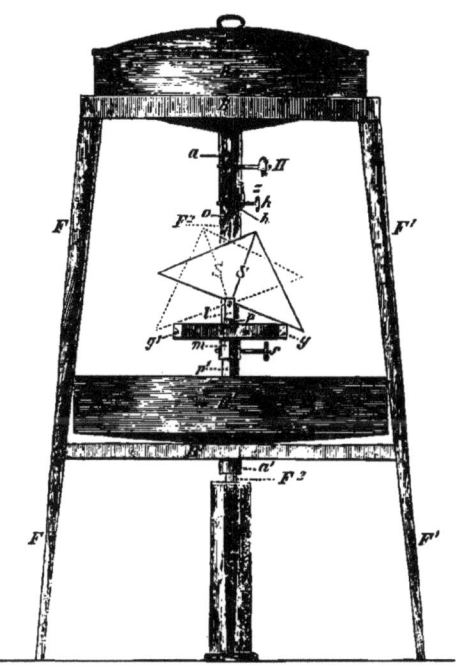

Fig. 8. Mechanisches Schema zur Erläuterung der Innervation des Herzens.

R Wasserreservoir mit Deckel (d), getragen von dem Holzgestell B, F, F¹, F². An der Abflussröhre a,
deren Mündung bei o ist, befindet sich der Haupt- oder Sperrhahn H. Bei h ist ein zweiter oder Regu-
lationshahn, der mit einem Zeiger s auf der im Profil gezeichneten Kreiseintheilung streift; er dient zur
Vergrösserung und Verkleinerung der Abflussöffnung o. S ein um die horizontale Axe frei bewegliches,
durch eine verticale Scheidewand in zwei Fächer getheiltes Gefäss oder Schiffchen. Das Lager (l) der
horizontalen Axe ist am Ende des Stahlprismas p, p' aufgeschraubt. m eine auf demselben Prisma,
durch die Schraube s höher und tiefer einstellbare Messinghülse, welche eine Metallgabel trägt, deren
horizontale Arme g, g' zur Unterstützung des Schiffchens S dienen, wenn es nach rechts oder links um-
kippt. (Siehe die punktirten und die ausgezogenen Umrisse von S.) R' Abflussreservoir, dessen Röhre
a' das Brett B' des Gestells durchbohrt; G Glascylinder zum Auffangen des abfliessenden Wassers.

Um Ihnen das Gesagte anschaulich zu machen und zu zeigen,
wie eine ununterbrochene Triebkraft durch Einschaltung und Ueberwindung von Widerständen in einzelne rhythmische Impulse zerlegt
wird, erlaube ich mir Ihnen ein mechanisches Schema vor Augen zu
stellen, welches ich vor einigen Jahren als ein didaktisches Hülfsmittel

zur Erläuterung der Innervation des Herzens eingerichtet und beschrieben habe (Fig. S .

Wir werden es im weitern Verlaufe unserer Unterhaltung noch öfter benutzen. Sie sehen hier auf einem Holzgestelle *B*, *F*, *F¹ F²* ein Wasserreservoir (*R*) mit dem Deckel *d*, .

Wenn ich den Haupthahn desselben *H* öffne — so strömt das Wasser ununterbrochen in den Glascylinder. Schalte ich jedoch einen Widerstand ein in Form eines zweifächerigen um eine horizontale Axe beweglichen Gefässes oder Schiffchens (*S*, so sehen Sie, wie das Wasser sofort rhythmisch unterbrochen in einzelnen Pulsen abfliesst — indem sich das Wasser so lange in dem einen Fache des schräg gestellten Schiffchens anhäufen muss, bis es den Widerstand desselben überwindet und das Ganze zum Umkippen bringt, worauf dasselbe Spiel am zweiten Fache beginnt und das Schiffchen rhythmisch hin- und hergeworfen wird.

Hier haben Sie ein anschauliches Bild, in welcher Weise das Herznervensystem mit seinen Widerstandseinrichtungen die rhythmischen Herzbewegungen zu Stande bringen könnte, — denn unsere Maschine arbeitet ganz ähnlich rhythmisch wie das Herz — so verschieden auch sonst die beiden Apparate sind.

Die ununterbrochene Triebkraft in der Maschine ist das aus dem Reservoir fallende Wasser — im Herznervensystem ist die Triebkraft die in den Ganglien continuirlich entstehende Nervenerregung.

Beide Triebkräfte stossen im weitern Verlaufe auf Widerstände und können sich (da sie diese erst überwinden müssen, um wirksam zu werden nur rhythmisch unterbrochen äussern — am Herzen durch den Wechsel von Systole und Diastole — an der Maschine durch das pendelartige, durch Ruhemomente unterbrochene Umkippen des Schiffchens *S* .

Das eben betrachtete, dem Herzen eigenthümliche Nervensystem mit seinen Widerstandsvorrichtungen — durch dessen automatische, d. h. selbstständige Thätigkeit die rhythmischen Bewegungen des Herzens nach Zahl und Energie veranlasst und unmittelbar beherrscht werden; besitzt jedoch keine absolute anatomische und physiologische Selbstständigkeit! Es hängt vielmehr durch zwei functionell verschiedene Nervenfaserzüge mit dem Gehirn zusammen und wird auf diesen beiden Wegen von den Zuständen des Gehirns in seiner Thätigkeit — (von der wie gesagt die Zahl und Energie der Herzschläge unmittelbar abhängt — beeinflusst.

Es entspringen nämlich von zwei differenten Gegenden im Innern des Gehirns zwei besondere Nervenfaserzüge, welche zum Herzen

und den Blutgefässen hinabsteigen und daselbst ihr Ende findend
v e r s c h i e d e n e Wirkungen auf die Thätigkeit des Herznervensystems
und somit auf den Herzschlag selbst ausüben.

Die neuere Experimentalphysiologie, welche sich die Aufgabe
stellt die normalen Lebensvorgänge zu ermitteln und aus den erkannten
materiellen Bedingungen mit Nothwendigkeit herzuleiten — d. h. zu
erklären — hat hierüber folgende wichtige Thatsachen sichergestellt.

a) Der e i n e dieser Nervenfaserzüge, welcher vom Gehirn durch
das Rückenmark und weiterhin zum Theil durch die Bahnen des sogenannten sympathischen Nervensystems an seinen Bestimmungsort gelangt — enthält Nerven, die (wenn sie gereizt werden) die Thätigkeit
des Herznervensystems e r h ö h e n, indem sie die in den Ganglien
entstehenden Triebkräfte und Reizungszustände m i t t e l b a r oder u n -
m i t t e l b a r v e r m e h r e n. Die Energie der Herzarbeit wächst infolge
dessen. Der Entdecker jenes Theiles dieser Nerven, welche die Frequenz der Herzschläge u n m i t t e l b a r erhöhen, mein Vorgänger im
Amte, Professor von BEZOLD, hat dieselben deshalb die e x c i t i r e n d e n
N e r v e n genannt. Neuere Untersuchungen haben gezeigt, dass jener
a n d e r e Theil dieser Nerven, welcher die Herzthätigkeit nur m i t t e l -
b a r oder i n d i r e c t vermehrt, die schon längst bekannten G e f ä s s -
n e r v e n sind, welche gar nicht ins Herz selbst gelangen, sondern in
den contractilen Wandungen der Gefässe ihre Verbreitungsgebiete
haben. Aber, indem sie die Gefässwandungen zur Zusammenziehung
veranlassen und hierdurch eine mächtige Steigerung des Blutdrucks
bewirken, vermehren sie ebenfalls — wenn auch nur indirect — die
Energie der Herzthätigkeit.

Es würde mich zu weit führen, wollte ich Ihnen genauen Bericht über die Fortschritte abstatten, welche seit den bahnbrechenden
Untersuchungen von BEZOLD's auf diesem Gebiete der Experimental-
physiologie gemacht worden sind. Für unseren Zweck genügt es
zu wissen, dass es Nerven gibt, deren Bahnen man kennt, welche
das Herz e x c i t i r e n, gleichgültig ob sie dies m i t t e l b a r, wie die
Gefässnerven, oder u n m i t t e l b a r, wie die von BEZOLD'schen Nerven thun.

b) Der z w e i t e der beiden die Thätigkeit des Herznervensystems
beeinflussenden Nervenfaserzüge, welcher auch vom Gehirn entsprin-
gend, direct in der Bahn des sogenannten herumschweifenden Nerven
oder Nervus vagus an beiden Seiten des Halses zum Herzen hinab-
steigt, führt hingegen Nerven, deren Reizung die Herzthätigkeit
h e m m e n, indem sie die Widerstandseinrichtungen des Herznervensystems v e r s t ä r k e n, so dass sich die Pausen zwischen den Herz-

schlägen vergrössern und das Herz sogar längere Zeit in Erschlaffung stillsteht.

Man hat sie die hemmenden oder regulirenden Nerven genannt: sie wurden vor Decennien von den Gebrüdern WEBER in Leipzig entdeckt.

Um Ihnen die erwähnten Wirkungen der excitirenden sowol als der regulirenden oder hemmenden Nerven recht anschaulich zu machen, greife ich wieder zu unserer Maschine (Fig. 8), welche, wie wir sahen, nach demselben mechanischen Princip arbeitet wie das Herznerven-system. — An ihr müssen sich daher auch die excitirenden und die hemmenden Wirkungen demonstriren lassen. Die ersteren dadurch, dass wir die Triebkraft vergrössern — indem wir den Regulations-hahn (h) des Wasserreservoirs (R) weiter aufdrehen. Ich setze die Maschine in Gang, indem ich den Haupthahn (H) öffne. Nun drehe ich den zweiten Hahn (h) um einige Grade weiter auf. Sie sehen, die Zahl und Energie der Pulsationen des Schiffchens (S) vermehrt sich sofort. Hört die Reizung der excitirenden Nerven auf, so stellt sich die frühere Schlagfolge wieder her. An unserm Schema geschieht dasselbe, wenn ich dem Hahn (h) durch Zurückdrehen seine frühere Stellung wiedergebe. Die letzteren, die hemmenden Wirkungen hingegen imitiren wir durch Vergrösserung des Widerstandes — also dadurch, dass wir das Umkippen des Schiffchens erschweren, indem wir es schräger stellen. Dazu dient die Schraube (s), welche die Gabel (g, g') an dem Prisma (p, p') verstellt. Ich schraube die Gabel tiefer herunter und, Sie sehen, die Pausen zwischen zwei Umkippungen des Schiffchens S vergrössern sich sehr merklich, weil sich nun eine grössere Menge Wasser ansammeln muss, um das Schiffchen zum Umkippen bringen zu können — ja, wenn ich die Gabel plötzlich eine grössere Strecke hinunterschraube, so bleibt das Schiffchen längere Zeit ganz bewegungslos — (Stillstand des Herzens in Diastole). .

Zum Herznervensystem, welches die Herzbewegungen unmit-telbar beherrscht, zurückkehrend, darf ich wol sagen, dass Ihnen nun die entgegengesetzte Wirkung der hemmenden und der exci-tirenden Nerven auf dasselbe anschaulich geworden sein wird.

Durch die von den Gehirnzuständen abhängige äusserst mannich-fach abgestufte Gegenwirkung, d. h. durch die Steigerung oder Schwächung des einen oder des anderen, oder beider dieser Einflüsse wird thatsächlich in jedem Momente des Lebens die Thätigkeit des Herznervensystems bestimmt und von dieser hängt dann unmittelbar die Häufigkeit und Stärke der Herzschläge in ihrer unend-lichen Mannichfaltigkeit ab!

Es kommen hier im Allgemeinen die folgenden vier Fälle in Betracht.

1) Ist der erregende Einfluss des Gehirns auf die excitirenden Nerven sowol als auf die hemmenden ein sehr geringer oder gleich Null, so arbeitet das Herz energielos, die Pulse sind verhältnissmässig selten und schwach.

2) Steigt einseitig der excitirende Einfluss, so nimmt die Zahl der Herzschläge immer mehr zu, ohne dass die Energie der Schläge entsprechend vermehrt würde. Der Herzschlag ist häufig, aber schwach.

3) Ueberwiegt plötzlich die Wirkung der hemmenden Nerven, so bleibt das Herz kürzere oder längere Zeit in Erschlaffung ganz stillstehen, oder schlägt nur in längeren Pausen fort; die Energie der einzelnen Schläge ist aber vermehrt. Der Herzschlag wird also selten, aber stark sein.

Endlich 4) steigert sich die Reizung in beiden Nervenbahnen zugleich, so kommt es zu jener stürmischen Herzaction, welche so viele unserer heftigen und leidenschaftlichen Gemüthsaffecte begleitet. Das Herz pocht stark und zugleich sehr frequent. So also beherrscht das Gehirn vermittelst jener beiden Nervenbahnen den Herzschlag. —

Werden diese Bahnen durchschnitten, so ist das verknüpfende Band zerrissen — der Einfluss des Gehirns auf das Herz ist damit vernichtet! Beweis genug, dass es keinen andern, etwa gar mysteriösen Zusammenhang vermittelst der berüchtigten sogenannten Lebenskraft zwischen Hirn und Herz gibt.

Ich könnte Ihnen begreiflicherweise alle diese vier möglichen Fälle an dem mechanischen Schema durch entsprechende Handhabung des Regulationshahns (h) und der Widerstandsschraube (s) anschaulich vorführen. Ich könnte auf mechanisch ganz analoge Einflüsse und ganz so, wie wir am Herzen beobachten, seltene und schwache, häufige und schwache, seltene, aber starke und endlich häufige und starke Pulsationen des Schiffchens in allmählichem oder plötzlichem, regelmässigem und unregelmässigem Wechsel hervorbringen; — allein hierauf verzichte ich und will Ihnen lieber den dritten Fall — die hemmende Wirkung der plötzlichen Reizung der in der Vagusbahn verlaufenden Nerven am lebenden Menschen — an mir selbst durch ein Experiment unmittelbar zeigen!

Ich habe nämlich die Entdeckung gemacht, dass mein rechter Nervus vagus, durch eine Eigenthümlichkeit seiner Lagerungsverhältnisse und Umgebung am Halse — an einer bestimmten Stelle dem

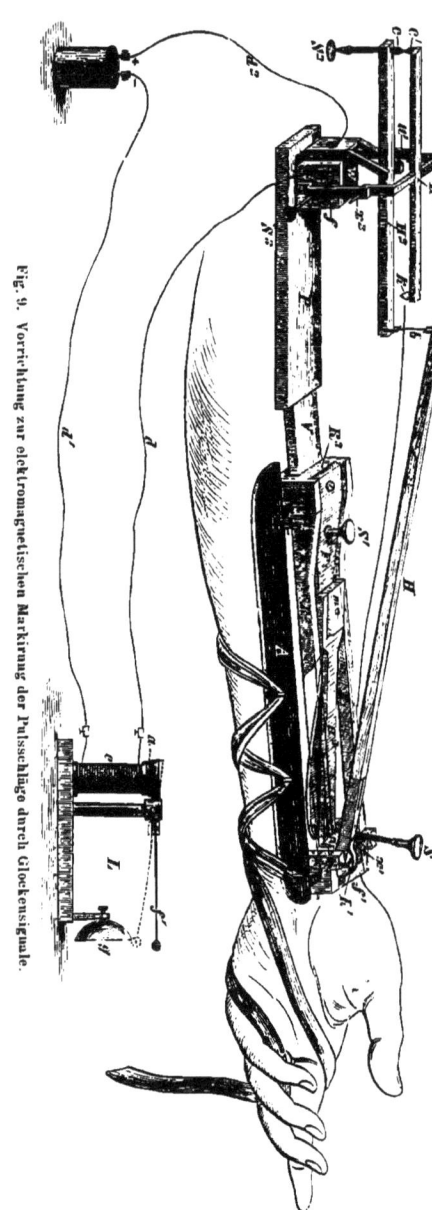

Fig. 9. Vorrichtung zur elektromagnetischen Markirung der Pulsschläge durch Glockensignale.

L der elektromagnetische Läutapparat, e der Elektromagnet, der den Anker a des Hebels f' so lange anzieht, als der aus der Batterie B stammende elektrische Strom in den Leitungsdrähten d d^1, d^2 kreist. Im Moment der Unterbrechung des Stromes fällt der Hebel f' und wippt (wie die punktirte Linie zeigt) mit seinem Kugelende nach der Glocke g, welche ein lautes Tonsignal gibt. R, R^1, R^2 und R^3 ist ein vierseitiger Messingrahmen; der Schenkel R^2 ist in seiner vorderen Hälfte wie abgebrochen gezeichnet, damit er die dahinter liegenden Theile des Apparats nicht verdecke; man wird ihn leicht in Gedanken ergänzen. Der vierseitige Messingrahmen ist durch zwei bewegliche, mit Leder gefütterte Blechschienen, von denen natürlich nur die rechte, A, zu sehen ist, auf dem Vorderarm fixirt, indem jede Schiene drei Häkchen hat, um welche in Stertouren ein festes Seidenband geführt ist, dessen Ende zwischen den Fingern der Hand herabhängt. Auf dem Schenkel R^3 des Messingrahmens ist eine elastische Stahlfeder F, F' aufgeschraubt, deren abgerundetes Vorderende genau auf die pulsirende Arterie des Handgelenkes drückt und durch jeden Pulsschlag emporgehoben wird. Vermittelst der Schraube S' kann die Spannkraft der Pulsfeder F, F' vermehrt und vermindert werden. Dort, wo sich diese Feder nach abwärts zu krümmen beginnt, ist ein Metallplättchen m angenietet, mit welchem die Gabel des Hebels H^3 artikulirt. Das vordere Hebelende trägt eine quergestellte vertical aufgehogene Stahlschneide n und besitzt links eine Bohrung, durch welche die Schraube S durchgeschraubt ist. Die Schraube S steht mit ihrem unteren Ende auf dem Ende der Pulsfeder F, F' auf, und wird von derselben mit auf- und niederbewegt. Da ihr Gewinde durch die Bohrung des Hebelendes H^3 geht, so nimmt sie diesen Hebel und seine Stahlschneide n bei ihren Bewegungen auch mit. Auf der Schneide n ruht aber der Holzhebel H, welcher um die Axe r, x' sehr leicht beweglich ist, und durch eine zarte Feder f' gegen die Schneide n sanft angedrückt wird, so dass er den Bewegungen derselben genau folgen muss. Auf diese Weise werden nun die Hebungen und Senkungen der Pulsfeder F, F' auf den Holzhebel H übertragen, dessen freies Ende sie natürlich in vergrössertem Maassstabe ausführt. Mit dem Beginn jedes Pulsschlags der Handgelenkarterie steigt der Holzhebel in die Höhe und sinkt dann wieder herab, um mit dem nächsten Schlage wieder emporzusteigen. Das freie Ende des Holzhebels steht durch eine bewegliche Gabel b mit einer elektrischen Contactvorrichtung so in Verbindung, dass diese letztere genau im Momente des Beginns jeder Pulsbewegung den elektrischen Strom der Batterie (B) unterbricht und das Glockensignal im Läutewerk L auslöst.

Meine Contactvorrichtung besteht aus zwei horizontalen zweiarmigen Metallhebeln H^1 und H^2, deren Axenlager, elektrisch isolirt an dem Hartgummiwürfel (W) der Platte (P) angebracht sind, die durch das Verbindungsstück (V) mit dem aufgebundenen Messingrahmen R, R^1, R^2, R^3 der MAREY'schen Pulsvorrichtung zusammenhängt. Der Hebel H^2 ist in seinen Axenlagern, die von der auf der Hinterfläche des Würfels W befestigten Metallplatte ausgehen, s e h r leicht beweglich;

drückenden Finger so zugänglich ist, dass er mechanisch gereizt werden kann. Ich bin daher im Stande, jeden Augenblick durch Druck mit dem Finger auf jene Stelle der rechten Seite des Halses die Hemmungsnerven meines Herzens zu reizen und dasselbe für einige Momente zum Stillstand zu bringen.

Um Ihnen aber meine Herzschläge wahrnehmbar zu machen, werde ich mir den Marey'schen Pulshebel oder Sphygmographen dort an mein Handgelenk anschnallen, wo die Aerzte den Puls zu fühlen pflegen. Jeder Herz- oder Pulsschlag hebt den aufgebundenen Hebel — für die Nähersitzenden deutlich sichtbar — in die Höhe. Damit aber alle Anwesenden im Saale, auch die entfernt Sitzenden, gleichzeitig an dem Experiment theilnehmen können, habe ich mit dem Marey'schen Pulshebel eine elektrische Contactvorrichtung von meiner Erfindung in Verbindung gebracht, welche jeden Pulsschlag durch ein elektromagnetisches Glockensignal markirt. Die Anordnung des ganzen Apparats ist aus der Zeichnung (Fig. 9) ersichtlich.

Ich schnalle den Marey'schen Sphygmographen links an mein Handgelenk, und nun können Sie meine Puls- und Herzschläge sehen und nach den Glockensignalen zählen.

Wenn ich jetzt am Halse drücke und die Hemmungsnerven reize, so werden Sie sofort den Herzstillstand und das Seltenerwerden des Pulses wahrnehmen. Eins, zwei, drei — ich drücke am Halse, vier, Herzstillstand, fünf, Pause, sechs, Pause, sieben, acht, neun u. s. w. Die frühere Frequenz hat sich bereits wiederhergestellt. Lassen Sie uns den Versuch nochmals wiederholen. — Derselbe Erfolg!

Jedesmal nach Application des Druckes auf jene Stelle der rechten Seite meines Halses, wo die Vagusbahn verläuft, in welcher die Hemmungsnerven des Herzens vom Gehirn zum Herzen ziehen, erfolgt

---

sein vorderes Ende ist durch b mit H verbunden; sein hinteres Ende trägt eine Schraube S^2 mit einem Platinknöpfchen c. Der obere Hebel H^1 geht hingegen mit einer Spur von Reibung in seinen Axenlagern a' und f, indem f ein federnder Metallstreifen ist, der durch die Schraube S^3 s mehr oder weniger gespannt und an den Theil des Hebels, aus dem die Axe x^2 hervortritt, beliebig stark und schwach angedrückt werden kann. Das hintere Ende des Hebels H^1 trägt ein Platinknöpfchen c', welches mit c im Contact ist; das vordere Ende aber ein Knötchen aus nicht leitendem Elfenbein (k). Verfolgt man vom + Pol der Batterie B aus die Leitung für den elektrischen Strom, so führt der Draht d^2 nach der mit plus bezeichneten Metallplatte; von da durch die Axenlager in den Hebel H^2, und weiter durch die in Berührung befindlichen Platinknöten c und c' nach H^1. Das federnde Axenlager (f) stellt die Verbindung mit der mit minus bezeichneten Seitenplatte des Würfels (W) her, von wo der Draht d ausgeht, der sich mit dem einen Ende der Spirale des Elektromagneten e verbindet, während das andere Ende derselben durch den Draht d' an den Minus-Pol der Batterie B angeschraubt ist. Die Stromleitung ist wie man sieht unter diesen Umständen geschlossen, der Elektromagnet zieht den Anker a an, die Kugel der Feder f' ist gehoben. So wie nun ein Pulsschlag erfolgt, wird der Hebel H gehoben, zieht durch b den vorderen Arm des Hebels H^2 mit empor, wodurch der Contact zwischen den Platinknötchen c und c aufgehoben und das Glockensignal ausgelöst wird. Im Verlaufe der fortschreitenden Hebung des Hebels H stösst der mitgezogene Hebel H^2 gegen das nicht leitende Elfenbeinknötchen k, wodurch der elektrische Strom zwar nicht geschlossen wird, wodurch aber der etwas Reibung gehende Hebel H^1 in eine solche Stellung und Neigung gebracht wird, dass sich noch während des Herabsinkens von H und H^2 der Contact zwischen c und c' und damit die Leitung für den Strom wiederherstellt — um mit dem Beginn des nächsten Pulsschlags wieder unterbrochen zu werden und ein neues Glockensignal auszulösen.

So also werden die Pulsschläge durch meinen Apparat einer beliebig grossen Versammlung akustisch vernehmbar, und kann jede Aenderung ihrer Frequenz — wie bei dem Vagusdruckversuch — deutlich zu Gehör gebracht werden. —

Herzstillstand und Verlängerung der Pausen zwischen den einzelnen
Pulsen, welche allmählich ihre frühere Frequenz wieder erlangen.
Bemerkenswerth ist es noch, dass auf den in der Zwischenzeit zwischen
zwei Pulsen ausgeübten Druckreiz der zweite Puls immer noch o h n e
merkliche Verzögerung eintritt. Erst auf diesen folgt der Herzstillstand und die manifeste Verlängerung der Pausen zwischen den
Herzschlägen.

Mit dem Eintritt eines Herzschlags sind also im Herznervensystem,
welches die Schläge unmittelbar beherrscht, die Kräfte für den folgenden Schlag immer schon so weit vorbereitet und disponirt, dass die
Hemmungsnerven keine Macht mehr über dieselben haben.

Ich bin zu Ende!

Mit diesem Experiment haben wir den langen Weg durch das
Gebiet der anatomischen, mechanischen und physiologischen Vorstellungen zurückgelegt, welcher uns zum versprochenen Ziele führen sollte.

Was ich Ihnen nun noch zum Schlusse sagen will, sind einfache
Folgerungen aus den mitgetheilten Thatsachen und Erklärungen.

Ich kann mich daher kurz fassen.

Sie haben erfahren, dass und wie die Erregungszustände des Gehirns, welche, beiläufig bemerkt, e r r e g e n d e r oder l ä h m e n d e r
Natur sein, und sich in beiden Formen den im Gehirn liegenden Ursprüngen der excitirenden und der hemmenden Herznerven mittheilen
können, auf die Herzthätigkeit in der verschiedenartigsten Weise
modificirend und bestimmend einwirken.

I n s o f e r n nun die Gemüthsbewegungen Erregungszustände des
Gehirns s i n d oder doch von solchen stets begleitet werden, wird Ihnen
klar geworden sein, auf welche Weise dieselben, eben vermittelst des
aufgedeckten Nervenmechanismus die Herzbewegungen zu beeinflussen
vermögen.

So also kommt z. B. der plötzliche Herzstillstand bei einer er-
schütternden Gemüthsbewegung, die eine Trauerbotschaft plötzlich
hervorgerufen, dadurch zu Stande, dass dabei jener Hirntheil, aus
dem die hemmenden Herznerven entspringen, erschüttert wird, und
dass sich diese Erregung innerhalb der Hemmungsnervenbahnen am
Halse herab fortpflanzt — wie eine Depesche im elektrischen Tele-
graphendraht — und auf die Widerstandsvorrichtungen im Herzen
überträgt.

So werden bei freudigen Gemüthsaffecten, wo die Pulse rascher
und höher schlagen, jene b e i d e n Hirnregionen materiell gereizt, aus
denen einerseits die excitirenden, andererseits die hemmenden Nerven
ihren Ursprung nehmen und, indem sich diese Reizungen gleichzeitig

bis zum Herzen fortpflanzen, dasselbe durch ihre Gegenwirkung, wie wir sahen, zu raschen und zugleich starken Schlägen veranlassen.

Und so in allen Fällen! Die angeführten Beispiele mögen genügen, denn den allgemeinen Schlüssel zur Erklärung sämmtlicher möglichen Fälle habe ich Ihnen oben gegeben.

Wem diese Erklärungen zu mechanisch, zu materiell erscheinen, der möge Folgendes bedenken.

Welche Ansicht, welchen Glauben über den Zusammenhang von Materie und Geist, von Leib und Seele man auch immer haben mag, — ob man materialistischen oder idealistischen, monistischen oder dualistischen Anschauungen huldige, — gleichviel! — dass es sich bei allen jenen Gemüthsbewegungen, welche notorisch mit Veränderungen des Herzschlages einhergehen, um materielle Reizungs- oder Lähmungszustände gewisser Theile des Gehirns handelt, das ist eine über alles Meinen und Glauben erhabene, absolut feststehende Thatsache!

Und jene beiden Nervenfaserzüge, die auf verschiedenen Wegen vom Gehirn zum Herzen und den Gefässwandungen ziehen, sind die Fäden, welche den wunderbaren Zusammenhang zwischen den Gemüths- und den Herzbewegungen knüpfen — denn es gibt factisch keinen andern Zusammenhang zwischen den fraglichen Erscheinungen.

In diesen Nervenfaserzügen haben wir die geheimnissvolle Einrichtung gefunden, in ihnen das materielle Substrat jener Vorgänge kennen gelernt, welche den Parallelismus zweier so differenter Thätigkeiten wie Herz- und Gemüthsbewegungen vermitteln.

Ich aber habe Ihnen damit die exacte physiologische Antwort auf die Frage gegeben: Wie das Herz zu jener hohen ethischen Bedeutung kommt, welche ihm der Sprachgebrauch aller Völker und aller Zeiten beilegt.

2) die Art der fortschreitenden Ausbreitung und Mittheilung der Bewegung von Theilchen zu Theilchen.

Gestatten Sie mir, Ihnen, ehe ich weiter gehe, die Eigenthümlichkeit dieses ganzen Bewegungsvorganges an einem mechanischen Schema oder Modell anschaulich zu machen (vgl. Fig. 10).

Sie sehen hier eine Anzahl Flämmchen; dieselben sollen uns eine Reihe jener kleinsten, sich gegenseitig abstossenden materiellen Theilchen vorstellen, aus denen wir uns die Luft — wie jedes andere Gas — zusammengesetzt denken müssen; — die abstossenden Kräfte zwischen ihnen sind ins Gleichgewicht gekommen; — es herrscht Ruhe.

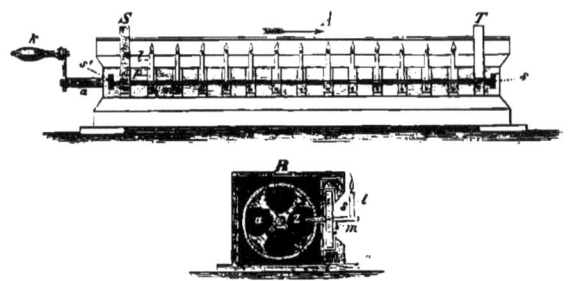

Fig. 10. Pierre's Longitudinalwellenmaschine zur Demonstration der Schallwellenbewegung.

A Ansicht von vorn; *B* Durchschnitt. Die genauere Beschreibung der Maschine würde uns zu weit führen; es genüge zu bemerken, dass durch Drehen an der Kurbel *k* der schwarze Blechstreif *S* und sämmtliche auf der Stange *s, s'* aufgereihten, in einem Falz horizontal verschiebbaren Holzklötzchen *p* mit ihren Dillen *m* und Lichtchen *t* genau in die im Text beschriebenen Oscillationen versetzt werden können, indem (vgl. den Durchschnitt bei *B*) jedes Holzklötzchen vermittelst eines Zapfens *z* in den Mechanismus eingreift, den die Axe *a* im Inneren des Kastens durch ihre Umdrehungen treibt.

Jener Streif von schwarzem Blech (*S*), am Anfange der Lichtchenreihe, bedeutet uns ein Stück eines in schallerzeugende Schwingungen versetzbaren Körpers, z. B. einer Violinsaite, welche mit der Luft in unmittelbarer Berührung steht.

Setzen wir nun den Mechanismus des Apparats in Thätigkeit, so sehen Sie, wie sich der Streifen von Blech (*S*) sofort zu bewegen anfängt und das erste Lichtchen vor sich her treibt.

So wie sich das erste Lichtchen dem zweiten nähert, wächst die Abstossung zwischen beiden und das letztere muss ausweichen, weil das erstere — von hinten gestützt — nicht ausweichen kann; und so treibt das erste Lichtchen das zweite vorwärts, das zweite das dritte, das dritte das vierte u. s. w. (vgl. den Pfeil bei *A*).

Unterdessen hat der Streifen von Blech seine Bewegung vollendet und beginnt seinen Rückgang: — sofort weicht auch das erste Lichtchen zurück, weil es (von hinten nicht mehr gestützt) von allen seinen

Fig. 11.

Nachbarn zurückgestossen wird, die es vorhin mittelbar oder unmittelbar vorwärtsgestossen und gegeneinander getrieben hatte.

Aus demselben Grunde weicht mit dem Rückgang des ersten Lichtchens auch das zweite wieder zurück — dann das dritte, dann das vierte, fünfte u. s. w.

Sie sehen, wie auf diese Weise sämmtliche Lichtchen der Reihe nach in genau dieselben hin- und hergehenden Bewegungen oder Schwingungen versetzt werden, welche der schwarze Blechstreifen ausführt.

Indem nun aber jedes Lichtchen seine hin- und hergehende Bewegung etwas später anfängt, ausführt und beendet, als das unmittelbar vorhergehende, so drängen sich die Lichtchen bei ihrem Hingang dichter an einander, während sie bei ihrem Rückgang mehr auseinander weichen.

Es folgen, wie Sie deutlich sehen können, abwechselnd Gruppen dicht zusammengedrängter und weit auseinanderstehender Lichtchen aufeinander — und es entsteht der Schein, wie wenn diese Lichtchengruppen vom Blechstreifen aus fortströmten, während doch die Lichtchen selbst in Wirklichkeit nicht fortströmen, sondern an ihrem Orte bleiben, innerhalb welches sie fortdauernd nur hin- und herschwingen.

Was wirklich fortschreitet, ist blos die specielle Form der pendelartigen Bewegung, welche Theilchen um Theilchen ergreift.[1]

Ganz eben so geht es nun in der Luft zu, wenn sie ein schallender Körper in Bewegung bringt.

---

[1] Um den Leser in den Stand zu setzen, sich den durch PIERRE'S Wellenmaschine demonstrirten Bewegungsvorgang mit leichter Mühe selbst vorführen zu können, habe ich Fig. 11 auf der Tafel 2 entworfen. Der Leser lasse sich aus dünnen Brettchen ein Lineal von der Grösse des am Kopfe der Figur mit punktirten Linien angegebenen Vierecks (a, a¹, a², a³) anfertigen. In der Mitte dieses Lineals muss eine Spalte von den, ebenfalls durch punktirte Linien (α, α¹, α², α³) angegebenen Dimensionen angebracht werden, deren lange Ränder zuzuschärfen sind, wie der Durchschnitt des Spaltlineals bei D deutlich zeigt. Dieses Lineal mit dem Spalt lege der Leser genau auf das punktirte Viereck (a, a¹, a², a³) auf; — in der Spalte wird dann eine Reihe von gleichweit von einander abstehenden schwarzen Strichen erscheinen. Sie entsprechen den Lichtchen, welche ich für die Demonstration vor dem grossen Publikum des Rosensaales an PIERRE'S Wellenmaschine angebracht hatte, und versinnlichen, wie diese, die kleinsten materiellen Theilchen der ruhigen Luft. Der schwarze Blechstreif an der Wellenmaschine ist hier durch den mit S bezeichneten dicken schwarzen Strich am Anfang der Reihe (links) repräsentirt.

Nun fahre der Leser mit dem Spaltlineal, indem er dasselbe stets genau parallel zur Anfangsstellung halten muss, mit gleichmässiger Geschwindigkeit über die ganze Steindrucktafel senkrecht nach unten, und beachte,

Der Streifen von schwarzem Blech entspricht in seiner Bewegung, wie gesagt, einem oscillirenden Schallkörper: die Lichtchenreihe — einer Reihe der kleinsten Lufttheilchen: die scheinbar fortströmenden Gruppen, wo die Lichtchen sich zusammendrängen, entsprechen — Luftverdichtungen, wo sie auseinander weichen — Luftverdünnungen: und der ganze vor Ihren Augen ablaufende Bewegungsvorgang zeigt Ihnen die Schallbewegung der Luft, deren Eigenthümlichkeit darin besteht, dass die Lufttheilchen in ihrer geradlinigen Bahn nur hin- und herschwingen, während die hierdurch erzeugten Verdichtungen und Verdünnungen durch den Luftraum fortschreiten, indem sie sich immerwährend aus neuen Theilchen zusammensetzen.

Einen Bewegungsvorgang von dieser Eigenthümlichkeit nennt man in der Physik — eine Wellenbewegung.

Unser specieller Fall ist die Schallwellenbewegung. —

Den Namen »Wellenbewegung« und alle näheren Bezeichnungen wie »Welle«, »Wellenberg«, »Wellenthal« u. s. w. hat man hergeleitet vom Vergleiche mit der ganz analogen Wellenbewegung auf der Oberfläche des Wassers, welches dabei jedoch abwechselnd über sein Niveau steigt, und unter dasselbe sinkt — statt wie die Luft sich zu verdichten und zu verdünnen.

Deshalb heissen die durch den Luftraum fortschreitenden Verdichtungen — Schallwellenberge, die Luftverdünnungen — Schallwellenthäler.

Ein solcher Schallwellenberg — Luftverdichtung] und ein solches Schallwellenthal [die Luftverdünnung] zusammengenommen, bilden aber, was man eine Schallwelle nennt.

---

was mit den schwarzen Strichen geschieht, welche im Spalt des Lineals zu sehen sind.

Er wird bemerken, dass dieselben Bewegungen ausführen, welche genau jenen entsprechen, welche ich oben an den Lichtchen der Wellenmaschine beschrieben habe, und welche die Lufttheilchen machen, wenn sie ein oscillirender Schallkörper (S) in Bewegung setzt.

Es ist leicht zu sehen, wie jeder der Striche im Spalt des bewegten Lineals einfach hin- und herschwingt und der Reihe nach die gleichartige Oscillationsbewegung, später als sein Vorgänger und früher als sein Nachfolger beginnt und beendet.

Infolge dessen bilden sich abwechselnd Gruppen, wo die Striche dichter und wo sie dünner stehen, und diese Gruppen scheinen vom schwingenden Schallkörper (S) nach rechts fortzuströmen.

Es versteht sich von selbst, dass genau dieselben Bewegungserscheinungen auftreten, ob man das Lineal über die festliegende Tafel nach unten führt, oder ob man das Buch unter dem festgehaltenen Lineal nach oben schiebt. —

Damit hätten wir also die Vorstellung von Schallwellen, die sich in gerader Linie nach einer Richtung hin fortpflanzen. Aber die Ausbreitung des Schalles geschieht gleichzeitig nach allen Richtungen des Raumes, und so müssen Sie sich die Schallwellen in Wirklichkeit nothwendig in Gestalt von Kugelschalen denken, deren Durchmesser immer mehr und mehr wachsen, je weiter sie sich von ihrem gemeinschaftlichen Ausgangs- und Mittelpunkt — dem schallerzeugenden Körper — entfernen, etwa so wie die Wellenkreise immer grösser und grösser werden, welche wir durch einen Steinwurf auf der glatten Fläche eines Wasserspiegels erzeugen!

Die Geschwindigkeit, mit welcher die Schallwellen den Luftraum durcheilen, hat man gemessen und bei ruhiger Luft auf 340 Meter in der Secunde bestimmt, d. h. der Schall braucht eine ganze Secunde Zeit, um eine Strecke von 340 Meter, etwas über 1000 Fuss, zu durchlaufen, während das Licht in derselben Zeit viele 1000 Meilen macht; — deshalb hören wir aber auch den Knall einer in grosser Entfernung abgeschossenen Kanone viel später, als wir das Aufblitzen derselben sehen! — Je weiter die Entfernung ist, desto später hören wir die Detonation des Geschützes, und bei der bekannten Fortpflanzungsgeschwindigkeit des Schalles können wir die Grösse dieser Entfernung schätzen, wenn wir die Zeit messen, welche vom Momente des Aufblitzens bis zur Wahrnehmung des Knalles vergeht. Jeder Secunde Verspätung entspricht eine Vergrösserung der Entfernung um 340 Meter, jeder halben Secunde um 170 Meter.

Ebenso wie in der Luft und in Gasen entsteht der Schall und pflanzt sich fort in jedem anderen elastischen Medium, z. B. im Wasser und in festen Körpern — nur mit verschiedener und zwar grösserer Geschwindigkeit.

Hiermit, meine verehrten Anwesenden, haben Sie die physikalische Antwort auf unsere erste Frage: Was ist Schall überhaupt?

Der Schall ist, wie Sie gesehen haben, nichts weiter, als eine eigenthümliche Bewegung der Materie!

Mit dem Worte »Schall« bezeichnet der Sprachgebrauch jedoch nicht nur den eben erörterten grobmechanischen Bewegungsvorgang, sondern zugleich auch die besondere Empfindung, welche derselbe veranlasst, wenn er unsere Hörnerven afficirt.

Dies führt uns zu unserer zweiten Frage: Wie der Schall von uns wahrgenommen wird?

Mit der allgemeinen Antwort: »durch das Gehör«, wollen wir uns jedoch hier nicht begnügen, sondern genauer zusehen, was

3*

im Ohre vorgeht, wenn Schallwellen dasselbe treffen — wenn wir also hören.

Zu diesem Ende will ich versuchen. Ihnen mit Hülfe dieser kolossalen schematischen Durchschnittszeichnung des Ohres (vergl. Fig. 12) und mit Hülfe vergrösserter plastischer Nachbildungen einiger seiner Theile eine klare Vorstellung von dem äusserst complicirten Bau des Gehörorganes zu geben.

Ich verhehle mir keineswegs, dass ich damit Ihre Aufmerksamkeit und Einbildungskraft auf eine harte Probe stelle.

Allein mich ermuthigt zu dieser gewagten, für das Verständniss des Folgenden aber unentbehrlichen Auseinandersetzung die Hoffnung — dass Sie der fast unheimliche Gedanke d a u e r n d fesseln dürfte, dass die höchst verwickelten und mannichfaltigen, meist verborgenen Gebilde, welche ich möglichst anschaulich beschreiben werde, in Wirklichkeit — a l l e in Ihren e i g e n e n K ö p f e n vorhanden sind und Sie befähigen meine Worte zu vernehmen!

Das Gehörorgan ist bekanntlich doppelt vorhanden und symmetrisch zu beiden Seiten des Kopfes a n und i n dem sogenannten Schläfebein angebracht.

Es zerfällt in drei Abschnitte, welche man als ä u s s e r e s , m i t t - l e r e s und i n n e r e s Ohr bezeichnet.

Das ä u s s e r e Ohr besteht aus der knorpeligen, von der allgemeinen Hautdecke überzogenen Ohrmuschel (Fig. 12 I. M) und dem äusseren Gehörgang (G), dessen Wandungen zum Theil aus Knorpel k^2, k^4, k^5), zum Theil aus Knochen gebildet werden. An seinem Ende ist der Gehörgang durch eine feine, elastische Haut verschlossen. Er endet somit blind.

Diese Haut, das sogenannte Trommelfell (T), bildet die Grenze und Scheidewand zwischen dem äusseren und dem m i t t l e r e n Ohr, welches letztere die Paukenhöhle (P, oder Trommelhöhle genannt wird.

Diese hinter dem Trommelfell gelegene Höhle ist ein kleiner unregelmässiger Raum mit knöchernen Wänden. Er ist nicht allseitig geschlossen, sondern steht durch eine enge, nach vorn und innen herabsteigende Röhre (R) mit dem hintersten Theile der Nasenhöhle in Verbindung.

Diese Röhre, welche an ihrem Nasenende trichterförmig erweitert ist und eine wulstige, durch eine zusammengebogene Knorpelplatte im Durchschnitt k, k^1) gestützte Mündung besitzt, heisst nach einem Anatomen des 16. Jahrhunderts die EUSTACHI'sche Röhre, oder — nach ihrer Gestalt, die Ohrtrompete. Solange die Mündung der Ohrtrompete. wie dies normaler Weise in der Ruhe der Fall zu sein pflegt, geschlossen ist, wird die in der Paukenhöhle enthaltene Luft vollständig hermetisch abgeschlossen sein: sowie aber die wulstige Mündung geöffnet wird, was regelmässig bei jeder Schlingbewegung geschieht, so communicirt die Paukenhöhlenluft durch die Nase hindurch frei mit der Atmosphäre — und etwaige Spannungsunterschiede beider Luftmassen können sich sofort ausgleichen.

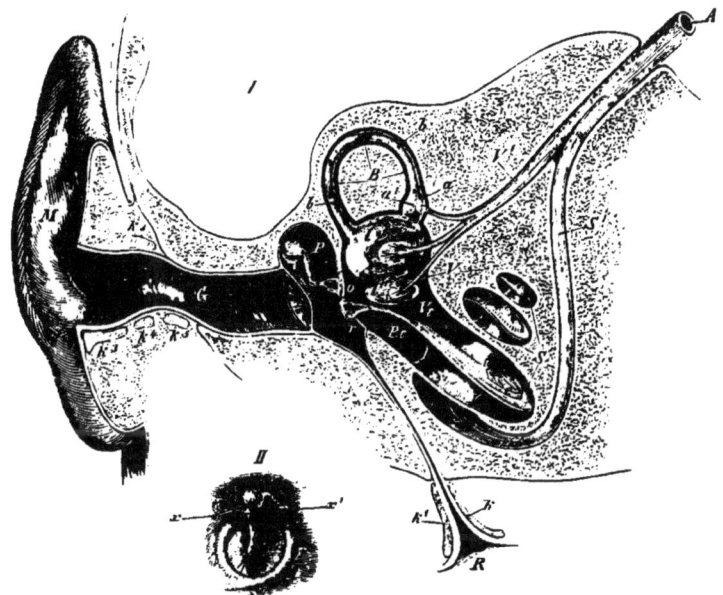

Fig. 12. I. Schematischer Durchschnitt des menschlichen Gehörorgans der rechten Seite.

M äusseres Ohr; G äusserer Gehörgang, k², k³, k⁴, k⁵ Durchschnitte der Knorpel der Ohrmuschel und des äusseren Theiles des Gehörganges, dessen innerer Theil knöcherne Wandungen hat; T Trommelfell; P Paukenhöhle; o ovales Fenster, r rundes Fenster, zwischen T und o die gelenkig verbundene Gehörknöchelchenkette. R die EUSTACHI'sche Ohrtrompete, k, k¹ die durchschnittene Knorpelplatte ihrer wulstigen und erweiterten Nasenmündung. V, B und S das knöcherne Labyrinth, V der Vorhof, B ein halbcirkelförmiger Bogengang mit seiner Ampulle a; S die Schnecke, durch die Spiralplatte in die Vorhofstreppe (Vt) und in die Paukentreppe (Pt) getheilt. l', l, b das häutige Labyrinth, l, l' die Vorhofssäckchen, b ein häutiger halbcirkelförmiger Bogengang mit seiner Ampulle a'. A der Stamm des Hörnerven oder N. acusticus in den inneren Gehörgang eintretend und in zwei Hauptäste (V' und S') sich spaltend; V' der Vorhofsnerv mit seinen Endverzweigungen auf den umschriebenen weissen Stellen des häutigen Labyrinths; S' der Schneckennerv, von unten in die Kanälchen der Schneckenspindel eintretend, um durch die knöcherne Spiralplatte zum CORTI'schen Organ c zu gelangen, welches auf der oberen oder Vorhofstreppenfläche der häutigen Spiralplatte aufsitzt. Zu bemerken ist, dass der Verständlichkeit und Deutlichkeit wegen die Paukenhöhle und die Gehörknöchelchen, namentlich aber das ganze Labyrinth im Verhältniss zur Ohrmuschel viel zu gross, die Schnecke aber mit ihrer Basis nach unten gewendet gezeichnet wurde, obschon sie in Wirklichkeit die Basis ihrer Spindel nicht wie in unserem Bilde, nach unten, sondern vielmehr nach oben und innen, gegen den N. acusticus kehrt, sodass der Verlauf des Schneckennerven S' ein geradliniger wird!

Fig. 12. II. Das in seinem Knochenring ausgespannte Trommelfell der rechten Seite von innen gesehen mit Hammer und Amboss in natürlicher Verbindung.

x, x' zeigt die Axe, um welche sich die beiden Knöchelchen vereint hebelförmig bewegen lassen.

In diesem Umstande beruht auch die Bedeutung dieser ganzen Einrichtung, wie sich später noch genauer zeigen wird.

An der dem Trommelfell gegenüber liegenden knöchernen Innen-
wand der Paukenhöhle befinden sich zwei kleine Oeffnungen, welche
durch zarte, quergespannte Häutchen verschlossen sind.

Die untere der beiden Oeffnungen heisst das r u n d e (*r*), die obere
das o v a l e (*o*) Fenster.

Noch habe ich im mittleren Ohr die zierlichen Gehörknöchelchen
zu beschreiben, welche quer durch die Paukenhöhle hindurch zwischen
dem Trommelfell und dem Häutchen des ovalen Fensters (*o*) eine feste,
gegliederte Brücke schlagen.

Es gibt drei Gehörknöchelchen: den Hammer (*H*), den Amboss
(*A*) und den Steigbügel (*S*) (vgl. Fig. 13).[1]

Der Griff oder Stiel des Hammers (*H*, *s*) ist mit dem Trommelfell
verwachsen und reicht fast bis in dessen Mitte herab; sein Kopf (*H*, *k*)
ragt über den Paukenring, in dem das
Trommelfell ausgespannt ist, frei hervor: sein langer Fortsatz (*H*, *l*) ist nach
vorn in einer Knochenspalte eingeklemmt.

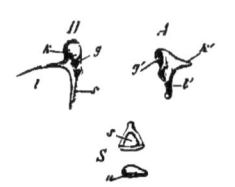

Der Kopf des Hammers besitzt
nach hinten eine Gelenkfläche (*H*, *g*),
welcher eine ähnliche Gelenkfläche am
Körper des Amboss (*A*, *g'*) entspricht.
Beide Knöchelchen articuliren daselbst
miteinander. Der Amboss liegt hinter
dem Hammer. Sein langer Fortsatz
(*A*, *l'*) läuft parallel mit dem im Trommelfell eingewachsenen Hammergriff
und ragt frei nach abwärts. Sein kur-

Fig. 13. Die Gehörknöchelchen in natürlicher Grösse.

H der Hammer, *k* dessen runder Kopf, *s* sein
Stiel oder Griff, *l* sein langer dünner Fortsatz, *g* die kleine Gelenkfläche zur Verbindung mit dem Amboss. *A* der Amboss, *l'* sein
langer, *k'* sein kurzer Fortsatz, *g'* die kleine
Gelenkfläche zur Verbindung mit dem
Hammer. *S* der Steigbügel, bei *s* von der
Seite gesehen, bei *u* von unten dargestellt,
um Form und Grösse der Fussplatte zu
zeigen.

zer Fortsatz (*A*, *k'*) ist nach hinten in einem Knochengrübchen an-
gestemmt und befestigt (vgl. Fig. 12 II.).

Die Beweglichkeit der Gelenkverbindung zwischen Hammer und
Amboss ist sehr gering, dagegen können sich beide Knöchelchen weit
ausgiebiger um eine gemeinschaftliche Axe (Fig. 12 II. *x*, *x'*) hebelförmig bewegen, welche durch ihre nach vorn und hinten ausgestreckten
und fixirten Fortsätze (Fig. 13 *l* u. *k'*) bestimmt ist.

Der Steigbügel endlich ist mit dem freien und etwas nach einwärts
gebogenen Ende des langen Ambossfortsatzes (*A*, *l'*) gelenkig verbun-

---

[1] Bei der Vorlesung bediente ich mich zur Demonstration der Gehörknöchelchen plastischer Nachbildungen derselben von kolossalen Dimensionen.

den, und steht horizontal nach innen. Ein winziges Knochenplättchen, welches sich zwischen die Gelenkflächen der Verbindung zwischen Steigbügel und Ambossfortsatz einschiebt, beschreibt man wol auch als viertes Gehörknöchelchen.

An unserem Schema (Fig. 12 I.) sehen Sie die Gehörknöchelchen als Brücke zwischen dem Trommelfell (*T*) und der Membran des ovalen Fensters (*o*), mit welcher die Fussplatte des Steigbügels (Fig. 13 *S*, *u*) verwachsen ist, in ihrer natürlichen Anordnung ausgespannt. Der Körper des Amboss wird bei dieser Ansicht fast ganz durch den Kopf des Hammers verdeckt, dagegen sieht man deutlich seinen langen Fortsatz, welcher den Steigbügel trägt. Das schwarze Pünktchen am Halse des Hammerkopfes gibt die Projection der Axe (Fig. 12 II. *x*, *x'*), um welche sich Hammer und Amboss gemeinschaftlich wie Hebel drehen können. —

Ich komme zur Darstellung des letzten und complicirtesten Abschnittes des Gehörorgans, des sogenannten inneren Ohrs oder Labyrinths, welches die Endausbreitungen des Gehörnerven enthält.

Dasselbe ist eine allseitig geschlossene, mit wässeriger Feuchtigkeit gefüllte Höhle von ausserordentlich verwickelter Gestalt.

Mit Ausnahme der beiden durch Membranen verschlossenen Fenster, des ovalen und des runden, ist diese Höhle ganz und gar durch sehr harte knöcherne Wände begrenzt, indem sie in den festesten Knochen des menschlichen Körpers, den sogenannten Felsentheil des Schläfebeins sozusagen hineingemeisselt ist.

Der mittlere, weiteste Theil des Labyrinths heisst der Vorhof, Vestibulum (Fig. 12 I. *V*); von demselben gehen drei enge gebogene Kanäle ab — die sogenannten halbkreisförmigen Bogengänge (*B*). In unserem Durchschnittsschema, Fig. 12 I. konnte nur ein einziger der drei Bogengänge gezeichnet werden, weil sie in drei verschiedenen, senkrecht aufeinander stehenden Ebenen liegen.)

Jeder dieser drei Bogengänge ist ein enger, gleichweiter Kanal, · dessen beide Enden in den Vorhof münden; nur eines dieser Enden zeigt bei allen eine kleine, flaschenförmige Erweiterung — die sogenannte Ampulle (*a*), deren es also auch drei gibt.

An der den Einmündungen der Bogengänge entgegengesetzten Seite verlängert sich der Vorhof in eine allmählich sich verjüngende blind endigende Röhre, welche, wie ein Schneckenhaus, spiralig um eine Spindel aufgewickelt ist und deshalb, sehr passend, die Schnecke (*S*) genannt wird.

Brechen wir die Wand der aus dem Felsenbein herausgemeisselten

Schneckenwindungen auf[1], so sehen Sie in das Innere derselben, und Sie bemerken, dass der Schneckenkanal nicht einfach ist, sondern durch eine quere Scheidewand in zwei übereinanderliegende Wendeltreppen getheilt wird. Diese Scheidewand heisst die Spiralplatte der Schnecke; sie beginnt, wie Sie sehen, zwischen den beiden Fenstern des Vorhofs und erstreckt sich spiralig gewunden bis in die letzte Windung hinauf; sie ist zum Theil knöchern, zum Theil häutig.

Der unmittelbar von der Schneckenspindel ausgehende knöcherne Theil reicht bis über die Hälfte in die Lichtung der Windungen hinein; der äussere Saum zwischen hier und der gegenüberliegenden Wand besteht aus einer straffen elastischen Haut.

Von den beiden auf diese Weise gebildeten Wendeltreppen heisst die obere die Vorhofstreppe (Vt), die untere die Paukentreppe (Pt, weil erstere direct in den Vorhof führt, letztere aber, wenn das runde Fenster nicht mit einer Membran verschlossen wäre, mit der Paukenhöhle communiciren würde.

Die beiden genannten Treppen und das in ihnen enthaltene Labyrinthwasser hängen nur durch eine feine Oeffnung im obersten Ende der Spiralplatte — das sogenannte Schneckenloch oder Helicotrema mit einander zusammen — im übrigen sind es vollständig von einander getrennte Kanäle.

Das Labyrinth besteht also aus dem Vorhof mit den drei halbcirkelförmigen Bogengängen und aus dem Doppelrohr der Schnecke.

Dieser ganze Hohlraum ist, wie gesagt, mit einer Flüssigkeit — dem sogenannten Labyrinthwasser erfüllt.

In dieser Flüssigkeit schwimmend, sind im Vorhof zwei rundliche glashelle häutige Bläschen (l und l') enthalten und in jedem der drei Bogengänge ein feiner häutiger Schlauch (b, b), der wie der knöcherne Gang und genau an derselben Stelle eine Erweiterung oder Ampulle (a') besitzt; und wie die knöchernen halbcirkelförmigen Gänge mit dem Vorhofsraum, so hängen die häutigen Bogengänge mit den Vorhofsbläschen zu einem geschlossenen Ganzen zusammen. Man nennt dieses zarte Gebilde, welches ich Ihnen auf Pappe gemalt und ausgeschnitten hier vorzeige (vgl. Fig. 12 I. l', l, b, a'), das häutige Labyrinth, und die Flüssigkeit, welche es einschliesst, das innere Labyrinthwasser zum Unterschiede vom äusseren, in welchem es

---

[1] An der in der Vorlesung verwendeten Darstellung des in Fig. 12 I. abgebildeten Ohrschemas hatte ich ein Versatzstück, auf welches die Oberflächenansicht der Schneckenwindungen gemalt war, anbringen lassen. Dieses Versatzstück deckte bis dahin die Innenansicht der Schnecke.

derart schwimmt, dass es nirgendwo die Wände des knöchernen Labyrinths berührt.

Ich füge das Versatzstück des häutigen Labyrinths in unserem Ohrschema an seinen Platz ein, und Sie haben jetzt den klaren und vollständigen Ueberblick über alle Theile des Gehörorgans und ihres Zusammenhangs — bis auf den Gehörnerven und seine akustischen Endorgane.

Der Hörnerv oder *Nervus acusticus* (*A*) besteht aus mehreren Tausend mikroskopisch feinen Nervenfädchen, die von einer Bindegewebsscheide umschlossen und zusammengehalten werden.

Er entspringt aus jenem Theile des Gehirns, den man das verlängerte Mark, *Medulla oblongata*, nennt, und tritt durch den sogenannten inneren Gehörgang — einen Kanal im Felsenbein — an das Labyrinth heran.

Dabei spaltet er sich in zwei Aeste, von denen der eine — der für die Schnecke bestimmte Schneckennerv (*S'*) — seine Fasern durch feine Röhrchen in der Spindel der Schnecke zur Spiralplatte aufsteigen lässt; während der andere oder Vorhofsnerv (*V''*), in mehrere Bündelchen gespalten, das häutige Labyrinth versorgt. Ein Bündelchen geht zu genau umgrenzten Stellen der Vorhofsäckchen, drei andere finden ihr Ende in den Ampullen — das ganze übrige Labyrinth bleibt nervenlos.

Die letzten Enden der Hörnervenfasern stehen an allen den genannten Orten mit eigenthümlichen und je nach der Localität verschiedenen mikroskopischen Gebilden — den sogenannten

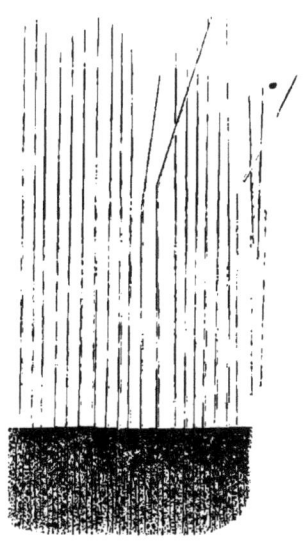

Fig. 14. Die steifen Härchen des Nervenverbreitungsbezirks in den Ampullen.

akustischen Endorganen — in Verbindung, welche wir nun im Einzelnen betrachten müssen, denn sie sind von der höchsten physiologischen Bedeutung.

In den Ampullen ist in die wulstige Stelle, die ins Innere derselben vorspringt und das umschriebene Verästelungsgebiet der Nervenenden enthält, eine grosse Menge dichtstehender, überaus feiner, zugespitzter steifer Härchen eingepflanzt (vgl. Fig. 14).

Solche steife, lange Härchen sind überaus geeignet, durch Strömungen des sie umspülenden Labyrinthwassers in Bewegung zu gerathen und dabei eine mechanische Reizung der zwischen ihren eingepflanzten Enden liegenden Nervenverästelungen zu veranlassen.

In den Bläschen des Vorhofs sind auf den umschriebenen verdickten Stellen, wo die Nerven enden, keine oder nur kurze und spärliche Härchen zu finden, dagegen liegen ganz nahe der nervenreichen inneren Oberfläche dieser Stellen zahllose spitze Kryställchen von kohlensaurem Kalk — die sogenannten Gehörsteinchen oder

Otolithen, welche durch eine schleimige Consistenz des Labyrinthwassers an diesen Stellen zusammen- und festgehalten werden (vgl. Fig. 15).

Wenn dieser Krystallbrei mit der nervenreichen Oberfläche in Zusammenstoss geräth, so wird eine mechanische Reizung der Nervenenden wol nicht ausbleiben können!

Die akustischen Endorgane der Nerven, welche zur Spiralplatte der Schnecke treten, sind noch eigenthümlicher und wunderbarer angeordnet, als die bisher betrachteten.

Fig. 15. Gehörsteinchen von krystallisirtem kohlensaurem Kalk, den nervenreichen Stellen der Vorhofsäckchen entnommen, und unterm Mikroskop gesehen.

Es sind elastische Fäden oder Stäbchen, welche auf der oberen oder Vorhofstreppenfläche der häutigen Spiralplatte, ihrer ganzen Ausdehnung entlang — von unten bis hinauf in die letzte Windung — sehr regelmässig dicht nebeneinander gereiht, und wie Saiten in querer Richtung, d. h. in der Richtung der Radien der Spiralplatte, ausgespannt sind.

Man nennt sie nach ihrem Entdecker, dem Marchese A. CORTI DI ST. STEFANO-BELBO, Cortische Stäbchen oder das Cortische Organ.

Auf dieser Tafel (Fig. 16) habe ich zum leichteren Verständniss dieses verwickelten Gegenstandes eine möglichst vereinfachte schematische Durchschnittzeichnung der Spiralplatte entworfen.

Bei *K* sehen Sie das äussere Ende der knöchernen Spiralplatte, welche zahllose Kanälchen für die Bündel des in der Schneckenspindel aufsteigenden Schneckennerven enthält. In der Zeichnung ist ein solches Kanälchen vom Durchschnitt gerade getroffen worden, so dass es aussieht wie wenn die Spiralplatte doppelt, oder in eine obere (*o*) und in eine untere (*u*) Knochenlippe zerspalten wäre. *M* ist der membranöse Theil der Spiralplatte, welcher zwischen dem Rande des knöchernen Theils und der Wand der Schneckenwindung (K') ausgespannt ist. Dort ist er festgewachsen, indem er sich in zwei Lamellen spaltet, welche die obere (o) und die untere (u) Fläche des knöchernen Theiles (K) als Knochenhaut überziehen; hier, indem er in Bandfasern (b) ausstrahlt, die sich an K' befestigen.

Bei C befindet sich das CORTI'sche Organ, wie gesagt, auf der oberen, der Vorhofstreppe zugewendeten Fläche der häutigen Spiralplatte. Ihm entspricht an der unteren Fläche derselben ein Blutgefäss (g).

Es besteht aus Fäden oder Stäbchen von zweierlei Art, welche man als innere (i) und äussere (a) unterscheidet.

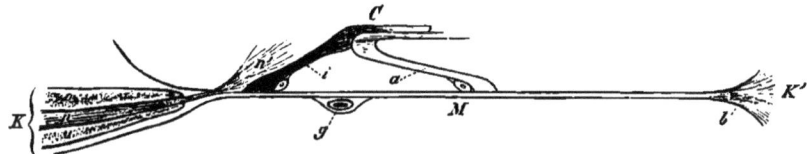

Fig. 16. Schematischer Durchschnitt der Spiralplatte mit dem CORTI'schen Organ.

K' das äussere Ende des knöchernen Theils der Spiralplatte, scheinbar in zwei Lippen (o und u) gespalten. n Fasern des Schneckennerven, in feinste Endfäserchen n' ausstrahlend. M membranöser Theil der Spiralplatte. b fächerförmige Bandfasern, welche M an die Innenfläche der äusseren Wand (K') der Schnecke anheften. C das CORTI'sche Organ, i Innenstäbchen, a Aussenstäbchen, g Durchschnitt eines Blutgefässes.

Das eine der verdickten Enden der Aussenstäbchen (a) sitzt in der Mitte der häutigen Spiralplatte fest, das andere articulirt mit dem oberen Ende des Innenstäbchens (i), dessen unteres ebenfalls verdicktes Ende nahe am inneren Rande der häutigen Spiralplatte festgewachsen ist. Es sind in der menschlichen Schnecke etwa 3000 CORTI'sche Aussenstäbchen und noch mehr Innenstäbchen, indem etwa drei der letzteren auf zwei der ersteren gezählt werden.

Indem die CORTI'schen Stäbchen, entsprechend der Verschmälerung der Spiralplatte von unten nach oben, allmählich an Länge abnehmen, so bilden sie eine Art regelmässig abgestufter Besaitung, wie wir eine solche an der Harfe und am Klavier kennen.

An die CORTI'schen Stäbchen, welche von einem zarten Netz von Zellchen und Fäserchen umsponnen sind — in der Zeichnung sind alle diese complicirten Gebilde der Klarheit wegen weggelassen — treten die Schneckennerven (n), durch einen schrägen Kanal im Anfangstheil der häutigen Spiralplatte, mit ihren feinsten Enden (n') heran.

Es kann kaum einem Zweifel unterliegen, dass die wie Klaviersaiten ausgespannten Stäbchen des CORTI'schen Organs durch be-

stimmte Anstösse in regelmässige Vibrationen gerathen werden, und
dann die mit ihnen verbundenen Nervenenden in mechanische Erregung
versetzen müssen.

Ich bin mit der Darstellung des feineren Baues unseres Gehörorgans zu Ende. Es genügt, wenn Sie als Endergebniss derselben
klar erfasst haben, dass die Hörnervenenden auf zarten elastischen
Membranen ausgebreitet und überall mit besonderen schwingungsfähigen Gebilden — den akustischen Endorganen — verbunden
sind, welche allseitig von Flüssigkeit umspült, durch Impulse von
aussen in bestimmte Bewegungen versetzt werden können, die die
Nerven mechanisch erregen.

Nun kann ich unsere zweite Frage: wie der Schall von uns
wahrgenommen wird? dadurch beantworten, dass ich Ihnen zu
zeigen versuche, was in den drei Abschnitten des Ohres vorgeht und
wie sich die einzelnen beschriebenen Gebilde verhalten, wenn Schallwellen das Ohr treffen!

Die Ohrmuschel und der äussere Gehörgang fangen die Schallwellen auf, und so gelangen sie bis an das Trommelfell. Die Bedeutung der Ohrmuschel als Fang- oder Schalltrichter ist beim Menschen
jedoch — trotz ihrer augenscheinlich sinnvollen und eigenthümlichen
Modellirung nur sehr untergeordnet, denn wenn sie verloren gegangen
ist, oder durch Binden glatt an den Schädel gedrückt wird — vorausgesetzt, dass der Gehörgang frei bleibt, so wird das Gehör nur wenig
beeinträchtigt. Ferner zeigt der einfachste Versuch, dass man sogleich
etwas besser hört, wenn man die Ohrmuschel aus ihrer Lage und Form
mit dem Finger nach vorn herausdrängt oder gar — wie Schwerhörige
zu thun pflegen — durch die von hinten her an die Ohrmuschel ange-
legte gekrümmte Hohlhand trichterförmig zusammenbiegt und vergrössert — ein Beweis, dass die Ohrmuschel in ihrer natürlichen Lage
und Gestalt, als Schall- und Fangtrichter, nur wenig leistet.

Ganz anders ist dies bei vielen Thieren, z. B. den Pferden, Hun-
den, Schafen u. s. w., welche Form und Stellung ihrer Ohren durch
besondere Muskeln nach Bedürfniss verändern können. Wer hätte
nicht schon Gelegenheit gehabt zu sehen, wie ein Pferd z. B. seine
Ohren spitzt und oft ganz unabhängig von einander nach verschiedenen Richtungen wendet, um den Schall besser aufzufangen. Aehnliche
Muskeln besitzt zwar das menschliche Ohr ebenfalls — aber sie sind
so armselig entwickelt und werden so wenig geübt, dass sie die wenigsten Menschen willkürlich gebrauchen können — wodurch übrigens
nichts verloren wird, da ihre Wirkung unter allen Umständen unbedeutend und von keinem merklichen Einfluss auf das Hören ist.

Dass diese Muskeln aber nichtsdestoweniger wirklich vorhanden sind, zeigt die anatomische Präparation und die Fähigkeit mancher Menschen, dieselben willkürlich spielen zu lassen.

So pflegte z. B. der berühmte Anatom ALBINUS, der 1697 geboren war, — wenn er in seinen Vorlesungen an der Universität Leyden zu diesem Gegenstande kam, seine Allongen-Perrücke mit Feierlichkeit abzuheben und den Schülern die Wirkung dieser Muskeln an seinen eigenen Ohren zu demonstriren.

Wahrscheinlich erfreute sich ALBINUS nicht immer eines so zahlreichen Auditoriums, wie ich im gegenwärtigen Augenblicke — sonst hätte er sich zu seiner Demonstration — um sie allen Anwesenden sichtbar zu machen — eines ähnlichen Hilfsmittels bedienen müssen, wie ich mir ausgesonnen habe (vgl. Fig. 17), um Ihnen Allen jetzt die willkürlichen Bewegungen meiner eigenen Ohrmuscheln zu zeigen. — Ich binde mir zu diesem Ende ein Stirnband um den Kopf, an welchem ein kleiner Fühlhebel befestigt ist; stütze den Hebel vermittelst eines Stäbchens, an dem sich ein Drahthäkchen befindet, auf das Ohr, indem ich das Häkchen in die Muschel einhänge — und Sie sehen nun wie die schuhlange mit Blattgold überzogene Vogelfeder, welche auf der Spitze des Fühlhebels steckt, die willkürlichen Bewegungen meines Ohres in vergrössertem Maassstab wiedergibt.

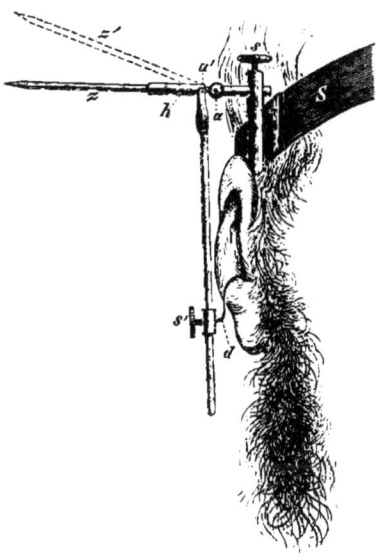

Fig. 17. Fühlhebel zur Demonstration der willkürlichen Bewegungen der Ohrmuschel.

S ein Stirnband, an welchem eine Messingplatte p befestigt ist, die einen senkrechten Stab mit horizontaler Bohrung und Schräubchen (s) trägt. In der Bohrung steckt ein Stäbchen, das mit einer Stahlnadel (z) gelenkig (bei a) verbunden ist. Auf die Stahlnadel ist ein federndes Hülschen (h) angeschoben, welches wieder mit der Gabel eines längeren verticalen Stäbchens (bei a') articulirt. Am unteren Ende desselben befindet sich ein durch das Schräubchen s' verstellbares Drahthäkchen (d), welches in die Ohrmuschel eingehängt wird. Auf die Spitze der Stahlnadel kommt zur Verlängerung des Fühlhebels, welchen die Nadel bildet, eine lange leichte, durch aufgelegtes Blattgold glänzend und weithin sichtbar gemachte Vogelfeder, so dass die kleinsten Bewegungen der Ohrmuschel das angehängte Ende des verticalen Stäbchens heben und sehr ausgiebige Bewegungen des Fühlhebels (s. den punktirten Contour z') veranlassen müssen.

Nach diesem beiläufigen Excurse über die Ohrmuschel kehre ich zu der Auseinandersetzung der akustischen Vorgänge im Ohre zurück.

Die Schallwellen pflanzen sich also bis in die Luft des Gehörorgans hinein fort und gelangen, wie gesagt, bis an das Trommelfell, welches den Gang abschliesst.

Es ist nun leicht begreiflich, dass jede einzelne Schallwelle das Trommelfell in je e i n e Schwingung versetzen muss, welche der hin- und hergehenden Bewegung der Lufttheilchen und des schallerzeugenden Körpers selbst entspricht.

Um Ihnen diesen Vorgang sofort ganz anschaulich zu machen. brauche ich nur unsere — vorhin zur Demonstration der Schallwellenbewegung benutzte — Maschine Fig. 10, neuerdings in Thätigkeit setzen zu lassen. nachdem hinter dem letzten Lichtchen der Reihe ein weisslackirter Blechstreifen (T) — welcher uns das elastische Trommelfell bedeuten soll, während der schwarz lackirte Blechstreif vor dem ersten Lichtchen den schwingenden Körper vorstellt, — in Verbindung gebracht worden ist.

Sie sehen, wie der weisse Blechstreif, d. h. das Trommelfell — in dieselben Schwingungen geräth, welche der Streifen von schwarzem Blech 'd. h. der schallerzeugende Körper) ausführt und w i e die Bewegungen der Lichterreihe — d. h. die Schallwellen der Luft — diese Uebereinstimmung der Schwingungen hervorbringen! [1])

In Wirklichkeit bildet also die Luft sozusagen die u n s i c h t b a r e Brücke, auf welcher die Oscillationen der schallerzeugenden Körper auf das Trommelfell hinübergetragen werden.

Die Schwingungen. zu welchen das Trommelfell auf diesem Wege gezwungen wird, macht der Hammer natürlich mit, weil sein Griff oder Stiel in das Trommelfell eingewachsen ist.

Hammer und Amboss hängen aber innig zusammen und bewegen sich hebelförmig um eine gemeinschaftliche Axe.

Die Schwingungen des Trommelfells macht also w i e der Hammer so der Amboss mit — und, da der Steigbügel an der Spitze des langen Fortsatzes des Ambosses sitzt — natürlich a u c h der Steigbügel, — und zwar in d e r Art, dass er die mit seiner Fussplatte verwachsene Membran des ovalen Fensters (vgl. Fig. 12 I. o) ein- und ausstülpt und dadurch in dieselben Schwingungen versetzt, welche das Trommelfell ausführt.

In dem Moment, wenn die Membran des ovalen Fensters durch die Steigbügelplatte eingestülpt wird, wölbt sich die elastische Mem-

---

[1] Der Leser möge den Versuch mit dem Spaltlineal und der Steindrucktafel 2 (Fig. 11) wiederholen; die dicken Streifen S und T entsprechen, wie der schwarze und weisse Blechstreif — dem Schallkörper einerseits und dem Trommelfell andererseits.

bran des runden Fensters (r hervor, und umgekehrt. Fehlte diese elastisch verschlossene Gegenöffnung des runden Fensters am Labyrinth, so würde das in starre Wandungen eingeschlossene, incompressible Labyrinthwasser die Oscillationsbewegung der Steigbügelplatte beeinträchtigen oder ganz verhindern. Dies alles kann ich Ihnen an unserem O h r s c h e m a zeigen, weil ich die betreffenden Theile beweglich eingerichtet habe.[1])

So wird also die Schallbewegung durch die Kette der Gehörknöchelchen und die Membran des ovalen Fensters auf das Labyrinthwasser übertragen.

Ehe ich weiter gehe, muss ich bemerken, dass diese Uebertragung der Bewegung nur d a n n leicht und vollständig stattfindet, wenn die Theile ihre volle freie Beweglichkeit haben und besonders auch die in der Paukenhöhle eingeschlossene Luft weder d ü n n e r noch d i c h t e r ist als die Atmosphäre.

Es ist in diesen beiden Fällen leicht verständlich, dass — wegen der stärkeren Spannung und Vorwölbung des Trommelfells gegen die Seite der dünneren Luftmasse hin die freie Beweglichkeit der Theile vermindert und somit das Hören selbst beeinträchtigt sein muss.

Die O h r t r o m p e t e oder *Tuba Eustachii* (vgl. Fig. 12 I. *R*) dient nun dazu, die Ausgleichung derartiger, das Hören wesentlich beeinträchtigender, Druckdifferenzen zwischen der Paukenhöhlenluft und der Atmosphäre zu ermöglichen, — indem sich die Mündung ihres Nasenendes öffnet und den Kanal, der die Paukenhöhle mit der Nase verbindet, wegsam macht.

Dies geschieht, ohne dass wir es wollen und wissen, während der Schluckbewegungen. Machen wir daher, sobald sich eine S c h w e r h ö r i g k e i t infolge von Luftdruckdifferenzen einstellt, einige Schlingbewegungen, so verschwindet dieselbe sofort wieder, weil durch die dabei sich öffnende Ohrtrompete L u f t entweder aus der Nase in die Paukenhöhle, oder aus dieser in die Nase einströmt, und das Gleichgewicht auf beiden Seiten des Trommelfells sich herstellt.

Bei verschiedenen Menschen ist die Ohrtrompete von sehr verschiedener Weite. Bei manchen ist sie so weit, dass sie immer offen steht und es daher niemals zu den beschriebenen Erscheinungen kommt, weil die ungehinderte Ausgleichung das Zustandekommen etwaiger

---

[1] In dem bei der Vorlesung benutzten Ohrschema waren das Trommelfell und die Membranen des ovalen und des runden Fensters aus Kautschukstreifen hergestellt und die Gehörknöchelchen auf Pappe gemalt, ausgeschnitten und beweglich aneinander befestigt worden.

Spannungsunterschiede verhindert. Bei anderen ist sie wieder so eng,
dass sie bei der geringsten Schwellung der Schleimhaut ganz unweg-
sam wird. Die stets verhältnissmässig geringe Weite des Ohrtrom-
petenkanals ist, beiläufig bemerkt, der Grund, warum man so häufig
bei heftigem Schnupfen, wo die Schleimhäute schwellen, schlecht hört.

Hierdurch wird Ihnen die Bedeutung und der Nutzen jener sehr
sonderbaren Communication zwischen der Pauken- und Nasenhöhle
gewiss verständlich geworden sein.

Von den Umständen aber, unter welchen diese Art vorübergehen-
der Schwerhörigkeit entsteht, will ich zwei anführen, weil sie ein
besonderes Interesse darbieten dürften.

Lässt man sich nämlich in einer Taucherglocke in die Tiefe des
Wassers hinab, — oder steigt man in einem Luftballon rasch in beträchtlich dünnere Luftschichten empor, so tritt jene Schwerhörigkeit
sehr deutlich ein — in der Taucherglocke, weil die Luft, in der
man athmet, stark comprimirt ist, während die Paukenhöhlenluft nur
die Spannung einer Atmosphäre hat — das Trommelfell daher zu stark
eingestülpt wird; — im Luftballon, weil die Luft, in die man
emporgekommen, dünn ist im Vergleiche zu jener, die man von der
Erdoberfläche — dem Grunde der Atmosphäre — in seiner Paukenhöhle
mit hinaufgenommen hat — das Trommelfell also dauernd heraus-
gestülpt wird.

Ich kann Ihnen diese Thatsachen aus eigener Erfahrung bestätigen,
denn ich habe mich im Jahre 1850 im polytechnischen Institut in London mit drei anderen Herren in einer Taucherglocke in die Tiefe eines
brunnenartigen Bassins hinabgelassen — und bin im vorigen Herbst
in Paris, in Gesellschaft von 14 anderen Personen mit einem sogenannten »Ballon captif« — einem an einem langen Seil befestigten kolossalen Luftballon, der erst gegen das Ende der Ausstellungszeit fertig
geworden war — an 300 Meter hoch in die Luft geflogen — also weit
höher als unser Jenenser Hausberg.

Weder die unheimliche gedrückte Situation in der grünlich däm-
merigen Taucherglocke — noch die wahrhaft entzückende Empfindung
bei der Luftfahrt, und die über alle Beschreibung herrliche Aussicht
aus dem Ballon auf das vom schönsten Abendgold übergossene Paris
mit seinen zahllosen punktförmigen Menschlein und zwerghaft zu-
sammengeschrumpften Bauten — seinem Hôtel des Invalides, seinem
Panthéon, seinem Arc de l'Etoile . . . tief unter meinen Füssen —
haben mich an der physiologischen Beobachtung über die unter diesen
Umständen eintretende Schwerhörigkeit und deren sofortige Vertreibung
durch Schlingbewegungen verhindert.

Ebensowenig hinderten mich aber auch diese Beobachtungen daran, die Unbehaglichkeit der Existenz in der Taucherglocke zu empfinden und die grossartige Pracht und Herrlichkeit der mir unvergesslichen Luftfahrt in vollen Zügen zu geniessen.

Sie fragen, warum man Aehnliches nicht auch beim Befahren jedes tiefen Bergwerkes oder beim Besteigen jedes höheren Berges empfinde? Einfach darum nicht, weil man dabei nicht rasch genug in die Höhe und Tiefe gelangt und mittlerweile alle paar Minuten — ohne daran zu denken, einige Schlingbewegungen macht!

Ich kehre zur Schallbewegung im Ohre zurück. Wir hatten sie vorhin bis ins Labyrinthwasser verfolgt, welches durch die vom oscillirenden Steigbügel ein- und ausgestülpte Membran des ovalen Fensters in entsprechende Erschütterungen und Strömungen versetzt wird.

Diese bringen dann natürlich auch das häutige Labyrinth und die elastische Spiralplatte der Schnecke in Bewegung, und dabei kann es nicht fehlen, dass — je nach der Richtung, Anzahl, Kraft und Beschaffenheit der Impulse — endlich auch diese oder jene der so verschiedenen, früher beschriebenen akustischen Endorgane an den Ausbreitungsstellen des Hörnerven in Erzitterungen oder Mitschwingungen gerathen und die Nervenenden drücken und zerren, d. h. sie mechanisch reizen.

Der durch diese mechanische Reizung hervorgebrachte Erregungszustand der Nervensubstanz, welcher noch immer ein durch die neueren Hülfsmittel der Untersuchung nachweisbar materieller Bewegungsvorgang ist, pflanzt sich innerhalb der Nervenröhrchen — etwa wie eine telegraphische Depesche im elektrischen Leitungsdraht — ins Gehirn hinein fort; — und im Gehirn erst findet jene geheimnissvolle Transsubstantiation des physikalischen Bewegungsvorganges der Nervenerregung in den physischen Zustand der Schallempfindung statt.

Und so wären wir denn bei der Schallempfindung angelangt.

Sie übersehen jetzt die ganze zusammenhängende Kette von mechanischen Bewegungsvorgängen, welche der Wahrnehmung des Schalles überhaupt zu Grunde liegen, — von den Schwingungen des schallerzeugenden Körpers an — bis zu dem durch die mechanische Reizung gewisser Nervenenden hervorgebrachten Erregungszustand der akustischen Nervenmasse im Gehirn, welcher schliesslich in etwas ganz Neues — in eine Empfindung — umschlägt. — —

Für die Schallwellen gibt es, wie ich hier beiläufig erwähnen muss, noch einen zweiten kürzeren Weg zu dem Hörnerven mit seinen Endorganen im Labyrinth — nämlich durch die S c h ä d e l k n o c h e n selbst.

Diesen directeren Weg können die Schallwellen jedoch n u r d a n n in erheblicher Stärke betreten, wenn sie durch einen festen Körper fortgeleitet werden, welcher mit den Schädelknochen selbst oder mit den Zähnen in unmittelbarer Berührung steht.

Wenn man sich beide Ohren zustopft und dann einen Bindfaden zwischen die Zähne klemmt, an dessen Ende ein grosser silberner Löffel oder noch besser ein eisernes Lineal herabhängt — so hört man, sowie der Löffel oder das Lineal — gegen eine Tischkante hingeschwungen — a n s c h l ä g t — trotz der verstopften Ohren einen so mächtigen Schall, dass man glauben kann neben der grossen Glocke des Kremels von Moskau zu stehen. — Ich empfehle Ihnen diesen einfachen und höchst überraschenden Versuch — nicht etwa b l o s für die Kinderstube.

Viele Schwerhörige, ja sogar manche scheinbar g a n z Taube hören das auf einem Klavier gespielte Musikstück vollkommen gut, wenn sie einen zwischen den Zähnen gehaltenen Holzstab auf den Resonanzboden des Instruments aufstemmen.

Diesen Kunstgriff hat, wie mir mitgetheilt wurde, unser verstorbener College SCHEIDLER in früheren Jahren benutzt, wenn er trotz seiner Taubheit musiciren wollte.

Dieser Kunstgriff gelingt indess n u r s o l c h e n Gehörkranken, bei denen das Labyrinth und der Hörnerv mit seinen Endorganen noch gesund sind, während die Theile des Leitungsweges für die Schallwellen der Luft — also Trommelfell und Gehörknöchelchen irgendwie gelitten haben und functionsunfähig geworden sind. —

Die Beantwortung unserer dritten und letzten Frage: w e l c h e V e r s c h i e d e n h e i t e n d e r S c h a l l d a r b i e t e t? — an die wir nun herantreten können, muss darin bestehen, dass ich Ihnen zeige:

wie v i e l e r l e i Unterschiede die Schallempfindungen — deren unser Ohr fähig ist, — erkennen lassen, und w e l c h e Verschiedenheiten der äusseren Erregungsmittel — nämlich der Schallwellen — durch ihre Einwirkung auf den Mechanismus des Ohres — diesen Unterschieden der Empfindung entsprechen.

Der Unterschied, welchen ich zuerst besprechen will, weil er a l l e n Arten der Schallempfindung zukommt, ist d e r hinsichtlich ihrer S t ä r k e oder Intensität.

Jede, wie immer geartete Schallempfindung kann nämlich einen s t ä r k e r e n oder s c h w ä c h e r e n Eindruck machen.

Dieser quantitative Unterschied der Schallempfindungen hängt unter übrigens gleichen Umständen nur ab von der Grösse der Schwingungen, d. h. von der Breite des Raumes, innerhalb welches der schallerzeugende Körper und die einzelnen Theilchen des leitenden Mediums hin- und heroscilliren. Denn je grösser die Excursionen der Schwingungen sind, desto mächtiger werden die Erschütterungen des Trommelfells, der Gehörknöchelchen, des Labyrinthwassers und der betreffenden Endorgane des Hörnerven ausfallen — desto intensiver ist dann auch die mechanische Erregung der Nerven und dieser entsprechend die Schallempfindung selbst.

Je kleiner hingegen die Schwingungsgrösse der ganzen Reihe der schallerzeugenden Schwingungen ist, desto schwächer muss die nervöse Erregung und desto leiser die erzeugte Empfindung sein.

Ich komme zu dem zweiten und zwar dem Hauptunterschiede des Schalles, es ist der zwischen Geräuschen und musikalischen Klängen.

Geräusche und Klänge können in mannichfach wechselnden Verhältnissen sich mischen, ja durch Zwischenstufen unmerklich ineinander übergehen — ihre Extreme liegen aber weit auseinander.

Der wesentliche Unterschied zwischen diesen beiden Hauptklassen von Schallempfindungen ist darin begründet, dass beim Geräusch die hin- und hergehenden Bewegungen der einzelnen Lufttheilchen ganz unregelmässig sind — und dass demzufolge die miteinander abwechselnden Verdünnungen und Verdichtungen der Luft, aus denen die fortschreitenden Schallwellen des Geräusches bestehen, nicht gleichartig und übereinstimmend zusammengesetzt erscheinen, sondern ganz verschieden und regellos wechselnd.

Beim reinen Klang hingegen geschehen die Schwingungen der einzelnen Lufttheilchen ganz regelmässig, nach einer ganz bestimmten, in immer gleicher Weise wiederkehrenden Norm, und infolge dessen sind auch alle die aufeinander folgenden Schallwellen eines und desselben Klanges genau einander gleich; es herrscht eine mathematische Uebereinstimmung der Bewegung.

Eine solche Bewegung, welche in genau gleichen Zeitabschnitten, in genau derselben Weise oder Norm wiederkehrt — mag diese Weise oder Norm an sich welche immer sein — nennt man in der Physik eine periodische.

Jene Schallwellenbewegung also, welche den musikalischen Klang hervorbringt, ist eine periodische — jene, welche das Geräusch erzeugt, eine nicht periodische Bewegung.

Die verschiedenen Wirkungen dieser beiden Arten von Schall-

4*

wellenbewegung auf das Ohr scheinen sich aber einfach daraus zu
erklären, dass periodische Schallwellen andere der Endorgane
des Hörnerven in Mitschwingungen versetzen und demgemäss auch
andere Nervenfasern erregen — als nicht periodische.

In dieser Beziehung ist es von Wichtigkeit sich zu erinnern, wie
verschieden die akustischen Endorgane der Nerven — je nach ihrer
Form, Consistenz, Elasticität und Beweglichkeit sind.

Wie man mit Grund vermuthet, können nämlich die saitenartig
ausgespannten und abgestimmten Corti'schen Stäbchen auf der elastischen Spiralplatte nur durch periodische Schwingungen, die mit
ihnen in Einklang sind, in anhaltende, kräftige Mitschwingungen
versetzt werden: während der zähe Krystallbrei der Hörsteinchen in
den Vorhofsäckchen und die feinen Härchen in den Ampullen, durch
einzelne Stösse und unregelmässige, nicht periodische Erschütterungen in ausgiebige, regellose Bewegungen gerathen.

Und so sehen Sie denn, dass durch die Eigenthümlichkeit ihrer
Endorgane die Nervenausbreitungen in den Vorhofsäckchen und den
Ampullen zur Wahrnehmung der Geräusche — die Schneckennerven mit ihren Corti'schen Stäbchen aber zur Wahrnehmung der
musikalischen Klänge geschickt erscheinen.

Die Erregung der Vorhofsnerven gibt Geräusch empfindungen,
die der Schneckennerven aber Ton- und Klang empfindungen.

Auf die Analyse der unendlich mannichfaltigen Geräusche kann
ich mich nicht weiter einlassen: ich bemerke nur, dass sie meist verschiedene, mehr oder weniger hervorstechende Klangelemente beigemischt enthalten: wie umgekehrt fast alle Klänge mehr oder weniger
durch Geräusche verunreinigt sind.

Was aber die weiteren Verschiedenheiten der reinen musikalischen Klänge angeht, so habe ich Ihnen noch zu erklären, wodurch einerseits die musikalische Tonhöhe derselben, andererseits
ihre sogenannte Klangfarbe oder ihr Timbre bedingt wird, und
wie der Schneckennerv mit seinen Corti'schen Stäbchen diese beiden
Qualitäten wahrzunehmen im Stande ist.

Die musikalische Höhe und Tiefe der Tonempfindungen ist bedingt durch die Anzahl der Schwingungen, welche der tönende
Körper in einer Secunde macht.

Je grösser die Anzahl der Schwingungen in einer Secunde ist,
desto höher — je kleiner, [desto tiefer ist der Ton. Von dieser fundamentalen Thatsache kann ich Sie vermittelst der sogenannten Seebeck'schen Sirene überzeugen. Dies ist ein Instrument, in welchem
Töne, d. h. periodische Schallwellen, nur dadurch entstehen, dass ein

Luftstrom, der aus einem Röhrchen entweicht, durch eine rotirende Scheibe, die eine Reihe von Löchelchen besitzt, abwechselnd unterbrochen und freigegeben wird (vgl. Fig. 18).

Man hat es dabei also ganz in seiner Gewalt, durch die Schnelligkeit der Rotation der Löchelchenscheibe, die Häufigkeit dieser Unterbrechungen und Impulse zu bestimmen und damit die Tonhöhe zu verändern — ohne sonst etwas an der Art der Schallbewegung zu ändern. Ich setze die Scheibe in Rotation und treibe durch das Röhrchen (*a*) einen kräftigen Luftstrom.

Sie hören, — je rascher die Scheibe rotirt, je grösser also die Zahl der Schallwellen in einer Secunde wird — desto höher wird der Ton und umgekehrt.

Jeder bestimmten T o n - h ö h e entspricht immer und unter allen Umständen e i n e und d i e s e l b e Schwingungszahl. Dies ist ein akustisches Fundamentalgesetz.

Dem eingestrichenen *a* z. B. entsprechen nach SCHEIBLER's, in Deutschland allgemein angenommener Festsetzung, — 440

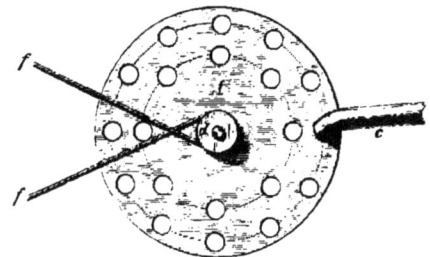

Fig. 18. SEEBECK'sche Sirene.

Eine Scheibe von Pappe mit regelmässig angeordneten Löchelchen, gegen welche ein Röhrchen *c* einen Luftstrom bläst, während die Scheibe durch die Schnur *f f* rasch um ihre horizontale Axe gedreht wird.

Schwingungen in einer Secunde — nach der Pariser Stimmung, die etwas tiefer ist, jedoch nur 437$\frac{1}{2}$. Die tiefsten, überhaupt noch wahrnehmbaren Töne haben etwa die Schwingungszahl 16$\frac{1}{2}$ — die höchsten dagegen bis über 38,000! — was einen Umfang der überhaupt hörbaren Töne von etwa 11 Octaven gibt. Davon sind nur etwa sieben Octaven musikalisch brauchbar.

Längst bevor man noch irgend etwas von periodischen Schallwellen und deren Messung und Zählung wusste, hatte PYTHAGORAS entdeckt, dass, — wenn man eine Saite durch einen untergeschobenen Steg so theilen will, dass ihre beiden Abschnitte c o n s o - n a n t e Töne geben — sie im Verhältniss der bestimmten ganzen Zahlen 1, 2, 3, 4 (= 2 × 2), 5, 6 (= 2 × 3), 8 (= 2 × 2 × 2) und 10 (= 2 × 5) — (also eigentlich der vier Zahlen 1, 2, 3, 5 getheilt werden muss.

Von der sehr merkwürdigen Beziehung der Zahlen zu den Tonintervallen will ich Sie sogleich durch den interessanten und durch

sein mehr als 2000jähriges Alter ehrwürdigen Versuch am Monochord
überzeugen (vgl. Fig. 19).

Das Monochord ist, wie Sie sehen, ein langer schmaler Resonanzkasten (R) von dünnen Brettchen, auf welchem eine einzige Saite
(daher der Name) ausgespannt ist, indem ihre Enden in die festen
scharfkantig aufgebogenen Lager (k, k') eingeschraubt sind. Ein Steg
t kann beliebig wo unter die Saite geschoben werden und theilt dann
dieselbe in zwei selbständig schwingende Hälften. An der Seite des
Kastens (R) ist ein Maassstab (in der Fig. in 150 Theile getheilt), von
welchem man das Verhältniss der Längen, in dem die entstandenen
Saitenhälften zu einander stehen, ablesen kann.

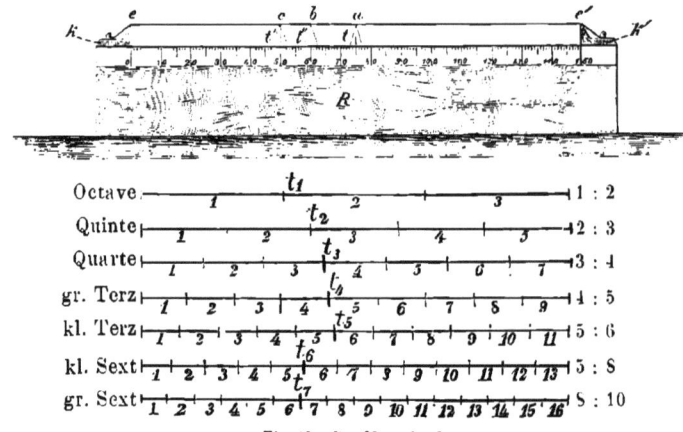

Fig. 19. Das Monochord.

R Resonanzkasten mit Maassstab für die Einstellung des verschiebbaren Steges (t). Die einzige Saite
des Instruments ist horizontal über die scharfkantig aufgebogenen Lager k, k' gespannt.

Setze ich den Steg (t) genau unter die Mitte der Saite (nach dem
Maassstab der Zeichnung also in die Verlängerung des Theilstrichs 75),
so stehen die Saitenhälften im Verhältniss 1 : 1, d. h. sie sind gleich
lang: ich schlage sie an; sie geben, wie Sie hören, genau denselben
Ton (unisono).

Theile ich die Saite in Gedanken in drei gleiche Theile und
schiebe ich den Steg genau am Grenzpunkt zwischen dem ersten und
zweiten Drittel unter die Saite (vgl. Fig. 19 t' bei Theilstrich 50), so
hat die linke Saitenhälfte $\frac{1}{3}$, die rechte $\frac{2}{3}$ der ganzen Länge. Beide
Hälften stehen im Verhältniss von 1 : 2, und wenn ich sie erklingen
lasse, so geben sie, wie Sie hören, das Intervall einer Octave.

Setze ich den Steg so, dass links $\frac{2}{5}$, rechts $\frac{3}{5}$ der Länge liegen (vgl. in der Fig. 19 *t''* bei Theilstrich 60', so ist das Verhältniss der Stücke 2 : 3 und die Töne bilden eine Q u i n t e.

So fortfahrend findet man das Verhältniss für die

Q u a r t e 3 : 4
grosse Terz 4 : 5
kleine Terz 5 : 6
kleine Sext 5 : 8
grosse Sext 6 : 10 oder 3 : 5

(vgl. die in der Fig. gezeichneten horizontalen Linien, ihre Eintheilung und die Stellung des Steges t^1, t^2, t^3, t^4, t^5, t^6 und t^7.

Die längere Saitenhälfte gibt immer den tieferen Ton des Intervalls. Alle übrigen Verhältnisse der Saitenhälften bringen Dissonanzen hervor.

Diese Abmessungen sind schon von den griechischen Musikern mit grosser Genauigkeit ausgeführt und als ein tiefes Mysterium betrachtet worden.

Erst sehr viel später ermittelte man, dass die einfachen Verhältnisse der Saitenlängen auch ebenso für die Schwingungszahlen der Töne bestehen und somit den Tonintervallen a l l e r musikalischen Instrumente zukommen. Auf den Tonintervallen beruht aber eben schliesslich die ganze Musik — und Sie werden nun den vielcitirten geistreichen Ausspruch, »d a s s d i e M u s i k e i g e n t l i c h k l i n g e n d e A r i t h m e t i k« sei, zu würdigen verstehen.

Nun noch von der Klangfarbe!

Lässt man e i n e u n d d i e s e l b e Note nach einander durch verschiedene Instrumente, etwa eine Geige, eine Clarinette, ein Piano oder eine Singstimme in der gleichen Stärke angeben, so ist die Empfindung t r o t z d e m jedesmal von anderem akustischen Charakter. und diesen nennt man K l a n g f a r b e oder T i m b r e. An K l a n g - f a r b e oder T i m b r e erkennt man leicht das Instrument, welches den Ton hervorgebracht hat.

Welche Verschiedenheit der periodischen Schallbewegung entspricht nun d i e s e m Unterschiede der Empfindung?

Wir haben gesehen, dass von der Schwingungsgrösse die S t ä r k e, — von der Schwingungsanzahl die m u s i k a l i s c h e H ö h e des Tones abhängt — zur Erklärung der verschiedenen Klänge oder K l a n g - f a r b e n bleibt also nur noch jene Mannichfaltigkeit der periodischen Schwingungen übrig, welche sich auf deren F o r m oder Zusammensetzung bezieht, d. h. auf die specielle Art und Weise, w i e die schwingenden Theilchen ihre Bewegung während eines einmaligen Hin- und Herganges ausführen.

Ich muss Ihnen hier, um kurz zu sein, die überraschende Mittheilung machen, dass es nur durch besondere physikalische Vorrichtungen gelingt, einen wirklich ganz einfachen Ton zu erzeugen — und dass ein jeder Klang — wie ihn unsere verschiedenen musikalischen Instrumente durch ihre complicirten Schwingungen hervorbringen — niemals wirklich ein einziger, einfacher Ton ist, sondern stets zusammengesetzt aus mehreren Tönen von verschiedener Stärke und Höhe, die gleichzeitig und in demselben Momente miteinander erklingen — sobald irgend eine Note eben durch eines unserer bekannten Musikinstrumente angegeben wird!

Von diesen einfachen Tönen, die, wie gesagt, einen jeden solchen scheinbar einfachen Klang zusammensetzen, wird derjenige, welcher der tiefste und stärkste ist, und deshalb auch durch seine Schwingungszahl die musikalische Höhe des ganzen Klanges bestimmt, der Grundton genannt, während die übrigen höheren Töne, welche gleichzeitig aber in verschiedener Stärke noch mitklingen, die Obertöne heissen.

Der Grundton und seine Obertöne verschmelzen für das Gehör so sehr zu einer einheitlichen Empfindung — der des **specifischen Klanges** — dass sie nur durch besonders geübte und aufmerksame Ohren, oder durch besondere künstliche Veranstaltungen — einzeln aus dem Klange herausgehört werden können.

Sie sehen, verehrte Anwesende! dass somit von der Form oder Zusammensetzung der periodischen Schwingungen — d. h. von der verschiedenen Anzahl und Stärke der Obertöne, die nebst dem Grundton im Klang enthalten sind, die Verschiedenheit der Klangfarbe oder des Timbres abhängt.

Wenn, um nur ein Beispiel anzuführen, die Violine und die menschliche Stimme das eingestrichene *a* nach einander angeben, — so stimmen diese, durch ihren Timbre leicht aus einander zu kennenden Klänge darin überein, dass sie beide dasselbe *a* (mit seinen 440 Schwingungen in einer Secunde) zum Grundton haben; — sie unterscheiden sich aber dadurch von einander, dass beim *a* der Violine die Obertöne in anderer Anzahl und Stärke mitklingen als beim *a* der menschlichen Stimme — und dies gilt für alle übrigen Musikinstrumente. Ich verzichte darauf, Ihnen noch mehr über die Obertöne und ihr Intervallverhältniss zum Grundton und zu einander zu sagen, sowie darauf, Ihnen zu zeigen, wie die Luftbewegung beschaffen ist, welche gleichzeitig erklingenden und neben einander bestehenden Tönen entspricht, die einen Klang zusammensetzen, denn einerseits müsste ich zu weitläufig werden, um leicht verständ-

lich zu bleiben, andererseits aber genügt das Mitgetheilte vollständig für unseren Zweck und entzieht sich in seiner Einfachheit keiner Fassungskraft. Oder irre ich mich, wenn ich glaube,
dass das Gesagte hinreicht, um sich eine im allgemeinen richtige Vorstellung vom Wesen des Klanges und der sogenannten Klangfarbe zu
machen?

Jeder Klang — ich wiederhole es — ist eine Mischung ver-
schiedener gleichzeitig im Instrument entstehender Töne, und die
Verschiedenheit dieser Mischung bedingt die Verschiedenheit der
Klänge oder die verschiedene Klangfarbe.

Jetzt habe ich Ihnen nur noch zu erklären, wie der Schneckennerv mit seinem System der CORTI'schen Stäbchen die Schwingungszahl oder die Tonhöhe und die Schwingungsform oder
die Klangfarbe wahrzunehmen im Stande ist. Um dies in Kürze
und doch in allgemein fasslicher Weise zu thun, werde ich einen Vergleich benutzen, der von HELMHOLTZ selbst herrührt — dem Begründer
und Entdecker der Function der Schnecke und dieser ganzen Anschauung über die zusammengesetzte Natur der Klänge! —

Denken Sie sich den Dämpfer eines Klaviers gehoben und lassen
Sie irgend einen Klang kräftig gegen den Resonanzboden wirken, so
bringen Sie eine Reihe von Saiten in Mitschwingung — nämlich alle
die Saiten und nur die Saiten, welche den einzelnen Tönen entsprechen, die in dem angegebenen Klange als Grundton und als Obertöne
enthalten sind. Die Folge davon ist, dass Ihnen aus dem Klavier der
fremde Klang mit seinem specifischen Charakter, d. h.
mit seiner eigenthümlichen Klangfarbe zurücktönt.

Ich will Ihnen diesen Versuch zu Gehör bringen und zwar mit
laut gerufenen Vocalen. Die Vocale sind nämlich nichts anderes als
verschiedene Klangfarben der menschlichen Stimme, welche dadurch
entstehen, dass die Mundhöhle verschiedene Formen annimmt und
durch Resonanz ganz bestimmte im Klange der Stimme enthaltene
Obertöne verstärkt — andere hingegen schwächt. — Da die Klangfarbe, wie wir sahen, von der Stärke und Anzahl der zusammenge-
mischten Obertöne des Grundtons abhängt, so muss unter diesen Umständen der Klang der menschlichen Stimme verschiedene Färbungen
annehmen, und diese Färbungen sind eben, wie gesagt, die Vocale.
Ich trete an das Klavier, dessen Deckel zurückgeschlagen ist, sodass
der Resonanzboden mit seiner Besaitung bloss liegt; ich hebe die
Dämpfung durch Niederdrücken des Pedals auf und rufe mit starker
Stimme *a*, dann *e*, dann *o*, *u* und *i* gegen die Saiten. Das Klavier
beantwortet meine Rufe nicht wie ein musikalisches Instrument, sondern

wie ein Echo, d. h. Sie haben nicht die bekannten Töne des Klaviers,
sondern die Vocale meiner Stimme in ihrer specifischen Klangfarbe
aus dem Klavier hervorklingen hören. Die Besaitung desselben hat
nämlich auf rein mechanischem Wege die zusammengesetzten Klang-
wellen der Vocale in ihre Bestandtheile zerlegt, — indem alle die
Saiten und nur die Saiten in Mitschwingungen geriethen, welche den
Schwingungszahlen der im Klange des Vocals enthaltenen einzelnen
Töne entsprachen. Es musste daher dieselbe Tonmischung nachhallen,
welche der Klangfarbe des betreffenden Vocals entspricht, und Ihr
Ohr hat diese Mischung sogleich als den bekannten Vocalklang erkannt und aufgefasst. Wie? — das sollen Sie gleich einsehen! Könnten wir jede Saite des Klaviers mit einem akustischen Nerven so verbinden, dass derselbe erregt würde und den entsprechenden einfachen
Ton empfände, sobald die Saite in Schwingungen geriethe, so hätten
wir begreiflicherweise ein Organ geschaffen, das zur Wahrnehmung
der Tonhöhen und Klangfarben geeignet wäre.

Ein solches Miniaturklavier mit Nerven ist aber in der That die
Schnecke, die wir im Ohre haben.

Die 3000 auf verschiedene Töne abgestimmten Corti'schen Stäbchen entsprechen nämlich den Klaviersaiten, und es ist jedes solche
Stäbchen, wie wir sahen, mit akustischen Nerven verknüpft, welche
jedesmal mechanisch erregt werden und einen bestimmten einfachen
Ton empfinden, sobald das betreffende Stäbchen in Mitschwingungen
versetzt wird.

So wie aber die Klaviersaiten nur dann in Mitschwingungen
gerathen, wenn die ihnen entsprechenden Töne auf sie einwirken, ebenso schwingen auch die Corti'schen Stäbchen nur dann
mit, wenn Schallwellen durch das Labyrinthwasser zu ihnen gelangen,
deren Schwingungszahlen jenem Tone angehören, auf welchen das
einzelne Stäbchen genau abgestimmt ist. —

Die Empfindung verschiedener Tonhöhen ist also eine Empfindung in den einzelnen Schneckennervenfasern, deren jede eine andere
Tonhöhe empfindet.

Die Empfindung der Klangfarbe beruht aber darauf, dass ein
Klang, wie beim Versuch mit dem Klavier, mechanisch zerlegt wird,
d. h. ausser dem seinem Grundton entsprechenden Corti'schen Stäbchen, noch eine Anzahl anderer — die den Obertönen entsprechen
— in Mitschwingungen versetzt und somit in mehreren verschiedenen
Gruppen von Fasern des Schneckennerven einfache Tonempfindungen erregt, die zu einer einheitlichen Empfindung — eben der des
besonderen Klanges — verschmelzen.

Hiermit dürfte Ihnen der Mechanismus und die Function der Schnecke im allgemeinen deutlich und begreiflich geworden sein.

Ich bin zu Ende!

Gestatten Sie mir nur noch einen kurzen zusammenfassenden Rückblick! — Nachdem wir den Schall als einen grob-materiellen Bewegungsvorgang erkannt hatten, verfolgten wir denselben durch das äussere, mittlere und innere Ohr bis in die akustische Gehirnmasse hinein, wo er sich in den psychischen Zustand der Schall e m p f i n d u n g sozusagen t r a n s s u b s t a n t i i r t!

Wir sahen, wie die Schallwellen das Trommelfell und die Gehörknöchelchen in entsprechende Schwingungen versetzen; wie die Fussplatte des Steigbügels dem Labyrinthwasser Stösse mittheilt und in demselben Strömungen bewirkt; — und wie diese Stösse und Strömungen die verschiedenen akustischen Endorgane des Hörnerven, nach bestimmten mechanischen Gesetzen zu Mitschwingungen zwingen, welche endlich die Hörnervenenden erregen.

Wir haben d a n n die S t ä r k e a l l e r Schallempfindungen aus der Schwingungs g r ö s s e; — die Empfindung der G e r ä u s c h e aus unregelmässigen n i c h t periodischen, die der K l ä n g e aus regelmässigen periodischen Schwingungen erklärt — und zugleich erkannt, dass infolge der Verschiedenheit der akustischen Endorgane e r s t e r e wahrscheinlich durch die Vorhofsnerven, l e t z t e r e durch die Schneckennerven empfunden werden.

Die Empfindung verschiedener T o n h ö h e erwies sich abhängig von der Schwingungs z a h l und geknüpft an die Mitschwingungen der einzelnen CORTI'schen Stäbchen und an die Erregung der einzelnen Fasern des Schneckennerven — deren jede die Empfindung einer anderen Tonhöhe gibt; — während endlich die K l a n g f a r b e, — abhängig von der Schwingungs f o r m oder der Z u s a m m e n s e t z u n g der Schwingungen, und in ihre einfachen Tonelemente, durch die abgestimmte Klaviatur oder Besaitung der CORTI'schen Stäbchen zerlegt in m e h r e r e n gleichzeitig erregten G r u p p e n von Fasern des Schneckennerven als e i n h e i t l i c h e r Eindruck empfunden wird. —

Damit aber habe ich Ihnen — versprochenermaassen — die ganze Welt des Schalles, wie sie uns das Ohr erschliesst, **mechanisch** v e r s t ä n d l i c h gemacht! — denn Sie haben nun eine beiläufige Vorstellung davon, w o r i n eigentlich die materiellen Vorgänge bestehen, welche dieser wunderbar mannigfaltigen Erscheinungswelt zu Grunde liegen, und w e l c h e s der Mechanismus jenes Organs ist, dessen wir uns zur Wahrnehmung derselben bedienen!

III.

Stimme und Sprache.

Zwei Vorträge.

Anatomie und Physiologie der Stimm- und Sprach-
werkzeuge.

Erster Vortrag,

gehalten den 21. Februar 1869.

(Mit Tafel 3 und 7 Holzschnitten.)

Hochverehrte Anwesende!

Im vorigen Jahre hatte ich an dieser selben Stätte die Ehre, Ihnen
in einem Vortrag über das Ohr und das Hören auseinanderzusetzen,
dass die dem Schalle überhaupt zu Grunde liegenden Vorgänge nichts
anderes sind als grob-materielle, zitternde Bewegungen oder Schwingungen, welche sich in Form von Schallwellen durch die Luft bis ins
Gehörorgan hinein fortpflanzen, daselbst nach bestimmten mechanischen Gesetzen diese oder jene Hörnervenfasern erschüttern und erregen, und endlich infolge der Uebertragung dieser Erregung auf das
Gehirn sich in die Fülle von specifischen Schallempfindungen
umsetzen, welche in dem Hörenden dann eine Welt von Vorstellungen,
Gedanken und Gefühlen erwecken.

Hatte ich damals versucht, Ihnen das Wesen des Schalles, die
Verschiedenheiten der Schallphänomene und die Art der Wahrnehmung derselben durch das Gehörorgan — kurz also die ganze Welt
des Schalles, wie sie uns das Ohr erschliesst, mechanisch verständlich zu machen; so will ich meine diesjährige Betrachtung nur auf
eine einzige Gruppe von Schallphänomenen beschränken, welche

jedoch das ganz besondere Interesse jedes Gebildeten in Anspruch zu
nehmen geeignet ist, indem diese Gruppe jene Geräusche und Klänge
umfasst, welche den Gesang und die Sprache des Menschen — trotz
aller ideellen Bedeutung dieser beiden Leistungen, zuletzt doch ganz
allein ausmachen!

Ich werde mich nämlich bemühen, Ihnen heute den Bau und die
physiologische Thätigkeit der Stimm- und Sprachwerkzeuge zu erklären, um Ihnen in einem zweiten Vortrage eine befriedigende Einsicht in das Wesen der einzelnen Stimm- und Sprachlaute, sowie in
den geheimnissvollen Mechanismus zu eröffnen, vermittelst welches
wir diese ebenso merkwürdigen als bedeutungsvollen akustischen
Erscheinungen thatsächlich hervorbringen.

Unser Stimm- und Sprachorgan ist physikalisch betrachtet — ein
Blasinstrument und lässt sich am besten mit einer Orgel vergleichen: nur dass unser Organ, statt der vielen Pfeifen, deren jedes
Orgelwerk zur Erzeugung verschiedener Tonhöhen und Klangfarben
bedarf, nur eine einzige Pfeife besitzt, welche jedoch vermöge ihrer
höchst ingeniösen und doch eigentlich wunderbar einfachen Einrichtung nicht nur Klänge von verschiedener Höhe und Farbe, sondern
auch noch eine Fülle von eigenthümlichen Geräuschen erzeugen kann
— und daher weit Mannichfaltigeres leistet, als das ganze Heer jener
vielen Pfeifen zusammengenommen!

Die Lungen, welche in dem beweglichen Brustkasten eingeschlossen sind, entsprechen dem Blasebalge der Orgel.

Die Luftröhre oder Trachea stellt die sogenannte Windlade
der Orgel dar, welche den ganzen Registern und ihren einzelnen Pfeifen
den Luftstrom zuführt, der sie zum Tönen bringt.

Der Kehlkopf oder Larynx selbst ist statt der vielen, die einzige Pfeife und der Schlund, die Mund- und Nasenhöhle
bilden das bewegliche Ansatzrohr dieser einzigen Pfeife, welches allerdings in seiner Eigenthümlichkeit und in seinen verschiedenartigen
Wirkungen auf die Mannichfaltigkeit der erzeugbaren Schallphänomene
kein ebenbürtiges Analogon unter den Ansatzstücken hat, weder der
Orgelpfeifen noch der Blasinstrumente überhaupt.

Um unseren Vergleich vollends zu Ende zu führen, brauche ich
Sie nur daran zu erinnern, dass Orgel gespielt wird, indem man den
Blasebalg tritt, ein oder das andere Register aufzieht, und irgend eine
Taste niederdrückt.

Der Blasebalg treibt einen Luftstrom in einen hermetisch geschlossenen Raum — die sogenannte Windlade — von wo aus derselbe nach
Maassgabe der Klappen, welche durch das Aufziehen der Register und

das Niederdrücken der Tasten geöffnet wurden, diese oder jene der vielen verschiedenartigen Pfeifen anbläst und zum Tönen bringt.

In ganz analoger Weise nun spielen wir auf unserer Stimm- und Sprachorgel.

Wir treten zwar den Blasebalg nicht mit den Füssen, aber wir pressen durch unsere Athemmuskeln den Brustkorb und die Lungen zusammen, um einen Luftstrom zu erzeugen: wir ziehen zwar kein Register mit der Hand auf und drücken keine Tasten mit dem Finger nieder, um diese oder jene der verschiedenartig erklingenden Pfeifen zum Tönen zu bringen — weil wir eben keine Register und Tasten für Hand und Finger, und nur eine einzige Pfeife haben; — aber wir v e r w a n d e l n diese e i n z i g e Pfeife in verschiedenartig erklingende Pfeifen, indem wir durch unseren Willensimpuls auf die Nerven und Muskeln den schallerzeugenden Vorrichtungen des Kehlkopfes und seines Ansatzrohrs solche Stellungen und Spannungen geben, dass Töne von verschiedener Höhe und Klangfarbe, oder Geräusche von verschiedenem akustischen Charakter hervorgebracht werden.

Bei der Orgel stehen also die vielen Pfeifen, welche zur Erzeugung der Mannichfaltigkeit der Schallphänomene nöthig sind, in Register geordnet n e b e n e i n a n d e r; bei unserem Organ werden sie hingegen durch willkürliche U m g e s t a l t u n g der einzigen vorhandenen Pfeife n a c h e i n a n d e r hergestellt.

Was d o r t — bei der Orgel — Registerzug und Tastendruck mit Hand und Finger leistet, das bewirkt h i e r der Willensimpuls auf Nerven und Muskeln und der formverändernde Zug dieser letzteren.

Und so wie beim Orgelspiel aus dem getretenen Blasebalg der Luftstrom in die Windlade, aus dieser in die einzelnen Pfeifen, deren Klappen durch Registerzug und Tastendruck geöffnet wurden, eindringt und demgemäss bestimmte verschiedene Töne erzeugt: ganz ebenso strömt beim Sprechen und Singen aus den zusammengepressten Lungen die in ihnen enthaltene Luft in die Trachea, aus dieser in den Kehlkopf und sein Ansatzrohr, deren schallerzeugende Theile durch Nervenreiz und Muskelzug in bestimmter Weise gestellt und gespannt wurden, und erzeugt demgemäss die gewollten verschiedenen Klänge oder Geräusche.

Die Analogie ist, wie Sie sehen, schlagend und vollständig, und Sie haben durch unseren lehrreichen Vergleich mit einem Mal eine richtige Vorstellung von dem Mechanismus und der Spielart unseres Stimm- und Sprachinstrumentes im A l l g e m e i n e n gewonnen.

Um nun aber auch im B e s o n d e r e n die Erzeugung der einzelnen Stimm- und Sprachlaute verstehen zu können, müssen Sie mir

Ihre freundliche Aufmerksamkeit für die folgende Darstellung der anatomischen Beschaffenheit und physiologischen Thätigkeit der betreffenden Organe schenken.

Werfen wir zunächst einen Blick auf diese kolossale Durchschnittszeichnung (vgl. Fig. 20 auf Tafel 3), um uns über die Lage und den Zusammenhang der fraglichen Theile zu orientiren.

Dieselbe stellt die rechte Hälfte eines Menschen von innen gesehen dar, welcher durch einen der bekannten UHLAND'schen »Schwabenstreiche« mittenentzwei gespalten wurde.

Hier Kopf. — Hals, — Brust.

Im Rücken die Wirbelsäule: vorn das Brustbein; oben die knöcherne Schädelkapsel. darin eingebettet das grosse und kleine Gehirn. nach unten im Zusammenhang mit dem Rückenmark, das im Wirbelkanal eingeschlossen ist.

Alle diese Gebilde sind nur skizzenhaft angedeutet, um die ausgeführteren Darstellungen der zum Stimm- und Sprachorgan wesentlich gehörigen Theile, deren Lage und Zusammenhang wir eben studiren wollen, desto deutlicher hervortreten zu lassen.

In der geöffneten Brusthöhle, welche nach unten durch eine convex empor gewölbte Scheidewand — das sogenannte Zwerchfell — geschlossen und von der Bauchhöhle getrennt wird, sehen Sie den rechten Lungenflügel — das Herz und der linke Lungenflügel sind mit der ganzen linken Körperhälfte entfernt worden.

Aus der Lunge tritt eine klaffende Röhre hervor, welche sich mit einer ebensolchen aus der linken Lunge kommenden Röhre, die hier natürlich abgeschnitten und nicht sichtbar ist, zur Luftröhre oder Trachea vereinigt.

Die Trachea steigt aus der Brust in den Hals empor, begleitet von der Speiseröhre, welche, aus dem Unterleibe kommend, hinter der Luftröhre — zwischen dieser und der Wirbelsäule nach oben zieht, um sich in den Schlund oder Pharynx zu öffnen.

In der Höhe des 5.—6. Halswirbels endet die Luftröhre und geht in den Kehlkopf oder Larynx über, welcher sich unmittelbar v o r der Speiseröhrenmündung ebenfalls in den Schlund öffnet.

Der Schlund oder Pharynx bildet einen sackartig erweiterten muskulösen Schlauch, der von den beiden hintereinander liegenden Mündungen des Kehlkopfes und der Speiseröhre gerade vor den Halswirbelkörpern bis an die Basis des Schädels hinaufreicht.

Hier communicirt er nach vorn mit zwei Höhlen — der Mund- und Nasenhöhle —, welche im Gesichtstheile des Kopfes übereinander liegen und durch eine horizontale knöcherne Scheidewand, den h a r t e n

Gaumen, getrennt sind, von dessen hinterem Rand das Gaumensegel oder der w e i c h e Gaumen mit dem Zäpfchen als beweglicher Vorhang herabhängt. Mund- und Nasenhöhle öffnen sich bekanntlich vermittelst besonderer Oeffnungen im Gesicht nach aussen. In der ersteren sieht man die halbirte Zunge, in der letzteren die drei sogenannten Nasenmuscheln.

Auf diesem Bilde (vgl. Fig. 21 der Tafel 3) habe ich den Pharynx, nach Entfernung der Wirbelsäule, von h i n t e n geöffnet dargestellt, um dessen Zusammenhang mit der Mund- und Nasenhöhle, dann die senkrechte Nasenscheidewand, welche die Nasenhöhle in zwei Hälften theilt, die hinteren Enden der beiden unteren Nasenmuscheln, und endlich das Gaumensegel mit dem Zäpfchen in seiner ganzen Ausdehnung zu zeigen. — Die Speiseröhre, v o r deren Mündung der Kehlkopfseingang zu sehen ist, wurde kurz abgeschnitten dargestellt, um die Luftröhre sichtbar zu machen, welche sich in die beiden Lungenäste oder Bronchien spaltet, an denen die Lungen, wie Früchte am Stiel, hängen. Die Hauptverzweigungen der Bronchien in den Lungen sind deutlich zu übersehen und in der rechten Lungenspitze sind die Verästelungen bis in ihre letzten Enden dargestellt, welche Gruppen von mikroskopisch kleinen Bläschen tragen und denselben als Luftweg dienen. Nicht nur die ganze Oberfläche einer Lunge besteht aus diesen mikroskopischen Bläschengruppen, sondern auch im Innern füllen dieselben alle Räume zwischen den gröberen und feineren Verästelungen der Bronchien und der Blutgefässe aus. Die eigentliche Lungensubstanz ist also ein feinschwammiges, durch und durch lufthaltiges, äusserst elastisches Gewebe, und jede Lunge stellt somit ein Luftkissen von grosser Ausdehnbarkeit und sehr wechselnder Capacität dar.

Der Schlund ist der gemeinschaftliche Weg für die Luft, die wir athmen, und für die Speisen und Getränke, die wir geniessen; er gewinnt aber noch eine höhere Bedeutung, indem er mit seinem Doppelende — der Mund- und Nasenhöhle — einen integrirenden Bestandtheil unseres Stimm- und Sprachorganes ausmacht.

Dieses besteht also :

1 aus einem B l a s e b a l g — dem allseitig geschlossenen und beweglichen Brustkasten mit den Lungen,

2) aus einer W i n d l a d e — der Luftröhre und ihren beiden Lungenästen oder Bronchialverzweigungen, und

3 aus einer P f e i f e mit A n s a t z r o h r — dem Kehlkopf mit dem in Mund- und Nasenhöhle ausgehenden Schlund.

Orientirt über die Lage und den Zusammenhang der Haupt-

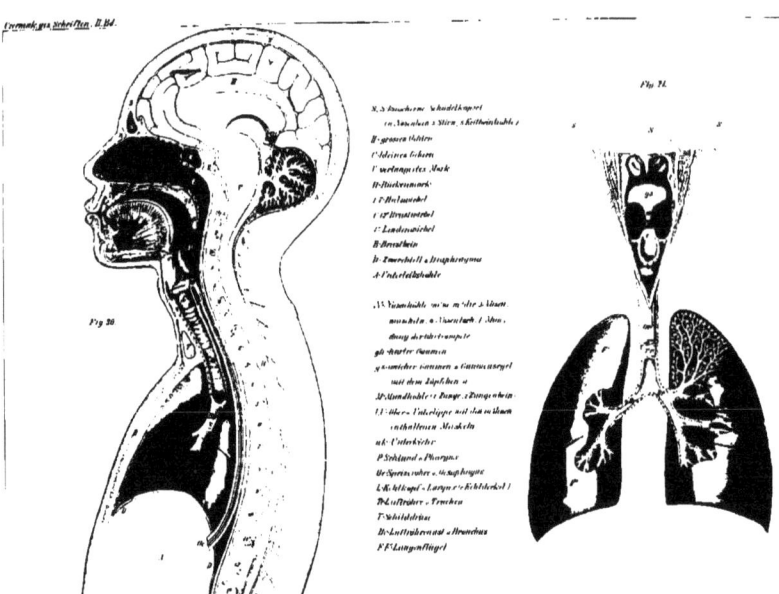

Fig. 21.

Fig. 20.

A, a Knochen der Schädelkapsel
  (m Aussehen: Stirn-, Keilbeinhöhle)
B groszes Gehirn
C kleines Gehirn
D verlängertes Mark
R Rückenmark
1-7 Halswirbel
1-12 Brustwirbel
1-5 Lendenwirbel
B Brustbein
h Zwerchfell, Diaphragma
A Unterleibshöhle

N Nasenhöhle mit den mittleren Muscheln, Oberkiefer (Stirn-, Kieferhöhle)
gh harter Gaumen
g weicher Gaumen, Gaumensegel mit dem Zäpfchen z
M Mundhöhle, Zunge, Zungenbein
U obere Unterlippe mit den in ihnen enthaltenen Muskeln
uk Unterkiefer
P Schlund, Pharynx
Oe Speiseröhre, Oesophagus
L Kehlkopf, Larynx, Kehldeckel
Tr Luftröhre, Trachea
T Schilddrüse
Br Luftröhrenast, Bronchus
F F Lungenflügel

bestandtheile unseres Stimm- und Sprachorganes, müssen wir sie
nun noch einzeln — hinsichtlich ihres Baues und ihrer Beweglichkeit
genauer betrachten.

Der Athmungsmechanismus dient zwar zunächst nur der Erhaltung
des vegetativen Lebens, indem er — (ohne unser Hinzuthun, auto-
matisch, in Bewegung gesetzt) — den Luftwechsel behufs der Re-
generation des Blutes in den Lungen (durch Sauerstoffaufnahme und
Kohlensäureabgabe) besorgt; — er functionirt aber — (willkürlich
von uns beeinflusst) — auch als Gebläse für das Stimm- und Sprachorgan, und deshalb muss er hier näher erörtert werden.

Die Lungen, welche, wie wir sahen, die Structur feinschwammiger
elastischer Luftpolster haben, sind nebst andern Eingeweiden, wie das
Herz, die grossen Blutgefässstämme, Drüsen, Fettgewebe u. s. w.,
hermetisch in der Brusthöhle eingeschlossen und füllen den zwischen
diesen Gebilden und den Brustwandungen übrigbleibenden Raum stets
vollständig aus, weil sie der atmosphärische Luftdruck, welcher auf
ihren Innenflächen lastet, unter allen Umständen so weit ausdehnt, bis
dass sie einerseits mit den übrigen Brusteingeweiden, andererseits mit
den Brustwandungen in innigen Contact kommen und bleiben müssen,
wie wenn sie daselbst ringsum angewachsen wären.

Es befindet sich eben nirgendwo in der Brusthöhle ein leerer
Raum, noch kann sich ein solcher daselbst bilden, denn wenn, wie
beim Einathmen, der Brustraum sich vergrössert, indem seine Wandungen, gegen deren glatte Innenflächen die Lungen angedrückt sind,
zurückweichen, so vermindert sich der Widerstand an den Aussen-
flächen der Lungen, und genau in dem Maasse, als dies geschieht, muss
natürlich der in ihrem Innern nunmehr einseitig lastende Luftdruck
ihr elastisches Gewebe auseinander treiben und mit neuen Luftmassen
erfüllen.

Hierin also liegt der Grund, dass und warum bei der Einath-
mung die Luft nach den Lungen hinströmt.

Die Entstehung des in entgegengesetzter Richtung fliessenden
Luftstroms beim Ausathmen, wo sich der Brustraum verengt, ist aber
als Folge der Zusammendrückung der gefüllten Lungen ohne weiteres klar.

Und so hätten wir denn die genauere anatomische Beschaffenheit,
sowie die physiologische Thätigkeit des ersten Hauptbestandtheils
unseres Stimm- und Sprachorgans — des Blasebalgs — kennen
gelernt. Wir wissen jetzt, wie und wodurch der Ausathmungsluft-
strom immer wieder von Neuem erzeugt wird, dessen wir uns fast ausschliesslich zur Bildung der Stimm- und Sprachlaute bedienen.

Von der Windlade, d. h. von der Luftröhre und den beiden Bronchien mit ihren baumförmigen, in mikroskopische Bläschengruppen endigenden Ramificationen in den Lungen, brauche ich Ihnen nichts zu sagen, als dass es elastische Röhren sind, welche durch verschieden geformte, in ihre Wandungen eingelassene Knorpelplatten (vgl. Fig. 21, wo ihre Durchschnitte zu sehen sind) immer klaffend und wegsam erhalten werden und im Inneren mit einer Schleimhaut ausgekleidet sind, deren freie Oberfläche einen Ueberzug von sogenannten Flimmerzellen besitzt.

Dieses ganze Luftröhrensystem hat keine andere Bedeutung als einfach die: dem In- und Exspirationsluftstrom einen stets gangbaren Leitungsweg offen zu halten.

Weit mehr ist über den Bau und die Bedeutung des dritten und letzten Hauptbestandtheiles unseres Stimm- und Sprachorgans, nämlich der einzigen Pfeife mit dem Ansatzrohr zu berichten, denn diese Gebilde enthalten erst die eigentlichen akustischen Vorrichtungen, welche jene Schallphänomene erzeugen, die uns hauptsächlich interessiren.

Der Kehlkopf oder Larynx, welcher das kurze röhrenförmige

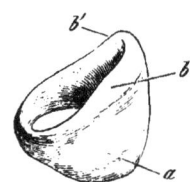

Fig. 22. Der Ring- oder Grundknorpel.

a Gelenkfläche zur Verbindung mit dem unteren Horn des Schild-knorpels; *b*, *b'* die Gelenkflächen, auf welchen die beiden Giess-beckenknorpel beweglich auf-sitzen.

Verbindungsstück zwischen der Trachea und dem Pharynx darstellt, und als eine unmittelbare Fortsetzung und höhere Entwickelung oder Differenzirung der Luftröhre betrachtet werden muss, besitzt ein Knorpelgerüst, dessen einzelne Stücke in kolossalen plastischen Nachbildungen hier vor Ihnen liegen. [1]

Ich will dieselben einzeln zeigen und benennen und vor Ihren Augen zu dem beweglichen Skelet zusammensetzen, welches sie bilden.

Hier ist erstlich der sogenannte Ringknorpel, welcher in der That wie ein Siegelring aussieht (Fig. 22). Er sitzt unmittelbar ober dem letzten Knorpelhalbring der Luftröhre und trägt selbst das ganze Gerüst des Kehlkopfes, weshalb wir ihn den Grundknorpel nennen wollen.

---

[1] Ich bediente mich sehr genau und hübsch gearbeiteter Nachbildungen der Kehlkopfknorpel, welche mein geehrter Freund und College, Herr Geheimer Hofrath Gegenbaur, vom hiesigen Anatomiediener in kolossalem Maassstab hatte anfertigen lassen.

Hier sehen Sie zweitens (Fig. 23) den sogenannten Schildknorpel, eine in der Mitte geknickte breite Platte, deren vier Ecken
sich in gerade Fortsätze oder Hörner verlängern. Die oberen sind

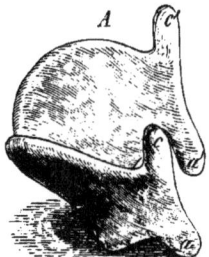 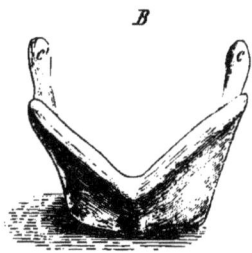

Fig. 23. Der Schild- oder Spannknorpel.
Bei *A* schräg von hinten und links gesehen. Bei *B* Ansicht von vorn und oben. *a, a'* das linke
und das rechte untere Horn; *c, c'* die beiden oberen Hörner.

durch Stränge von Bandmasse mit dem hufeisenförmigen Zungenbein
verbunden, das oberhalb des Kehlkopfes im Muskelfleisch eingebettet
ist. Die unteren Hörner articuliren mit
den Seitentheilen des Grundknorpels.
Ich stelle diese Gelenkverbindung her,
und Sie sehen, wie sich der Schildknorpel auf dem Grundknorpel hebelförmig auf und nieder bewegen lässt.

Hier endlich sind die beiden Giessbeckenknorpel (Fig. 24), so genannt, weil sie, wenn man sie mit ihren
Innenflächen aneinander legt, eine Art
Schnabel bilden, welcher nach der blü-
henden Phantasie der alten Anatomen

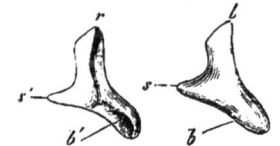

Fig. 24. Die beiden Giessbecken- oder
Stellknorpel.
Bei *r* der der rechten Seite; bei *l* der der
linken Seite; der rechte Knorpel *r* ist so
gestellt, dass man an ihm die Innenfläche
und Theile der hinteren und unteren
Fläche übersieht; der linke Knorpel *l*
kehrt dem Beschauer seine Aussenfläche
zu. *s, s'* Stimmfortsatz; *b, b'* Gelenkfort-
satz mit der concaven Fläche zur Verbindung mit dem Ringknorpel.

eine Aehnlichkeit mit der Schneppe einer Giessbeckenkaraffe haben
sollte.

Sie haben die Form von kleinen dreiseitigen Pyramiden mit rück-
wärtsgebogener Spitze und senden einen Fortsatz nach vorn, einen
nach aussen und hinten ab. Sie sitzen mit ihrer concaven Basis auf
dem Rande der senkrechten Siegelringplatte des Grundknorpels nach
allen Richtungen frei beweglich auf. Sie können weit von einander
entfernt und wieder bis zur Berührung genähert werden, dabei können
sie sich in jeder dieser Stellungen um ihre Höhenaxe nach aussen
und innen drehen und um die Queraxe nach vorwärts und rückwärts
neigen.

5 *

Die Beweglichkeit der beiden Knorpelchen auf dem Rande des
Grundknorpels ist also in der That eine sehr freie. Ich bringe sie jetzt
dahin, und lasse sie — nachdem ich mit ihnen alle die möglichen Bewegungen ausgeführt habe — ruhig an Ort und Stelle sitzen — und
das Knorpelgerüst des Kehlkopfes steht fertig aufgebaut vor Ihnen!
(Vgl. Fig. 25.)

Sie sehen, dass bei dieser Lage der Theile von jedem Giessbeckenknorpel der stumpfe, gerade nach vorn vorspringende Fortsatz (s)

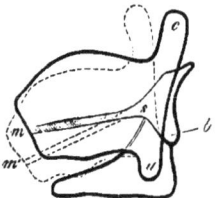

horizontal nach der Mitte m' der geknickten Innenfläche des Schildknorpels zielt.

Nun kommt aber die Hauptsache der
Kehlkopfsanatomie!

Nachdem die erwähnte röhrenförmige
Schleimhautauskleidung der Trachea durch
den Ring- oder Grundknorpel in das Innere
des Kehlkopfgerüstes gelangt ist, bildet
sie jederseits eine vorspringende horizontale Falte, welche nach hinten an den
stumpfen Fortsatz des Giessbeckenknor-
pels, nach vorn an den Mittelpunkt der
geknickten Innenfläche des Schildknorpels
anwächst. (Vgl. Fig. 26 B, welche einen
in der Ebene der Stimmbänder quer durchschnittenen Kehlkopf darstellt. Man sieht

Fig. 25. Schematische Darstellung
des beweglichen Gerüstes, welches
die Knorpel des Kehlkopfes zusammensetzen. Seitenansicht.

s m die Stimmfalten oder Stimmbänder. Durch die im Gelenk a mögliche
hebelförmige Bewegung des Schildknorpels nach abwärts (vgl. den punktirten Contour) wird, wie man sieht,
die Entfernung zwischen den Befe-
stigungspunkten der Stimmbänder
vergrössert (vgl. s m mit s m'). Bei
festgestelltem Gelenk b müssen die
Stimmbänder unter diesen Umständen
gedehnt und stärker gespannt werden.

von oben auf den Durchschnitt und erkennt, wie die rein präparirte
Schleimhaut aus dem Ring des Grundknorpels emporsteigt und durch
Festwachsen an den genannten Punkten (s, s' und m') in zwei parallele
horizontale Falten ausgezogen wird.) So entstehen die beiden in einer
horizontalen Ebene im Centrum des Kehlkopfes liegenden Stimmfalten oder Stimmbänder. Ich befestige in unserem Schema
zwei weissgefärbte Kautschukbänder, welche uns die Stimmbänder
repräsentiren sollen.

Zwischen ihren freien Innenrändern bleibt eine Längsspalte —
die sogenannte Stimmritze übrig, deren Form und Weite von der
Stellung der Giessbeckenknorpel abhängt, weshalb die Physiologen,
nach Professor Ludwig's Vorgang, für den abgeschmackten anatomischen Namen »Giessbeckenknorpel« den Namen »Stellknorpel« gebrauchen.

Auf dieser Tafel (vgl. Fig. 26) habe ich Ihnen die wichtigsten
Formen und Gestalten abgebildet, welche die Stimmritze durch die
variablen Positionen der Stellknorpel anzunehmen im Stande ist.

Auch der Schildknorpel hat statt seines, allerdings weniger sinn-
losen anatomischen Namens einen besseren physiologischen bekommen
— nämlich »Spannknorpel«, weil in der That die Spannung der
Stimmbänder bei feststehend gedachten Stellknorpeln von den hebelförmigen Bewegungen des Schildknorpels abhängt.

Bei der Senkung desselben nach vorn wird, wie Sie sehen vgl.
Fig. 25 *s m* und *s m''*, die Entfernung zwischen dem Mittelpunkt seiner
geknickten Innenfläche und den Stimmfortsätzen der Stellknorpel
grösser — und die zwischen diesen Anheftungspunkten fixirten elastischen Stimmbänder müssen sich nothwendig stärker spannen und verlängern.

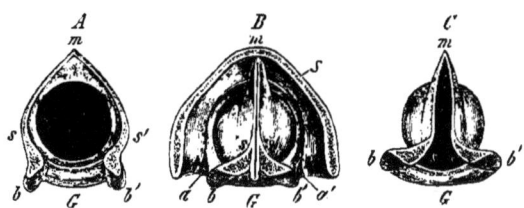

Fig. 26. Drei in der Ebene der Stimmbänder quer durchschnittene Kehlköpfe, um die drei Hauptformen
der Stimmritze zu zeigen, welche durch die verschiedene Stellung der Giessbeckenknorpel
bedingt werden.

b, b' die Gelenkfortsätze der im horizontalen Durchschnitt dreieckig erscheinenden Giessbeckenknorpel.
Sie sitzen frei beweglich auf dem oberen Rande des Grundknorpels (*G*) auf. *s, s'* die Stimmfortsätze, an
welche die Stimmbänder nach hinten angewachsen sind; *m*, der Mittelpunkt der geknickten Innenfläche
des Schild- oder Spannknorpels, wo sich die Stimmbänder nach vorn befestigen. Bei *A* grösste Weite
der Stimmritze. Bei *B* die Ränder der Stimmritze in Berührung. *S* hufeisenförmiger Durchschnitt des
Schildknorpels; *a, a'* die Gelenkverbindung zwischen den unteren Hörnern des Schildknorpels und den
Seitentheilen des Grundknorpels *G*. Bei *A* und *C* sind diese Theile der Einfachheit wegen weggelassen,
sind aber in Gedanken leicht zu ergänzen. Bei *C* eigenthümliche Form der Stimmritze, welche entsteht,
wenn sich die Stellknorpel von einander entfernen und zugleich mit ihren Stimmfortsätzen *s, s'*
nach einwärts kehren.

Das Umgekehrte geschieht natürlich bei Hebung des Schildknorpels. — So wunderbar einfach und unscheinbar ist also die Vorrichtung,
welche die Stimme eigentlich erzeugt. Zwei elastische Schleimhaut-
falten zwischen beweglichen Knorpelstücken befestigt, die sich entweder berühren oder eine engere oder weitere Spalte begrenzen und in
verschiedenem Grade gespannt werden können — weiter nichts!

Ja, muss sich der Uneingeweihte nicht mit Staunen die Frage vorlegen: ist dies wirklich Alles? und: wie kann diese Vorrichtung
überhaupt hörbare, akustische Phänomene hervorbringen — geschweige
denn die Fülle der Stimmeffecte, deren wir fähig sind?

Auf die Frage, wie diese Vorrichtung überhaupt akustische Phänomene hervorbringen kann, will ich sogleich
antworten.

Solange die Stimmritze im Verhältniss zur Mächtigkeit des Aus-
athmungsluftstroms weit genug offen steht, dass die bewegte Luft-

masse ohne erhebliche Friction oder Reibung durch dieselbe hindurch-
fliessen kann, bleibt auch in der That Alles still. So wie aber die
Stimmritze in irgend einer Form so weit verengt wird, dass die durch
dieselbe hindurchgetriebenen Luftmassen sich drängen und reiben
müssen, um durchzukommen, so gerathen dieselben in wirbelnde Bewegungen oder unregelmässige Schwingungen — und es macht
sich sofort ein leiseres oder lauteres blasendes Geräusch wahrnehmbar.

Sind endlich die Stimmbänder genügend gespannt, ihre freien
Ränder einander zugleich hinreichend oder bis zur gegenseitigen Berührung genähert, so drängt sie der aus der Windlade oder Trachea
mächtig herandringende Luftstrom empor — und zugleich aus einander, die Stimmritze wird geöffnet, wenn sie geschlossen, weiter,
wenn sie ursprünglich offen war: Luft entweicht also plötzlich in grösserer Menge: damit nimmt aber auch die Spannung der Luft in der
Trachea plötzlich ab, und die Stimmbänder schnellen elastisch in ihre
frühere Stellung zurück: in Folge dessen muss die Luftspannung in der
Trachea sofort wieder steigen, und der beschriebene Bewegungsvorgang
beginnt immer wieder von neuem — und so gerathen die Stimmbänder
unter diesen Umständen in anhaltende periodische Schwingungen, durch welche die Luftsäule in regelmässige verdichtete und
verdünnte Abschnitte zerschnitten, oder mit anderen Worten in
Schallwellen versetzt wird, welche sich, wie ich im vorigen Jahre
auseinandersetzte, durch den Luftraum fortpflanzen und in Folge ihrer
Regelmässigkeit die Empfindung eines Klanges im Ohr hervorrufen.

So also entsteht die lauttönende Stimme im Kehlkopf.

Eine akustische Vorrichtung, in welcher ein Klang auf die beschriebene Art hervorgebracht wird — gleichgültig ob die durch den
Luftstrom in Schwingungen versetzten Platten aus dünnem Metall oder,
wie hier, aus elastischen Häutchen oder Bändern bestehen — nennt
man in der Physik eine Zungenpfeife.

Unser Kehlkopf ist somit, physikalisch definirt, eine Zungenpfeife mit zwei membranösen oder häutigen Zungen.

Ich zeige Ihnen hier zur Erläuterung einen künstlich nachgebil-
deten Kehlkopf Fig. 27.

Das Knorpelgerüst ist durch beweglich verbundene Messingstück-
chen nachgeahmt — die Schleimhaut aber durch eine röhrenförmige
Kautschukmembran, die vorn und hinten zwischen den Messingstücken
eingeklemmt ist, so dass sie zwei Falten oder Ränder bildet, welche
wie die Stimmbänder eine Längsspalte begrenzen. Das Ganze sitzt
auf einer Trachea von Holz.

Ich stecke den Apparat auf ein Blasrohr, treibe Luft durch — und ein nicht unangenehmer, stimmähnlicher Ton schlägt an unser Ohr.

Könnten Sie, wie. ich, aus der Nähe zuschen, so würden Sie an den Kautschukbändern genau denselben Vibrationsvorgang wahrnehmen, welchen ich Ihnen soeben als d e n der Stimmbildung im Kehlkopf beschrieb.

Aber noch mehr! — um Ihnen zu beweisen, dass der wirklichen Stimmbildung in der That nichts weiter zu Grunde liegt, als eben dieser grob-mechanische Be-wegungsvorgang — ohne irgend welche Beimischung von vitalen oder mystischen Einflüssen der sogenannten Lebenskraft, so will ich jetzt einen wirklichen Kehlkopf, den ich aus einem menschlichen Leichnam herausprä-parirt habe — zum Tönen bringen.

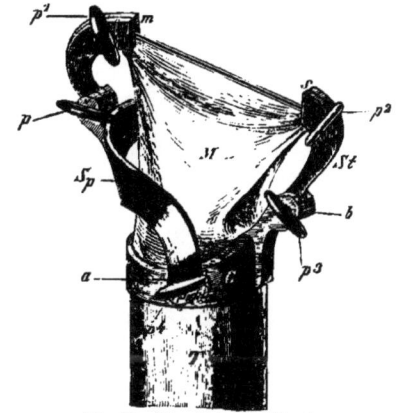

Es wird mir gelingen, einen Stimmton des Verstor-benen, dem dieser Kehlkopf angehörte, ohne alle Zaube-rei in diesem Saale wieder-erklingen zu machen.

Ich stecke den Kehlkopf auf das Blasrohr und werde mich bemühen — während ich einen kräftigen Luftstrom hindurchtreibe — den Stimm-bändern vermittelst einer Pin-cette solche Stellungen und Spannungen zu geben, welche sie zur Stimmbildung befähigen.

Fig. 27. Künstlicher Kehlkopf.

T eine Röhre von Holz, welche der Trachea entspricht. Der Messingring *G* repräsentirt den Grundknorpel des Kehlkopfes; mit seinen Seitentheilen articulirt der Messingbügel *Sp*, welcher wie der Spannknorpel des Kehlkopfes hebelförmig um die Axe *a* gedreht werden kann. Er trägt die Klemme *m*. *St* ein den Stellknorpeln des Kehlkopfes entsprechendes Messingstück, das in die Klemme *s* ausgeht und um die Axe *b* beweglich ist. *M* eine röhrenförmige Kautschukmembran, welche wie die Kehlkopfschleimhaut zwischen den Punkten *s* und *m* in Form zweier, eine feine Spalte (Stimmritze) begrenzen-den Bänder oder Falten ausgespannt ist. *p*, *p¹*, *p²*, *p³*, *p⁴* Stahlschrauben zum Feststellen der beweglichen Messingstücke.

Sie hören jetzt in der That verschiedene sehr vernehmliche und — zum Theil auch recht wohllautende Töne, denen Sie den Charakter der menschlichen Stimme nicht ganz ab-sprechen werden, wenn Sie dem nicht gewöhnlichen Umstand billig Rechnung tragen, dass sie factisch der Kehlkopf eines — V e r s t o r-b e n e n gesungen hat!

Das Gelingen dieses interessanten Wiederbelebungs- oder Aufer-stehungsversuchs beweist aber nicht nur, dass der Stimmerzeugung jener beschriebene, grob-mechanische Bewegungsvorgang wirklich und

ausschliesslich zu Grunde liegt, sondern auch zugleich, dass die Stimmbänder allein das wesentliche tonerzeugende Gebilde des Kehlkopfes
sind. denn dieser Leichenkehlkopf hat gesungen — obschon wir ihn
seines ganzen Ansatzrohrs und selbst aller seiner übrigen Bestandtheile
beraubt haben.

Um die Anatomie des Kehlkopfes zu beenden, muss ich Sie noch
kurz mit diesen übrigen Bestandtheilen bekannt machen.

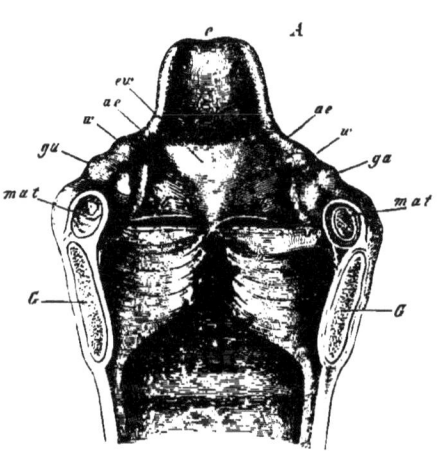

Fig. 28 A. Kehlkopf hinten aufgeschnitten und
auseinandergelegt.

G, G Durchschnitt der Siegelringplatte des Grundknorpels;
mat Durchschnitt des Muskels, welcher quer von einem
Stellknorpel zum andern geht und beide einander nähert; ga
wulstige Hervorragung der Mündung des Kehlkopfes, in welcher die Spitze eines Stellknorpels steckt; u Wulst, welcher
dem WRISBERG'schen Knorpelstäbchen entspricht; ae Schleimhautfalte, welche sich in den Seitenrand des Kehldeckels e
fortsetzt; eu Kehldeckelwulst; s und s' die Stimmfortsätze der
Stellknorpel im Anfangstheil der beiden Stimmbänder sm und
s'm; tb die Taschenbänder. Der dunkle Spalt zwischen ihnen
und den Stimmbändern ist der Eingang in die rechte und in die
linke MORGAGNI'sche Kehlkopfstasche.

Unmittelbar über je-
dem der beiden Stimm-
bänder bildet die Schleimhaut eine taschenförmige
Vertiefung oder Höhle.
die sogenannte MORGAG-
NI'sche Kehlkopfstasche,
welche nach oben durch
eine horizontale mit
dem Stimmband parallel
laufende Schleimhaut-
falte, das sogenannte
Taschenband, begrenzt
wird.

Sie sehen diese Ge-
bilde hier an einem hal-
birten und an einem von
hinten geöffneten Kehl-
kopf, noch besser an die-
ser vorderen Hälfte eines
von rechts nach links
geführten Durchschnitts
(vergl. Fig. 28 A, B, C.

Oberhalb der Ta-
schenbänder erweitert sich
der Kehlkopfsraum und mündet in den Pharynx aus.

Diese Mündung wird durch eine kreisförmig in sich selbst zurück-
laufende Schleimhautfalte gebildet, welche ein kurzes schräg von vorn
und oben, nach hinten und unten abgestutztes kurzes Rohr darstellt,
das durch mehrere Knorpelstücke gestützt und gesteift wird.

Sie sehen die röhrenförmige Kehlkopfsmündung auf diesem Bilde
(Taf. 3. Fig. 2) in den von hinten aufgeschnittenen Pharynx hineinragen.
Die Stützknorpel, welche dieselbe klaffend erhalten, sind durch den
Schleimhautüberzug hindurch kenntlich (vgl. Fig. 28 A): nach hinten

die beiden Stellknorpel, deren Spitzen noch zwei kleine gebogene
Knorpelchen — die sogenannten SANTORINI'schen Hörner — tragen:
nach aussen von diesen jederseits ein senkrecht stehendes Knorpelstäbchen — der oft fehlende WRISBERG'sche Knorpel — nach vorn
endlich eine blattförmige dünne Faserknorpelplatte — der Kehldeckel
— der mit seinem verjüngten Stiel bis gegen den vorderen Ansatz-
punkt der Taschen- und Stimmbänder herabreicht, wie Sie am besten
an dem von hinten geöffneten und an dem querdurchschnittenen Kehlkopf sehen können ,vgl. Fig. 28 *A*, Fig. 28 *C*.

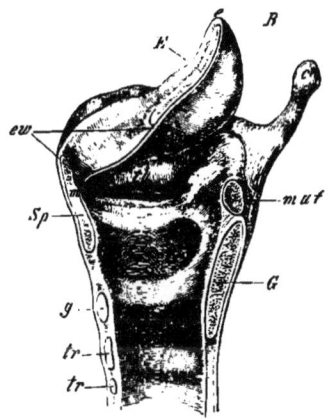 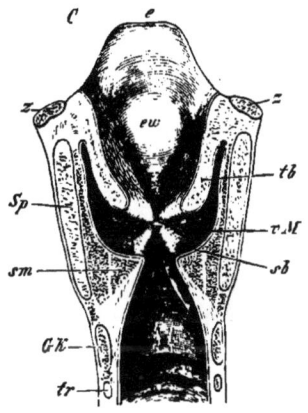

Fig. 28 *B*. Rechte Hälfte eines halbirten
Kehlkopfes von innen gesehen.
E Durchschnitt des Kehldeckelknorpels; *Sp*
Durchschnitt des Spannknorpels; *c'* das rechte
obere Horn desselben; *g* Durchschnitt des vorderen niedrigen Theils des Grundknorpels;
tr, *tr* Durchschnitte der beiden ersten Knorpel-
halbringe der Luftröhre. Die übrigen Buchstabenzeichen wie bei *A*.

Fig. 28 *C*. Vordere Hälfte eines von rechts nach
links durchschnittenen Kehlkopfes von innen.
z, *z* Durchschnitt der beiden Aeste des hufeisenförmigen Zungenbeins; *Gk* Durchschnitt
der Seitentheile des Grundknorpels; *sb* die
Stimmbänder. *rM* Durchschnitt der MOR-
GAGNI'schen Kehlkopfstasche; *tb* Taschenband
im Durchschnitt; *sm* Durchschnitte der Mus-
kelbündel, die i n den Stimmbändern von vorn
nach hinten laufen.

Der Kehldeckel kann durch besondere Muskeln niedergezogen
werden und dient zum Verschluss der Kehlkopfsmündung, wozu sich
besonders der Wulst desselben (*e w*) eignet, welcher, wie ich zuerst
zeigte, auf die geschlossenen Stimm- und Taschenbänder gepresst
wird und wie der Schlussstein eines Gewölbes in die Kehlkopfmün-
dung passt. Ueber den niedergezogenen Kehldeckel gleiten die zu
verschluckenden Speisen und flüssigen Nahrungsmittel in die hinter
dem Kehlkopf gelegene Speiseröhrenmündung.

Schliesst er nicht genau, so dringen Theile der Speisen und Getränke leicht ins Innere des Kehlkopfes und erzeugen oft die heftigsten
Husten- und Erstickungsanfälle: — man sagt dann, es sei Einem
etwas in die »unrechte Kehle« gekommen.

So hat uns denn die Betrachtung der Kehlkopfsmündung in den Pharynx geführt, welcher mit seinem Doppelende — der Mund- und Nasenhöhle, das Ansatzrohr der Kehlkopfspfeife bildet. Beschliessen wir unsere anatomisch-physiologische Uebersicht mit der Betrachtung dieses Ansatzrohrs. — Mit der Beschreibung der starrwandigen Nasenhöhle und der Mundtheile, wie Lippen, Zunge, Zähne und Wangen, brauche ich Sie nicht weiter zu behelligen, da sie Ihnen hinreichend bekannt sind; — dagegen muss ich noch, um mein heutiges Thema zu erschöpfen, im Allgemeinen hervorheben, dass das Ansatzrohr der Kehlkopfspfeife, in Folge der an ihm möglichen willkürlichen Bewegungen und Gestaltveränderungen, die doppelte akustische Bedeutung besitzt:

Erstlich die Stimme, die, wie Sie sahen, ausschliesslich in der Stimmritze entsteht, in verschiedener und eigenthümlicher Weise, z. B. durch Resonanz, zu verändern. —

Zweitens aber besondere, hörbare Schallphänomene von grosser Mannigfaltigkeit selbstständig zu erzeugen.

Mit Bezug auf diese zweifache akustische Leistungsfähigkeit des Ansatzrohrs ist Folgendes zu wissen wichtig und nothwendig:

1) Kann vermittelst des willkürlich beweglichen Gaumensegels entweder die Nasenhöhle oder die Mundhöhle luftdicht vom Pharynx abgesperrt werden.

Das erstere geschieht, wenn das Gaumensegel nach hinten und oben gehoben und gegen die hintere Rachenwand angedrückt wird, welche sich dabei verwulstet; das letztere hingegen, wenn sich das Gaumensegel nach vorn und unten senkt und an den Zungengrund innig anschmiegt.

Bei mittlerer Stellung des Gaumensegels — oder der Gaumenklappe (denn diesen Namen verdient dies wichtige Gebilde) communiciren Mund- und Nasenhöhle gleichzeitig mit dem Pharynx.

Dies Alles kann ich Ihnen nun an unserer grossen Durchschnittszeichnung (vgl. Fig. 20 auf Taf. 3) zeigen, an welcher ich, wie Sie sehen, die Gaumenklappe als bewegliches Versatzstück eingerichtet habe.

2) Ist es möglich, sowohl das Pharynxrohr als die Mundhöhle an verschiedenen Stellen local zu erweitern oder zu verengern, ja ganz hermetisch zu verschliessen. Bei der Nasenhöhle ist dies — abgesehen von dem Abschluss des Nasenrachenraumes durch die Gaumenklappe nicht möglich, denn sie besitzt steife, theils knöcherne, theils knorpelige Wandungen, und selbst die Nasenlöcher können nur unbedeutend erweitert und verengert — niemals aber geschlossen werden.

3) Endlich gibt es in dem Ansatzrohr leichtbewegliche Gebilde, welche dem durchstreichenden Luftstrom in einer Weise ausgesetzt und entgegengestellt werden können, dass sie in lebhafte schallerzeugende Schwingungen gerathen.

Aus diesen vorläufigen und allgemeinen Mittheilungen können Sie entnehmen, dass das Ansatzrohr der Kehlkopfspfeife unser eigentlichstes und wesentlichstes A r t i c u l a t i o n s - oder S p r a c h o r g a n ist.

Und so hätten wir denn die Schwelle jenes Abschnittes der Physiologie der Stimm- und Sprachorgane betreten, in welchem wir die Lösung der Räthsel und Geheimnisse der Bildung der einzelnen so mannigfaltigen K l ä n g e und G e r ä u s c h e erwarten dürfen, aus denen sich Gesang und Sprache zusammensetzen.

Mit dieser Aussicht auf das Endziel unserer wissenschaftlichen Wanderung schliesse ich denn für h e u t e , indem ich Sie so weit vorbereitet zu haben glaube, dass Sie meinem, am nächsten Mittwoch abzuhaltenden Schlussvortrag: ü b e r W e s e n und B i l d u n g d e r e i n z e l n e n S t i m m - u n d S p r a c h l a u t e — mit Leichtigkeit zu folgen im Stande sein werden, um einen bleibenden Gewinn von unseren — hoffentlich nicht a l l z u ermüdenden wissenschaftlichen Unterhaltungen zu haben!

Wesen und Bildung der Stimm- und Sprachlaute.

Zweiter Vortrag,

gehalten den 3. März 1869.

(Mit 7 Holzschnitten.

Hochgeehrte Anwesende!

Zunächst wollen Sie gestatten, dass ich den Inhalt meines vor acht Tagen abgehaltenen Vortrags in aller Kürze recapitulire.

Ich eröffnete meine Auseinandersetzung damit, dass ich das ganze Stimm- und Sprachorgan eingehend mit einer Orgel verglich, um durch diesen schlagenden und bis ins Detail ungezwungen durchführbaren Vergleich, den Mechanismus und die Spielart des Instruments, vermittelst welches wir singen und sprechen, im Allgemeinen verständlich zu machen.

Sodann demonstrirte ich an kolossalen bildlichen Darstellungen, welche Sie zum Theil auch heute wieder vor sich sehen, und plastischen Nachbildungen den Zusammenhang, den genaueren anatomischen Bau, sowie die physiologische Beweglichkeit und die akustische Bedeutung der einzelnen Bestandtheile. Ich habe den beweglichen Brustkasten mit den Lungen — als den Blasbalg der Stimm- und Sprachorgel dargestellt; die Luftröhre mit ihren beiden Lungenästen und Bronchialverzweigungen aber als die sogenannte Windlade, oder den stets offenen Leitungsweg für den In- und Exspirationsluftstrom. Das bewegliche Knorpelskelet des Kehlkopfes mit den elastischen Stimmbändern habe ich vor Ihren Augen aufgebaut, und den Kehlkopf selbst als die einzige an unserer Stimm- und Sprachorgel vorhandene Zungenpfeife mit zwei membranösen Zungen physikalisch definirt.

Den Vorgang der Stimmbildung erklärte und zeigte ich durch Experimente am künstlichen und todten Kehlkopf, wobei die Stimme eines Verstorbenen in diesem Saale wiedererweckt wurde, und endlich schloss ich mit der Darstellung der zweifachen akustischen Bedeutung und Leistungsfähigkeit des beweglichen Ansatzrohrs der Kehlkopfspfeife — nämlich des in Mund- und Nasenhöhle ausgehenden

Schlundes, als unseres eigentlichsten und wesentlichsten Articulations- oder Sprachorgans. Hierdurch eröffnete ich Ihnen einen Blick auf das Endziel unserer ganzen wissenschaftlichen Wanderung, als welches ich Ihnen die Gewinnung einer befriedigenden Einsicht in das Wesen und die Bildungsweise der einzelnen Stimm- und Sprachlaute hinstellte.

Ich könnte nun sofort dieses unser heutiges Thema in Angriff nehmen, allein einen Gegenstand muss ich noch zur Sprache bringen, um Sie mit den Hilfsmitteln zum exacten Studium der Stimm- und Lautbildung — von denen ich Ihnen die lehrreichen Versuche am künstlichen und todten Kehlkopf bereits das vorige Mal vorführte — vollständig bekannt zu machen, damit Sie ein durch eigenes Urtheil begründetes Vertrauen zu den Resultaten unserer Wissenschaft gewinnen möchten!

Der Gegenstand, welchen ich meine, ist jene Methode der directen Untersuchung und Besichtigung des Kehlkopfes am lebenden Menschen, zu deren endlichen Begründung und allseitigen physiologischen sowie medicinisch-chirurgischen Verwerthung ich selbst, vor mehr als einem Decennium, den ersten erfolgreichen Anstoss gegeben, und für welche ich den seither allgemein gebräuchlichen Namen der »Laryngoskopie« eingeführt habe.

Da der Mund und der Schlund unter einem Winkel zusammenstossen und somit als Ganzes einen in der Gegend der Zungenwurzel geknickten röhrenförmigen Hohlraum darstellen, so ist es begreiflichermassen unmöglich, ohne Weiteres bis an das Ende des Schlundes oder gar in den Kehlkopf, oder durch denselben hindurch, in die Luftröhre zu blicken.

Man müsste sozusagen »um die Ecke« zu sehen vermögen, um dies zu können.

Es ist aber in der That sehr leicht »um die Ecke« zu sehen, jedoch nur vermittelst eines Spiegels, den man in geeigneter Stellung bis über die hindernde Ecke hinaus vorschiebt.

In Holland ist es ganz allgemein in Gebrauch, aussen vor den Fenstern der Wohnungen Spiegel — sogenannte »Spione« — in solcher Neigung und Stellung anzubringen, dass sie das Bild der Strasse zurückwerfen und somit einem im Zimmer sitzenden Beobachter erlauben, ohne dass er den Kopf zum Fenster hinausstecken müsste, von seinem bequemen Grossvaterstuhl aus zu sehen, was draussen vorgeht, oder wer etwa an der Hausthür läutet. Für unwillkommene Besuche ist dann der um die Ecke sehende, selbst aber unsichtbare Hausherr — ohne sich zu compromittiren — nicht daheim.

Das Beispiel von diesen praktischen »Spionen« wird Ihnen sofort
begreiflich gemacht haben, dass auch das Bild des so verborgenen
Kehlkopfes in einem kleinen Spiegelchen, das durch den weitgeöffneten Mund unter einer Neigung von etwa 45⁰ bis in die Gegend des
weichen Gaumens gebracht worden wäre, nothwendig sichtbar werden
müsste, wenn es nur in der Tiefe des Schlundes nicht dunkel wäre!

Dieses Hinderniss ist aber leicht zu beseitigen, indem man kräf-
tiges Licht auf dasselbe Spiegelchen in der Richtung einfallen lässt,
in welcher man hineinsieht.

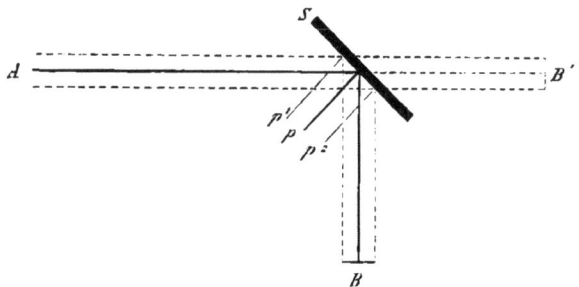

Fig. 29 dient zur Erläuterung des Gesetzes der Spiegelung.
S ein Spiegelchen; *A* das Auge; *B* ein Gegenstand; *B′* dessen scheinbarer Ort im Spiegelbild. *p*, *p*¹, *p*²,
die Einfallslothe der Lichtstrahlen (siehe die punktirten Linien) und der (ausgezogenen)
Sehrichtungslinien.

Denn, da nach den bekannten Gesetzen der Zurückwerfung des
Lichtes der Einfallswinkel stets gleich ist dem Reflexionswinkel, so
werden unter diesen Umständen immer gerade jene Theile beleuchtet
werden, deren Bilder das Spiegelchen ins Auge des Beobachters eben
zurückwerfen muss. Diese Zeichnung (vgl. Fig. 29) wird das Gesagte
erläutern. Es sei *S* ein geneigt gestelltes Glas- oder Metallspiegelchen. Ein in *A* befindliches Auge wird den Gegenstand *B* scheinbar
hinter der Spiegelfläche bei *B′* erblicken. Wäre nun der Gegenstand
B im Dunkeln, so würde, wie man bei Verfolgung der punktirten und
ausgezogenen Linien leicht einsieht, Licht, welches in derselben
Richtung auf den Spiegel *S* geworfen würde (siehe die punktirten
Linien), in welcher das Auge *A* blickt (siehe die ausgezogenen Linien),
gerade auf den Gegenstand *B* reflectirt werden müssen, diesen beleuchten und dem Auge *A* sichtbar machen, weil die Winkel, welche
die einzelnen Lichtstrahlen mit den Einfallslothen *p*, *p*¹, *p*² machen,
dieselben bleiben, gleichviel ob die Strahlen in der Richtung von
A nach *B*, oder von *B* nach *A* gehen.

Aber Sie werden vielleicht einwenden — und dieser Einwand ist sogar von gelehrter Seite gemacht worden! — »das eingeführte Glas- oder Metallspiegelchen muss sich ja vom Hauche beschlagen und trübe werden. Wie soll man damit deutlich sehen«?

Beruhigen Sie sich — die geringste Ueberlegung wird Ihnen sagen, dass eine Spiegelfläche in einer mit Wasserdampf gesättigten Atmosphäre, wie der Athem es ist, vollkommen blank bleibt, wenn der Spiegel vorher etwas erwärmt worden ist: — nur der kalte Spiegel beschlägt sich mit condensirtem Wasserdampf.

Der Gedanke, das einfache Princip der Spiegelung zur Beleuchtung und Besichtigung des Kehlkopfes anzuwenden, liegt, wie Sie zugeben werden, in der That ausserordentlich nah — so nah, dass man sich nicht wundern kann, dass derselbe schon zu Anfang dieses Jahrhunderts, ja vielleicht noch früher wirklich gefasst und zu realisiren versucht wurde — zu verwundern scheint dabei im Gegentheil nur, dass dies nicht schon vor viel längerer Zeit geschehen ist, und dass die endliche erfolgreiche Ausführung und allseitige Verwerthung eines so einfachen Gedankens erst der Neuzeit angehört.

Diese Art von Verwunderung, welche uns — seit dem berühmten Ei des Columbus — einer scheinbar oder wirklich einfachen Neuigkeit gegenüber, nur zu leicht überkommt, wird jedoch bedeutend abgeschwächt, wenn man erfährt, welche Schwierigkeiten und Zweifel wir Alle zu überwinden fanden, die wir uns zuerst und ohne Anleitung mit der Ausführung eines so nahe liegenden Gedankens befassten.

Nachdem die überraschende Leistungsfähigkeit des Kehlkopfspiegels einmal aufgezeigt war und namentlich jetzt, wo die Laryngoskopie überall systematisch gelehrt und geübt wird, ist es freilich kaum mehr begreiflich, wie jene ersten Schwierigkeiten und Zweifel sich als so mächtig erweisen konnten, dass sie auch nicht einen einzigen meiner vielen Vorgänger — von Babington (1827), Baumès (1838), Liston (1840), Warden und Avery (1844) bis auf Garcia (1854) und Türck (1857, — dazu kommen liessen, den wahren Werth des Kehlkopfspiegels in seinem ganzen Umfange zu würdigen, und nicht eher zu ruhen, bis die Laryngoskopie fest begründet war.

Ja, der zuletzt genannte Arzt erklärte noch, meinen ersten Publicationen und Resultaten gegenüber, und recht eigentlich im Gegensatze zu den von mir vertretenen Ueberzeugungen, öffentlich — und liess es sogar drucken, »dass er weit entfernt sei, allzu sanguinische Hoffnungen von den Leistungen des Kehlkopfspiegels in der Praxis zu hegen«. Hinterher freilich überzeugte

auch er sich eines Besseren und wurde selbst ein eifriger Laryngo-
skopiker.

Vor dem Schicksal aller meiner Vorgänger[1], das begonnene
Unternehmen, eine neue Untersuchungsmethode zu begründen, erfolg-
los fallen gelassen zu haben, bewahrte mich aber ein doppelter
Umstand.

Einmal verwendete ich von vorn herein einen grossen durchbohrten Hohlspiegel zur Beleuchtung, um die oben erörterte Bedingung
leicht und bequem zu erfüllen — nämlich das Licht auf den eingeführten Kehlkopfspiegel immer in jener Richtung zu werfen, in welcher
das Auge des Beobachters in den Spiegel hineinsieht: und um zugleich
das Licht einer künstlichen Lichtquelle, z. B. einer einfachen Moderateurlampe hinreichend concentriren und zu den fraglichen Versuchen
verwenden zu können. Erstlich also hatte ich mir eine bequeme
und ausreichende künstliche Beleuchtung geschaffen, welche mich
in den Stand setzte, ununterbrochen arbeiten zu können, ohne Sonnenlicht erwarten zu müssen, welches meine beiden zuletzt
genannten Vorgänger absolut nicht entbehren zu können glaubten —,
war ja GARCIA, wie er selbst erzählt, gezwungen, wegen seiner Versuche für einige Zeit aus dem nebelreichen London nach dem sonnige-
ren Paris zu gehen!

Zweitens aber habe ich meine allerersten Kehlkopfspiegelver-
suche an mir selbst angestellt, um die Bedingungen kennen zu lernen,
die sowohl vom Beobachter, als vom Beobachteten für das Gelingen des
Versuchs zu erfüllen sind, — und nur hierdurch habe ich jene gründliche Vertrautheit mit allen Seiten der Aufgabe und jene manuelle
Geschicklichkeit alsbald erlangt, welche allein zur Erzielung endgültiger Beobachtungsresultate führen konnte.

Sie sehen hier den Apparat, welchen ich für diese Selbstbeobachtungen zusammenstellte und benutzte: er dient zugleich zur Demonstration (vgl. Fig. 30).

Bei den Versuchen an anderen Individuen liess ich das Stativ (S
des Apparats und den Gegenspiegel (G) weg und fixirte den grossen
Beleuchtungsreflector vor den Augen mit der linken Hand, später mit
einem Stirnband oder einem zwischen den Zähnen gehaltenen Stiel.

Auf der folgenden Tafel (vgl. Fig. 31) habe ich dieses Verfahren
zur Untersuchung Anderer skizzirt. Es bedarf dieses Bild wohl keiner

---

[1] Den einzigen, GARCIA, muss ich insofern ausnehmen, als er sich des Kehlkopfspiegels nur zu einigen gelegentlichen Beobachtungen über Stimmbildung
bediente, es aber gar nicht beabsichtigt und unternommen hatte, eine neue,
allgemein verwendbare Untersuchungsmethode zu begründen.

besonderen Erklärung, nur das Eine will ich bemerken, dass man sich
vorzustellen hat, es falle directes Sonnen- oder Lampenlicht auf den
an dem Stirnbande in richtiger Neigung eingestellten durchbohrten
Reflector.

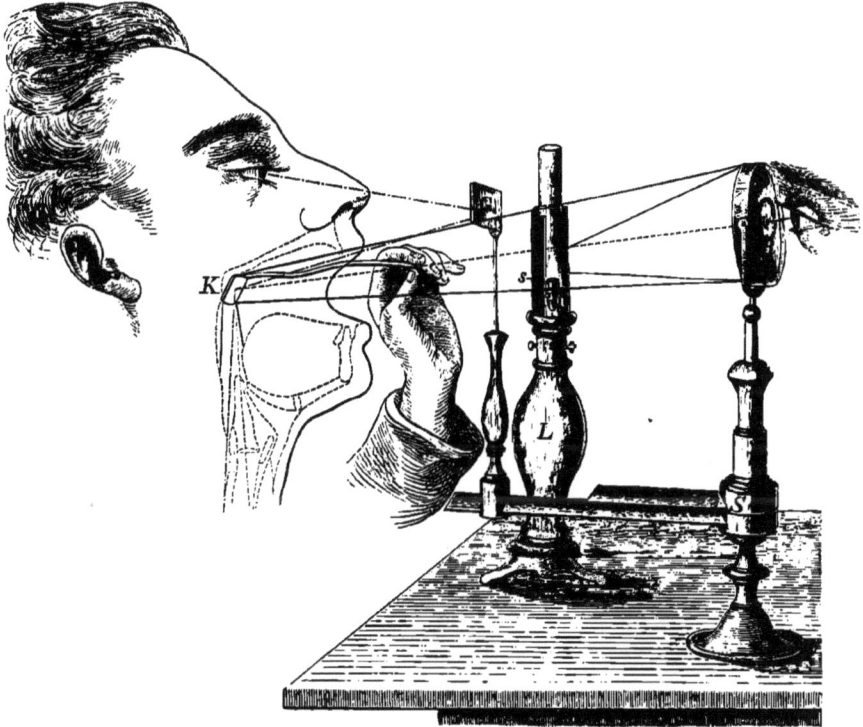

Fig. 30. Der Apparat zur laryngoskopischen Selbstbeobachtung und Demonstration.

L eine Lampe, deren Flamme (der halbcylindrische Schirm *s* blendet sie vom Auge des Selbstbeobachters ab) einen Strahlenkegel auf den grossen Beleuchtungsreflector *R* sendet; *R* wirft den Strahlenkegel, concentrirt durch den weitgeöffneten Mund des Selbstbeobachters, auf den an seinem langen
Stiel eingeführten Kehlkopfspiegel *K*, welcher, die auffallenden Strahlen reflectirend, einerseits den
Schlund, den Kehlkopf und die Luftröhre erleuchtet, andererseits die Bilder der erleuchteten Theile
wiederspiegelt. *G* ist ein gewöhnlicher Planspiegel, der wie der concave Reflector *R* auf dem Stativ *S*
befestigt ist. Dieser Gegenspiegel, *G*, dient dem Selbstbeobachter dazu, seinen eigenen Kehlkopf zu
sehen, wie sich aus der Verfolgung der mit —·—·—· gezeichneten Sehlinie desselben leicht ergibt.
Eine oder mehrere Personen, welche durch die centrale Oeffnung des Reflectors, oder knapp am Rande
desselben vorbei, in der Richtung der einfach punktirten Linie blicken, können den Kehlkopf
gleichfalls sehen — und so dient der Apparat auch zur Demonstration.

Schon im Frühjahr 1858 war ich mit meinen Versuchen so weit
gekommen, dass ich mit einer kurzen, aber energischen Schilderung
der Leistungsfähigkeit des stets erfolglos beiseite gelegten Kehlkopfspiegels öffentlich auftrat — war es mir doch schon damals gelungen, an mir selbst zu zeigen, dass es möglich ist, mit dem Kehl-

kopfspiegel nicht nur den Kehlkopf und die oberen Luftröhrenringe. sondern bis an's Ende der Luftröhre, ja sogar in die Anfänge ihrer beiden Lungenäste oder Bronchien zu sehen.

Ich reproducire hier das laryngoskopische Bild der Theilungs-stelle der Luftröhre. welches ich damals zeichnen liess. Man sieht durch die weitgeöffnete Stimmritze die ganze Luftröhre entlang bis auf

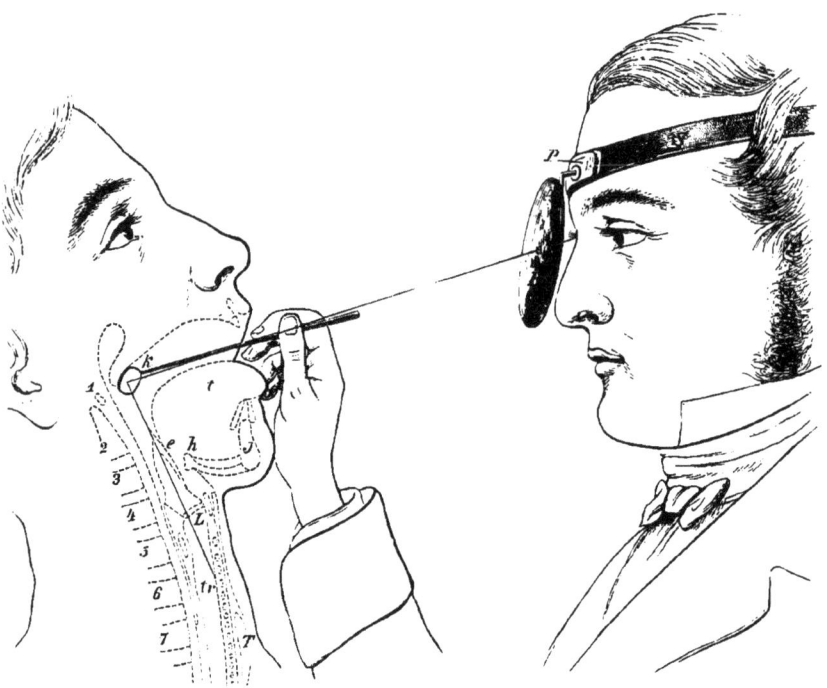

Fig. 31. Zur Erläuterung der laryngoskopischen Untersuchungsmethode.

S Stirnband mit Pelotte P, an welcher der grosse Beleuchtungsreflector R vermittelst eines Nuss-gelenks befestigt ist; K das Kegelkopfspiegelchen; 1 bis 7 die sieben Halswirbel; L der Kehlkopf; tr die Luftröhre; T die Schilddrüse; e Kehldeckel; h Zungenbein; j Unterkieferknochen; t die Zunge. Auf den Reflector R fällt directes Sonnenlicht oder das Licht einer künstlichen Lichtquelle. Die ausge-zogene am Kehlkopfspiegel geknickte Linie zeigt, in welcher Richtung das Licht auf den Kehlkopfspiegel fällt und von ihm zurückgeworfen wird. In derselben Richtung blickt auch der Beobachter.

ihre Theilungsstelle oder Bifurcation und auf die Anfänge der Bron-chien hinab (vgl. Fig. 32).

Bereits in meiner ersten Publication vom 27. März 1858 empfahl ich den Kehlkopfspiegel auf's dringendste zu allseitiger medicinisch-chirurgischer Verwerthung.

Dieser erste Impuls ist nicht erfolglos geblieben, denn er hat dem neuen Gebiet der Beobachtung sofort eine Anzahl verdienstvoller

Bearbeiter gewonnen. von denen ich hier nur meinen Collegen Herrn
Geh. Hofrath GERHARDT, damals noch in Tübingen. als einen der
frühesten nennen will.

Im Jahre 1859 begann ich in verschiedenen grösseren Städten des
In- und Auslandes, wie Leipzig. Berlin. Breslau. dann später Paris.
London. Dublin, Glasgow, Edinburgh, Amsterdam u. s. w. jene zahlreichen und vielbesuchten Vorträge und Demonstrationen zu halten.
welche einen grossen Theil der medicinischen Welt von dem überraschend hartnäckigen Unglauben an den praktischen Werth der Laryngoskopie bekehrten. und so wesentlich zur weiten und beispiellos
raschen Verbreitung und endlichen all-
gemeinen Anerkennung der Sache bei-
trugen.

Die wachgerufene Betheiligung zahl-
reicher Mitarbeiter vollendete alsbald
die weitere Ausbildung der von mir begründeten Specialität, welche gegenwärtig das ganze Gebiet der Kehlkopf-
leiden umgestaltet hat. und selbst für
die Erkennung und Behandlung anderer Krankheiten unentbehrlich geworden ist.

Fig. 32. Laryngoskopisches Bild des
Kehlkopfes, der Luftröhre und der Anfänge der Lungenäste derselben.
Z den Zungengrund; e Rand des Kehldeckels; eu Epiglottiswulst, in der Verkürzung gesehen; t b Taschenbänder;
t M Spaltöffnung der MORGAGNI'schen
Kehlkopftasche; st Stimmbänder, durch
die nach aussen divergirend gestellten
Stimmfortsätze der Stellknorpel soweit
als möglich von einander entfernt; tr
die Luftröhre, in welche man durch die
weitgeöffnete Stimmritze bis an ihr Ende
sehen kann, wo sie sich in den rechten
und in den linken Lungenast oder
Bronchus br, b' r' spaltet.

Doch — verzeihen Sie, m. h. A.! —
ich bin da auf rein medicinisches Gebiet gerathen, das zu berühren gar nicht
in meiner Absicht lag. Ich wollte Ihnen
ja nur eine vollständige und klare Vorstellung von der Exactheit
der Hilfsmittel zur Untersuchung der Stimm- und Lautbildung im
Kehlkopf geben.

Wenn mich mein persönliches Interesse an der Laryngoskopie
nun doch zu weiter gehenden Bemerkungen hinriss. so wird dies bei
Billigdenkenden wohl Entschuldigung finden — denn das unscheinbare
Kehlkopfspiegelchen war sozusagen eine spröde Braut. von Vielen
gekannt und umworben, — ich aber habe sie heimgeführt!

Wenden wir uns denn sofort zum eigentlichen Thema meines
heutigen Vortrags und untersuchen wir — ausgerüstet mit den erörterten Hilfsmitteln der Beobachtung —

I. die Stimme

nach allen Seiten ihres Wesens und ihrer Erscheinung.

Die Stimme ist entweder tönend. wie beim Singen und beim

6 *

lauten Reden. — oder sie ist tonlos, ein blosses Geräusch, wie
beim flüsternden Sprechen.

Was die Erzeugung der Flüsterstimme angeht, so habe ich durch
directe laryngoskopische Beobachtungen gezeigt, dass sich dabei die
Ränder der Stimmbänder einander nähern, indem zugleich die mehr
oder weniger stark nach innen gedrehten Stimmfortsätze einen stumpf
vorspringenden Winkel bilden vgl. Fig. 26 C. In dieser »Enge«
reibt sich nun der mit Absicht kräftiger durchgetriebene Luftstrom
und es entsteht daselbst ein Geräusch. welches eben die Flüsterstimme ist.

Von dem lauten Stimmton habe ich bereits im ersten Vortrag angegeben, dass zu seiner Erzeugung überhaupt eine gewisse Spannung
und Stellung der Stimmbänder und eine gewisse Stärke des anblasenden Luftstroms erforderlich ist: — ich schulde Ihnen aber noch die
Erklärung der unterschiedlichen Eigenschaften, welche an der Stimme
und ihren Tönen wahrzunehmen sind: die Erklärung nämlich ihrer
Stärke, ihrer musikalischen Höhe, ihrer Klangfarbe, des Stimmumfangs
und der Stimmlagen.

1) Die Stärke des Stimmtons hängt unter übrigens gleichen
Umständen von der Grösse der Schwingungen ab, welche die Stimmbänder ausführen: mit der Mächtigkeit und Gewalt des anblasenden
Luftstroms wächst die Grösse der Stimmbandexcursionen und damit
die Stärke des erzeugten Tons.

Sehr lautes Singen und Sprechen strengt daher weit mehr an,
als gewöhnliches.

2) Die musikalische Höhe des Stimmtons ist. wie bekanntlich überhaupt jede Tonhöhe. nur abhängig von der absoluten Anzahl
der in einer Secunde erfolgenden Schwingungen.

Die Stimmbänder schwingen aber, ganz ähnlich wie Saiten, um
so häufiger und geben somit einen um so höheren Ton, je mehr sie gespannt sind und je mehr sie verkürzt werden. Der geringeren Stimm-
bandlängen wegen geben daher im allgemeinen die kleineren Kehlköpfe
der Kinder und Frauen höhere Töne. als die grösseren der Männer.

α Auf die Spannung der Stimmbänder hat Einfluss: die willkürlich veränderliche Entfernung der Spitzen der Stimmfortsätze der
Stellknorpel. von der Mitte des Spann- oder Schildknorpels, zwischen
welchen Punkten, wie Sie sahen. die Bänder festgewachsen sind, —
und dann auch noch die Gewalt des Exspirationsluftstroms, der die
Bänder beim Anblasen der Stimmritze mehr oder weniger stark nach
oben wölbt und demgemäss um so stärker dehnen und spannen muss,
je mächtiger er ist.

b) Die Länge, in der die Stimmbänder frei schwingen können, wird aber dadurch bestimmt und willkürlich verändert, dass wir im Stande sind, die Ränder der Stimmritze in verschiedener Ausdehnung fest gegeneinander zu pressen und hierdurch grössere oder kleinere Theile der Stimmbänder am Schwingen zu hindern. Dies geschieht, indem sich die Stimmfortsätze der Stellknorpel entweder nur hinten mit ihren Basen, oder in grösserer Ausdehnung, oder endlich in ihrer ganzen Länge bis zu den äussersten Spitzen innig miteinander berühren. Eine weitere Verkürzung der Stimmritze ist dann noch möglich durch theilweise Zusammenziehung jener Muskelfasern[1], welche innerhalb der Stimmbänder verlaufen und bogenförmig gegen deren Rand ziehen.

Dass sich die Tonhöhe mit der Spannung und der Länge der Stimmbänder wirklich in der angegebenen Weise ändert, ist aus physikalischen Gründen a priori einleuchtend, kann aber auch sehr leicht durch die Versuche am künstlichen und todten Kehlkopf und durch directe laryngoskopische Besichtigung am lebenden Menschen nachgewiesen werden. Ich will Ihnen die Abhängigkeit der Tonhöhe von der Spannung und Länge der Stimmbänder an unserem künstlichen Kehlkopf (vgl. oben Fig. 27 S. 71) demonstriren. Ich blase den Apparat an. Sie hören einen Ton von bestimmter musikalischer Höhe. Sowie ich jetzt, ohne die Spannung der Kautschukstimmbänder zu verändern, die Länge, in der sie frei schwingen, verändere, steigt oder fällt der Ton: ebenso, wie Sie deutlich wahrnehmen, wenn ich die Bänder mehr oder weniger dehne und anspanne, die Länge aber, in welcher sie frei schwingen, genau constant erhalte.

Einen interessanten Punkt muss ich, ehe ich weiter gehe, noch berühren. Durch stärkeres Anblasen machen die Stimmbänder nämlich nicht nur grössere Schwingungen, sondern sie werden auch stärker gespannt und schwingen rascher: bei vermehrter Exspirationsanstrengung muss sich also der Ton nicht nur verstärken, sondern auch erhöhen. Deshalb bringen wir die höchsten Töne nur fortissimo hervor. Ja, aus demselben Grunde wäre es den Sängern unmöglich, einen Ton von genau gleicher musikalischer Höhe mit an- und abschwellender Stärke zu singen, wenn sie nicht durch feine Compensation der Muskelkräfte am Kehlkopf gelernt hätten, die wachsende Spannung der Stimmbänder beim Anschwellenlassen des Tones durch entsprechende Verlängerung, die abnehmende Spannung beim Ab-

---

[1] Vgl. Fig. 28 *C. sm*, S. 73.

schwellenlassen durch entsprechende Verkürzung der Stimmritze zu corrigiren.

3) Was endlich die verschiedene K l a n g f a r b e oder den Timbre des Stimmtons betrifft, so liegt die Veranlassung hierzu entweder in der Resonanz des veränderlichen Ansatzrohrs — und davon werde ich bei der Erklärung der Vocalbildung ausführlich sprechen — oder aber in einer verschiedenen Form der Stimmbandschwingungen, also in einer modificirten Art der Stimmerzeugung im Kehlkopf selbst.

Es gibt nämlich zwei Unterarten der Stimmerzeugung im Kehlkopf, oder — um musikalisch zu sprechen — zwei Stimmregister von verschiedener Klangfarbe. Das eine Register gibt die B r u s t stimme, das andere die F i s t e l oder K o p f stimme.

Die erste hat im Ganzen eine tiefere Lage als die letztere, doch sind mehrere Tonhöhen beiden gemeinschaftlich und können bald mit Brust-, bald mit Fistelstimme angegeben werden, wobei dann der eigenthümliche Unterschied der Klangfarbe beider Register besonders auffallend wird.

Die Erklärung der Fistelstimme liegt nun darin, dass bei ihrer Erzeugung die Ränder der Stimmbänder sowohl, als die der Taschenbänder, weiter von einander abstehen, als für Brusttöne, womit die bekannte Erfahrung übereinstimmt, dass ein Fistelton mit dem gleichen Luftvorrath nicht so lange Zeit in derselben Stärke angeblasen werden kann, wie ein gewöhnlicher.

Zugleich ist es wahrscheinlich, dass beim Fistelton nur eine schmale Zone des freien Randes der Stimmbänder schwingt, während beim Brustton die Stimmbandränder in ihrer ganzen Breite und Dicke oder Höhe vibriren. Ein weiterer Unterschied zwischen den beiden Registern macht sich noch dadurch geltend, dass bei der vollen gewöhnlichen Stimme — wie die aufgelegte Hand deutlich fühlt — die Luftröhre und die Brustwandungen in Erzitterungen gerathen, während bei der Falsetstimme Erzitterungen der Brust fehlen, dagegen aber in den schwingungsfähigen Theilen des Kopfes wahrgenommen werden, weshalb mit Recht letztere die K ó p f s t i m m e, erstere die B r u s t - s t i m m e genannt wird.

4) Der U m f a n g der menschlichen Singstimme ist beträchtlichen individuellen Schwankungen unterworfen und beträgt gewöhnlich 1—2½ Octaven.

Bei bevorzugten Naturen vergrössert sich der Umfang um ½—1 Octave und mehr.

Die CATALANI hatte z. B. 3½ Octaven brauchbarer Singtöne in der Kehle.

Die männlichen, die weiblichen und die kindlichen Stimmen fangen, wegen der Verschiedenheit der Grösse der Kehlköpfe und der damit zusammenhängenden Länge der Stimmbänder an verschiedenen Stellen der Tonleiter an und hören an verschiedenen Stellen auf.

5) Von dieser verschiedenen Begrenzung des Umfangs hängt die Stimmlage ab und auf ihr beruht die Eintheilung der Singstimmen in Bässe, Barytone, Alte, Tenore und Soprane. Die Strecke der Tonleiter vom $\bar{c}$ bis $\bar{f}$ kann von allen Stimmen gesungen werden, klingt aber dennoch etwas verschieden, je nachdem sie von einem Bass, Alt oder Sopran intonirt wird.

Der ganze musikalische Umfang des menschlichen Stimmorgans beträgt mindestens fünf Octaven, indem es Bassisten gibt, die — wie einst FISCHER, der Vater — Contra-F schön und kräftig singen, während Soprane bis zum dreigestrichenen f hinaufgehen. —

6) Um das Kapitel von der Stimme abzuschliessen, will ich noch über den Wohllaut der Stimme sprechen und Ihnen mittheilen, dass derselbe wesentlich einerseits von der Exactheit und Regelmässigkeit der Stimmbandschwingungen, andererseits von der Schönheit und dem Ebenmaass der räumlichen Verhältnisse der resonirenden Gebilde, — des Brustkastens und des Ansatzrohrs abhängt.

Auch die Beschaffenheit des Muskel-, des Knochen- und des Knorpelgewebes, sowie der Schleimhautauskleidung der Luftwege ist von Einfluss auf die Kraft und den Schmelz der Singstimme.

Es ist damit wie mit dem Material und dem Bau der anderen musikalischen Instrumente — z. B. der Geigen von AMATI, STEINER u. s. w. im Vergleich zu fabrikmässigen Jahrmarktsgeigen.

Der musiktolle Rath KRESPEL aus den Serapionsbrüdern hatte gut die Geigen zu zerlegen, um das Geheimniss ihres Wohllauts zu finden! Die Theile behielt er wohl greifbar in der Hand — das Geheimniss aber liess sich nicht fassen; das steckte ungreifbar in dem harmonischen Aufbau der materiellen Atome zum Ganzen.

Uebrigens wird das Kennerauge — wie bei den alten Geigen, so bei den verschiedenen Stimmorganen — das bevorzugte Instrument sofort herausfinden.

Freilich gehört zur Geige noch der Künstler, der sie zu behandeln, ihr die klangvollen Töne zu entlocken versteht. Das Stimmorgan hingegen ist ein integrirender Theil der Individualität des Künstlers selbst und trägt das Gepräge seiner Schulung und Vorzüglichkeit an sich.

Ich habe Gelegenheit gehabt, einige hervorragende Sänger und Sängerinnen, wie den pariser Tenor ROGER, den wiener Bassisten ROKITANSKY — ein wahres Stimmphänomen. — die weltberühmte

Unger-Sabatier etc., laryngoskopisch zu untersuchen, und kann
Sie versichern, dass ich mich fast getrauen möchte, mit dem Kehlkopfspiegel in der Hand, bei verstopften Ohren, zu ersehen, ob ich es
mit dem Organ eines gebildeten Sängers zu thun habe oder nicht; —
und das nur aus der Präcision und dem graciösen Schwung der Bewegungen der Stellknorpel, der Stimmbänder u. s. w. beim Singen, und
aus der Schönheit und Harmonie der räumlichen Verhältnisse der
Theile.

Um Sie auch noch einen Blick auf den Revers der Medaille thun
zu lassen, füge ich diesen Mittheilungen über die Bedingungen des
Wohllauts der Stimme hinzu, dass die Stimme unschön, klanglos und
heiser wird, ja endlich in ihr vollständiges Gegentheil, die Stimmlosig-
keit oder Aphonie, umschlägt, wenn entweder die Stimmbänder durch
Ungeschick oder Lähmung der Kehlkopfmuskeln, durch krankhafte
Auswüchse und Auflagerungen oder Substanzverluste, durch Schwellung u. dgl. an der Bildung einer scharf begrenzten, gleichmässig
elastischen Stimmritze, und an der Regelmässigkeit der Schwingungen
gehindert werden; — oder wenn die räumlichen Verhältnisse und die
Structur der resonirenden Höhlen und Gebilde ungünstig oder krank-
haft verändert sind.

Die laryngoskopische Untersuchung — und darin liegt ihr unend-
licher diagnostischer Werth — lässt nun erkennen, mit welcher Art
von Stimmstörung man es zu thun hat, und welche Behandlung der
Fall erfordert.

Vor Begründung der Laryngoskopie tappte man, oft zum grössten
Nachtheil der Leidenden, in vollständiger Finsterniss umher!

Noch bemerke ich, dass die Stimme — namentlich von Sängern,
welche mehr darauf achten, — oft bereits an ihrem Schmelz und
Wohlklang einzubüssen beginnt, wenn noch nicht die geringsten
Spuren sichtbarer krankhafter Veränderungen an den Stimmorganen zu entdecken sind: es handelt sich dann um leise Störungen
in der mikroskopischen oder gar in der innersten atomistischen Constitution der organischen Gebilde und Gewebselemente.

Sind die krankhaften Veränderungen bereits sichtbar, wenn
auch scheinbar ganz unbedeutend, so können sie häufig schon eine bis
zur Aphonie sich steigernde Stimmstörung bedingen, während dagegen
manchmal trotz der auffallendsten und scheinbar störendsten Erkran-
kungen der Theile noch eine überraschend gute und klangvolle oder
doch ausreichende Stimmbildung zu Stande kommt. Dies hängt immer
davon ab, in wie weit durch die specielle Art und durch den Sitz
der Erkrankung die Herstellung der bekannten wesentlichen

Bedingungen der Stimmerzeugung beeinträchtigt wird. So viel von der Stimme. Ich komme nun an

II. die Sprachlaute,

deren specielle Physiologie und Systematik uns zum Schlusse noch beschäftigen sollen.

Man kann bekanntlich l a u t oder f l ü s t e r n d sprechen.

In letzterem Falle verwenden wir die bereits oben als R e i b u n g s - g e r ä u s c h in der verengten Stimmritze erkannte Flüsterstimme oder vox clandestina, i m m e r und ü b e r a l l in genau derselben Weise wie den Stimmklang beim lauten Sprechen.

Es gibt nämlich eine Reihe von Sprachlauten, welche o h n e Mit- wirkung der Stimme, mag diese nun laut oder nur flüsternd sein, gar nicht, oder nur unvollkommen hervorgebracht werden können, wäh- rend eine zweite Reihe von Lauten existirt, welche ganz ohne alle Betheiligung der stimmbildenden Kehlkopfsthätigkeit im Ansatzrohre von selbst anlauten.

Diese letzteren w a h r e n S e l b s t l a u t e entsprechen jedoch keineswegs den gewöhnlich als »Selbstlaute« bezeichneten Vocalen. sondern vielmehr gerade jenem Theile der sogenannten Mitlaute oder Consonanten, die man recht eigentlich, aber fälschlich, als typische, an und für sich (d. h. ohne Vocale), beinahe unaussprechliche Conso- nanten zu betrachten pflegt.

Ich theile die Sprachlaute, wie Sie bemerken, ebenfalls in S e l b s t - l a u t e und in M i t l a u t e, aber ich verstehe unter den ersteren wie gesagt nur jene Hälfte der sonst sogenannten Mitlaute oder Conso- nanten, bei deren Erzeugung die geflüsterte und laute Stimme g a r n i c h t mitlautet, oder doch n i c h t n o t h w e n d i g mitlauten muss, unter den letzteren dagegen die Vocale und die andere Hälfte der so- genannten Consonanten, deren Bildung, wie die der Vocale, o h n e die Betheiligung der lauten oder geflüsterten Stimme nicht zu Stande ge- bracht werden kann.

Ich nenne also M i t l a u t e jene Sprachlaute, bei deren Bildung die durch die Vorgänge und Veränderung im Ansatzrohr erzeugten akustischen Phänomene [1] u n d die Stimme, gleichgültig ob tonlos

---

[1] Mögen diesen akustischen Phänomenen nun selbstständig erzeugte Geräusche (wie bei den Mediae) oder nur Resonanzschwingungen im Ansatzrohr (wie bei den Vocalen, welche nach obiger Begriffsbestimmung zu den Mitlautern zu rechnen sind), zu Grunde liegen.

geflüstert oder tönend, m i t e i n a n d e r lauten müssen; S e l b s t l a u t e
aber jene, welche ausschliesslich im Ansatzrohr erzeugt — ohne alle
Stimmbildung s e l b s t ständig lauten.

Die Rechtfertigung und Begründung dieser Begriffsbestimmungen
— so paradox Ihnen dieselben dem Sprachgebrauch gegenüber für
jetzt auch erscheinen mögen, wird sich im Verlaufe meiner Darstellung
von selbst ergeben vgl. die Tabelle der Sprachlaute am Schlusse des
Vortrags, S. 102'.

Ich beginne mit der Erklärung des einfachsten aller Sprachlaute,
nämlich des *h* oder des *Spiritus asper* der Griechen, die ihn jedoch
bekanntlich nicht mit einem besonderen Buchstaben schrieben, sondern
nur vermittelst eines kleinen Hilfszeichens über dem anlautenden
Vocal andeuteten.

1' Das h

ist keineswegs der blosse einfache Hauch, welchen der Exspirationsluftstrom durch den Anfall gegen die Wände des offenen Ansatzrohrs
erzeugt.

Um den einfachen Hauch in ein *h* zu verwandeln, ist eine besondere Intention erforderlich, durch welche nicht nur der Exspi-
rationsdruck verstärkt, der Mund weiter geöffnet, das Gaumensegel
etwas gehoben und durch Näherung seiner Bogen gespannt wird,
sondern zugleich auch — und das ist, wie ich zuerst mit dem Kehlkopfspiegel zeigte, die Hauptsache — eine V e r e n g e r u n g der
S t i m m r i t z e zu Stande kommt — genau in derselben Art und Weise,
wie bei der Erzeugung der Flüsterstimme, mit welcher somit der
h-Laut, abgesehen von den Veränderungen im Ansatzrohr, i d e n -
t i s c h ist.

Als weitere Bestätigung für diese laryngoskopisch nachgewiesene
Identität führe ich an, dass ich einst einem Franzosen, dem, wie fast
allen seinen Landsleuten, das Aussprechen unseres *h* nicht gelingen
wollte, den Rath gab, beim Aussprechen eines mit *h* beginnenden
deutschen Wortes s o a n z u f a n g e n, wie wenn er es mit Flü-
s t e r s t i m m e s p r e c h e n w o l l t e, und dann erst den vollen Vocal-
ton folgen zu lassen.

Gleich beim ersten Versuch diesen Rath befolgend, gelang ihm
nun zu seinem grössten Erstaunen das schwere Kunststück vollkommen,
und in seiner freudigen Ueberraschung brach er wie Mr. JOURDAIN im
Bourgeois gentilhomme in den Ausruf aus: »*mais — voilà 40 ans, que je
puis prononcer l'h, sans le savoir!*«

2. Die Vocale

— die erste Gruppe von den Sprachlauten, die wir betrachten wollen — wurden erst durch HELMHOLTZ in ihrem wahren Wesen erkannt und befriedigend erklärt.

So Verdienstliches auch früher schon über die Vocalbildung geleistet worden war, ein volles und gründliches Verständniss derselben konnte nicht eher erzielt werden, als bis das eigentliche Wesen der Klangfarbe oder des Timbres aufgeklärt war — wie es endlich HELMHOLTZ gelungen ist, denn — um es kurz zu sagen: die Vocale sind verschiedene Klangfarben der Stimme, hervorgebracht durch die Resonanz der für bestimmte Tonhöhen abgestimmten Mund- und Rachenhöhle.

Sie sehen hier eine hohle Messingkugel von bestimmten Dimensionen; sie schliesst Luft ein, welche nur durch eine kreisrunde Oeffnung mit der Atmosphäre zusammenhängt.

Hier habe ich eine Stimmgabel, ich fasse sie an ihrem Griff und schlage mit ihr kräftig auf einen an die Tischkante angenagelten Kork; — sie gibt einen Ton, welcher äusserst schwach ist, so dass ihn die wenigsten von Ihnen hören.

Bemerken Sie aber wie der Ton anschwillt und im ganzen Saale hörbar wird, so oft ich die Oeffnung der messingenen Hohlkugel der Gabel nähere (vgl. Fig. 33).

Fig. 33. *M* eine Hohlkugel von Messing mit einer runden Oeffnung *m*; *S* Stimmgabel mit Holzstiel.

Hier ist eine zweite Hohlkugel von gleicher Art — aber von ganz anderen Dimensionen als die erste.

Ich nähere ihre Oeffnung — wie vorhin — der schwingenden Stimmgabel. Aber siehe da, der Ton wird jetzt nicht verstärkt, um, wie vorhin, hörbar zu werden.

Warum gelingt nun der Versuch mit der ersten, nicht aber mit der zweiten Hohlkugel? Einfach darum, weil die erste Kugel auf den Ton der Stimmgabel genau abgestimmt ist und daher die in ihr enthaltene Luft in gleichwerthige Mitschwingungen gerathen kann, die in der zweiten Hohlkugel enthaltene Luft aber nicht, indem diese n i c h t auf den Stimmgabelton abgestimmt ist.

Dieser Versuch hat Ihnen gezeigt, dass lufthaltige Hohlräume von bestimmten Dimensionen für bestimmte Töne abgestimmt sind und diese durch Resonanz verstärken können.

Und wenn ich noch hinzufüge, dass es dabei durchaus nicht auf das Material der Wandungen ankommt, sondern wesentlich nur auf die Form und Grösse des Hohlraums im Verhältniss zu der Oeffnung desselben, so wird es klar sein, dass auch die Mundhöhle für verschiedene bestimmte Töne abgestimmt sein müsse, je nachdem sie selbst und ihre Oeffnung im Gesicht verschiedene Formen und Dimensionen annimmt — was durch die Bewegung des Unterkiefers und die Gestalt- und Stellungsveränderungen der Zunge, des Gaumensegels und der Lippen ermöglicht wird.

Da nun bekanntlich für jeden der Vocale u, o, a, e, i u. s. w. die Mundspalte sowohl als die Mund- und Rachenhöhle andere und zwar immer constante Formen und Dimensionen annehmen, so kann es Sie nicht wundern zu erfahren, dass der sogenannte »E i g e n t o n« der Mundhöhle für jeden Vocal ein anderer und ein constanter ist.

Es hat HELMHOLTZ diese für die einzelnen Vocale charakteristischen »Eigentöne« des Ansatzrohrs musikalisch bestimmt.

Für u fand er das kleine f
» o das eingestrichene b'
» a . . . . b'''
» e aber . . . . . f' und b'''
» ae . . . . g'' und d'''
» c . . . . f' (?) und d''''
» oe . . . . f' und g''—as'''
» ue endlich . . . . f' und g'''—as'''.

Bei den drei zuerst genannten Vocalen hat die Mundhöhle nur e i n e n Eigenton, bei den übrigen aber z w e i, indem das Ansatzrohr für diese letzteren die Form einer Art Flasche mit weitem Bauch und engem Hals annimmt — und Hals und Bauch jeder auf einen anderen Eigenton abgestimmt sind.

Die Stimme ist, wie Sie wissen, kein einfacher Ton, sondern ein K l a n g, d. h. eine Mischung aus einem Grundton und einer Reihe von sogenannten harmonischen Obertönen, welche gleichzeitig erklingen, für unser Ohr aber zu einer akustischen Einheit verschmelzen und von deren Stärke und Anzahl, wie ich im vorigen Jahre zeigte, eben die Klangfarbe oder der Timbre abhängt (vgl. S. 55 u. f.).

Wenn nun die Stimme in die Mundhöhle gelangt, so werden jene, und zwar nur jene Obertöne durch Resonanz (wie der Stimmgabelton durch unsere Hohlkugel) verstärkt, welche mit dem charakteristischen Eigenton der Mundhöhle zusammenstimmen.

Die Stimme muss daher stets eine bestimmte andere Klangfarbe annehmen, denn für jeden Vocal sind ja die Eigentöne der Mundhöhle andere, und somit werden immer andere Obertöne im Stimmklang verstärkt. Von der Art der Tonmischung hängt aber eben, wie gesagt, die Klangfarbe ab.

Darin liegt also das nunmehr aufgehellte Geheimniss der Vocalbildung. HELMHOLTZ ist es gelungen, aus einfachen Stimmgabeltönen Klänge zusammenzusetzen, deren Färbung mit den Vocalen vollständig übereinstimmte. Er hat somit die Vocale künstlich erzeugt und durch diese Synthese die schlagende Probe auf die Richtigkeit seiner Erklärung der Vocale gemacht. Im vorigen Jahre habe ich Ihnen einen Versuch [1] zu Gehör gebracht, welcher dasselbe beweist, und den grossen Vortheil hat, Jedem zugänglich zu sein, dem ein Klavier zur Disposition steht. Sie erinnern sich, dass uns die Vocale, welche ich mit lauter Stimme gegen die Besaitung eines geöffneten Flügels rief, während die Dämpfung gehoben war, in ihrer specifischen Klangfarbe, wie beim Echo, aus dem Flügel zurücktönten. Indem die ins Klavier hineingerufenen Vocalklänge nur jene Saiten in stärkere oder schwächere Mitschwingungen versetzten, welche den stärkeren und schwächeren einfachen Tönen entsprechen, aus denen der Vocal zusammengemischt ist, konnte — wenn die gegebene Erklärung der Vocalbildung richtig ist — der Versuch auch kein anderes Resultat geben — und umgekehrt.

Bei der Flüstersprache entstehen die Vocale einfach durch Anblasen der Mundhöhle, indem sich der wachgerufene charakteristische Eigenton derselben dem Geräusche der Flüsterstimme beimischt.

Bei einiger Aufmerksamkeit, namentlich bei Vergleichung mehrerer hintereinander geflüsterter Vocale lassen sich die constanten und charakteristischen Tonhöhen recht deutlich aus dem Geräusch heraushören.

Lässt man die geflüsterten Vocale — besonders u oder ü in lautes Mundpfeifen übergehen, indem man den wahrgenommenen Eigenton beim Pfeifen festhält, so kann man die Mundhöhle als eine Art natürlicher Stimmgabel brauchen, weil die vocalischen Eigentöne constante absolute Tonhöhe haben.

Sehr interessant ist noch, dass für denselben Vocal die charak-

---

[1] Vgl. S. 57 u. f.

teristischen Eigentöne bei Erwachsenen und Kindern, bei Männern
und Frauen — trotz der verschiedenen Dimensionen der Mundtheile
— auffallend übereinstimmen — vorausgesetzt, dass sie denselben
Dialekt sprechen, während geringere dialektische Modificationen der
Aussprache den Ton bedeutend verändern.

3 **Die Diphthongen** oder **Doppelvocale**
entstehen, indem man aus der Einstellung der Mundtheile für einen
Vocal in d i e für einen anderen übergeht und w ä h r e n d dieses Ueber-
gangs die Stimme hören lässt.

Beim *ei* z. B. beginnt man mit einem reinen *a* und hört mit *i* auf,
die charakteristische Klangfarbe des Diphthongen liegt nur in der
Mitte des kurzen Vorgangs, weshalb man keinen Diphthong auf eine
lange Note singen kann. Die Orthographie der Diphthongen ist meist
unphysiologisch, denn wir schreiben z. B. *ei* und sprechen *ai*, wir
schreiben *eu* und sprechen *aü* u. s. w., dagegen schreiben wir *ü*, *ö*
und *ä* zuweilen wie Diphthongen *ue*, *oe* und *ae*, während es einfache
Vocale sind.

Bei aller reinen Vocalbildung wird die Nasenhöhle durch das
gehobene Gaumensegel verschlossen — und zwar habe ich durch Versuche gezeigt, dass die Innigkeit, m i t welcher und die Höhe, in welcher dieser Verschluss stattfindet, für die verschiedenen Vocale verschieden ist.

Ich habe die Thatsachen über das verschiedene Verhalten der
Nasenklappe beim Hervorbringen der einzelnen Vocale schon vor
mehr als zehn Jahren entdeckt, indem ich e r s t l i c h einen F ü h l h e b e l
horizontal durch die Nase bis auf die Rückenfläche des Gaumensegels
brachte, und an den Bewegungen des ersteren beim Aussprechen der
Vocale den Grad der Hebung des letzteren erkannte; z w e i t e n s aber,
indem ich — mit nach hinten übergebeugtem Kopfe auf dem Rücken
liegend — mir die Nasenhöhle mit lauem Wasser anfüllen liess, während
ich die verschiedenen Vocale continuirlich hervorbrachte — um aus
der Menge des zur D u r c h b r e c h u n g des Nasenklappenverschlusses
erforderlichen Wassers die Festigkeit und Innigkeit desselben zu
bestimmen.

Durch diese ziemlich anstrengenden und nicht gerade angenehm
zu nennenden Versuche fand ich, dass der Verschluss der Nasenhöhle
durch die Gaumenklappe am tiefsten und lockersten für *a*, am höchsten
und festesten für *u* und *i* ausfällt, und dass sich mit Rücksicht hierauf
die Vocale zu der Reihe *a. e. o, u. i* ordnen.

Als ich mir überlegte, wie ich Ihnen diese Thatsachen — Allen

sichtbar — hier im Saale demonstriren könnte. kam ich auf den Gedanken, die Nasenhöhle mit einem Kautschukschlauch luftdicht in
Verbindung zu setzen. an dessen Ende sich eine flache metallene Trommel befindet. die mit einer dünnen elastischen Haut überspannt ist.

Auf dieser Haut ruht ein kleines Spiegelchen auf. welches sich
hebelförmig auf- und niederbewegt, so oft die elastische Haut durch
den ·Luftdruck hervorgewölbt oder eingedrückt wird vgl. Fig. 34 .
Indem das Spiegelchen eine grelle Beleuchtung erhält. wirft es ein
mondscheibenförmiges Lichtbild an die Decke des Saales, welches die
Bewegungen des Gaumensegels in vergrössertem Maassstab — Allen
sichtbar — wiedergibt. Denn es versteht sich von selbst. dass durch
die verschiedene Hebung des Gaumensegels die Luft in der abgeschlossenen Nasenhöhle verschieden zusammengepresst wird. Ich
setzte daher voraus. dass die elastische Haut der flachen Metalltrommel
ganz einfach für *a* am wenigsten. für *e* mehr. noch mehr für *o*. am
meisten aber für *u* und *i* hervorgewölbt werden müsse.

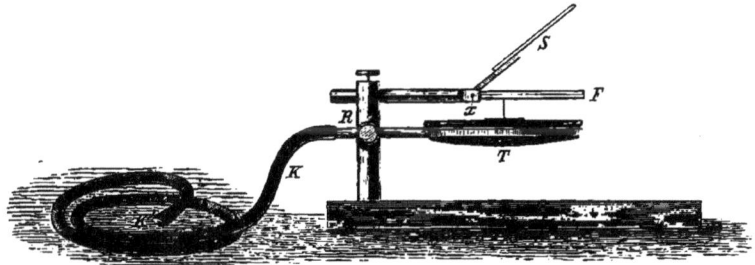

Fig. 34. Das Gaumenspiegelchen, ein Apparat zur Demonstration der Bewegungen
des Gaumensegels.

T flache metallene Trommel, mit einer dünnen elastischen Haut überspannt, auf der ein Hebel *F* ruht.
welcher ein in beliebiger Neigung zum Horizont einstellbares, leichtes Spiegelchen *S* um die Axe *z*
bewegt. *K* ein dickwandiger Kautschukschlauch, dessen freies Ende einen durchbohrten Kork *K'* trägt,
welcher dazu bestimmt ist luftdicht in ein Nasenloch eingepasst zu werden. Das andere Ende des
Kautschukschlauches ist auf die Röhre *R* aufgeschoben, welche in den Hohlraum der flachen
Metalltrommel *T* führt.

Zu meiner Ueberraschung fand ich aber bei der vorläufigen Anstellung des Experiments. dass die Verhältnisse nicht ganz so einfach
sind. als ich vorausgesetzt hatte. Dies führte mich aber zur Entdeckung
neuer Thatsachen. welche ich ohne die angenehme Veranlassung. die
mir — wie ich dankbar hervorheben will — der heutige Vortrag bot.
gewiss nicht j e t z t — wenn überhaupt — gefunden haben würde.

Ich verzichte auf die weitläufige Auseinandersetzung dieser neuen
Thatsachen und will mich darauf beschränken. Ihnen auf die ange-
gebene Art zu demonstriren. dass in der That die Bewegungen des die
Nasenhöhle verschliessenden Gaumensegels bei der Hervorbringung

der einzelnen Vocale verschieden ausfallen, und zwar — wie Sie eben
aus den Schwankungen des Lichtbildes an der Decke ersehen werden
— beim *a* am schwächsten und kleinsten, bei *e* und *o* stärker und
grösser, bei *u* und *i* am stärksten und grössten.

Erlauben Sie, dass ich nun den Saal für wenige Minuten vollständig verdunkeln lasse, damit unser Lichtbild an der Decke deutlich
sichtbar werde.

Dank der Gasbeleuchtung, zu deren endlichen bleibenden Zu-
leitung in den »Rosensaal« meine Vorlesungen die Veranlassung gaben,
wird die Herstellung des Helligkeitswechsels weniger zeitraubend sein
als vor zwei Jahren, als ich Ihnen die Bewegungen des schlagenden
Froschherzens vermittelst meines Spiegelchen-Kardioskops demonstrirte (s. Vortrag I. Seite 12 u. f.).

Wir befinden uns in hinreichender Dunkelheit, um das grosse
Spiegelbild an der Decke neben dem ersten Kronleuchter hell und
deutlich zu sehen. Ich werde jetzt den Kautschukschlauch mit der
Nasenhöhle in luftdichte Verbindung bringen und die Vocale in der
angegebenen Reihenfolge *a, e, o, u, i* aussprechen. Beachten Sie dabei
die Bewegungen des Lichtbildes.

Meine Angaben über das Verhalten des Gaumensegels beim Aussprechen der Vocale sind, wie Sie eben sehen konnten, eingetroffen.
Erlauben Sie nur noch, dass ich Ihnen — bevor ich den Gashahn wieder
ganz öffnen lasse — ein zweites Experiment zeige, welches Ihnen,
meinen weiteren Mittheilungen allerdings vorgreifend, eine überraschende Anschauung von der fast unausgesetzten Thätigkeit und
Betheiligung des Gaumensegels beim Aussprechen ganzer Sätze geben
und Ihnen den Beweis liefern wird, ein wie wichtiger Theil des Sprachorgans das Gaumensegel ist. Ich befestige den Kautschukschlauch
unseres Apparats wieder in der Nase und, während ich so spreche,
sehen Sie, dass das Lichtbild an der Decke kaum einen Moment stille
steht, sondern vielmehr fast ununterbrochen hin- und herfährt — bald
rascher, bald langsamer, bald längere, bald kürzere Excursionen
machend. Ebenso hebt und senkt sich das Gaumensegel, ohne dass
wir im gewöhnlichen Leben beim Reden eine Ahnung davon haben!

Die Beleuchtung ist wieder hergestellt; ich nehme den Faden
unserer Betrachtung wieder auf.

Wird der Verschluss der Nasenhöhle bei der Vocalbildung absichtlich oder zufällig so unvollständig, dass erhebliche Luftmengen
auch durch die Nase gehen, was namentlich dann geschieht, wenn
durch absichtliche Senkung des Gaumensegels der Luftabfluss in die
Mundhöhle beschränkt wird, so geräth auch die Luft der Nasenhöhle

in Mitschwingungen und es entsteht der eigenthümliche Nasenton, welcher die reinen in

4) die nasalirten Vocale

verwandelt.

Aus dem angeführten Grunde mischt sich der Nasenton bei Leuten, deren Gaumensegel gelähmt oder defect ist, oder gar ganz fehlt, allen Sprachlauten störend bei, obschon sie dagegen die Vocale, wegen unvollständiger und mangelnder Beschränkung des Luftabflusses in die Mundhöhle durch absichtliche Senkung des Gaumensegels meist weniger stark nasaliren können, als andere normale Menschen.

Die nasalirten Vocale bilden den Uebergang von den reinen Vocalen zu jenen Sprachlauten, welche man

5) die Nasenlaute oder Resonanten

nennt.

Man rechnet dieselben gewöhnlich zu den Consonanten oder Mitlauten, weil sie, wie diese, nicht ohne gewisse Veränderungen in

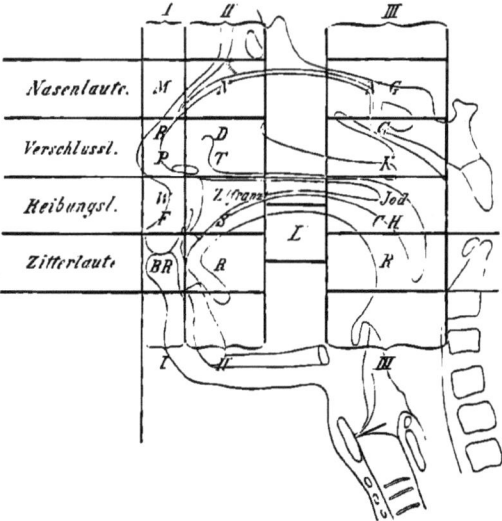

Fig. 35. Schema der drei Artikulationsgebiete (I, II, III) und systematische Zusammenstellung der daselbst erzeugbaren Sprachlaute.

einem der drei Artikulationsgebiete des Ansatzrohrs entstehen können, sie entfernen sich aber von den Consonanten und nähern sich den nasalirten Vocalen dadurch, dass bei ihrer Erzeugung — wie bei diesen

letzteren — die Nasenklappe offen, das Gaumensegel gesenkt ist —
was, wie ich im Voraus ein- für allemal hervorhebe — bei k e i n e m
Consonanten stattfindet.

Die drei Artikulationsgebiete des Ansatzrohrs sehen Sie hier (vgl.
Fig. 35 I, II, III). Das erste umfasst die Lippen bis zum Rande der
Zahnreihe. Das zweite die Zähne, die vordere Partie des harten Gau-
mens und die Zungenspitze; das dritte endlich den Zungengrund, die
hintere Partie des harten Gaumens mit dem Gaumensegel und den
Schlund.

An jedem dieser Artikulationsgebiete kann die Mundhöhle durch
gegenseitiges Aneinanderlegen der weichen beweglichen Theile oder
dieser und der festen Theile luftdicht verschlossen werden. Geschieht
dies, indem dabei die Nasenklappe offen bleibt und zugleich die
flüsternde oder laute Stimme angegeben wird, so entstehen eben die
sogenannten Nasenlaute oder Resonanten.

Bei ihnen resonirt mit der Stimme also der Nasenton und der
Eigenton jenes Theiles der Mundhöhle, welcher von der Verschluss-
stelle bis zur Rachenhöhle übrig bleibt.

Der Resonant des ersten Artikulationsgebietes ist das *m*, der des
zweiten das *n*, der des dritten endlich ist ein Laut, für den wir statt
eines besonderen Buchstabenzeichens *ng* zu schreiben pflegen.

Es ist beispielsweise der Laut am Ende der Worte Klang, Sang,
Gang, Drang. . . .

Die Schreibung unseres dritten Resonanten durch *n* und *g* kann
insofern einigermassen entschuldigt und erklärt werden, als jene Stelle
des Artikulationsgebietes, wo der Verschluss für diesen Laut bewerkstelligt wird, genau derjenigen Stelle entspricht, wo, wie wir gleich
sehen werden — in der That auch das *g* — wiewohl unter anderen
Bedingungen — entsteht, weshalb sich dem fraglichen Resonanten
sehr leicht und oft unwillkürlich ein wirkliches *g* anschliesst.

Durch ein *n* kann aber unser Laut niemals bezeichnet werden,
wie Sie sich leicht überzeugen können, wenn Sie z. B. die Silbe Klan
aussprechen, dann anhalten und endlich *g* folgen lassen. So ausgesprochen wird das Wort niemals zu Klang !

Jetzt kommen wir zu den drei Lautgruppen, welche durch die
drei Arten der selbstständigen Geräuschbildung im Ansatzrohr charakterisirt sind.

Die e r s t e Art der selbstständigen Geräuschbildung ist die Herstellung oder Unterbrechung des Verschlusses an den drei Artikulationsgebieten. Wenn dabei die Gaumenklappe gehoben und
die Nasenhöhle abgeschlossen wird, so ist dieser Verschluss und

seine Unterbrechung mit einem eigenthümlichen Geräusch verbunden, und dieses gibt die nächste Doppelreihe von Consonanten oder Mitlauten:

6) die Verschlusslaute.

In jedem der drei Artikulationsgebiete gibt es deren zwei, die sich von einander wesentlich nur dadurch unterscheiden, dass bei der einen Reihe, den sogenannten weichen, die laute oder geflüsterte Stimme mitklingt, gerade so wie bei den Resonanten, mit denen diese weichen Verschlusslaute somit bis auf den Nasenverschluss identisch sind. Durch das Mitlauten der Stimme entsteht bei ihnen nämlich ein besonderer, sie von den Resonanten und von den harten Verschlusslauten wesentlich unterscheidender Laut, welchen PURKYNĚ sehr treffend den Blählaut genannt hat, weil das allseitig verschlossene, keinen Abfluss der Stimmluft gestattende Ansatzrohr dabei aufgebläht wird.

Bei der anderen Reihe der Verschlusslaute, den sogenannten harten, bleibt die Stimme hingegen absolut aus. Das an den einzelnen Artikulationsgebieten durch den Verschluss oder dessen Unterbrechung erzeugte explosive Geräusch lautet hier für sich selbst an und macht allein den ganzen Sprachlaut aus: verdienen diese Laute nicht mit vollem Recht den Namen der »Selbstlaute« statt jenes gebräuchlichen der »Mitlaute«?

Man hört zum Unterschiede von den weichen Verschlusslauten, die echte »Mitlaute« sind, nicht das Mindeste von einem sie begleitenden Blählaut. Man spreche nur *ba* und *pa* möglichst charakteristisch nacheinander aus, so wird man bei einiger Aufmerksamkeit sogleich finden, dass beim *ba* die Stimme (als Blählaut) schon früher zu hören ist, als der Lippenverschluss durchbrochen wird und der Vocal *a* anlautet, während beim *pa* erst mit dem explosiven *a* der Stimmton einsetzt. Vergleicht man ein richtig ausgesprochenes *ab* und *ap*, so findet man, dass beim *ap* der Stimmton mit der Herstellung des Lippenverschlusses plötzlich und vollständig verstummt, während beim *ab* der Stimmton (als Blählaut) auch nach der Herstellung des Lippenverschlusses noch gehört wird.

Neben dem erörterten einzig wesentlichen Unterschiede der beiden Reihen von Verschlusslauten kommen allerdings auch noch untergeordnete Verschiedenheiten zwischen ihnen in Bezug auf die Plötzlichkeit und Energie oder Härte des Verschlusses und dessen Unterbrechung vor — daher die Eintheilung in harte und weiche. Viel bezeichnender ist es aber die ersteren tonlose, die letzteren tönende Verschluss-

7*

laute zu nennen, weil man damit eben das Wesentliche des Unter-
schiedes in den Namen fasst.

Die Verschlusslaute für das erste Artikulationsgebiet sind *b* und
p, für das zweite *d* und *t*, und für das dritte *g* und *k* (vgl. Fig. 35).

Es ist eine auffallende Erscheinung, die ich hier nicht umgehen
will, dass gewisse deutsche Stämme, z. B. die Sachsen und Thüringer,
diesen doch so auffallenden Unterschied des Mitlautens und Nichtmit-
lautens der tönenden oder geflüsterten Stimme, wie es scheint, weder
aufzufassen noch am richtigen Orte zu erzeugen im Stande sind.

Mein für die Wissenschaft zu früh verstorbener Freund SCHLEICHER
pflegte in seiner drastisch scherzhaften Weise diesen Mangel für par-
tielle Taubstummheit zu erklären.

Wenn der Verschluss an den Artikulationsgebieten kein vollständiger ist, sondern wenn statt dessen nur eine Verengerung dieser
Stellen des Ansatzrohres zu Stande kommt, in welcher sich die Luft
reiben muss — und das ist der z w e i t e Modus der selbstständigen
Geräuschbildung im Ansatzrohr — so entstehen

7 die Reibungslaute.

Es sind dies Geräusche, welche in den localen Verengerungen
des Ansatzrohres in ganz ähnlicher Weise erzeugt werden, wie das
Geräusch der Flüsterstimme oder des *h* in der verengten Stimmritze.

Die Reibungslaute zerfallen genau so wie die Verschlusslaute in
w e i c h e oder t ö n e n d e, bei denen das Stimmritzengeräusch oder
der laute Stimmton mitlautet — und in h a r t e oder t o n l o s e, bei
denen der Kehlkopf absolut still ist.

Im ersten Artikulationsgebiet haben wir *w* als tönenden, *f* als
tonlosen Reibungslaut. Ersteres geht in letzteres über, wenn die laute
oder flüsternde Stimme absolut unterdrückt wird. Beiläufig muss ich
hier die unrichtige Behauptung zurückweisen, dass man beim Sprechen
mit Flüsterstimme *w* von *f* nicht soll unterscheiden können.

Im zweiten Artikulationsgebiet haben wir *z* (französisch) oder
das tönende *s* (in »Rose«) und das scharfe oder tonlose *s* (in Ross).

Wird das *s* sehr weit vorn, sozusagen an der Grenze des ersten
und zweiten Artikulationsgebiets gebildet — indem sich die Zungenspitze bis zwischen die Ränder der Schneidezähne schiebt, dann entsteht das *th* der Engländer und Neugriechen, welches ebenfalls tonlos
und tönend sein kann. Im dritten Artikulationsgebiet haben wir endlich *j* und die *ch*-Laute (vgl. Fig. 35).

Der d r i t t e Modus der selbstständigen Geräuschbildung im An-

satz rohr besteht darin, dass leicht bewegliche Weichtheile dem Luftstrom entgegengestellt werden, so dass sie in lebhafte Erzitterungen
oder Schwingungen gerathen: auf diese Weise entstehen:

8) die *R*- oder Zitterlaute.

Bei diesen Lauten macht es keinen auffallenden Unterschied, ob
die Stimme mittönt oder nicht, so dass man, nicht wie bei den Ver-
schluss- und Reibungslauten, harte und weiche zu unterscheiden pflegt.
Der Zitterlaut des ersten Artikulationsgebietes wird in den Cultursprachen nicht gebraucht und hat daher auch kein Buchstabenzeichen. Er soll in den Sprachen einiger wilden Völkerschaften vorkommen, welche auch Schnalzlaute und Aehnliches als Sprachelemente
verwenden. Es ist das sogenannte Lippen-*R*, jener bekannte Laut,
den die Rosselenker hervorzubringen pflegen, wenn sie die Pferde
anhalten wollen. Im Schema Fig. 35 habe ich den Laut mit *BR* bezeichnet.
Der Zitterlaut des zweiten Artikulationsgebietes ist jenes *R*, welches durch Erzitterungen der Zungenspitze entsteht, während der
dritte Zitterlaut jenes *R* ist, bei dem das weiche Gaumensegel und
ganz besonders dessen Zäpfchen durch den Luftstrom in kräftige
Schwingungen versetzt wird, wobei es in rascher Folge wider den
Zungengrund schlägt.
Noch habe ich

9) die *L*-Laute

kurz zu besprechen, welche eine mittlere Stellung zwischen den Rei-
bungs- und Zitterlauten einnehmen, sich aber dadurch wesentlich vor
allen anderen Sprachlauten auszeichnen, dass sie die einzigen sind,
welche asymmetrisch an dem Seitenrande der Zungenmitte erzeugt
werden.
In unserem Schema (Fig. 35), welches auf einem medianen Kopf-
durchschnitt basirt, haben sie streng genommen keinen Platz, wir
setzen ihr Buchstabenzeichen im Schema deshalb noch am passendsten
in den Raum, der in verticaler Richtung zwischen den Kategorien der
Reibungs- und Zitterlaute, in horizontaler Ausdehnung aber mitten
zwischen dem ersten und zweiten Artikulationsgebiet übrig bleibt. —
Der Vollständigkeit wegen erwähne ich zum Schluss noch

10) die zusammengesetzten Consonanten.

Dieselben entstehen entweder durch gleichzeitige oder sehr rasch
aufeinanderfolgende Einstellung der Sprachtheile für zwei verschiedene
Consonanten. Als Beispiel der letzten Art diene das $x = ks$, das c

oder das deutsche $z = ts$, wo im Moment der Explosion für die Verschlusslaute k und t, die Enge für den Reibungslaut s hergestellt wird. Als Beispiel der ersten Art führe ich das *sch* an, welches nach BRÜCKE entsteht, wenn gleichzeitig die »Enge« für s und für *ch* gebildet wird. Tönt noch die Stimme mit, so verwandelt sich das *sch* in das slavische ż oder französische j.

Zur besseren Uebersicht und zur Erleichterung eines erwünschten Rückblicks möge die folgende Tabelle dienen.

Tabelle der Sprachlaute.

Lautgruppe		Verhalten der Stimmritze		Verhalten der Nasenklappe
		laute Stimme od. Reibungsgeräusch (Flüsterstimme, *h*, spir. asper)	stumm	
1. Vocale (Diphthongen)	reine	$a, e, i, o, u \ldots$ etc.	—	gehoben und geschlossen
	nasalirte	$\tilde{a}, \tilde{e}, \tilde{o} \ldots$ etc.	—	offen und gesenkt
2. Nasenlaute oder Resonanten		$m - n - \widehat{ng}$	—	offen und gesenkt
3. Verschlusslaute		$b - d - g$ *th* (engl.)	$p - t - k$ *th* (engl).	gehoben und geschlossen
4. Reibungslaute		$w - z$ (franz. $- j$	$f - s - ch$	do.
5. *L*-Laute		$- l -$		do.
6. *R*- oder Zitterlaute		$\widehat{br} -$ (Zungen-; $r -$ (Gaumen-; r		do.

Ich bin zu Ende, und glaube, so weit die beschränkte Zeit es gestattete, Ihnen einen im Ganzen befriedigenden und ziemlich vollständigen Einblick in die Physiologie und Systematik der Sprachlaute eröffnet zu haben.

Zwar gibt es in einigen orientalischen Cultursprachen, wie im Arabischen und im Hebräischen, noch ganz eigenthümliche Laute, welche ich nicht berücksichtigte; aber ich glaubte Ihre freundliche Aufmerksamkeit bereits auf eine so harte Probe gestellt zu haben, dass ich es nicht wagen wollte, meinen Vortrag noch weiter auszuspinnen.

Ueberdies dürfte das Mitgetheilte wohl genügen, in Ihnen die Ueberzeugung zu befestigen, dass Gesang und Sprache — obschon beide den geistigen Verkehr der Menschen untereinander vermitteln, indem sie zum verständlichen Ausdruck der tiefsten und erhabensten

Gefühle und Gedanken dienen — aus Elementen sich zusammensetzen, welche objectiv betrachtet thatsächlich nichts anderes sind, als akustische Phänomene, welche sich vom Munde des Sängers und Redners durch den Luftraum in das Ohr des Hörers mechanisch fortpflanzen — ohne dass ihnen irgend etwas von Geist inne wohnte.

Was zwischen Mund und Ohr — zwar unsichtbar, aber nicht unerkennbar — den Raum erfüllt — das ist eine sinnlose rein mechanische Schallwellenbrandung!

Erst im Gehirn des verständnissfähigen Hörers findet die Transsubstantiation des ausschliesslich materiellen Bewegungsvorgangs der Stimm- und Sprachlaute in den psychischen Zustand der Empfindung, des Gefühls und des Gedankens statt.

Gedanke und Gefühl wird — ausgesprochen — factisch zu bewegter Materie — und diese verklärt sich im Bewusstsein des Hörers erst wieder zu Gefühl und Gedanke.

Der Weg von Bewusstsein zu Bewusstsein führt eben — so wenig anmuthend dies für den idealen Sinn schöner Seelen immerhin sein mag — ohne Gnade mitten durch die so verachtete grobe Materie! —

Indem ich schliesse, kann ich nicht umhin — mit Rücksicht auf meinen zu Ostern bevorstehenden Abgang nach Leipzig — Ihnen, meine hochgeehrten Anwesenden, ein herzliches Lebewohl zu sagen — doch drängt es mich hinzuzufügen: hoffentlich nicht für immer, denn Sie sollen mich auch in Zukunft gern bereit finden, dann und wann eine »Rosenvorlesung« zu halten!

Erklärung der Abbildungen.

Zu Vortrag I.

Fig. 1. (Holzschnitt.) Das menschliche Herz mit seinen grossen zu- und abführenden Blutgefässen, von vorn gesehen.

Fig. 2. (Holzschnitt.) Die beiden Herzhälften durch einen senkrechten Schnitt von einander getrennt.

Fig. 3. (Holzschnitt.) Idealer Durchschnitt der rechten und der linken Herzhälfte.

Fig. 4. (Holzschnitt.) Schema zur Erläuterung des Kreislaufs.

Fig. 5. (Holzschnitt.) Das Kardioskop oder Herzspiegelchen.

Fig. 6. (Holzschnitt.) Zur Erläuterung der kardioskopischen Demonstration.

Fig. 7. (Steindrucktafel 1.) Kinesiskopische Scheibe, bestimmt, den Leser in den Stand zu setzen, sich den Rhythmus des Herzschlags vor Augen zu stellen.

Fig. 8. (Holzschnitt.) Mechanisches Schema der Innervation des Herzens.

Fig. 9. (Holzschnitt.) Vorrichtung, um die Pulsschläge durch elektro-magnetische Glockensignale zu markiren. —

Zu Vortrag II.

Fig. 10. (Holzschnitt.) Pierres Longitudinalwellenmaschine.

Fig. 11. (Steindrucktafel 2.) Curventafel, bestimmt, den Leser in den Stand zu setzen, vermittelst eines Spaltlineals die Schallwellenbewegung der Luft zu studiren.

Fig. 12. (Holzschnitt.) Schematische Durchschnittszeichnung des Gehörorgans.

Fig. 13. (Holzschnitt.) Die Gehörknöchelchen.

Fig. 14. (Holzschnitt.) Die Ampullenhärchen.

Fig. 15. (Holzschnitt.) Die Gehörsteinchen.

Fig. 16. (Holzschnitt.) Das Corti'sche Organ.

Fig. 17. (Holzschnitt.) Stirnband mit Fühlhebel zur Demonstration der willkürlichen Bewegungen der Ohrmuschel.

Fig. 18. (Holzschnitt.) Seebeck'sche Sirene.

Fig. 19. (Holzschnitt.) Das Monochord.

Zu Vortrag III. 1.

Fig. 20. Schematischer Durchschnitt eines menschlichen Körpers.

Fig. 21. (Mit Fig. 20 auf einer Steindrucktafel.) Ansicht der Stimm- und Sprachwerkzeuge im Zusammenhange, an einem von rückwärts geöffneten menschlichen Körper.

Fig. 22. (Holzschnitt.) Ringknorpel des Kehlkopfes.

Fig. 23. (Holzschnitt.) Schildknorpel des Kehlkopfes.

Fig. 24. (Holzschnitt.) Giessbeckenknorpel des Kehlkopfes.

Fig. 25. (Holzschnitt.) Schema des beweglichen Gerüstes, welches die Kehlkopfknorpel zusammensetzen.

Fig. 26. (Holzschnitt.) Hauptformen der Stimmritze.

Fig. 27. (Holzschnitt.) Künstlicher Kehlkopf.

Fig. 28 *A, B, C.* (Holzschnitt.) Verschiedene Ansichten des natürlichen Kehlkopfes.

Zu Vortrag III. 2.

Fig. 29. (Holzschnitt.) Zur Erläuterung der Gesetze der Spiegelung.

Fig. 30. (Holzschnitt.) Apparat zur laryngoskopischen Selbstbeobachtung und Demonstration.

Fig. 31. (Holzschnitt.) Wie man Andere mit dem Kehlkopfspiegel untersucht.

Fig. 32. (Holzschnitt.) Laryngoskopisches Bild des Kehlkopfes, der Luftröhre und der Anfänge der Bronchien.

Fig. 33. (Holzschnitt.) Stimmgabel und Resonator.

Fig. 34. (Holzschnitt.) Apparat zur Demonstration der Bewegungen des Gaumensegels.

Fig. 35. (Holzschnitt.) Die drei Artikulationsgebiete der Mundhöhle. —

Die Physiologie als allgemeines Bildungs-Element.

*[Antritts-Vorlesung, gehalten zu Leipzig am 13. November 1869.
Leipzig, Wilhelm Engelmann, 1870.]*

— ·

Hochgeehrte Anwesende!

Gestatten Sie mir vor Allem der innigen Freude Ausdruck zu geben, mit welcher ich — trotz aller Annehmlichkeiten meines früheren Wirkungskreises in Jena — der ehrenvollen Einladung gefolgt bin, an der hiesigen Hochschule, welche wie keine andere Deutschlands im mächtigsten Emporblühen begriffen ist, eine ordentliche Honorar-Professur zu übernehmen.

Meine Freude war eine doppelte: denn einerseits erschien mir gerade die Art der dargebotenen akademischen Stellung, wegen ihrer sonstigen Ungebundenheit, ganz besonders wünschenswerth und geeignet zur freiesten Ausübung des Berufs zu Forschen und zu Lehren; — und andererseits ist für die Pflege und Förderung meines Special-faches — man darf es kühn behaupten — noch zu keiner Zeit und an keinem Ort der Welt so Grossartiges unternommen und ausgeführt worden als eben jetzt, hier in Leipzig — wodurch wissenschaftlicher Verkehr, Anregung und Förderung auf diesem Gebiete in ungewöhnlicher Fülle sich darbieten musste.

Die Physiologie, vor Kurzem erst aus einer untergeordneten medicinischen Hilfslehre zu einer selbstständigen naturwissenschaftlichen Disciplin mit eigenthümlichen Aufgaben und besonderen Methoden emporgewachsen, hat in der That hier zum ersten Mal eine ihres neuerworbenen Ranges, ihrer nun erlangten Bedeutung würdige Wohnung und Werkstatt erhalten, auf welche nicht nur Leipzig und Sachsen, sondern ganz Deutschland mit gerechtem Stolz und befriedigtem Selbstgefühl blicken kann!

Es gehört wahrlich keine Gabe der Weissagung dazu, um vorauszusehen, dass unter der Leitung jenes Meisters, dem es vergönnt war

durch die grossartige Unterstützung einer erleuchteten Regierung, zur
Realisirung seiner bahnbrechenden Ideen diese neue wissenschaftliche
Musterwerkstatt nach wohldurchdachtem Plan zu schaffen, auch die in
derselben unternommenen Arbeiten und die aus derselben hervorgehen-
den Forschungsresultate qualitativ, wie quantitativ der Fülle und Vollendung der dargebotenen Hilfsmittel und dem gemachten Aufwand
entsprechen werden, so dass die Leipziger H o c h s c h u l e recht eigentlich zur h o h e n S c h u l e für moderne Physiologie erblühen wird und
muss.

Hat man aber, wie ich glaube, allen Grund, von der Wirksamkeit
der neuen physiologischen Anstalt unter Leitung ihres intellectuellen
Urhebers einen ebenso mächtigen Einfluss auf den a l l g e m e i n e n
Fortschritt in der Aufstellung und Lösung der physiologischen Probleme, als auf den l o c a l e n Fortschritt in dem wissenschaftlichen
Leben und Treiben der Schule zu erwarten, — und ist also die gegebene Vertretung des Faches an der hiesigen Universität eine v o l l e n -
d e t e zu nennen, so kann es fraglich erscheinen, welche b e s o n d e r e
u n d e i g e n t h ü m l i c h e A u f g a b e h i e r f ü r e i n e w e i t e r e L e h r -
k r a f t d e n n n o c h ü b r i g b l e i b e?

Diese Frage hat mir begreiflicher Weise viel zu denken gegeben,
denn obschon ich es als eine Pflicht der Freundschaft und Dankbarkeit ansehe und mir zur Ehre rechne meine Kräfte der gegenwärtigen
Leitung unserer physiologischen Musteranstalt für ihre Forschungs-
und Lehrzwecke ebenso zur Verfügung zu stellen, wie mir die aus-
gedehnteste Benutzung ihrer Hilfsmittel freundlichst gestattet ist, so
wünsche ich doch auch jene Selbstständigkeit und Unabhängigkeit zu
wahren und zu bethätigen, welche meinen akademischen Antecedeu-
tien entspricht.

Es erschien mir daher passend die althergebrachte Formalität der
Antritts-Vorlesung als erwünschte Gelegenheit dazu zu benutzen, bei
Behandlung des angegebenen Themas: »die Physiologie als allgemeines Bildungselement«, jene Gedanken und Ueberlegungen in Kürze
zu entwickeln, durch welche ich mir über die Möglichkeit einer b e -
s o n d e r e n Richtung, eines e i g e n t h ü m l i c h e n Zieles meiner künftigen akademischen Thätigkeit klar zu werden suchte, um mit dem
sicheren und erhebenden Bewusstsein an die Arbeit gehen zu können,
der Vertretung des Faches an der hiesigen Universität eine n e u e
S e i t e abgewonnen zu haben!

Ich ging von der Ueberzeugung aus, dass die Physiologie in ihrer
gegenwärtigen Richtung und Gestaltung, welche sie namentlich seit
der glücklichen Anwendung des sogenannten Princips der Erhaltung

der Kraft, »der höchsten und fruchtbringendsten Generalisation der gesammten Naturwissenschaft[1]« — auf die Welt der Lebenserscheinungen, angenommen hat, eine Wissenschaft sei, welche es verdient ein Gegenstand höchsten Interesses und ernstlichster Kenntnissnahme für jeden denkenden, auf wahre allgemeine Bildung Anspruch machenden Menschen zu sein.

Einer weitläufigen Begründung dieser Ueberzeugung, welche ich zum Ausgangspunkte meiner Ueberlegung machte, bedarf es nicht, da es wohl genügt einfach an die Aufgaben, Ziele und Methoden der modernen physiologischen Forschung zu erinnern, um die unendlich mannigfaltigen und innigen Beziehungen der Physiologie zu allen irgend denkbaren Interessen, Leistungen und Problemen der Menschheit ersichtlich zu machen, und damit den Werth und die Bedeutung der Physiologie als eines allgemeinen Bildungs- und Culturelementes ins rechte Licht zu stellen.

Die Physiologie ist bekanntlich die Wissenschaft von den eigenthümlichen Vorgängen und Thätigkeiten, deren Gesammtheit das Leben der Organismen ausmacht.

Sie sucht nicht nur alle die einzelnen Lebensäusserungen genau kennen zu lernen und nach ihrer specifischen Erscheinung, ihrem zeitlichen Werth, ihrer räumlichen Ausdehnung u. s. w. festzustellen, sondern sie sucht dieselben überdies als das unabänderliche, gesetzmässige Resultat der mannigfaltigen und complicirten Anordnungen und Bewegungsformen der elementaren Massentheilchen, aus welchen die betheiligten Organe und Gewebe zusammengesetzt sind, in ihrer Nothwendigkeit und Bedingtheit zu verstehen und zu begreifen.

Ihre höchste Aufgabe, ihr letztes Ziel ist: Das gesammte Leben mit allen übrigen Naturerscheinungen aus **einem und demselben** Reiche allgemeiner Gesetze des Wirkens folgerichtig und erfahrungsgemäss herzuleiten d. h. zu erklären.

Nicht immer hatte die physiologische Forschung diese Richtung.

Früher betrachtete man vielmehr die verschiedenartigsten Leistungen und Thätigkeiten der Organismen als den Ausfluss einer ganz besonderen, nur den belebten Körpern eigenen Naturkraft, welche nach Zwecken und Absichten in den trägen Stoff bewegend und ordnend eingreifen sollte, und nannte dieses mysteriöse, proteusartig-vielgestaltige Agens die »Lebenskraft«.

---

[1] A. Fick: Die Naturkräfte in ihrer Wechselbeziehung. Würzburg, S 4.

Unter dem Imperium dieser Lebenskraft sollten sich die allgemeinen der Materie zukommenden Molecularkräfte in ihren unendlich mannigfaltigen Wechselbeziehungen w e s e n t l i c h modificiren können, so dass die Massentheilchen als integrirende Bestandtheile eines Organismus a n d e r e n Anziehungs- und Bewegungsgesetzen zu gehorchen hätten, als wenn sie sich frei in der unorganischen Natur befinden.

Nachdem man jedoch gerade in den am tiefsten und gründlichsten erforschten Lebenserscheinungen das Walten derselben Grundgesetze erkannt hat, welche auch die unorganische Natur beherrschen, musste man den unbestimmten und unfruchtbaren Begriff der Lebenskraft als einheitliches, causales Princip ganz aufgeben, um dafür den mechanischen Zusammenhängen nachzuspüren, welche die Lebenserscheinungen thatsächlich vermitteln.

Damit war der exacten und fruchtbringenden Forschung auf dem Gebiete des Lebendigen erst die freie Bahn gebrochen, denn so lange man sich bei dem sterilen Glauben an eine besondere Lebenskraft beruhigte, musste nothwendig auch die Erforschung der causalen Lebensbedingungen steril bleiben.

Unter den möglichen Standpunkten, von welchen aus man das Leben betrachten und auffassen kann, ist es der m e c h a n i s c h e, welcher im Gegensatz zum v i t a l i s t i s c h e n, die Bestrebungen der Gegenwart ausschliesslich beherrscht.

Es ist nicht meine Absicht hier eine Kritik der mechanischen Principien der Naturbetrachtung in ihrer Anwendung auf das Leben durchzuführen: ich will nur zur Rechtfertigung der Richtung, welche die moderne physiologische Forschung eingeschlagen hat, eine kurze Bemerkung einschalten.

Unzweifelhaft nämlich erzeugt und bewegt sich der breite Strom des gesammten Lebens nur d u r c h und in Gestaltungen, Benutzungen und Veränderungen von Stoffen und Kräften, deren Wirksamkeit und Wechselbeziehungen Physik und Chemie bisher sehr wohl nach den Grundsätzen der mechanischen Naturauffassung zu berechnen und zu erläutern im Stande gewesen sind.

Wir haben daher keinen zwingenden Grund anzunehmen, dass sich ihnen nicht auch die Erscheinungen des Lebens fügen sollten, bevor nicht der gründlich durchgeführte Versuch einer mechanischen Erklärung aller dieser Erscheinungen ihre absolute Unzulänglichkeit im Reiche des Lebendigen dargethan haben wird.

Dieser Versuch muss also unter allen Umständen gewagt und unternommen werden; er behält auch unter allen Umständen des ganzen

oder nur theilweisen Gelingens einen positiven Werth — und darin
eben liegt die ausschliessliche Berechtigung der gegenwärtigen Richtung der physiologischen Forschung.

Indem die moderne Physiologie eine mechanische Erklärung des
Lebens anstrebt, verwendet sie, wie jede erklärende Naturwissenschaft
zwei Hilfsmittel der Untersuchung: die B e o b a c h t u n g und das E x -
p e r i m e n t.

Die p h y s i o l o g i s c h e B e o b a c h t u n g besteht darin, dass der
Forscher seine gespannte Aufmerksamkeit auf die Veränderungen und
Vorgänge richtet, welche während des Ablaufs des Lebens a n und i n
den Organismen seiner sinnlichen Wahrnehmung entweder von selbst
sich darbieten, oder die er derselben durch absichtliches Eindringen
ins Innere des lebenden Körpers erst zugänglich machen muss; letzteres z. B. durch optische oder akustische Apparate, wie den Augenspiegel, den Kehlkopfspiegel, das Stethoskop, Plessimeter etc. etc.,
oder unmittelbar durch schneidende Instrumente, wie bei der Vivisection im engeren Sinne.

Zugleich zieht er alle Hilfsmittel herbei, welche geeignet sind,
einerseits die Leistungsfähigkeit der beobachtenden Sinne für die Er-
fassung der minimalsten Unterschiede der Erscheinung und ihrer zeitlichen und räumlichen Verhältnisse zu steigern und zu schärfen,
andererseits die zu beobachtenden Erscheinungen selbst deutlicher
wahrnehmbar zu machen.

Ich will hier nur an das Mikroskop erinnern und an die ausgedehnte Anwendung der graphischen Methode zu physiologischen
Zwecken, durch welche viele der flüchtigsten Erscheinungen sich selbst
in Form von Curven mit grösster Genauigkeit registriren und fixiren.
(Kymograph, Sphygmograph, Kardiograph, Myograph, Phonauto-
graph.)

Durch Benutzung der gegenwärtig so reichen und geschärften
Hilfsmittel der Beobachtung gelangt die physiologische Forschung zur
genauen Kenntniss und Feststellung der gesammten Lebenserscheinungen.

Aber die blosse Beobachtung, so genau und geschärft sie auch
sein mag, genügt a n s i c h noch nicht zur Ermittelung der Ursachen
und Gesetze der Erscheinungen, welche eine befriedigende Erklärung
des Lebens ermöglichen sollen.

Zu diesem Ende muss sich die Beobachtung mit dem E x p e r i -
m e n t combiniren.

D i e s e s besteht in einer planmässigen Zergliederung der causalen
Bedingungen der einzelnen Erscheinungen, und diese Zergliederung

geschieht, indem die sämmtlichen Bedingungen, von welchen eine Erscheinung hervorgebracht sein kann, der Reihe nach absichtlich verändert, und gleichzeitig die Erfolge dieser Veränderung auf die Erscheinung genau beobachtet werden.

Als eine wirkliche Ursache der Erscheinung muss dann jene Bedingung gelten, deren isolirte Variation oder Eliminirung die Erscheinung selbst entsprechend verändert oder aufgehoben hat. Erst wenn man das Experiment zum m e s s e n d e n V e r s u c h steigert und schärft, bei welchem die quantitativ bestimmte Variation der verursachenden Bedingung mit dem Grade der verursachten Veränderung der Erscheinung verglichen wird, offenbart sich das Gesetz der Wirkung.

Die durch den Gang der experimentellen Untersuchungsmethode geforderte Sonderung, Veränderung, Störung, Steigerung oder Aufhebung der sämmtlichen Bedingungen einer Lebenserscheinung ist nur durch die Anstellung von V i v i s e c t i o n e n zu erzielen, unter welchen man im weitesten Sinne des Wortes j e d e n wie immer gearteten Eingriff in den lebenden Körper versteht.

Fast alle Vivisectionen sind, beiläufig bemerkt, nicht ohne einen gewissen Grad von Grausamkeit ins Werk zu setzen. Und diese macht man den Physiologen — freilich gedankenlos genug — von vielen Seiten so sehr zum Vorwurf.

Ich sage g e d a n k e n l o s, weil man — wie ich bereits an einem anderen Orte ausgesprochen habe — im blinden Eifer der thierfreundlichen Entrüstung eben nicht daran denkt, einerseits dass der Fortschritt der Wissenschaft und Kenntniss vom Leben ohne Eingriffe in den lebenden Organismus absolut unmöglich ist; andererseits aber dass die Grausamkeiten unserer glorreichen Schlachtfelder und unserer — Küchen, quantitativ wie qualitativ jene der physiologischen Laboratorien bei weitem übertreffen.

Kann man aber in den Jubel einer Via triumphalis mit Begeisterung einstimmen, kann man sich dem Genusse einer leckeren Schüssel lebendig aufgebrochener Austern, lebendig gesottener Krebse, zu Tode gehetzten Wildes, einer Pastete aus Fettlebern qualvoll krankgestopfter Gänse u. s. w., u. s. w. mit ruhigem Behagen hingeben — nun dann wird man sich wohl auch ohne Gewissensskrupel erlauben dürfen, physiologische Vivisectionen — die überdies heut zu Tage bei der ausgedehnten Anwendung der anaesthetischen, schmerzstillenden Mittel selbst den eifrigsten Mitgliedern der Vereine gegen Thierquälerei in milderem Lichte erscheinen dürften — zu machen, und die dabei zu Tage tretenden Erscheinungen mit Gemüthsruhe und ungestörter Aufmerksamkeit zu beobachten!

Oder ist etwa die Befriedigung materieller, leiblicher Genüsse und ehrgeiziger, staatlicher Machtforderungen grösserer, ja auch nur gleicher Opfer werth, als die Befriedigung eines der höchsten und edelsten Bedürfnisse des menschlichen Geistes — des wissenschaftlichen Forschungstriebs?

Der brutalen Thierquälerei wird kein Vernünftiger das Wort reden. und die Thierschutzvereine, welchen der Gedanke allerdings allzufern zu liegen scheint, dass es immer noch erspriesslicher und wünschenswerther sein dürfte, zunächst der so vielgestaltigen Menschenquälerei zu steuern, mögen ihre gutgemeinten Bestrebungen am rechten Orte immerhin zur Geltung zu bringen suchen. Das physiologische Laboratorium ist jedoch kein Terrain für ihre Mission. Der wissenschaftlichen Erforschung des Lebens dürfen sie keine Hindernisse in den Weg legen wollen.

Das physiologische Experiment ist eben keine Thierquälerei, denn es ist nicht sein Ziel und sein Zweck den Thieren Qualen zu bereiten, obschon sie ihnen freilich nicht immer durch Anaesthetica ganz erspart werden können, namentlich wo es sich um die Erforschung der Empfindungserscheinungen und des Schmerzes selbst handelt.

Und wenn wir auch weit entfernt sind das jesuitische: »der Zweck heiligt die Mittel« auf unsere Fahne schreiben zu wollen, so können wir doch behaupten und uns dabei völlig beruhigen, dass der Zweck allerdings immer und überall, und so auch hier die Verantwortung für die Mittel mit tragen müsse.

Doch genug dieser für Manche vielleicht anstössigen, darum aber nicht weniger begründeten Oratio pro domo! Ich kehre zu den Andeutungen über die Methode der physiologischen Forschung zurück.

Schon bei der einfachen Beobachtung der Lebenserscheinungen kann es dem Forscher nicht entgehen, dass das Zustandekommen der letzteren stets an die Integrität gewisser Theile des Organismus gebunden ist.

Die nächste Aufgabe des physiologischen Experiments ist es nun die einzelnen Organe und Gewebe des Körpers mit Exactheit zu ermitteln, deren specielle Function oder Thätigkeitsäusserung diese und jene Lebenserscheinung ist, und welche somit alle die materiellen Bedingungen enthalten müssen, die zur Erzielung der Erscheinung zusammengreifen.

So erweist sich z. B. ein bestimmter Nerv als ausschliesslicher Leitungsweg für den durch den Willensimpuls ausgelösten Erregungsvorgang, wenn ihn der Experimentator durch die Vivisection blosslegt, dann elektrisch oder mechanisch reizt, dann durchschneidet und hier-

auf keine andere Veränderung beobachtet als, im ersten Fall eine
Zusammenziehung, im zweiten aber eine Lähmung eines einzelnen
Muskels oder einer Muskelgruppe.

So constatirt, um noch ein anderes Beispiel anzuführen, das Experiment der Hemmung und Freigebung oder der künstlichen Injection)
des Blutstroms in den zuführenden Gefässen der Organe, dass nur
hochrothes, arterielles Blut die Elemente enthält, welche die Bedingungen der Leistungsfähigkeit der Organe im normalen Bestande
erhalten.

Indem sich dann die experimentelle Forschung der Zergliederung
dieser Bedingungen in den als Träger der einzelnen Functionen ermittelten Organen und Geweben zuwendet, findet sie stets bestimmte
Anordnungen von festen, flüssigen und gasförmigen Massentheilchen,
welche sich in den verschiedensten Richtungen und Formen bewegen
— mit anderen Worten, sie findet stets bestimmte physikalische und
chemische Elemente und Processe, deren weitere Zergliederung
nach den Grundsätzen des physikalischen und chemischen Versuchs
unternommen werden muss.

Das physiologische Experiment läuft also schliesslich immer
in das physikalische und chemische aus.

So lehrt z. B. die Zergliederung der im reizbaren, functionsfähigen
Nerven- und Muskelgewebe vorhandenen Bedingungen, dass die Massentheilchen, welche sie aufbauen, in einer gesetzmässigen elektrischen
Bewegung begriffen sind, und nach aussen übertragbare elektromoto-
rische Kräfte entwickeln, welche beim Wechsel von Ruhe und Thätigkeit entsprechende Veränderungen erleiden, so dass sie als ein Ausdruck
der innersten Molecularzustände und Vorgänge der physikalischen
Erklärung der Nerven- und Muskelphysiologie die wichtigsten Anhaltspunkte geben. So wird in einem anderen Falle — nachdem z. B.
das physiologische Experiment ermittelt hat, dass sich Eiweisskörper
im Magen auflösen und dass es der saure Magensaft ist, welcher diese
Erscheinung bewirkt — die chemische Untersuchung das Ferment
desselben zu finden und den eigentlichen Vorgang aufzuklären haben.

Als letztes Ziel und zugleich — im Falle des Gelingens — als
höchster Triumph der experimentellen Forschung auf allen Stufen
ihres Eindringens in das unendlich verwickelte Zusammengreifen der
die Erscheinungen ursächlich vermittelnden Umstände und Veranstaltungen, ist aber endlich die Aufgabe zu betrachten auch ausserhalb
des Organismus die gleichen Umstände und Bedingungen willkürlich
herzustellen, um aus ihnen die gleichen Erscheinungen zu erzeugen.

Die künstliche Nachbildung der physiologischen Leistungen, welche schon vielfach gelungen ist — ich erinnere nur an die künstliche Verdauung, Bebrütung und Stimmbildung, an die Herstellung des Harnstoffs und anderer chemischer Verbindungen, welche als ausschliessliche Producte des Lebensprocesses betrachtet wurden, an die glückliche Nachbildung vieler wesentlichen Kreislaufserscheinungen u. dgl. — ist so zu sagen die mathematische Probe auf die Richtigkeit, den Grad und die Vollständigkeit der gewonnenen Einsicht in die Vorgänge und Erscheinungen des Lebens.

Eine ähnliche Bedeutung für die physiologische Erforschung der Lebenserscheinungen wie die Vivisection hat die pathologische Beobachtung, indem sich der letzteren Störungen und Unterbrechungen der Function durch zufällige Veränderung der Organe und Gewebe darbieten, welche bei der Vivisection absichtlich hervorgerufen werden. Freilich sind die krankhaften organischen Veränderungen, welche die Functionsstörung im Leben bedingen, meist nur erst nach dem Tode aufzufinden und oft auch sehr schwierig zu deuten und zu verwerthen. Nichtsdestoweniger ist die pathologische Beobachtung — namentlich für die specielle Physiologie des Menschen, der sich den experimentellen Eingriffen nur in beschränktem Maasse darbietet, von unschätzbarem Werth.

Ist es ja doch gerade insofern der Mensch ganz und gar, mit seiner leiblichen und geistigen Persönlichkeit, mit allen seinen Leistungen und Thätigkeiten als Einzelwesen, wie als Theil der Gesammtheit des Menschengeschlechts und des Naturganzen — dem es zur Aufgabe »realistischer Begründung und Aufklärung geworden ist«, dass die Physiologie jene so zu sagen centrale Stellung in dem weiten Kreise alles Wissens und Könnens einnimmt, welche sie als ein allgemeines Bildungs- und Culturelement so wünschenswerth und bedeutungsvoll erscheinen lässt.

In der That, welche andere Wissenschaft könnte auch dem allgemeinen menschlichen Interesse näher stehen, welche einer ernstlicheren Kenntnissnahme von Seite jedes denkenden, gebildeten Menschen würdiger sein, als eben die, welche sich eine Aufgabe stellt, deren exacte Lösung allein eine richtige und gründliche Erkenntniss der Lebensbedingungen und Lebensäusserungen eröffnet, und damit erst eine wirkliche Einsicht in die wahre Natur und Wesenheit des Menschen selbst ermöglicht.

Abgesehen von dem directen Nutzen und praktischen Vortheil, welchen physiologisches Wissen für so manche Seite unseres bedürfnissvollen Daseins gewährt, gibt es auch kaum eine andere wissenschaftliche Disciplin als eben die Physiologie, welche so sicher und

unwiderstehlich zu einer solchen Weltauffassung führt, die wahrhaft
frei und vorurtheilslos macht, und duldsam gegen alles menschliche
Irren, gegen alle menschliche Schwäche und Beschränktheit!

Allerdings muss ohne Widerrede zugegeben werden, dass die
Physiologie noch weit davon entfernt ist, ihre Aufgabe im Sinne der
modernen Naturbetrachtung auch nur in einem einzigen Hauptpunkte
v o l l s t ä n d i g gelöst zu haben; dagegen ist es ebensowenig zu verkennen, dass die bereits erreichte Einsicht in den die einzelnen Lebensäusserungen bedingenden Mechanismus der organischen Gebilde tief
genug, die experimentelle Methode der Forschung exact genug ist, um
der modernen Physiologie die von mir wiederholt hervorgehobene
Bedeutung vindiciren zu können.

Ich erlaube mir daher jetzt ohne Weiteres zur Entwickelung jener
Gedanken zu schreiten, welche sich mir mit Bezug auf meinen neuen
akademischen Wirkungskreis an diese Thesis knüpften.

Mein nächster Gedanke war, dass die Physiologie gegenwärtig
an allen Hochschulen n u r einen Lehrgegenstand des medicinischen
Fachstudiums bildet, und daher allen Jenen völlig unzugänglich bleibt,
welche ihr Beruf einer der anderen Facultäten zugeführt hat.

In Erwägung dieses misslichen Umstandes, durch welchen der
grössere Theil der Universitätshörer von der genaueren Bekanntschaft
mit den Resultaten und Methoden der physiologischen Forschung ausgeschlossen wird, musste sich mir weiter die Ueberzeugung aufdrängen,
dass neben den streng fachmässigen, in den Lehrplan des medicinischen Studiums eingefügten Vorlesungen über Physiologie überall auch
noch s o l c h e gehalten werden sollten, welche diese Wissenschaft —
nicht minder gründlich zwar — aber in allgemeinverständlicher Form,
d. h. ohne Voraussetzung irgend welcher Fachkenntnisse, darzustellen
hätten.

Ich muss es hier mit aller Entschiedenheit aussprechen, dass mir
kein Gegenstand der Physiologie, wie der Naturwissenschaften überhaupt, bekannt ist, der bei geschickter Anwendung ausreichender
Hilfsmittel der Demonstration und des Experiments der normalen
Fassungskraft und dem Verständniss Gebildeter, deren Aufmerksamkeit nur einigermassen angespannt wird, n i c h t sollte vollkommen
zugänglich gemacht werden können.

Indem ich nun einerseits die Möglichkeit einer gründlichen und
erfolgreichen allgemein fasslichen Darstellung — ich vermeide absichtlich den nicht ohne Grund etwas in Misscredit gekommenen Ausdruck »Popularisirung« — der Physiologie hiermit ausdrücklich aner-
kenne, und andererseits die Bedeutung physiologischen Wissens zur

Förderung wahrer allgemeiner Bildung schon vorhin besonders betont und hervorgehoben habe, so wird es Ihnen, m. h. A! ersichtlich geworden sein, wie ich dazu gekommen bin, es als meine eigenthümliche Aufgabe zu betrachten — neben meinen streng wissenschaftlichen Bestrebungen — in der angedeuteten Richtung thätig zu sein und durch die besondere Berücksichtigung der allgemeinen Bildungsinteressen der gesammten Studentenschaft der Vertretung des Faches eine neue Seite abzugewinnen. —

Mein beabsichtigtes Unternehmen ist, so viel ich weiss, noch niemals in dem Umfange und in der Art, wie es mir vorschwebt, ausgeführt worden.

Wohl hat man oft genug einzelne sog. populäre physiologische Vorträge gehalten oder gelegentlich selbst einen umfassenderen Bericht über die Leistungen und Fortschritte der Physiologie für Nichtmediciner erstattet, — das ist jedoch nicht Alles was eigentlich Noth thut und was ich gern an der hiesigen Hochschule einführen möchte.

Mein Gedanke vielmehr ist: den Versuch einmal zu wagen die Physiologie als einen Gegenstand zu behandeln, der sich etwa wie die allgemeinen philosophischen Collegia über Logik und Physik, Psychologie und Weltgeschichte, als unerlässliches Element eines höheren Bildungsganges in den Studienplan eines **jeden** Universitätshörers einzufügen hätte. —

Ich verhehle mir keineswegs die Bedenken und Schwierigkeiten, welche den Absichten und Plänen, die ich für diesen Theil meiner künftigen akademischen Thätigkeit hege, entgegenstehen.

Wie jede Neuerung, die aus dem gewohnten Kreise des Bestehenden heraustritt oder in festgefugte Verhältnisse alten Herkommens sich eindrängt, so erregt die Sache als solche schon mancherlei Bedenken, welche nur durch thatsächliches Gelingen und unzweideutige Erfolge zu besiegen sein möchten.

Sind ja doch gerade manche achtungswerthe Fachmänner der Meinung, dass es die Mühe nicht lohne, und ebenso werthlos sei, als es die Wissenschaft profaniren heisse, in weiteren Kreisen Einsichten und Kenntnisse verbreiten zu wollen, welche nur Verwirrung der Köpfe und gefährliches Halbwissen erzeugen könnten und deshalb bestimmt seien ein Monopol der Schule zu bleiben.

Weit grösser und ernstlicher als diese und ähnliche meist nur eingebildete Bedenken sind aber die wirklichen Schwierigkeiten des Unternehmens, welche in der Natur des Gegenstandes selbst und in der zur Erreichung des angedeuteten Zweckes geforderten Art seiner

8 *

Behandlung und Darstellung liegen. Auch ist der Umfang des physiologischen Wissensgebiets so bedeutend, dass die richtige Auswahl und Disposition der zu behandelnden Materien nichts weniger als leicht und selbstverständlich erscheint.

Soll sich nämlich die Physiologie als ein werthvolles Element des höheren Bildungsganges, wie ihn die Universität zu bieten und zu vermitteln hat, daselbst bewähren und einbürgern, dann genügt es, wie ich meine, keineswegs in dogmatischer Weise, ex cathedra, eine erklärende Uebersicht der Lebenserscheinungen zu geben und die fertigen Resultate der physiologischen Forschung mit mehr oder weniger rhetorischem Geschick und oratorischem Glanz zu besprechen.

Es liegt vielmehr in der Eigenthümlichkeit des Gegenstandes, dass die so mannigfaltigen und dem gewöhnlichen Sinne so unzugänglichen und fremdartigen Vorgänge, um deren Erkenntniss und Erklärung sich's handelt, sowie die Methoden und Hilfsmittel, welche die physiologische Forschung zur Erreichung ihrer Ziele anwendet, der unmittelbaren Anschauung der Zuhörer im Detail dargeboten werden müssen, wenn sie, zu innigem Verständniss gebracht, jene aufklärenden und veredelnden Wirkungen in den Geistern hervorbringen und hinterlassen sollen, welche von der eingehenden Beschäftigung mit der modernen Physiologie sicher zu erwarten sind.

Dazu kommt noch, dass, indem die Physiologie alle Lebensäusserungen als Verrichtungen bestimmter Organe festzustellen und aus den elementaren Bedingungen, d. h. aus dem anatomischen Bau und der physikalisch-chemischen Constitution derselben mit Nothwendigkeit herzuleiten — oder was dasselbe sagen will — nach mechanischen Principien zu erklären hat, der Vortrag, welcher bei dem gemischten Zuhörerkreise keinerlei specielle Fachkenntnisse voraussetzen darf, mit der Darstellung der descriptiven und mikroskopischen Anatomie und der physikalisch-chemischen Eigenschaften der functionirenden Theile beginnen muss.

Auch bei diesen Darstellungen ist es wieder nur die unmittelbare Anschauung, welche ein eingehendes und richtiges Verständniss zu vermitteln im Stande ist.

Die physiologischen Vorträge, welche ich in den drei letzten Jahren im akademischen »Rosensaale« zu Jena gehalten und kürzlich durch den Druck veröffentlicht habe [1]), können eine beiläufige Vorstellung von der Art geben, wie ich mir die Behandlung und Darstellung

---

[1] CZERMAK: Populäre physiologische Vorträge, gehalten im akademischen Rosensaale zu Jena in den Jahren 1867—69. Mit 3 Tafeln und 34 Holzschnitten. Wien, K. Czermak, 1869.

der Physiologie für den gegenwärtig beabsichtigten Zweck etwa denke:
nur muss ich ausdrücklich bemerken, dass ich für den letzteren ein
noch specielleres und tieferes Eingehen in den Gegenstand, eine noch
reichere Bethätigung der unmittelbaren Anschauung für nöthig halte,
als die belehrende Unterhaltung des Rosenpublikums erforderte: —
und so sehen Sie, m. h. A.! es häufen und steigern sich die mir unerlässlich erscheinenden Forderungen an die demonstrativen und experimentellen Hilfsmittel des Vortrags und demgemäss die inneren und
äusseren Schwierigkeiten des ganzen Unternehmens zu einer fast abschreckenden Höhe.

Endlich darf auch nicht unerwähnt bleiben, dass in dem even-
tuellen Erfolg des Unternehmens s e l b s t eine Gefahr für dessen glückliche Durchführung liegt. Ich meine: mit der Grösse des Zuhörerkreises und mit seinem Wachsthum, welches nicht ausbleiben kann,
wenn Form und Inhalt der Vorträge ein wirkliches Bedürfniss zu
befriedigen geeignet befunden werden sollten, muss sich natürlich auch
die Bequemlichkeit — theilweise sogar die Möglichkeit, all' das Erforderliche ohne ganz besondere Veranstaltungen in entsprechender und
ausreichender Weise zu demonstriren, vermindern, und dies könnte
leicht in einem so bedenklichen Grade geschehen, dass die unerlläss-
liche unmittelbare Anschauung, auf welcher der didaktische Erfolg
zum grössten Theil beruht, illusorisch würde.

Es muss also von vornherein die skrupulöseste Vorsorge getroffen
werden, dass alle die verschiedenartigen Demonstrationen einen ganz
besonderen Grad von Ersichtlichkeit und Vollendung erhalten, und
dass das Vorlesungslokal ausreichende Dimensionen habe, und mit
eigenthümlichen Einrichtungen ad hoc versehen werde, welche das
Lokal aus einem blossen Auditorium zugleich recht eigentlich zu einem
— sit venia verbo — S p e c t a t o r i u m zu machen geeignet sind.

Zu diesen Einrichtungen rechne ich vor Allem die Form und
Anordnung der Sitzplätze, dann die centrale Stellung und intensive
Beleuchtung des Raumes, wo sich der Vortragende befindet und wo
die Experimente vorgenommen werden, endlich die bequeme Disposition aller jener Hilfsmittel, welche stets zur Hand sein müssen, weil
sie einzeln oder in mancherlei Combinationen bei fast allen Demonstrationen in Anwendung kommen, wie z. B. elektrische Leitungen für den
constanten Strom, mechanische Transmissionen, Gas- und Wasserleitung, Wandflächen oder Schirme zum Aufhängen gemalter, oder
zum Auffangen optisch projicirter Bilder, Beleuchtungs- und Verdunkelungsvorrichtungen u. s. w., u. s. w.

Alle diese hohen Anforderungen und Schwierigkeiten, welche

nach meiner Ueberzeugung einerseits erfüllt, andererseits überwunden
sein müssen, bevor man wirklich daran gehen kann, die Physiologie
als ein allgemeines Bildungselement in den Kreis der Universitätsstudien einzuführen, entmuthigen mich jedoch nicht.

Ich habe mich, wie meine oben citirten Rosenvorlesungen erkennen
lassen, in der Erfindung und Benutzung der besonderen demonstrativen
Hilfsmittel, wie sie der besprochene Zweck fordert, bereits mehrfach
versucht, und bin entschlossen kein Opfer zu scheuen mir hier in Leipzig ein Auditorium s e l b s t zu schaffen, und meinen speciellen Plänen
entsprechend einzurichten, denn ich habe es im vorigen Semester erfahren, dass den Hunderten, welche meinen Vorlesungscyclus über Physiologie der Zeugung besuchten, in dem grossen Hörsaal des Augus-
teums — und einen anderen, besseren von ähnlichen Dimensionen
gibt es nicht — wegen seiner ausschliesslich für Kathedervorlesungen
bestimmten Einrichtung, kaum die einfachsten bildlichen Darstellungen bequem demonstrirt werden konnten: der Versuch aber in jenem
Auditorium feinere physiologische Experimente vorzuführen geradezu
lächerlich wäre und das ganze Unternehmen gefährden könnte.

Deshalb sehe ich mich auch genöthigt den Beginn meiner schon
für das laufende Wintersemester angekündigten Vorträge über Physiologie für Studenten aller Facultäten bis auf Weiteres zu verschieben.

Man wird es begreiflich finden, dass ich noch längere Zeit meiner
ganzen Arbeitskraft und der ganzen Musse bedarf, welche mir meine
akademische Stellung gestattet, um alle jene überaus mannigfaltigen
und weitaussehenden Vorkehrungen und Veranstaltungen in Angriff
zu nehmen und zu vollenden, welche mir um so unerlässlicher erscheinen, je ernstlicher gemeint meine Absichten sind, und je weniger ich
gewillt sein kann das Gelingen der Einbürgerung der Physiologie als
eines allgemeinen Bildungselements an der Universität durch die Un-
vollkommenheit der ganz eigenthümlichen äusseren Mittel auf's Spiel
zu setzen, denn es handelt sich dabei nicht etwa um blosse Aeusserlichkeiten einer imponirenden Ausstattung dieser neuartigen Vorlesungen, sondern recht eigentlich um die Grundbedingung alles didaktischen
Erfolgs derselben — um die u n m i t t e l b a r e A n s c h a u u n g.

Schliesslich kann ich nur noch den Wunsch und die Hoffnung
aussprechen, dass es mir vergönnt sein möge den Erwartungen, welche
ich provocirt habe, recht bald und in vollem Maasse zu entsprechen,
und eine recht lebendige, allseitige Theilnahme für meine Absichten
und Bestrebungen zu erwecken und auf die Dauer zu erhalten.

Ueber das physiologische Privat-Laboratorium an der Universität Leipzig.

[Rede gehalten am 24. December 1872, bei Gelegenheit der Eröffnung seines Amphitheaters. Leipzig, Wilhelm Engelmann, 1873.]

Mit 5 Holzschnitten.

Hochverehrte Anwesende!

Am 13. v. M. waren es gerade drei Jahre her, dass ich in meiner Antrittsvorlesung[1] eine Art Programm für meine Thätigkeit an der hiesigen Hochschule aufstellte. Ich bezeichnete es als meine besondere Aufgabe die Hilfsmittel der physiologischen Demonstration in einer bisher noch nicht erreichten Vollkommenheit und Ausdehnung auszubilden und herbeizuschaffen, um — wenn dies gelungen wäre — den Versuch zu ermöglichen die Physiologie zum ersten Mal in wirklich allgemein-fasslicher, auf unmittelbare Anschauung basirter Darstellung zu behandeln.

Es sollte sich die Physiologie als ein integrirendes Element des höheren Bildungsganges, wie ihn die Universität zu bieten und zu vermitteln hat, ähnlich den allgemeinen philosophischen und historischen Collegien in den Studienplan eines jeden Studenten, mag ihn sein künftiger Specialberuf welcher Facultät immer zugeführt haben, einfügen können, wozu bisher noch nirgendwo Gelegenheit und Mittel geboten sind.

Selbstverständlich dachte ich dabei auch an gebildete und eine allgemeine Bildung anstrebende Männer aller Stände — selbst wenn sie ihre Universitätsstudien längst hinter sich hätten oder vielleicht auch niemals eine Universität bezogen haben sollten, — ja — unter Umständen und gewissen Einschränkungen selbst an ein gebildetes Damenpublikum.

Prof. LAZARUS hat in seinem, am 20. Januar 1872, in der Sing-

---

[1] Siehe oben S. 105.

akademie zu Berlin gehaltenen Vortrag »als einen den Geist unserer Tage charakterisirenden Gesichtspunkt das Streben hervorgehoben, die mechanische Weltanschauung auszubauen, eine Weltanschauung, in welcher es sich vor Allem nur um das Verhältniss der Causalität, um die Feststellung von Ursache und Wirkung handelt, um die Zusammenstellung der Gesetze, welche die Ereignisse beherrschen. Darum steht im Vordergrunde aller geistigen Bestrebungen die Naturwissenschaft — die Naturwissenschaft in ihrer mannigfachen Zerlegung. Allgewaltig ist ihre Herrschaft — dergestalt, dass Alles, was irgend wie auf irgend einem Gebiete zu einer wahrhaften Erkenntniss zu kommen strebt, in die Wege der Naturwissenschaft einbiegt.«

Ich bin nun seit langer Zeit der innigsten Ueberzeugung, dass von allen Zweigen der Naturwissenschaft die Physiologie oder Biologie eine geradezu centrale Stellung im weiten Gebiete der geistigen und materiellen Bestrebungen einnimmt, in so fern ihr Object die Erforschung des »Lebens« ist, und es daher gar keine Leistungen und Beziehungen oder Interessen des Menschen geben kann, welche nicht in einem mehr oder weniger innigen solidarischen Zusammenhang mit dieser Wissenschaft stehen würden. Auch dürfte nach meiner Meinung keine andere Wissenschaft im Stande sein in wirksamerer Weise die wahre Aufklärung zu fördern, als eben die heutige Physiologie, welche im Sinne der mechanischen Weltanschauung alle die dunklen und in ihren Consequenzen die freie Forschung hemmenden Vorstellungen von der Existenz und Wirksamkeit einer besonderen mysteriösen »Lebenskraft« erfolgreich bekämpft und aufzuhellen sucht.

Ich verstehe hier (nach einem Citate Lecky's) unter der wahren Aufklärung, mit Kant, »den Ausgang des Menschen aus seiner selbstverschuldeten Unmündigkeit. Unmündigkeit ist das Unvermögen sich seines Verstandes ohne Leitung eines Anderen zu bedienen. Selbstverschuldet ist diese Unmündigkeit, wenn die Ursache derselben nicht am Mangel des Verstandes, sondern der Entschliessung und des Muthes liegt, sich seiner ohne Leitung eines Anderen zu bedienen. Sapere aude! Habe Muth dich deines eigenen Verstandes zu bedienen!«

Beiläufig bemerkt habe ich denn auch diesen Wahlspruch der Aufklärung hier in diesem Saale mit Lapidarschrift anbringen lassen. Ihm gegenüber steht, nicht blos zur Wahrung der Symmetrie, sondern als ein nicht minder in diesen Raum passender Spruch oder Zuruf, welcher den Besuchern des hiesigen Gewandhaussaales so geläufig ist: »Res severa est verum gaudium.« —

Der Werth und die Tragweite eines Unternehmens, dessen Ziel nicht die oberflächliche sog. »Popularisirung«, sondern die möglichste Verbreitung einer möglichst gründlichen Bekanntschaft mit der heutigen Physiologie ist, dürfte hiernach wohl einleuchtend genug sein.

Die mancherlei Bedenken, die ungewöhnlichen Schwierigkeiten, welche sich der Art der Durchführung dieses Unternehmens, wie sie mir als die allein zum Ziele führende vorschwebt, entgegenstellen, habe ich niemals verkannt und in jener Antrittsvorlesung auch ausdrücklich betont und hervorgehoben.

Ich scheue mich nicht geradezu zu bekennen, dass sich mir jene Bedenken und Schwierigkeiten in dem Maasse steigerten, als ich mich vor nunmehr drei Jahren mit ihrer Beseitigung und Ueberwindung praktisch zu beschäftigen begann, und zur Herstellung und Ausführung von besonderen Baulichkeiten und von gewissen optisch-mechanischen Einrichtungen fremde Hilfe in Anspruch zu nehmen angewiesen war.

Es ist mir schmerzlich hinzufügen zu müssen, dass namentlich zwei auswärtige Optiker und Mechaniker, welchen ich überdies gerade mein vollstes Vertrauen geschenkt hatte, in der unverantwortlichsten Weise durch ihre Unzuverlässigkeit und sonstiges Verhalten mein Vertrauen missbraucht und mich im Stich gelassen haben, so dass ich noch vor Beendigung des grösseren Theiles meiner Aufträge alle ihre Arbeiten sistiren musste. Auch andere widrige Umstände, die mit der Ausführung irgend welcher baulichen Anlagen unvermeidlich verknüpft zu sein scheinen, dann die Schwierigkeit einen geeigneten Assistenten zu finden [1] u. s. w., haben, sowohl im Grossen und Ganzen Verzögerungen und Hemmungen herbeigeführt, als auch Einzelnes, was mir besonders nothwendig und wünschenswerth erschien, zum Theil wohl für immer, ganz vereitelt, so dass, trotz aller Mühe und Zeit, die ich aufgewendet, trotz aller materiellen Opfer, welche ich gebracht habe, das Wenigste von Dem bereits herbeigeschafft und vollendet worden ist, was ich für absolut unentbehrlich erachte, um, wie ich hoffen durfte, schon jetzt einen Anfang mit dem beabsichtigten »physiologischen Anschauungsunterricht« zu machen.

Ja, ich kann mir heute, Ihnen gegenüber, das offene Geständniss nicht ersparen, dass ich noch gar nicht abzusehen vermag, wann endlich

---

[1] Nachträglich bemerke ich, dass ich noch immer einen jungen Mann suche, der praktische physikalische und chemische Kenntnisse, manuelle Geschicklichkeit und mechanische Fertigkeiten besitzt. Gelehrte Bildung ist nicht erforderlich. Anträge würden mir willkommen sein!

meine diesbezüglichen Vorbereitungsarbeiten, in einer mich befriedigenden Weise, vollendet sein werden, und ob und in wieweit
überhaupt es mir bei dem andauernd leidenden Zustand meiner Gesundheit möglich sein wird dieselben zu einem derartigen, vorläufigen
Abschluss zu bringen, dass ich auch jenen Theil der Ziele und
Zwecke meines, an der hiesigen Universität errichteten physiologischen
Privat-Laboratoriums zu erreichen gestimmt und im Stande sein werde,
welcher sich auf meine eigene regelmässige öffentliche Lehrthätigkeit
bezieht.

Denn bei der Errichtung meines Laboratoriums verfolgte ich nicht
ausschliesslich Unterrichtszwecke, sondern die neue Anstalt sollte
mir vor Allem unabhängige Gelegenheit und Mittel zu meinen wissenschaftlichen Forschungen und Arbeiten bieten, welche ich allerdings
für längere Zeit ganz unterbrochen hatte, um mich mit den weitläufigen
Vorbereitungen für den neuen physiologischen »Anschauungsunterricht« zu beschäftigen, welche ich aber sofort wieder aufzunehmen gedachte, wenn diese letzteren vollendet sein würden, oder — was ich
freilich nicht ahnen konnte — verhältnissmässig allzugrosse Opfer
an Zeit und Mühe kosten sollten, um rasch und glatt durchgeführt zu
werden.

Es ist mir ein wahres Bedürfniss mich über Alles dies öffentlich
auszusprechen, denn es gilt die vielfachen, ungeduldigen Anfragen
Einzelner über das Ziel und den Fortgang meines Unternehmens auf
einmal definitiv zu beantworten und der Entstehung mancherlei miss-
verständlicher Vorstellungen und Erwartungen vorzubeugen.

Deshalb habe ich mir erlaubt die Einladung zur heutigen Eröff-
nungs-Versammlung ergehen zu lassen, welcher Sie, m. H. ! — wie ich
mit Dank und Freude constatire — so zahlreich gefolgt sind — trotz
der irreleitenden Notiz, welche das hiesige »Tageblatt« über den Tag
der Versammlung heut Morgen gebracht hat.

Denn indem ich heute dieses Amphitheater feierlich eröffne und
speciell dem h. Rectorate unserer Hochschule zu Universitätszwecken
für Einzelne der Herren Collegen zur Verfügung stelle, die solche
Räume brauchen und sich mit mir über deren Benutzung ins Einver-
nehmen setzen wollen, wünsche ich auch öffentlich Bericht zu erstatten,
sowol über Das, was ich bereits gethan und erreicht habe, als über
Das, was ich noch zu thun und zu erreichen beabsichtige, wenn mir
die Kraft und die Freude an der Arbeit vollends wiederkehrt und
dauert.

Ich will hier nicht näher auf die vielfachen, die Durchführung
meiner ursprünglichen Absichten vereitelnden und über Gebühr

verzögernden Hemmungen und Hindernisse eingehen, welche mir
theils aus höchst unliebsamen, schon oben berührten, äusseren
Umständen, theils aus ganz individuellen, durch einige jener Umstände bis zur Unerträglichkeit verschlimmerten Gemüths- und Ge-
sundheits-Verhältnissen erwuchsen. Es mag die beiläufige Andeu-
tung genügen, dass mir hierdurch auf lange Zeit alle Arbeitskraft
geraubt, ja mein ganzes Unternehmen, bis zum Entschlusse es völlig
aufzugeben, verleidet worden war, und ich mich erst mit der allmählichen Wiederherstellung meines gestörten gemüthlichen Gleichgewichtes, bei gleichzeitig beginnender und langsam fortschreitender
körperlicher Erholung, ohne welche es keine Schaffensfreude, kein
Gelingen gibt, von jenem äussersten Entschlusse abbrachte, und meinen
wissenschaftlichen Arbeiten, sowie meinen alten Ideen und Plänen für
den physiologischen Anschauungsunterricht an der Universität wieder
zuzuwenden begann!

Dagegen will ich eingehend berichten, w e l c h e Ideen und Pläne
dies waren und was ich davon, zum bleibenden Gewinn für unsere
Universität, bereits realisirt habe, indem ich einen für demonstrative
Zwecke speciell eingerichteten Hörsaal erbaute und herstellte, welcher
mit den zu wissenschaftlichen Untersuchungen bestimmten Arbeitsräumen meines physiologischen Privat-Laboratoriums zusammenhängt.

Gestatten Sie, dass ich Ihnen zunächst jene Stelle meiner Antrittsvorlesung in Erinnerung bringe, wo ich die Schwierigkeiten der
Einbürgerung des »physiologischen Anschauungsunterrichts« an der
Universität hervorhob, welche in der N a t u r und dem U m f a n g des
Gegenstandes selbst, in der zur Erreichung des angestrebten Zweckes
geforderten A r t seiner Behandlung, und endlich in der A u s w a h l
und D i s p o s i t i o n der zu behandelnden Materien liegen.

Es heisst a. a. O. S. 20 u. f. (oben S. 116):

»Soll sich nämlich die Physiologie als ein werthvolles Element
des höheren Bildungsganges, wie ihn die Universität zu bieten und zu
vermitteln hat, daselbst bewähren und einbürgern, dann genügt es,
wie ich meine, k e i n e s w e g s in dogmatischer Weise, ex cathedra,
eine erklärende Uebersicht der Lebenserscheinungen zu geben und die
fertigen Resultate der physiologischen Forschung mit mehr oder weniger rhetorischem Geschick und oratorischem Glanz zu besprechen.«

»Es liegt vielmehr in der Eigenthümlichkeit des Gegenstandes,
dass die so mannigfaltigen und dem gewöhnlichen Sinne so unzugänglichen und fremdartigen Vorgänge, um deren Erkenntniss und Erklärung sich's handelt, sowie die Methoden und Hilfsmittel, welche die
physiologische Forschung zur Erreichung ihrer Ziele anwendet, der

unmittelbaren Anschauung der Zuhörer im Detail dargeboten
werden müssen, wenn sie, zu innigem Verständniss gebracht, jene
aufklärenden und veredelnden Wirkungen in den Geistern hervorbringen und hinterlassen sollen, welche von der eingehenden Beschäftigung mit der modernen Physiologie sicher zu erwarten sind.«

»Dazu kommt noch, dass, indem die Physiologie alle Lebensäusserungen als Verrichtungen bestimmter Organe festzustellen und aus den
elementaren Bedingungen d. h. aus dem anatomischen Bau und der
physikalisch-chemischen Constitution derselben mit Nothwendigkeit
herzuleiten — oder was dasselbe sagen will — nach mechanischen
Principien zu erklären hat, der Vortrag, welcher bei dem gemischten
Zuhörerkreise keinerlei specielle Fachkenntnisse voraussetzen darf,
mit der Darstellung der descriptiven und mikroskopischen Anatomie
und der physikalisch-chemischen Eigenschaften der functionirenden
Theile beginnen muss.«

»Auch bei diesen Darstellungen ist es wieder nur die unmittelbare Anschauung, welche ein eingehendes und richtiges Verständniss zu vermitteln im Stande ist . . . . — und so sehen Sie,
m. h. A.! es häufen und steigern sich die mir unerlässlich erscheinenden
Forderungen an die demonstrativen und experimentellen Hilfsmittel
des Vortrags und demgemäss die inneren und äusseren Schwierigkeiten
des ganzen Unternehmens zu einer fast abschreckenden Höhe.«

»Endlich darf auch nicht unerwähnt bleiben, dass in dem even-
tuellen Erfolg des Unternehmens selbst eine Gefahr für dessen glückliche Durchführung liegt. Ich meine: mit der Grösse des Zuhörerkreises
und mit seinem Wachsthum, welches nicht ausbleiben kann, wenn
Form und Inhalt der Vorträge ein wirkliches Bedürfniss zu befriedigen
geeignet befunden werden sollten, muss sich natürlich auch die Bequemlichkeit — theilweise sogar die Möglichkeit, all' das Erforderliche
ohne ganz besondere Veranstaltungen in entsprechender und ausreichender Weise zu demonstriren, vermindern, und dies könnte leicht in
einem so bedenklichen Grade geschehen, dass die unerlässliche unmittelbare Anschauung, auf welcher der didaktische Erfolg zum grössten
Theil beruht, illusorisch würde.«

»Es muss also von vornherein die skrupulöseste Vorsorge getroffen
werden, dass alle die verschiedenartigen Demonstrationen einen ganz
besonderen Grad von Ersichtlichkeit und Vollendung erhalten, und dass
das Vorlesungslokal ausreichende Dimensionen habe, und mit eigenthümlichen Einrichtungen ad hoc versehen werde, welche das Lokal
aus einem blossen Auditorium zugleich recht eigentlich zu einem —
sit venia verbo — Spectatorium zu machen geeignet sind.«

»Zu diesen Einrichtungen rechne ich vor Allem die Form und Anordnung der Sitzplätze, dann die centrale Stellung und intensive Beleuchtung des Raumes, wo sich der Vortragende befindet und wo die Experimente vorgenommen werden, endlich die bequeme Disposition aller jener Hilfsmittel, welche stets zur Hand sein müssen, weil sie einzeln oder in mancherlei Combination bei fast allen Demonstrationen in Anwendung kommen, wie z. B. elektrische Leitungen für den constanten Strom, mechanische Transmissionen, Gas- und Wasserleitung, Wandflächen oder Schirme zum Aufhängen gemalter, oder zum Auffangen optisch projicirter Bilder, Beleuchtungs- und Verdunkelungsvorrichtungen u. s. w., u. s. w.«

Erfüllt und begeistert von diesen meinen damaligen Ideen nahm ich denn vor drei Jahren mit wahrer Schaffensfreudigkeit die Realisirung derselben in Angriff. Ich habe mir die Sache wahrlich nicht leicht gemacht, sondern mannigfachen, ernsten Ueberlegungen und Vorstudien mich hingegeben, um den richtigen und kürzesten Weg zum Ziele zu finden und einzuschlagen.

Allein anstatt zuerst und vor Allem jene physiologischen Thatsachen und Erscheinungen möglichst vollständig und im Detail zusammenzustellen, welche für die Zwecke des angestrebten physiologischen Anschauungsunterrichts zu demonstriren wären, und zugleich die möglichst vollendeten Methoden und Hilfsmittel, vermittelst welcher sie einem grossen Zuhörerkreise schlagend und elegant demonstrirt werden könnten, zu ersinnen, auszubilden und in provisorischen Räumen praktisch zu erproben: und dann erst an die Errichtung eines völlig zweckentsprechenden Auditoriums zu gehen; — begnügte ich mich, im Allgemeinen zu überlegen, welche verschiedenen Arten von alten und neuen Experimenten und von besonderen Demonstrationshilfsmitteln der physiologische Anschauungsunterricht erfordern dürfte, und ging sogleich und zuerst an die meine ganze Aufmerksamkeit und Thätigkeit absorbirende Ausarbeitung und Ausführung eines Planes für mein physiologisches Privat-Laboratorium mit einem mächtigen »Spectatorium« im Sinne der vorhin citirten Stelle meiner Antrittsvorlesung.

So ist denn zwar ein in manchen Richtungen mustergiltiger Versammlungsraum für demonstrative Zwecke entstanden, wie ihn wohl kaum eine andere unserer deutschen Universitäten besitzen dürfte, aber die besonderen und weitläufigen Vorkehrungen für den geplanten physiologischen Anschauungsunterricht fehlen noch fast gänzlich, und werden erst sehr allmählich — vorausgesetzt dass mir, wie gesagt, die Kraft und die Freude an der Arbeit vollends wiederkehrt und dauert.

herbeizuschaffen sein, denn ich kann und will mich nicht wieder zu übermässigen, für meine Individualität aufreibenden Anstrengungen drängen oder drängen lassen.

Durch die somit problematisch gewordene Aussicht auf meine eigene regelmässige Lehrthätigkeit soll aber Das, was ich hier geschaffen habe, nicht der sofortigen Verwerthung für Lehrzwecke entzogen bleiben. Ich wiederhole, dass ich dieses Amphitheater mit allen seinen bisher vollendeten Einrichtungen dem Herrn Rector Magnificus bezüglich ihrer, mit mir zu vereinbarenden Benutzung für Universitätszwecke zur Verfügung stelle. —

Doch ich wollte berichten, wie ich vor drei Jahren die Realisirung meiner damaligen Ideen und Pläne mit der Ausarbeitung und Ausführung des Spectatoriums und der an dasselbe stossenden Arbeitsräume in Angriff nahm.

Zu diesem Ende reiste ich noch vor Weihnachten 1869 nach London, um die mir von früherher wohlbekannten, vielfach erprobten Hörsäle der Royal Institution, der Royal School of Mines und des polytechnischen Instituts nochmals genauer in Augenschein zu nehmen.

Der collegialen Liebenswürdigkeit Huxley's verdankte ich das werthvolle Geschenk einer genau und schön ausgeführten architektonischen Planskizze des auf circa 300 Zuhörer berechneten Auditoriums der R. School of Mines (Yermynstreet); durch die freundliche Vermittelung Tyndall's durfte ich mir den an 1000 Personen fassenden berühmten Hörsaal der Royal Institution (Albemarlestreet) von einem englischen Architekten ausmessen und architektonisch entwerfen lassen. Die Hörsäle des polytechnischen Instituts und andere Räumlichkeiten dieser Art, welche ich besuchte, habe ich mir selbst flüchtig skizzirt. Ich kann hierbei nicht unerwähnt lassen, dass ich vor Jahren, noch durch Faraday selbst, an einen der Lecturers des polytechnischen Instituts empfohlen worden war — und so dauerhaft und treu bewähren sich einmal geschlossene freundliche Beziehungen in England, dass ich auch diesmal die wärmste, meinen Absichten förderlichste Aufnahme und Unterstützung bei dem leitenden Personal jenes Institutes fand, obschon der Herr, an den mich Faraday damals empfohlen hatte, zufällig gar nicht anwesend war.

Noch muss ich dankend erwähnen, dass mir Tyndall ein Exemplar von Rogers Smith's: »Rudimentary treatise on the Acoustics of public Buildings« (London, 1861) verehrte, bei dessen Durchsicht ich auf Lachez' Brochure »Acoustique et Optique des salles de réunions publiques« (Paris, 1848) aufmerksam wurde, die ich mir dann später in Leipzig durch Herrn A. Dürr verschaffte.

So hatte ich rasch ein ansehnliches, weiterhin noch vermehrtes Material gewonnen, welches mir Muster und Vorlagen zur Entwerfung des eigenen Auditoriumplanes lieferte.

Nun handelte es sich darum, ausser einem geeigneten Bauplatz, der bei dem definitiven Entwurf natürlich berücksichtigt werden musste, auch einen Architekten zu finden, welcher auf die technische Ausführung meiner Ideen einzugehen gewillt und befähigt war.

Die Verhandlungen wegen Ueberlassung eines Bauplatzes in den Hof- und Gartenräumen des Augusteum's, welche ich zunächst einleitete, zerschlugen sich, dagegen erwarb ich im Frühjahr 1870 ein zwischen der Querstrasse und Salomonstrasse gelegenes Grundstück, auf welchem ich mein Familienwohnhaus zu bauen gedachte, — und bei dieser Gelegenheit lernte ich nicht nur in Herrn GUSTAV MÜLLER einen kenntnissreichen und für die Ausführung des von mir geplanten Laboratoriums nebst Spectatorium alsbald in hohem Grade sich interessirenden Architekten kennen, sondern ich fand auch den geeignetsten Bauplatz für das letztere — mitten im Garten des glücklich acqui-rirten Grundstückes selbst, welches weder von der inneren Stadt und dem Augusteum, noch vom Johannisthal, wo all die neuen Institute und Laboratorien der Universität beisammenstehen, allzuweit ent-fernt ist.

Auf Grundlage des von mir gesammelten Materials entstanden nun im genussreichen Zusammenwirken mit Herrn MÜLLER allerlei Entwürfe und Skizzen, von denen endlich die folgende zur Ausführung gelangte.

Ich habe Ihnen hier den Grundriss (Fig. 1) und verschiedene Durchschnitte (Fig. 2 und 3) des neuen physiologischen Privat-Laboratoriums unserer Universität an die Wand gehängt.

Sie sehen, das Gebäude zerfällt in zwei aneinanderstossende Hälften, erstens *B* in die kleineren, in zwei Etagen über einander liegenden und auf Kellergewölben ruhenden Räume, welche zu wissenschaftlichen Arbeiten, zu den Vorlesungsvorbereitungen, zur Unterbringung von Instrumenten, Materialien etc. und zur Assistenten- und Dienerwohnung bestimmt sind, und zweitens *A* in das Auditorium nebst Garderobe.

Nur diese zweite grössere Hälfte meines Gebäudes — das Auditorium oder »Spectatorium« nämlich — will ich ausführlicher besprechen, weil es einer besondern Beachtung werth sein dürfte.

Ich habe mich nach langen Erwägungen für die definitive Annahme des allgemeinen Grundrisses des berühmten Hörsaals der londoner Royal Institution entschlossen, in welchem DAVY, FARADAY

und TYNDALL ihre didaktischen Triumphe gefeiert haben, — obschon,
wie ich später zeigen werde, aus dieser Grundrissform gewisse Unzukömmlichkeiten erwachsen mussten. Dafür aber entschied ich mich
für eine nichts zu wünschen übrig lassende, s t r e n g nach den von

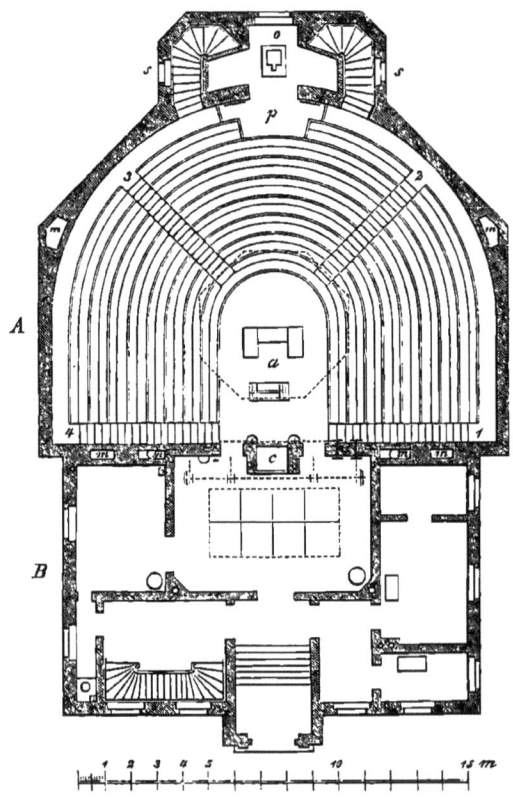

Fig. 1. Grundriss.

A Amphitheater und Garderobe; *B* Arbeits- und Wohnräume; *a* der centrale freie Raum im Amphitheater — die Arena für den Experimentator; *c* chemischer Herd; *o* das einfensterige optische Zimmerchen; *p* die Platform vor demselben, auf welche die Projections-Apparate vorgeschoben werden; *s, s*
die beiden Stiegenhäuser, welche aus der Garderobe auf die Höhe des Amphitheaters heraufführen;
1, 2, 3, 4 die 4 Treppen, welche zu den Sitzreihen herabführen; *m, m, m, m* Ventilations-Kanäle.

LACHEZ entwickelten geometrischen Constructionsregeln durchgeführte
Anlage von amphitheatralisch aufsteigenden Sitzreihen.

Den schönen, hufeisenförmigen Raum u n t e r den Sitzreihen bestimmte ich zur Garderobe, in welche das Publikum zuerst eintritt, um
von da aus auf zwei besonders angebauten Wendeltreppen die Höhe

des Amphitheaters, so zu sagen, von rückwärts zu ersteigen. Von der
Höhe der breiten obersten Stufe des Amphitheaters, welche zugleich
an 100 Stehplätze darbietet, führen dann vier Stiegen herab zu den
Sitzreihen, welche hierdurch in drei grosse Abtheilungen, eine mittlere
und zwei seitliche zerschnitten werden. Die Steilheit dieser Stiegen
machte die Anbringung eiserner Stützstäbe, die zugleich die Nummer
der Sitzreihen und der in ihnen enthaltenen Sitze tragen, nothwendig.

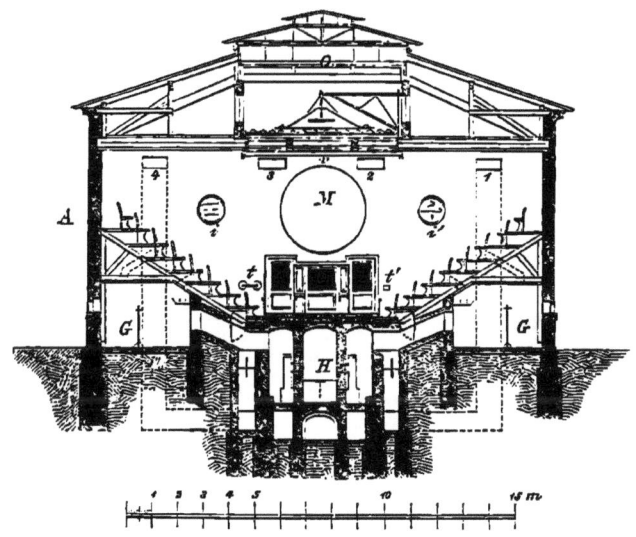

Fig. 2. Querschnitt des Amphitheaters (Ansicht der Projectionswand).

G Garderobe unterhalb der amphitheatralisch aufsteigenden Sitzreihen; *O* Oberlicht mit dem beweglichen Gaslustre sammt Reflector; *H* Heizraum, zu beiden Seiten die Caloriferen und die Gänge
für die kalte und warme Luft, nebst ihren Klappenvorrichtungen; *1, 2, 3, 4* Ventilations-Oeffnungen;
M mittleres, gegypstes Projectionsfeld; *i, i'* Inschriften; *r* grosser Projectionsvorhang und Bilderstange; *t* die beiden Räder zum Ingangsetzen der Turbine und zur Regulirung der Umdrehungs-
geschwindigkeit der in der Arena befindlichen Transmissionswelle; *t'* Gashahn zur Regulirung
der Deckenbeleuchtung.

Bevor ich in der Beschreibung fortfahre, muss ich vor Allem hervorheben, dass die in LACHEZ' Schriftchen behandelten, übrigens wahrscheinlich schon im klassischen Alterthum aufgefundenen, höchst einfachen geometrischen Constructionsregeln für Amphitheater nur wenig
bekannt zu sein scheinen, oder aber gar nicht verstanden und nach
Gebühr gewürdigt werden, denn sonst könnte man nicht in fast allen,
selbst in den neuen und neusten Hörsälen die Sitzreihen entweder einfach auf einer mehr oder weniger steil ansteigenden schiefen E b e n e
aufgestellt, oder — was wunderbarer Weise auch vorkommt — nach
einer ganz b e l i e b i g gewählten Curve aufsteigend angeordnet finden.

ohne irgend welche bewusste und beabsichtigte Beziehung zu
einem bestimmten für jeden Zuschauer ganz freien, allen gemeinschaftlichen Sehfeld, und ohne Rücksicht darauf, dass auch die Zuschauer auf den entferntesten Sitzen möglichst nahe an den 'zu
demonstrirenden Objecten sich befinden sollen. Um diesen beiden
Forderungen zu genügen, ist es nur in sehr beschränkter Weise gestattet seinem willkürlichen Belieben freien Lauf zu lassen.

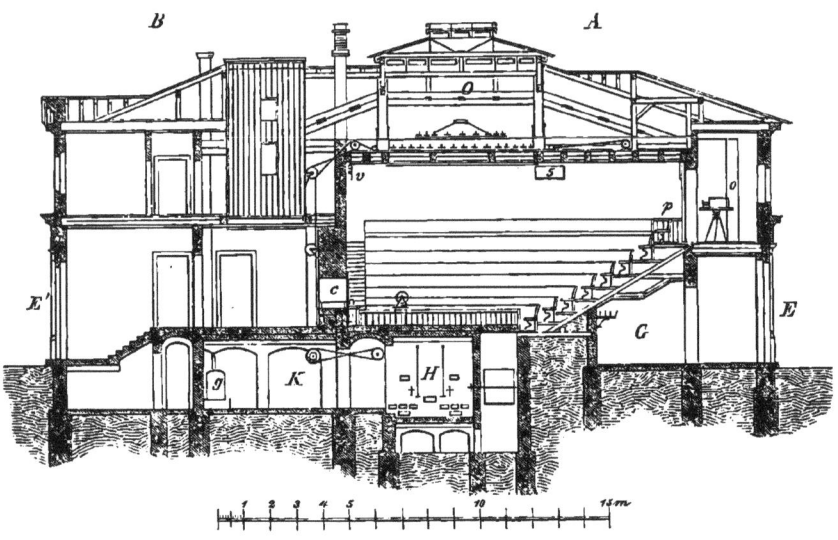

Fig. 3. Längsdurchschnitt.

A Amphitheater und Garderobe (G); B Arbeits- und Wohnräume; E Eingang für das Publikum;
E' Privateingang ins Laboratorium; c chemischer Herd; o das einfensterige optische Zimmerchen;
p Platform zur Aufstellung der Projectionsapparate; t Projectionsvorhang und Bilderstange; 5 Ven-
tilations-Oeffnung; O Oberlicht mit dem beweglichen Gaslustre sammt Reflector; H Heizraum;
K Kellerräume, in welchen sich die Turbine und die Gasometer (g) befinden.

Hat man nämlich die Entfernung der ersten Sitzreihe von dem
Grenzpunkt des von allen Zuschauern gemeinschaftlich und frei zu
übersehenden Raumes festgesetzt, und die Maasse für den Abstand
der einzelnen Sitzreihen von einander, für die Höh der Sitzflächen
vom Fussboden, so wie für die mittleren Grössenverhältnisse der zu
placirenden Menschen, als constante Werthe, einmal angenommen,
so ist die allein richtige Curve, nach welcher die Sitze aufsteigen
oder überhaupt angeordnet werden müssen, um ihrem doppelten Zweck
zu entsprechen, unbedingt gegeben, und wird auf folgende Weise
construirt.

Es seien (Fig. 4) Ax und Ay die beiden Axen eines rechtwinkeligen Coordinatensystems, a der den Zuschauern nächste Grenzpunkt

einer horizontalen Tischplatte T oder der tiefste Grenzpunkt einer
verticalen Tafel T', in welchem sich noch alle Sehlinien müssen kreuzen
können, wenn die Tischplatte oder die Tafelebene von allen Zuschauern in ganzer Ausdehnung frei übersehen werden soll, — so
ist $a_1\,a_2\,a_3\,a_4\,\ldots$ die Krümmung der gesuchten Curve; nachdem man
die Entfernung der ersten Sitzreihe vom Punkte α ($= x_0\,x_1$) und den
Abstand der Sitzreihen von einander ($x_1\,x_2 = x_2\,x_3 = x_3\,x_4 = x_4\,x_5$)
willkürlich bestimmt hat, errichtet man in den Punkten $x_1\,x_2\,x_3\,\ldots$
die den aequidistanten ($x_1\,x_2 = x_2\,x_3 = x_3\,x_4\,\ldots$) Sitzreihen entsprechenden Ordinaten. Auf der ersten Ordinate markirt man ebenfalls noch ganz willkürlich aber als ein- für allemal angenommene
constante Grössen die Höhe des Sitzes über dem Boden bei s_1, die
Höhe, in welche das Auge des auf s_1 sitzenden Menschen über dem
Sitze zu stehen kommt, bei a_1, und endlich die mittlere Scheitelhöhe
über dem Auge bei l_1.

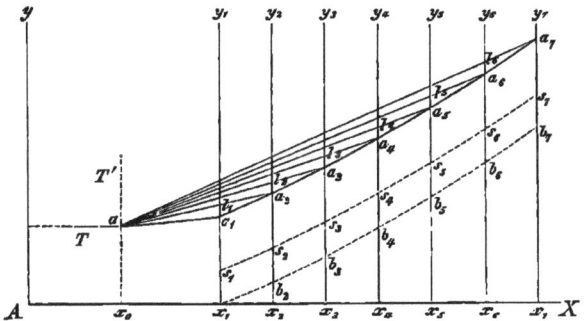

Fig. 4. Zur Erläuterung der LACHEZ'schen Constructionsregel für Amphitheater.

Nach Feststellung dieser dem freien Belieben überlassenen Werthe
ist nun nichts mehr dem Belieben oder der Willkür anheimgegeben.
Man zieht die erste Sehlinie $\alpha\,a_1$ und die zweite $\alpha\,l_1$, welche man verlängert, bis sie die zweite Ordinate ($x_2\,y_2$) schneidet. In dem Punkte
a_2, wo sich beide Linien schneiden, befindet sich nothwendig das Auge
des Zuschauers, welcher in der zweiten Reihe sitzt und, ungehindert
durch seinen Vordermann, den Grenzpunkt α sehen soll. Von diesem
Punkte a_2 aus, markirt man auf die zweite Ordinate ($x_2\,y_2$) nach
unten die als constant angenommene verticale Entfernung des Auges
vom Sitze ($a_1\,s_1 = a_2\,s_2$) und weiter die Höhe des Sitzes vom Fussboden ($s_1\,x_1 = s_2\,b_2$), nach oben aber die mittlere Scheitelhöhe $a_1\,l_1$
$= a_2\,l_2$ und findet auf diese Weise die nothwendige Erhebung des
Fussbodens und des Sitzes über die Horizontale für die zweite Sitz-

9*

reihe, so wie die Erhebung des Scheitelpunktes der in dieser Reihe
sitzenden Menschen. Genau so verfährt man nun für die 3., 4., 5. etc.
Ordinate oder Sitzreihe und erhält, indem man die Punkte $a_1 a_2 a_3 a_4$ . . . . .
durch eine Linie verbindet, jene Curve, nach welcher die Sitzreihen
mit ihren Sitzen $(s_1 s_2 s_3 s_4$ . . . .) und der Fussboden $(x_1 b_2 b_3 b_4$ . . . .),
auf welchem sie stehen, aufsteigen müssen, wenn alle Zuschauer
eine horizontale Tischplatte bis zum allernächsten Grenzpunkte a,
oder eine verticale Tafel bis zum tiefsten Grenzpunkte a, sollen frei
übersehen können und wenn z u g l e i c h selbst die in den entferntesten
Bänken sitzenden Zuschauer unter übrigens gleichen Umständen d. h.
bei derselben Zuschauermenge, bei derselben Anzahl und Entfernung
der Sitzreihen von einander und der ersten Augenreihe von den Sehobjecten, so n a h e a l s m ö g l i c h bei den letzteren placirt sein sollen.

Es versteht sich von selbst, dass die Curve, welche man nach
diesen Constructionsregeln erhält, sehr verschiedene Formen annehmen
muss, je nachdem man die willkürlichen Annahmen, entsprechend den
verschiedenen speciellen Zwecken, welche man erreichen will, verändert, immer aber wird sie die e i n z i g r i c h t i g e n Anhaltspunkte
zur rationellen Construction und Anordnung der Subsellien in Ver-
sammlungsräumen geben, in welchen nicht nur gehört, sondern auch
möglichst gut g e s e h e n werden soll.

Die Brauchbarkeit, ja U n e n t b e h r l i c h k e i t dieser Constructionsregeln ist so einleuchtend und auf der Hand liegend, dass sie vernünftiger Weise bei keiner neuen Construction vernachlässigt werden
dürfen.

In meinem Hörsaal habe ich sie, wie gesagt, streng durchführen
lassen, und damit erreicht, dass in diesem nicht allzu grossen Raum
400 sitzende und an 100 stehende — also in runder Zahl 500 Zuschauer Platz finden, welche a l l e, ohne Lücken und Spalten zwischen
den Köpfen ihrer Vordermänner suchen zu müssen, den mittleren
Raum — die Arena für den Experimentator — ganz frei übersehen
und zugleich selbst die Entferntesten v e r h ä l t n i s s m ä s s i g s o n a h e
a l s m ö g l i c h placirt sind. Um aber auch die a b s o l u t e Entfernung
jener, von den in der Arena befindlichen Sehobjecten entferntesten
Zuschauer, welche sich in den höchsten und hintersten Reihen befinden, möglichst zu verkleinern, und überdies die absolut grösste Menge
Menschen in dem gegebenen Raume unterzubringen, habe ich gar keine
festen pultartigen Bretter zum Auflegen von Schreibheften an den
Rückenlehnen der Sitze, und zugleich die minimalsten Distanzen zwischen den Sitzreihen in Anwendung bringen lassen. In einem »Spectatorium«, wo es sich in erster Linie um das S e h e n handelt, schien

mir die Rücksicht auf das Nachschreiben in die zweite Linie zu gehören; übrigens lassen sich Notizen sehr gut mit Bleistift in ein frei-
gehaltenes, steifgebundenes Büchlein machen und für Einzelne, welche
sich ohne Nachschreiben nicht behelfen können, — »denn was man
schwarz auf weiss besitzt, kann man getrost nach Hause tragen« ! —
wäre durch frei zwischen die Sitzreihen einstellbare Pulte, wie Sie
dort eines sehen, leicht Rath zu schaffen.

Um aber bei der aus guten Gründen gewählten, absichtlich minimalen Distanz der Sitzreihen von einander die freie Communication zu
ermöglichen, wurden die einzelnen Plätze wie Sperrsitze, zum Auf-
klappen eingerichtet, und habe ich, um wenigstens einen Ersatz für
die nothwendige und absichtliche Raumbeschränkung in dieser Richtung durch besondere Bequemlichkeit der Sitze und der Rückenlehnen
zu bieten, dieselben nach einer auf meinen Wunsch von Herrn G. MÜLLER
eigens zu diesem Zweck entworfenen mittleren Schattenrisscurve von
bequem sitzenden Menschen ausschweifen und gegen einander neigen
lassen.

Ich zweifle nicht, m. H., dass Ihnen ein bedeutender Unterschied
zwischen unseren Sitzen und gewöhnlichen Auditoriums-Bänken angenehm auffallen wird, wenn Sie sich auf Ihren Plätzen gehörig zurück-
setzen und zurücklehnen ! — So frei und möglichst gleich gut nun auch
alle Anwesenden diesen mittleren Raum — die Arena des Experimenta-
tors — und Alles, was daselbst vorgeht, übersehen können, Vieles von
Dem, was hoffentlich später einmal in diesem Saale vorgezeigt werden
dürfte, wird sich den Blicken auf der hinter dem Rücken des Vortragenden befindlichen grossen freien Wand darbieten. Dieser Wandfläche gegenüber befinden sich aber die Anwesenden n i c h t a l l e in
einer verhältnissmässig so gleich guten Lage, um Alles zu sehen, was
den Blicken geboten wird, wie gegenüber der centralen Arena.

Zwar die mustergiltige Anordnung der Sitzreihen in verticaler
Richtung ermöglicht Allen das ganze Mittelfeld der Wand von oben
bis u n t e n zu übersehen — allein die Sehlinien Derjenigen, welche
auf der rechten oder linken Seite vom Mittelfelde der Wand sitzen,
müssen nothwendig einen um so spitzeren Winkel mit demselben
machen, je näher ihre Plätze der Wand selbst liegen und je weiter sie
zugleich vom Wandmittelpunkt in seitlicher Richtung entfernt sind.

Dies hat zur Folge, dass sich die Bilder, welche auf jenem Mittelfelde der Wand zu sehen sind, in wachsender Verkürzung präsentiren,
welche für die äussersten seitlichen Eckplätze zunächst der beiden,
längs der Wand herabführenden Stiegen einen das Erkennen der
Bilder wesentlich beeinträchtigenden Grad erreicht.

Dieser unter den vorhandenen Verhältnissen unvermeidliche Uebelstand ist in den höheren Sitzreihen weit merklicher und störender, als in den unteren, so dass der Raum, in welchem die wenigen, in dieser Hinsicht unbrauchbaren Sitze beiderseits liegen, die Gestalt eines rechtwinkeligen Dreiecks hat, dessen Spitze etwa in die Gegend des Eckplatzes der dritten und vierten Sitzreihe fällt, während die Basis desselben die letzten 3—4 Sitze der höchsten Reihe umfasst.

Dieser Uebelstand ist es, auf welchen ich schon Eingangs als auf eine der Unzukömmlichkeiten hingewiesen hatte, die bei den gegebenen Verhältnissen aus der dem berühmten Hörsaal der Royal Institution entlehnten Grundrissform erwachsen mussten.

Nach den bisher gemachten Erfahrungen würde ich h e u t e diese Grundrissform trotz ihrer sonstigen Vorzüge wesentlich modificiren und namentlich die in jenen todten Dreiecken liegenden — freilich nur in der e i n e n, angedeuteten Beziehung ungünstigen Sitze wahrscheinlich ganz opfern, weil sich in der grossen Wandfläche, gegen welche sie eine allzu nahe und seitliche Position haben, nicht nur die drei schwarzen Tafeln zum Schreiben und Zeichnen befinden, sondern weil diese Fläche auch zum Aufhängen aller gemalten und zum Auffangen aller optisch-projicirten Bilder und Darstellungen bestimmt ist.

Die mittlere schwarze Tafel ist nach unten verschiebbar und deckt einen verglasten Herdraum zu chemischen Zwecken, der stark zu ventiliren ist. Zu den zwei seitlichen Schreibtafeln, welche wegen der verhältnissmässig beschränkten Ausdehnung der mittleren unbedingt nöthig waren, habe ich die oberen Hälften der beiden Holzthüren selbst verwerthet, die in den anstossenden Vorbereitungs- und Arbeitsraum führen. Der schwarze Anstrich der Tafeln ist noch etwas zu glatt und spiegelnd und wird bald durch einen raueren und matteren ersetzt werden.

Zum Aufhängen von gemalten Bildern befindet sich an der Wand ein langer horizontaler Stab, der an zwei dünnen Seilen, welche im Nebenzimmer um eine mit Kurbel und Sperrhaken versehene Welle gehen, in jede beliebige Höhe hinaufgezogen und herabgelassen werden kann.

Auf diesem Stabe sind eine Anzahl von Messingringen mit Häkchen aufgeschoben, die zum Einhängen der mit Oesen versehenen Bilderstäbe dienen und je nach der Anzahl der Bilder und sonstigem Bedürfniss auseinandergestellt werden können.

Jetzt befinden sich alle architektonischen Skizzen und sonstigen Darstellungen, welche ich für meine heutige Ansprache brauche, an dem Stabe — und Sie mögen selbst erkennen, wie praktisch diese Einrichtung ist[1].

Zum Auffangen der optisch zu projicirenden Bilder, Schattenrisse und anderen Lichtphänomene, welche ich zu den demonstrativen Zwecken des physiologischen Anschauungsunterrichtes in einer neuen und ganz besondern Weise auszubilden und zu verwerthen gedachte, ist nicht nur die grosse gegypste und sorgfältig mattgeschliffene weisse Kreisfläche in der Mitte der Wand selbst bestimmt, sondern auch noch ein kolossaler, mit einem eigenthümlichen weissen Anstrich versehener Leinwandvorhang angebracht, welcher knapp v o r der Wand, bis zu den zwischen den schwarzen Tafeln vorspringenden Waschbecken herabgelassen werden kann; er hat eine Area von mehr als sechs Quadratmetern.

Ich komme hier auf einen Gegenstand von allgemeinem Interesse für Demonstrationszwecke, den ich a n s i c h mit Vorliebe und vielleicht zu Nutz und Frommen der Sache behandeln würde, den ich aber mit Bezug auf die bis jetzt zu Stande gebrachten Einrichtungen — verglichen mit den ursprünglich von mir beabsichtigten, nicht eingehender besprechen könnte, ohne sogleich in jene tiefe Verstimmung zurückzufallen, welche mir im vorigen Sommer meine ohnehin etwas angegriffene Gesundheit bedenklich erschüttert und alle Kraft und Schaffensfreude gelähmt hat.

Ich beschränke mich daher auf die einfache Vorführung Dessen, was ich mit u n v e r h ä l t n i s s m ä s s i g grossen Opfern erreicht habe; — dass auch hiervon noch ein bereits wohlerworbener Theil fehlt,

---

[1] Nachträglich will ich hier mittheilen, welche Vorkehrungen ich ersonnen habe, um die zahlreichen Bilder, welche in jedem Institut zu einer kaum zu bewältigenden Last anwachsen, bequem aufzubewahren. Die Bilder werden n i c h t gerollt, sondern e n t w e d e r frei an ihren Stäben herabhängend in hohe Schränke geschoben, deren Thüren an der schmalen Seite sich befinden und deren je nach Format der Bilder auseinanderstehende horizontale Scheidewand und Decke an ihren unteren Flächen dichtgedrängte umgekehrt T förmige Leistenreihen 'ⵑⵑⵑⵑ' tragen, zwischen welchen die von der Seite eingeschobenen Stäbe und Papierdicken gerade Platz haben; o d e r die Bilderstäbe sind zum Abnehmen eingerichtet 'aus zwei zusammenklappbaren Leisten, und die Bilder kommen ohne alle Stäbe in ein kolossales Portefeuille mit Bretterdeckeln, welches auf die Kante gestellt, in einer Vertiefung in der Wand eingelassen ist und daher gar keinen Raum wegnimmt. — Ich habe auf diese Weise Hunderte von Tafeln, nach Format und Grösse zusammengeordnet und fortlaufend nummerirt in einem s e h r kleinen Raume untergebracht. Ein Katalog, der die Bilder s a c h l i c h geordnet aufführt und bei jedem Bilde die fortlaufende Nummer angibt, erlaubt jeden Augenblick das Gesuchte sicher zu finden.

mögen Jene verantworten, deren unqualificirbares Verhalten daran Schuld ist.

Dort oben, gerade gegenüber der grossen Projectionswand, befindet sich zwischen den beiden Treppenhäusern, die aus der Garderobe zum Amphitheater heraufführen, ein einfensteriger Raum, durch Schiebethüren verschliessbar. Er enthält die optischen Apparate, welche auf die vor dem Raum befindliche, mit einem Geländer eingefriedete Platform vorgeschoben, ihre Bilder, über die Köpfe der Zuschauer hinweg, auf die Kreisfläche oder den Vorhang der Projectionswand werfen.

Diese Apparate bestehen aus zwei Camera's mit mächtigen Achromaten, und DRUMMOND'schen Kalklichtbrennern, welche letzteren als eine sehr reine, stätige und kräftige Lichtquelle dienen. Die Leuchtgas- und Sauerstoffgasometer zur Erzeugung der Knallgasflamme, welche die Kalkcylinder in Weissgluth versetzt, befinden sich in den Kellerräumen des Vordergebäudes und senden ihre Leitungen bis in das optische Zimmerchen hinauf. Auf ihrem Wege geben diese Leitungen Zweige ab, welche, durch Hähne absperrbar, sowohl im anstossenden Vorbereitungs- und Arbeitsraum, als hier in der Arena des Amphitheaters unter kaum sichtbaren Klappen im Fussboden münden, um die Benützung des DRUMMOND'schen Lichtes eventuell auch an diesen Orten zu ermöglichen.

Die beiden Camera's geben grosse und äusserst scharfe Bilder von durchsichtigen oder durchscheinenden Objecten, Photographien u. dgl., sie geben aber auch vorzüglich scharfe Schattenrisse undurchsichtiger Gebilde.

Die Bilder beider Camera's lassen sich nach Art der Dissolvingviews zur gegenseitigen Deckung bringen, wodurch besondere optische Effecte zu erzielen sind.

Nebst den beiden grossen Achromaten ist noch eine schärfere, sehr lichtstarke achromatische Linse für kleinere Objecte vorhanden und ein Reversionsprisma, welches ohne übermässigen Verlust an Helligkeit die auf den Kopf gestellten Camerabilder umkehrt und in dieselbe aufrechte Stellung bringt, in welcher sich das Object selbst befindet.

Ich bin mit der mannigfaltigen Verwerthung dieser Demonstrationshilfsmittel für physiologische Zwecke beschäftigt, und darf hoffen doch noch einen Theil meiner ursprünglichen Ideen in dieser Richtung zu realisiren, worüber ich mich jedoch nicht weiter verbreiten will: dagegen werde ich mir erlauben Ihnen am Schlusse meiner Rede einige Proben von der verschiedenen Verwerthbarkeit und optischen Leistungsfähigkeit meiner wenigen Apparate zu geben.

Beiläufig will ich nicht verschweigen, dass der m e c h a n i s c h e Theil der Apparate leider wesentlicher Verbesserungen und Modificationen wegen unpraktischer Einrichtung bedarf und dann noch verschiedener n e u e r Nebenvorrichtungen, deren Herstellung sehr zeitraubend und mühselig ist.

Bezüglich des optischen Zimmerchens ist noch hervorzuheben, dass es behufs thierisch-elektrischer, thermo-elektrischer etc. Demonstrationen auch zur Aufstellung eines Spiegelgalvanometers bestimmt ist, dessen Reflexbildchen auf eine an der Projectionswand angebrachte grosse Gradeintheilung fallen wird, um die Tangente des Ablenkungswinkels ersichtlich zu machen. Bei dieser Anordnung bilden die Lichtstrahlen einen gewichtlosen Fühlhebel von circa 13 Meter Länge, wodurch schon die allerkleinsten Ablenkungen überaus deutlich werden müssen.

Endlich hebe ich auch noch hervor, dass das Fenster des optischen Zimmerchens unmittelbar nach Süden sich öffnet, so dass es vermittelst eines Heliostaten ermöglicht ist Sonnenlicht direct auf die Projectionswand zu bekommen.

Ich gehe nun zur Besprechung der Beleuchtungs- und Verdunkelungs-Einrichtungen über. Die Erleuchtung des ganzen grossen Raumes wird durch ein einziges kolossales Deckenfenster bewerkstelligt, über dessen matten Glasscheiben am Abend ein Sonnenbrenner und 96, theils in der Peripherie, theils im Centrum, an einem um eine verticale Axe drehbaren Lustre angebrachte Argand-Gasbrenner angezündet werden, welche eine überaus angenehm-diffuse, tageslichtähnliche Beleuchtung geben. Dieselbe genügt zwar vollkommen, um sowohl die in der Arena befindlichen Dinge, als die an der Wand hängenden Bilder und die Kreidestriche auf den schwarzen Tafeln zu sehen, allein ich habe doch noch dafür gesorgt, dass einzelne Objecte mit ganz besonderer Intensität beleuchtet werden können. Hierzu dient einerseits ein Sonnenbrenner mit parabolischem Reflector, welcher auf einem von Herrn MÜLLER entworfenen, etwas zu complicirten, auf Rollen stehenden Gestell nach allen Richtungen beweglich angebracht ist, andererseits die Kalklicht-Camera im optischen Zimmerchen. Eignet sich der Sonnenbrenner besonders zur intensiveren Erleuchtung der in der Arena befindlichen Gegenstände, so ist die Camera, in welche passende Diaphragmen eingeschoben werden, zur Verstärkung der Beleuchtung der einzelnen Wandbilder unübertrefflich.

Die D ä m p f u n g der Intensität des vom Oberlicht ausgehenden Gaslichtes kann, vom Hörsaal aus, durch Handhabung eines, rechts von den schwarzen Schreibtafeln, ausschliesslich in die Gasleitung für die 96 Oberlichtflammen eingesetzten Hahnes bewerkstelligt werden.

Zur vollständigen Verdunkelung des Raumes bei Tag oder Nacht dient aber eine schwarze Filztuchgardine, welche unmittelbar über den matten Glasscheiben des Oberlichts, zwischen diesen und den Argand-Gasbrennern läuft und, von ihrer Welle abgewickelt, das ganze Plafondfenster lichtdicht deckt.

Dieses Abwickeln der Verdunkelungs-Gardine von ihrer Welle und das Wiederaufwickeln derselben geschieht vorläufig durch Menschenhand, doch soll dies, da ich, wie ich gleich angeben werde, über eine hinreichende mechanische Kraftquelle verfüge, in Zukunft durch letztere geleistet werden. Und zwar sind die nöthigen Einrichtungen unter der persönlichen Leitung unseres überaus tüchtigen Mechanikers Herrn E. Hoffmann im Werke, um hier vom Saale aus, durch einen einfachen Zug an einer Handhabe die gewünschte Bewegung in Gang zu bringen. Ich kann hier die beiläufige Bemerkung nicht unterdrücken, dass ich, wie auf so manches Andere, um von Schlimmerem nicht zu reden, auch auf die Beendigung dieser längst völlig ins Reine gebrachten Einrichtungen seit mehr als 'einem vollen Jahre vergeblich warte. Da soll Einem die Kraft und die Schaffensfreude nicht vergehen — namentlich wenn man sonst schon leidend und reizbar ist. —

In einem Laboratorium, in welchem alle Arten von wissenschaftlichen Arbeiten im Sinne der heutigen Experimental-Physiologie sollen vorgenommen werden können, ist eine jeden Augenblick zur Verfügung stehende mechanische Kraftquelle — wenn auch nicht unentbehrlich so doch ausserordentlich bequem und vortheilhaft.

Ich habe es mir daher nicht versagt eine solche für mein Laboratorium zu beschaffen, und da ich dieselbe nun einmal hatte, so habe ich mir ihre Wirkungen durch Transmissionen nicht nur in den eigentlichen Arbeitsräumen, sondern auch hier in diesem Amphitheater zu blossen Demonstrationszwecken dienstbar zu machen beschlossen.

Ich habe schon angegeben, dass sie die Verdunkelungs-Gardine in Bewegung zu setzen haben wird — ich füge hinzu, dass ich eine Transmission einrichten liess, vermittelst welcher hier im Saale selbst mechanische Triebkraft jeden Augenblick zur Verfügung steht, wie ich Ihnen sogleich zeigen werde.

Doch zuvor muss ich von dem Motor selbst sprechen. Ich habe hierzu versuchsweise eine Nagel & Kaemp'sche Partial-Turbine mit Selbstregulirung gewählt, welche durch eine Wassersäule von 10 Meter Höhe getrieben wird. Zu diesem Ende wurde die Turbine in einen der Kellerräume des Vordergebäudes gesetzt, während ein durch die

städtische Wasserleitung gespeistes grosses Reservoir mit Schwimm-
hahn in dem senkrecht darüber befindlichen Bodenraum angebracht
wurde.

Ich öffne nun hier im Fussboden eine Klappe und ziehe einen
Treibriemen hervor, den ich über das Rad dieser Welle lege, welche
von einem festen tischartigen Gestell getragen wird.

Drehe ich jetzt an diesem an der Wand befindlichen Rad nach
links, so öffne ich vermittelst eines über Rollen gehenden Gutta-
perchastranges den Triebhahn der Turbine im Keller. Sie hören an
einem fernen dumpfen Geräusch, dass sich die Maschine in Bewegung
gesetzt hat. Die Welle läuft, wenn ich den Auslösungshebel einstelle,
und ich kann nun jeden mit der Stufenscheibe der Welle durch eine
Schnur in Verbindung gesetzten Apparat z. B. den Blasebalg zur
künstlichen Athmung, irgend einen Registrir-Apparat, eine Centrifuge
u. dgl. treiben.

Zur Regulirung der Geschwindigkeit des Ganges der Apparate
dient nicht nur die Stufenscheibe der Welle, sondern es ist auch möglich, abgesehen von der Kraftregulirung der Turbine im Keller unten,
durch beliebige Einstellung des Partial-Fächerrades, die Umdrehungs-
geschwindigkeit der Welle selbst in weiten Grenzen von hier aus zu
variiren, indem man an jenem zweiten Rade an der Wand dreht, wodurch die mit zwei Coni's versehene Transmission den Treibriemen,
bei gleichbleibender Kraftentwicklung der Turbine, rascher oder langsamer umlaufen macht.

Noch hätte ich die Heizungs- und Ventilations-Einrichtungen des
Amphitheaters zu besprechen, doch ich begnüge mich mit den folgenden Andeutungen, da Herr Architekt MÜLLER mit meiner Zustimmung
eine detailirte und illustrirte Beschreibung meines ganzen Laboratoriums für Bauverständige zu publiciren gedenkt.

Es sind im mittleren Kellerraum, gerade unter der Arena des
Amphitheaters vier Caloriferen angebracht, welche je nach der Einstellung grosser Ventile entweder aus dem Zuhörerraum selbst oder
durch unterirdische Canäle aus der freien Atmosphäre Luft entnehmen.
Die frische erwärmte Luft dringt in unmerklichem Strome, theils auf
einem Umwege durch die Garderobe, welche hierdurch ebenfalls
temperirt wird, theils direct in den Zuhörerraum, von wo sie fortwährend durch grosse Ventilations-Canäle abgesaugt wird, so dass
ohne den geringsten wahrnehmbaren Zug eine continuirliche Circulation der Luft erreicht und jede störende Anhäufung von Hitze und
Ausdünstungsproducten vermieden ist. Leider hat Herr KELLING aus
Dresden die Anlage allzusehr complicirt, so dass deren Bedienung zu

viel Aufmerksamkeit erfordert und Weitläufigkeiten verursacht, die
wohl hätten vermieden werden können, ohne ihrer Leistungsfähigkeit
wesentlich Abbruch zu thun.

Bei den wenigen einzelnen Vorträgen, welche ich zu Ende des
vorigen Winters, zum Theil in der Absicht das Auditorium einer Sitz-,
Hör- und Sehprobe zu unterwerfen, gehalten habe, war beispielsweise
nach dem $1^1/_2$ stündigen Aufenthalt von mehr als 400 Menschen die
Temperatur, selbst in den höchsten Räumen des Amphitheaters allerdings noch nicht um 3^0 R. gestiegen.

Nachdem ich nur noch hervorgehoben haben möchte, dass die
Akustik des Raumes sowohl in Bezug auf die Leichtigkeit des Sprechens
als des Hörens gar nichts zu wünschen übrig lässt — eile ich zum
Schluss meiner Rede.

Hochverehrte Anwesende!

Ich habe mich aus naheliegenden Gründen gedrungen gefühlt
meine Ideen und Pläne für die Einbürgerung eines wirklich allgemein
fasslichen und gründlichen physiologischen Anschauungsunterrichts
an der Universität, welche ich vor nunmehr drei Jahren bekannt gab
und mit rücksichtslosem Eifer zu realisiren begann, nochmals zu
besprechen, nachdem ich theils durch äussere Umstände der widrig-
sten Art, theils durch den andauernd leidenden, und infolge einzelner
jener äusseren Umstände so sehr verschlimmerten Zustand meines Be-
findens viele Monate hindurch an jeder geistigen Thätigkeit überhaupt
und speciell an der Verfolgung und Ausführung jener Ideen und Pläne
gehindert war.

Auch jetzt noch ist mir die Kraft und die Freude an dieser letzteren Arbeit nicht in vollem Maasse wiedergekehrt, und überdies mag
ich die Befriedigung nicht länger missen, die die ernste, stille, wissenschaftliche Forscherarbeit gewährt, welcher ich während der
letzten drei Jahre — allerdings mit Absicht — allzuviel Zeit zu
Gunsten jener mehr äusserlichen Thätigkeit entzogen habe.

Weil ich nun aber die Zeit und die allmählich wiederkehrende
Kraft gar sehr zu Rathe halten muss, so werden die unvollendet ge-
bliebenen und nach meinem Sinn und Urtheil noch ganz unzu-
reichenden Vorbereitungen für den geplanten physiologischen Anschauungsunterricht — wenn überhaupt — nur sehr allmählich zu einem
solchen vorläufigen Abschluss gelangen können, dass er mich in die
Lage und Stimmung zu versetzen vermöchte mit dem Unterrichte
selbst zu beginnen.

Ich habe jedoch viel zu viel für diese Sache gethan und erreicht, als dass ich die Beschäftigung mit derselben, trotzdem sie mir durch ein solches Unmaass menschlich begreiflichen Unmuths über gescheiterte Ziele, unerfüllte Hoffnungen sachlicher und persönlicher Art völlig verleidet worden war, schon jetzt g a n z aufgeben und fallen lassen wollte und könnte, und überdies muss ich lebhaft wünschen, dass Das, was ich dabei durch die Errichtung dieses Spectatoriums zum bleibenden Gewinn für unsere Universität geleistet zu haben glaube, dem öffentlichen Unterricht womöglich s o f o r t zu Gute komme.

Deshalb habe ich nicht länger zögern wollen — da doch Alles auch seine richtige äussere Form und Art haben will, — zur heutigen »Eröffnungsversammlung« einzuladen, um diesen Saal, mit seinen eigenthümlichen und zum Theil hinreichend beendeten Einrichtungen zu inauguriren und speciell dem h. Rectorate unserer Universität öffentlich und feierlich zur Verfügung zu stellen.

Nachschrift.

Nach Schluss vorstehender Rede wurde das Amphitheater vollständig verfinstert und ich demonstrirte vermittelst der erwähnten Kalklicht-Camera's vom optischen Zimmerchen aus folgende B i l d e r, P r ä p a r a t e und l e b e n d i g e V o r g ä n g e.

1. wurde eine jener wundervollen e m b r y o l o g i s c h e n Photographien von Prof. His, welche das Vollendetste sind, was in dieser Richtung bisher geleistet ist, auf den grossen Leinwandvorhang projicirt; es war dies ein überaus gelungenes Originalnegativ auf Glas, dessen Benützung ich der Güte meines genannten Herrn Collegen verdankte. Es stellte den mikroskopisch vergrösserten Querschnitt eines Hühnerembryo aus früher Zeit dar. an welchem nicht nur die einzelnen Organe, wie das Rückenmark mit seinem spaltförmigen Centralkanal, die *Chorda dorsalis*, die Urwirbelmassen, die Seitenplatten, die Lumina und Wandungen der beiden Ausführungsgänge der Wolff'schen Körper und der beiden Aorten, das Darmdrüsenblatt und die Anlage der Leibeshöhle mit der Uebersichtlichkeit einer schematischen Zeichnung erschienen. sondern an welchem auch die histologischen Elemente mit überraschender Deutlichkeit und Schärfe hervortraten: namentlich sei erwähnt, dass an einer der Aorten eine überaus klar gezeichnete Gruppe von embryonalen Blutkörperchen hängen geblieben war, die zum Theil frei in das Lumen derselben hineinragte.

Um eine Idee von der Ausdehnung und Grösse des projicirten Bildes zu geben, brauche ich nur anzuführen. dass es den mehr als

sechs Meter breiten Leinwandvorhang in querer Richtung vollständig
deckte.

2. wurden zwei grosse, dünn geschliffene Knochendurchschnitte,
welche ich der Freundlichkeit meines geehrten Collegen Prof. BRAUNE
verdankte, in scharfem Schattenriss gezeigt, um die in neuerer Zeit
von H. MEYER u. A. einer besondern Aufmerksamkeit gewürdigte
Architektonik der spongiösen Substanz zu illustriren.

Der eine Durchschnitt umfasste den Kopf, Hals, Trochanter und
das obere Drittel eines menschlichen Femurs, der andere das ganze
obere Gelenksende der Tibia. Die Schattenrisse deckten in senk-
rechter Richtung über $^4/_5$—$^3/_4$ des Vorhangs.

Nachdem der leinwandne Projectionsvorhang wieder ganz in die
Höhe gezogen worden war, demonstrirte ich auf der freigewordenen
gegypsten Kreisfläche der Wand:

3. eine genau nach dem Original transparent colorirte Photographie des Bildes vom Hundeknie mit den primitiven Lymphwegen der
sehnigen Gebilde aus der bekannten Abhandlung von LUDWIG und
SCHWEIGGER-SEIDEL.

4. wurde jene umgrenzte Stelle dieses Bildes, welche die blau
injicirten netzförmigen Lymphbahnen und die roth gefüllten Blutgefäss-
verästelungen enthält, mit der stärkeren Linse meines Apparates in
bedeutenderer Vergrösserung projicirt, so dass die feinsten Ramificationen mehr als fingerdick erschienen und ausserordentlich scharf und
deutlich hervortraten.

5. wurde eine zweite genau nach dem Originalbilde von Professor
RECLAM transparent colorirte Photographie des Durchschnittes der
menschlichen Haut projicirt, welche mit den roth injicirten Blutgefässen, den Haarbälgen sammt Talgdrüsen, den Unterhautfettzellen-
inseln, den Schweissdrüsen, dem Papillarkörper und der MALPIGHI'-
schen und Oberhautschichte eine recht hübsche Illustration der
Hautstructur darstellt. — nur schade, dass die Schweissdrüse und ihr
in Wirklichkeit korkzieherförmig gedrehter Ausführungsgang auf dem
Original nicht glücklich wiedergegeben sind!

6. zeigte ich mein neues künstliches Kreislaufschema,
bei welchem ein ausgeschnittenes, fortschlagendes Froschherz als
natürlicher Motor dient[1]. Der kleine Apparat, sammt dem pul-

---

[1] Ein ähnliches, freilich viel gröberes Schema mit einem todten Säugethier-
herz, an welchem mit der Hand gepumpt wurde, pflegte ich schon vor Jahren zu
demonstriren. Vgl. meinen Vortrag »Ueber das Herz etc.« Leipzig, J. C. Hin-
richs'sche Buchhandlung, 1871. S. 16 u. f.

sirenden Froschherzen, wurde, um allen Anwesenden deutlich sichtbar gemacht zu werden, in scharfem Schattenriss auf die gegypste
Kreisfläche projicirt und erschien — da das Reversionsprisma eingeschaltet wurde — in aufrechter Stellung. Derselbe erläutert die fundamentale Thatsache des Blutkreislaufs mit solcher Anschaulichkeit und
Eleganz, und empfiehlt sich überdies so sehr durch leichte Herstell-
barkeit, dass ich ihn genauer beschreiben will, um mir den Dank der
praktischen Lehrer der Physiologie zu erwerben, denn jeder von ihnen
wird mein Schema als Collegienversuch sehr brauchbar finden.

Ein Stativ *S* mit schwerem Fuss
trägt einen horizontalen Glasstab 'g',
auf welchen zwei länglich viereckige
Korkstücke (*k*, *k'*) aufgeschoben sind.
In der verticalen Bohrung jedes dieser
Korke ist ein kurzes Stück einer
dickwandigen Kautschukröhre (*c*, *c'*)
durchgeschoben und eingeklebt, welches nach unten etwa 1 cm weit frei
hervorsteht. In die obere Oeffnung
der einen Kautschukröhre wird das
untere Ende der Steigröhre (*a*), welche
an ihrem oberen Ende in eine feine,
umgebogene Spitze ausgezogen ist,
senkrecht festgesteckt; in das zweite
Kautschukröhrchen kommt ebenso
ein Glastrichterchen (*v*). In die unteren Oeffnungen der Kautschukröhrchen wird einerseits die gerade glä-

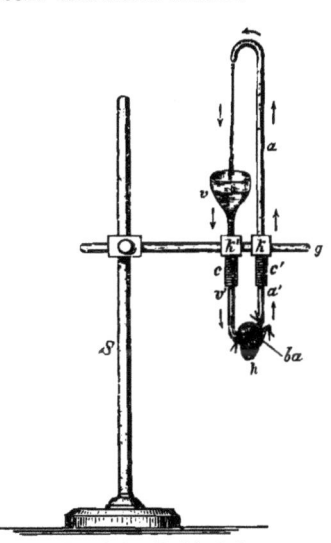

Fig. 5. Künstliches Kreislaufschema mit
lebendigem Motor (Froschherz).

serne Canüle (*a'*) eingeschoben, welche in den einen Hauptast des
Bulbus aortae (*ba*) des Froschherzens (*h*) eingebunden ist, während
andererseits die passend gebogene Canüle (*v¹*) eingeführt wird, welche
in die *Vena cava inf.* vermittelst einer Ligatur befestigt wurde, die alle
übrigen Venen des Froschherzens mitumschnürt.

Nun füllt man den Venentrichter mit Blutserum oder ½% Kochsalzlösung, saugt mit einer capillar ausgezogenen Glasröhre alle sich
etwa bildenden Luftblasen auf oder entfernt sie auf andere Weise —
und sieht nun, wie das kräftig fortschlagende Froschherz die Flüssigkeit in die Steigröhre (*a' a*) emportreibt und aus dem ausgezogenen
und umgebogenen Ende derselben in rhythmisch unterbrochenem Strahl
in den Venentrichter hineinspritzt. So ist denn ein wirklicher
Kreislauf der Flüssigkeit in sehr zierlicher und anschaulicher Weise

hergestellt, den man halbe Stunden lang und mehr beobachten und erläutern kann.

Anfangs filtrirt die Kochsalzlösung, wenn ihr nicht etwas Gummi arab. zugesetzt ist, oft ziemlich stark durch die Herzwandungen hindurch, und man muss dann von Zeit zu Zeit etwas Flüssigkeit in den Venentrichter nachfüllen, später vermindert sich das Durchfiltriren und hört meist vollständig auf.

7. Endlich habe ich das fortpulsirende Froschherz dieses Kreislaufschemas in einen mit Kochsalzlösung gefüllten Glastrog mit planparallelen Wänden getaucht und in scharfem, theilweise durchscheinendem Schattenriss vermittelst der stärker vergrössernden Linse meines Apparates auf das gegypste Wandfeld projicirt, um den Rhythmus und die Formveränderungen der einzelnen pulsirenden Herzabschnitte zu demonstriren. Selbstverständlich wurde das Reversionsprisma eingeschaltet, damit das schlagende Froschherz in aufrechter Stellung erscheine und seine Beziehungen zum Zuge der Schwere in natürlicher Richtung erkennen lasse.

Um eine Idee von der Schaubarkeit dieser überraschenden Demonstration zu geben, erwähne ich nur, dass der Längsdurchmesser des an der Wand erscheinenden Schattenrisses des schlagenden Herzens an 2 Meter betrug.

Diese neuartige D e m o n s t r a t i o n des lebendigen Herzschlages hat aber auch einen wissenschaftlichen Werth, indem bei der Schärfe der Contouren des Schattenrisses und bei der bedeutenden Vergrösserung der Bewegungen D e t a i l s der Contractionen der Herzabschnitte zu beobachten sind, welche dem unbewaffneten Blicke entgehen oder kaum sichtbar werden. In dieser Beziehung hebe ich hervor, dass die unregelmässigen t e t a n i s c h e n und p e r i s t a l t i s c h e n Contractionen beim allmählichen Absterben des Herzens durch zunehmende Erwärmung in einer Mannigfaltigkeit auftreten, von der man bisher kaum eine genügende Vorstellung hatte.

Schliesslich ergreife ich mit Freuden die Gelegenheit den Herren Dr. Ernst Fleischl aus Wien und Dr. Luciani aus Bologna für die gefällige und geschickte Assistenz, die sie mir bei diesen Demonstrationen zu leisten die Güte hatten, meinen herzlichsten Dank öffentlich auszusprechen.

Leipzig, 22. December 1872.

Ueber das Wesen der Nerventhätigkeit.

[Skizze eines am 8. März 1858 in Brünn im k. städtischen Redoutensaale abgehaltenen Vortrags. »Wiener Zeitung« vom 26. und 27. März 1858.]

Ich beabsichtige im Folgenden die Resultate von Untersuchungen kurz vorzuführen, welche sowohl durch die Bedeutung ihres Gegenstandes als durch die Exactheit ihrer Methode das lebhafteste und allgemeinste Interesse in Anspruch nehmen dürften.

Es handelt sich um die Gewinnung einer genaueren Einsicht in das eigentliche Wesen der Nerventhätigkeit bei den Vorgängen des animalen Lebens.

Empfindung und Willensäusserung — die beiden Elemente des animalen Lebens, welche uns mit der Aussenwelt in Beziehung setzen, indem wir durch die Empfindungen erfahren, was um uns vorgeht, durch unsere Willensäusserungen aber handelnd und verändernd [in die Aussenwelt eingreifen — sind nämlich an die Existenz gewisser materiellen Veränderungen der Nervensubstanz, welche wir Nervenerregung oder Reizung nennen, gebunden und kommen nur durch die Vermittelung des Nervensystems und der mit demselben zusammenhängenden Organe der Empfindung und Bewegung zu Stande. Das Ziel unserer Betrachtung ist also zu erfahren, was die Wissenschaft auf dem gegenwärtigen Standpunkt ihrer fortschreitenden Entwickelung über die Art dieser Vermittelung überhaupt und über das Wesen jener materiellen Veränderungen der Nervensubstanz, welche dem thätigen Zustand derselben entsprechen, insbesondere aussagen kann.

Ich verhehle mir nicht, dass mein Unternehmen ein gewagtes ist; denn obgleich der Sinn für Naturwissenschaft gegenwärtig auch in weiteren Kreisen erwacht ist und immer mehr und mehr alle Schichten der Gesellschaft durchdringt, so fühlt sich doch gerade die schönere Hälfte unseres Geschlechtes von dem strengen nüchternen Geiste der Naturforschung weniger angezogen als vielmehr unangenehm berührt. Ein gewisses heimliches Grausen beschleicht das zarter besaitete weibliche Gemüth, wenn der Schleier von den Geheimnissen namentlich

der menschlichen Natur mit der unerbittlichen Consequenz wissenschaftlicher Forschung weggerissen und dabei so manche liebgewordene
Illusion zerstört wird.

Der Aesthetiker und Historiker befinden sich dem weiblichen gebildeten Publikum gegenüber in einer weit günstigeren Lage als der
Naturforscher. Sie mögen welchen Gegenstand immer behandeln, man
wird ihnen mit freudigen oder bangen Gefühlen, aber stets mit williger
Theilnahme folgen: auch bedürfen sie nur einer einfach aufnehmenden,
mehr passiven Zuhörerschaft.

Ganz anders der Naturforscher, wenn er das eigentliche Wesen
materieller Vorgänge erklären will!

Die Materie mit dem einförmigen Wirken anziehender und ab-
stossender Kräfte, ohne wesentliche Mannigfaltigkeit als den dürren
Wechsel der Zahlenverhältnisse lässt kalt, und so wie der Naturforscher
nur etwas in die Tiefe seines Gegenstandes dringt, muss er das selbst-
thätige Denken und Vorstellen seiner Hörer in Anspruch nehmen, um
verstanden zu werden.

Die Nerven sind zwar ein leidlich interessanter, auch im gewöhnlichen gesellschaftlichen Leben vielfach besprochener Gegenstand, —
»starke Nerven, schwache Nerven, angegriffene Nerven« sind Worte,
welche wir jeden Tag aus manchem schönen Munde hören können: —
allein nicht in dieser oberflächlichen pikanten Richtung beabsichtige
ich die Nerven zum Gegenstande meiner Betrachtung zu machen, sondern in der unendlich bedeutungsvollen, aber viel prosaischeren, wo die
Nerven als ein mechanischer Apparat, als ein Werkzeug erscheinen,
durch dessen Thätigkeit das Zustandekommen der animalen Lebensvorgänge vermittelt wird.

Und für diese Enttäuschung kann ich nicht einmal eine leichte
unterhaltende Form der Mittheilung versprechen, sondern muss mir
vielmehr eine nicht ganz kleine Anstrengung der Aufmerksamkeit des
geneigten Lesers erbitten.

Wenn ich es trotz alledem unternehme, den angedeuteten Gegenstand an diesem Orte weitläufiger zu behandeln, so finde ich den Muth
dazu nur in der festen Ueberzeugung, dass Niemand, der nach wahrer,
allgemeiner Bildung strebt, die Gelegenheit verschmähen wird — selbst
wenn dies nur mit einem gewissen Aufwande von angestrengterer
Sammlung des Geistes möglich wäre — eine Einsicht zu gewinnen in
die Summe von neuen Vorstellungen, welche die fortschreitende Wissenschaft über das eigentliche Wesen der Nerventhätigkeit zu Tage gefördert hat.

Ich nehme also getrost meinen Gegenstand in Angriff und lade den Leser ein, zunächst einen flüchtigen Blick auf den Bau des Nervensystems mit mir zu werfen.

Dasselbe besteht aus den sog. Central-Organen, dem Gehirn und Rückenmark, welche zusammenhängende Nervenmassen-Anhäufungen darstellen und in besonderen knöchernen Behältnissen, dem Schädel und Rückgratskanal, geborgen liegen, — und aus den sog. peripherischen Nervenverzweigungen, welche, von Hirn und Rückenmark ihren Ursprung nehmend, als weisse Stränge den Körper durchziehen, um zu den Sinnesorganen, den Muskeln und den übrigen von ihnen versorgten Theilen zu gelangen und daselbst ihr Ende zu finden.[1]

Schon die oberflächlichste Untersuchung lehrt, dass Hirn und Rückenmark aus einer weissen und aus einer grauen Substanz zusammengesetzt werden, welche letztere verschiedene Nüancen zeigt. Das Rückenmark hat äusserlich weisse Substanz, schliesst aber in seinem ganzen Verlaufe eine Säule grauer ein, deren Configuration man am besten auf Querschnitten des Rückenmarks erkennt.

Das Hirn besteht zum grössten Theil aus weisser Substanz, ist jedoch äusserlich von einer dünnen Lage grauer überzogen und schliesst an verschiedenen Orten Anhäufungen grauer Masse ein, welche theils Fortsetzungen der grauen Säule des Rückenmarks, theils mehr selbstständige Bildungen sind.

Wichtiger als die Beschreibung dieser Aeusserlichkeiten, welcher die ältere Anatomie eine minutiöse, wenn auch unfruchtbare Sorgfalt zugewendet hat, ist die mikroskopische Zergliederung der Nervengebilde, um welche sich unser Landsmann, Prof. Purkyně, durch mehrere Entdeckungen bleibende Verdienste erworben hat.

Die mikroskopische Zergliederung lehrt, dass die Nervensubstanz unter zwei verschiedenen elementaren Formen auftritt — als Nervenzelle und als Nervenfibrille.

Die Nerven- oder Ganglienzellen sind überaus kleine, rundliche, spindelförmige, kolbige oder unregelmässig eckige, mit meist mehrfachen fadenförmigen Verlängerungen versehene Bläschen, welche einen eiweiss- und fetthaltigen, feinkörnigen Inhalt und ein eigenthümliches kernartiges Gebilde einschliessen, während die Nervenfibrillen unendlich feine, bis mehrere Fuss lange Röhrchen darstellen, welche von einer zähflüssigen, eiweiss- und fetthaltigen, glashellen Masse erfüllt sind.[2]

---

[1] Der Vortragende demonstrirte eine eigens zu diesem Zwecke von Dr. Elfinger in Wien gemalte Darstellung des menschlichen Nervensystems.

[2] Ein zweites von Dr. Elfinger gemaltes Tableau stellte eine Auswahl verschiedengestalteter Nervenzellen und Nervenfibrillen dar.

Erst in neuester Zeit ist es gelungen, den schon von PURKYNÈ ge-
ahnten Zusammenhang zwischen Nervenzellen und Nervenfibrillen und
der Nervenzellen untereinander wirklich zu beobachten. Zu diesem
Ende besitzen die Nervenzellen eben jene spindelförmigen Verlängerungen oder Strahlen, welche zum Theil in Nervenfibrillen übergehen, zum Theil mit den Strahlen anderer Nervenzellen verschmelzen,
zum Theil endlich nach mehrfacher Verästelung frei endigen mögen.
Die Nervenzellen stellen somit Knotenpunkte dar, durch welche weit
auseinanderliegende Nervenbahnen in Zusammenhang gebracht werden. In der grauen Substanz der Centralorgane sind Tausende und
abermals Tausende solcher Nervenzellen angehäuft, welche untereinander zusammenhängend, zahlreichen Nervenfibrillen zum Ursprung
dienen.[1] — Die weisse Substanz ist ausschliesslich aus zahllosen dicht-
gedrängten Nervenfibrillen zusammengesetzt.

Die peripherischen Nervenverzweigungen bestehen gleichfalls nur
aus von faserigen Scheiden zusammengehaltenen Bündeln von Nervenfibrillen, und nur hie und da finden sich Gruppen zelliger Elemente
eingestreut.

Die feinere Structur der Centralorgane ist im höchsten Grade verwickelt und complicirt, und ich würde ohne Noth ermüden, wollte ich
dieselbe auch nur in ihren gröbsten Umrissen skizziren.

Es genügt, die Vorstellung gewonnen zu haben, dass Hirn und
Rückenmark aus der Anhäufung und planmässigen Anordnung unendlich vieler, mikroskopisch kleiner, discreter Formelemente hervorgehen, welche vielfach untereinander zusammenhängend ein Gewebe
darstellen, wo — wie Mephisto vom Webermeisterstück sagt:

> »Ein Tritt tausend Fäden regt
> Die Schifflein herüber hinüber schiessen,
> Die Fäden ungesehen fliessen,
> Ein Schlag tausend Verbindungen schlägt.«

Man vollendet das Bild vom Bau des Nervensystems, wenn man
sich hinzudenkt, dass bestimmte Abschnitte der Centralorgane Bündel
von Nervenfibrillen aussenden, welche zu bestimmten Organen gelan-
gend, diese mit jenen — wie Telegraphendrähte — in Verbindung
setzen.

So also ist der wunderbare Apparat beschaffen, welcher das Zustandekommen der Vorgänge des animalen Lebens vermittelt.

---

[1] Ein drittes von Dr. ELFINGER gemaltes Tableau erläuterte diese Beschreibung durch die kolossale Darstellung eines mikroskopischen Scheibchens grauer
Substanz.

Ueber die Art dieser Vermittelung lässt sich im Allgemeinen etwa Folgendes sagen.

Es wäre Anmassung als eine vorgebliche Lösung des ganzen Problems den materialistischen Ausspruch von CABANIS wiederholen zu wollen: »les nerfs, voilà tout l'homme!« oder überhaupt nur behaupten zu wollen, dass wir über gewisse wichtige Fragen, welche sich hier von selbst aufdrängen, genügende Aufschlüsse bereits erhalten hätten, oder dereinst nothwendig erhalten müssten — da doch die echte Wissenschaft nur das zu wissen vorgibt, was sie mit ihren Instrumenten geprüft hat.

So viel aber dürfen wir — ohne nach irgend einer Seite hin Anstoss zu geben — mit Entschiedenheit hinstellen, dass die Seele im Gehirn ihren Sitz hat, in gewissen, nicht näher zu bezeichnenden Formelementen desselben ihre materielle Grundlage, ihr Substrat findet, mit welchem sie in directer Wechselwirkung steht, und dass sie erfahrungsgemäss nur durch das Hirn in Erscheinung und zur materiellen Welt in Beziehung tritt. Die peripherischen Nervenverzweigungen spielen dabei wesentlich eine ähnliche Rolle, wie die Drahtleitungen unserer elektrischen Telegraphen. Sie sind es einerseits, auf deren peripherische Enden, welche wir zum Theil mit künstlichen Apparaten, wie Auge und Ohr, versehen finden, die Aussenwelt und die Zustände unseres Körpers erregend einwirken, und innerhalb deren Substanz die Erregung fortschreitet bis zum Sitze der Seele, wo jene unbegreifliche Transsubstantiation des physikalischen Vorgangs der Nervenerregung in den psychischen Zustand der Empfindung stattfindet. Sie sind es andererseits, auf deren centrale Enden, welche wir im Gehirn zu suchen haben, der Willensimpuls der Seele erregend einwirkt und innerhalb deren Substanz die Erregung bis zu den Bewegungsorganen fortschreitet, wo sie sich dann auf die Muskeln überträgt und in eine Zusammenziehung derselben umsetzt, durch welche die Bewegung unserer Glieder ermöglicht und mechanische Arbeit geleistet wird.

Nerven der ersten Art nennt man sensitive, Nerven der zweiten Art motorische.

An den peripherischen Enden der sensitiven Nerven werden also — wenn ich den angedeuteten Vergleich mit dem elektrischen Telegraphen näher ausführen darf — die Depeschen aufgegeben, welche die Seele von den Zuständen des Körpers und von den Veränderungen in der Aussenwelt benachrichtigen sollen, während die Seele ihre Willensäusserungen als Befehle, welche sofort zu Thaten werden, auf den motorischen Nervenleitungen so zu sagen nach aussen telegraphirt.

Das Gehirn stellt somit gewissermassen das Centralbureau des gesammten Nerventelegraphennetzes unseres Körpers dar, in welchem alle Leitungen zusammenlaufen.

Die Analogie der verglichenen Vorgänge ist unverkennbar und wie ich glaube, vollkommen geeignet, das Spiel und die Betheiligung des Nervensystems bei dem Zustandekommen der animalen Lebensvorgänge bildlich zu erläutern und allgemein verständlich zu machen, obschon jeder derartige Vergleich im Einzelnen nothwendig hinken muss.

Damit hätten wir denn eine ungefähre Einsicht in den Mechanismus des Nervenapparates, welcher von zwei Seiten in Bewegung gesetzt wird — von der Seele einerseits, von der Aussenwelt andererseits — gewonnen und den einleitenden Theil unserer Betrachtung abgeschlossen.

Ebensowenig jedoch als das Verständniss des Mechanismus eines elektrischen Telegraphen schon eine Einsicht in das Wesen des elektrischen Stromes gewährt, ebensowenig erschliesst uns auch die Bekanntschaft mit der Rolle, welche die einzelnen Theile des Nervenapparates bei den Vorgängen des animalen Lebens spielen, schon eine Einsicht in das eigentliche Wesen der Nerventhätigkeit, d. h. in das Wesen jener materiellen Veränderungen, welche als Erregung oder Reizung in den Nervenbahnen auf- und abschreiten und von gewissen Elementen des Gehirns aus einerseits die Seele zur Thätigkeit anregen, andererseits durch die Willensimpulse der Seele wachgerufen werden.

Zu dieser Einsicht gelangen wir erst durch die nachfolgende Betrachtung.

Es gibt verschiedene Vorgänge in der materiellen Natur, welche das Gemeinsame haben, dass sie, einmal eingeleitet, in der Materie, welche ihr Substrat, ihre Grundlage ist, weiter sich fortpflanzen. So entsendet ein leuchtendes Gestirn Lichtstrahlen nach allen Richtungen des Raumes in ungemessene Fernen; so gleichen sich in einer Drahtleitung, auf meilenweite Distanzen, die durch eine VOLTA'sche Batterie getrennten elektrischen Gegensätze strömend aus; so erreichen die Schallwellenzüge den entferntesten Hörer im Concertsaale: so endlich explodirt eine Mine in ihrem ganzen Verlauf, ob sie gleich nur an einem Ende entzündet wurde u. s. w.

Die materiellen Veränderungen der Nervensubstanz, welche wir als Nerventhätigkeit oder Erregung bezeichneten, gehören ebenfalls in diese Reihe von Vorgängen, welche insgesammt nichts anderes sind, als verschiedene Bewegungen oder Lagerungsveränderungen der kleinsten Massentheilchen, der sogenannten Atome, aus welchen nach der berechtigten Vorstellung der

Physiker die Materie zusammengesetzt ist, — oder ganzer Gruppen derselben, der sogenannten Molectüle.

Jeder dieser Bewegungsvorgänge pflanzt sich mit einer bestimmten, je nach seinem Typus und der Natur seines materiellen Substrats verschiedenen Geschwindigkeit fort. Um nur Ein Beispiel anzuführen. Das Licht durchläuft 40,000 Meilen in der Secunde, der Schall nur bescheidene 1058 Fuss; ein mit einem Spiegel reflectirter Sonnenstrahl ist daher schon nach 7 Minuten zur Sonne zurück: die augenblickliche Antwort auf die Frage eines Sonnenbewohners wäre es erst nach 30 Jahren!

Nach den Ermittelungen der Physiker müssen wir uns aber auch eben deshalb das materielle Substrat der Lichtbewegung mit viel mächtigeren Spannkräften ausgestattet und von viel feinerem ätherischerem Stoffe denken als die Luft, welche das Substrat der Schallbewegung ist.

Kennten wir die Geschwindigkeit, mit welcher sich die Erregung in den Nerven fortpflanzt, so würde sich sofort ergeben, welcher Kategorie jener Reihe von Bewegungsvorgängen dieselbe angehört oder doch am nächsten steht, namentlich ob ihr materielles Substrat grobe wägbare Materie ist, oder von jener ätherischen, unwägbaren Beschaffenheit wie das Substrat des Lichtes.

Stellen wir uns also diese Frage, welche im Sinne des früheren Vergleiches des Nervenmechanismus mit einem elektrischen Telegraphen also formulirt werden kann:

Mit welcher Geschwindigkeit pflanzen sich die Depeschen in unseren motorischen und sensitiven Nervenbahnen fort? d. h. welche Zeit braucht die Erregung, in welche ein Stich mit einer Nadel setzt, um von der Fingerspitze z. B. bis ins Gehirn, — welche Zeit ein durch die Seele erregter Willensimpuls, um aus dem Gehirne bis zu den Muskeln zu gelangen?

Die Lösung dieses anscheinend ungreifbaren Problems verdankt die Wissenschaft dem hevorragenden Scharfsinn des Professors HELMHOLTZ in Bonn, eines der genialsten Physiologen der Gegenwart.

HELMHOLTZ hat, um die Bruchtheile einer Secunde, um die es sich hier handelt, genau zu bestimmen, die schärfsten und exactesten zeitmessenden Methoden der Physik auf eine äusserst sinnreiche Weise in Anwendung gebracht. Ich bedaure, dass es mich zu weit führen würde, auf die Auseinandersetzung des von HELMHOLTZ angewendeten, wahrhaft ingeniösen Verfahrens näher einzugehen, und muss mich daher begnügen, das Endresultat dieser schwierigen und für den Beobachter äusserst anstrengenden Bestimmungen mitzutheilen, welches nach einer brieflichen Mittheilung von HELMHOLTZ an Professor LUDWIG in Wien folgendes ist: Im lebenden Menschen pflanzt sich die Erregung in den Nervenbahnen im Durchschnitt mit einer Geschwindigkeit von 194 bis 195 Fuss in der Secunde fort, d. h. in einem 195 Fuss langen Menschennerven, wenn es einen solchen gäbe, würde die Erregung eine ganze Secunde brauchen, um von einem Ende desselben zum anderen zu gelangen: die gewöhnliche Länge der menschlichen Nerven von höchstens einigen Fuss wird daher immer in wenigen Tausendtheilen einer Secunde von der Erregung zurückgelegt.

Dieses Resultat muss, abgesehen von den daraus fliessenden wichtigen Folgerungen, als ein höchst überraschendes bezeichnet werden, denn bei der allgemein verbreiteten Vorstellung, dass die Nervenwirkungen auf Strömungen eines ätherischen oder psychischen Princips zurückgeführt werden müssten, mag es ganz unglaublich erscheinen, dass die Geschwindigkeit dieser Strömungen nicht nur überhaupt messbar, sondern verhältnissmässig so überaus gering sein sollte.

In der That, vergleichen wir das gefundene Resultat mit der Fortpflanzungsgeschwindigkeit des Lichtes, welches 40,000 Meilen in der Secunde zurücklegt, mit der der Elektricität, welche noch bedeutender ist, ja nur mit der des Schalles, welche nur 1058 Fuss beträgt, so finden wir zu unserem Erstaunen die Fortpflanzungsgeschwindigkeit der Nervenerregung mit noch nicht 200 Fuss in der Secunde verschwindend klein!

Bei der verhältnissmässigen Kürze der menschlichen Nervenbahnen, welche in den extremsten Fällen nicht viel über eine Klafter betragen, ist der Zeitraum, den die Erregung braucht, um den vorgeschriebenen Lauf zu vollenden, wie gesagt, so überaus klein, dass er gar nicht bemerkt wird.

Nichtsdestoweniger sind wir mit unseren Empfindungen und Wahrnehmungen doch immer um einen kleinen Schritt hinter der Wirklichkeit zurück, während der Willensimpuls seiner Ausführung etwas vorauseilt, so dass wir uns zu den Vorgängen in unserer nächsten Umgebung streng genommen in einem ähnlichen anachronistischen Verhältniss befinden, wie der irdische Beobachter bekanntlich der Fixsternwelt gegenüber, deren Lichtstrahlen, welche eben erst sein Auge treffen, schon vor Jahrtausenden von den Sternen entsendet wurden und daher Bilder geben, welche Verhältnissen entsprechen, die längst entschwundenen Schöpfungsepochen angehören.

Um dieses interessante Verhältniss klarer zu machen, führe ich die Wahrnehmung eines momentanen elektrischen Stromes an, von dessen Existenz wir durch die Empfindung des elektrischen Schlages erst dann etwas erfahren, wenn derselbe gar nicht mehr vorhanden ist. Wir empfinden aber eine momentane elektrische Entladung darum erst zu einer Zeit, wo dieselbe gar nicht mehr existirt, weil die Erregung, welche die Seele von der Störung des elektrischen Gleichgewichts benachrichtigen soll, eine weit längere Zeit braucht, um auf der betreffenden Nervenbahn von der Fingerspitze z. B. bis ins Gehirn zu gelangen, als jene momentane Störung dauert. Wir empfinden also in diesem Falle etwas als gegenwärtig, was bereits der Vergangenheit angehört, und so ist es immer und mit allen unseren Wahrnehmungen der Fall.

Den Schall sind wir gewohnt die Rolle des nachhinkenden Boten spielen zu sehen, weil die tägliche Erfahrung lehrt, dass wir ein in der Entfernung geschehendes Ereigniss eher sehen als hören: bei einem Manöver z. B. sehen wir als entfernte Zuschauer zuerst den Blitz und den Pulverdampf der abgefeuerten Geschütze, erst merklich später trifft der Kanonendonner unser Ohr.

Dass es aber mit dem Lichte und unseren Wahrnehmungen, welche das Nervensystem vermittelt, streng genommen ebenso ist, erregt unsere Verwunderung mehr, weil die Zeitunterschiede, welche das Licht und die Nervenerregung brauchen, um einerseits die in der täglichen Erfahrung vorkommenden irdischen Dimensionen, andererseits die geringe Länge der menschlichen Nervenbahnen zurückzulegen, gar nicht wahrnehmbar sind.

Eine weitere Consequenz des bisher Erörterten ist noch die, dass die Wahrnehmungen gleichzeitiger Ereignisse, welche durch ungleich lange Nervenbahnen vermittelt werden, in der Zeit auseinanderfallen müssen, während die ungleichzeitiger Ereignisse unter diesen Umständen gleichzeitig ins Bewusstsein treten können, weil die Erregung offenbar ungleich lange Zeiten braucht, um ungleich lange Nervenstrecken zurückzulegen. So z. B. wird ein elektrischer Schlag, welcher in demselben Augenblicke einen Hautpunkt im Gesicht und am Fusse trifft, eher dort als hier empfunden werden müssen, weil der Weg vom Gesicht bis ins Gehirn viel kürzer ist als vom Fuss bis ins Gehirn.

Freilich sind die Unterschiede in der Länge der Nervenbahnen viel zu gering, als dass sich diese Verwirrung der zeitlichen Verhältnisse in störender Weise geltend machen könnte, darum existirt aber diese Verwirrung doch — denn wir haben sie mit Nothwendigkeit erschlossen und abgeleitet.

Mit unseren Wahrnehmungen und Empfindungen sind wir daher nicht nur immer einen kleinen Schritt hinter der Wirklichkeit zurück,

sondern diese Verschiebung ist überdies eine ungleichmässige, für jede
Nervenlänge verschiedene.

Eine ähnliche Verwirrung der Zeitverhältnisse findet — allerdings
in kolossalem Maassstabe — der irdische Beobachter, wenn er einen
Blick auf den gestirnten Himmel wirft. Er sieht da Verhältnisse in
demselben Augenblicke neben einander, welche Hunderte, ja Tausende
von Jahren auseinander liegen, indem die Entfernungen der Fixsterne
von der Erde so ungeheuer gross und so verschieden sind, dass das
Licht so ungeheure und so verschiedene Zeiten braucht, um bis zur
Erde zu gelangen.

Nur den geringen Dimensionen unseres Körpers und der beschränkten Schärfe unseres Wahrnehmungsvermögens für Zeitunterschiede
haben wir es daher zu danken, dass sich die Langsamkeit des Depe-
schenwechsels in unseren motorischen und sensitiven Nervenbahnen
im gewöhnlichen Verkehre mit der Aussenwelt in keiner Weise störend bemerklich macht.

Würden sich jedoch entweder das Wahrnehmungsvermögen für
Zeitunterschiede steigern oder die Dimensionen des menschlichen Körpers zu jenen abenteuerlichen Riesengestalten, welche die indische
Phantasie geboren hat, mit ihren meilenlangen Gliedern ausdehnen, so
würden auch die Vorgänge des animalen Lebens dieser Organismen
sofort in eine solche zeitliche Verwirrung gerathen, dass ihre Beziehungen zur Aussenwelt vollständig sinnlos, ja unmöglich werden müssten.

Diese sonderbaren Consequenzen, welche sich aus der ermittelten
geringen Fortpflanzungsgeschwindigkeit der Nervenerregung mit Nothwendigkeit ergeben, wollte ich — obschon sie, wie gesagt, von keiner
praktischen Bedeutung sind — nicht ganz mit Stillschweigen übergehen,
weil sie nicht verfehlen können, unsere Verwunderung zu erwecken.

Wichtiger für unseren Zweck ist der Schluss, welchen wir uns aus
diesen Thatsachen auf das eigentliche Wesen der Nervenerregung erlauben dürfen.

Dieselbe gehört nämlich, eben wegen der geringen Geschwindigkeit, mit der sie sich fortpflanzt, offenbar in jene Kategorie der früher
erwähnten Bewegungsvorgänge, zu welcher die Schallleitung und das
Abbrennen einer Mine zu rechnen sind. Sie besteht also wie diese in
Bewegungen der kleinsten grobmateriellen Theilchen oder Molecüle,
welche die Nervensubstanz zusammensetzen. Denn wäre das materielle
Substrat der Nervenerregung von jener ätherischen unwägbaren Beschaffenheit wie das Substrat der Lichtbewegung, so dürfte dieser
Vorgang nicht verhältnissmässig so träge in den Nervenbahnen fort-
schleichen.

Nach den ausgezeichneten Untersuchungen von E. du Bois-Rey-
mond in Berlin entwickeln die Molecüle der Nervensubstanz während
ihres lebendigen Bestehens elektrische Kräfte — analog den Plat-
tenpaaren einer Volta'schen Säule. Und diese elektrischen Kräfte,
welche am lebenden Nerven mit physikalischer Schärfe nachgewiesen
werden können, sind es, die die Bewegung von einem Massentheilchen
auf das andere übertragen und somit die Fortpflanzung der Bewegung
in den erregten Nervenbahnen vermitteln.

Die Bewegungen der Molecüle selbst aber sind höchst wahrscheinlich einfach oscillirende Drehungen oder Schwankungen um ihren Mittelpunkt. Ein Bild wird dies anschaulich machen.

Man denke sich eine Anzahl von Magnetnadeln in eine lange mehr-
fache Reihe neben- und hintereinander geordnet, so entspricht die ganze
Reihe dem Inhalt einer Nervenfibrille, jede einzelne Nadel je einem der
unendlich vielen und unendlich kleinen Molecüle der Nervensubstanz,
die magnetischen Kräfte der ersteren den elektrischen der letzteren.

Wird nun eine der Nadeln angestossen und aus ihrer Gleichgewichtslage gebracht, so gerathen sofort auch die zweite, die dritte, die
vierte u. s. w. und endlich sämmtliche Nadeln der ganzen Reihe in
Schwankungen. [1]

Ganz ähnlich verhält sich die Sache im erregten Nerven.

Das eigentliche Wesen der Nerventhätigkeit oder Nervenerregung
besteht also, so weit wir bis jetzt sehen können, in einer raschen,
zitternden Bewegung der kleinsten grobmateriellen Massentheilchen
oder Molecüle der Nervensubstanz, welche sich vermittelst elektrischer
Kräfte in den Nervenbahnen weiter fortpflanzt.

Hier ist die Wissenschaft am Ende: denn wie es möglich ist, dass
die Seele von gewissen Elementen des Gehirns aus durch diese einförmigen zitternden Bewegungen der Nervenmolecüle zu jener Fülle
verschiedenartiger Empfindungen, deren wir fähig sind, angeregt wird
und die ganze entzückende Pracht und belebende Frische der Sinnen-
welt aus sich hervorzaubert; — wie es möglich ist, dass sie, die man
sich als ein immaterielles Wesen vorstellt, im Stande ist, durch den
Willensimpuls diese Bewegungen wieder in den motorischen Nervenbahnen wachzurufen, — das ist ein undurchdringliches Geheimniss,
und dürfte für alle Zeiten ein unlösbares Räthsel bleiben!

Aber das ist das Eigenthümliche der Naturforschung, dass sie in

---

[1] Der Vortragende demonstrirte diesen Versuch mit einer Anzahl grosser In-
clinationsnadeln, welche Herr Lenoir in Wien die Güte hatte, zu diesem Zwecke
herzuleihen.

den gewöhnlichsten Erscheinungen der täglichen Erfahrung Probleme
sieht, und dass der Naturforscher, je tiefer sein Blick in das eigentliche
Wesen der Dinge eindringt, in einer Welt der Räthsel wandelt, wo für
den unbefangenen Menschen Alles sich von selbst versteht, so dass
dieser von seinem naiven Standpunkt aus berechtigt erscheint jenem
zuzurufen:

>»Grau, theurer Freund, ist alle Theorie,
>Und grün des Lebens goldner Baum.«

Mit diesem Zuruf schliesse ich meine kurze Darstellung, jedoch
nicht ohne den Wunsch hinzuzufügen, dass man mitten im freudigen
Genusse des Schönen und Erhabenen, was das Leben in der Kunst
und in den schönen Wissenschaften bietet, nicht ganz vergessen möge,
dass alle diese veredelnden Gedanken und Gefühle, welche den Menschen nur zu leicht allzu stolz über seine beschränkte irdische Existenz
emporheben, am Ende doch nicht ohne jene zitternden Bewegungen
der grobmateriellen Nervenmolecüle vor das geistige Auge treten und
im Gemüthe erwachen könnten!

Sechs Tage in und um Bordeaux.

Skizze aus meinem Tagebuche.

[»Lotos«, September und October, 1854.]

Den 18. August 1853.

Gestern Abend 7¼ Uhr habe ich Paris verlassen und bin hier, in Bordeaux, um 1½ Uhr Nachmittags etwas ermüdet angekommen. — Die Stadt macht einen grossartigen Eindruck; sie liegt im Halbmond um die majestätisch daherströmende Garonne, über welche eine kolossale, 892 Schritt lange Brücke von 17 Bogen führt. Diese Brücke hat das Eigenthümliche, dass sie im Innern h o h l ist, so dass man nicht nur a u f, sondern auch i n der Brücke von einem Ufer zum andern gelangen kann; im letzteren Falle natürlich ungesehen. Napoleon der Grosse hat dieses prächtige Bauwerk aufführen lassen, und soll, wie man erzählt, den unsichtbaren Durchgang in der Brücke zu geheimen Uebersetzungen von Truppen haben benützen wollen. Mir scheint es viel wahrscheinlicher, dass die Brücke nur deshalb im Innern hohl gebaut wurde, weil man Baumaterial ersparen und die Pfeiler weniger belasten wollte. Die beabsichtigten geheimen Truppenmärsche gehören aber nun einmal zu den fixen Ideen des Volkes und werden den Fremden regelmässig aufgetischt.

Am Abend gab es noch eine *fête nautique*, welche mir Gelegenheit gab, die schöne Welt von Bordeaux zu sehen und einen Wettkampf kennen zu lernen, der hier beinahe so heimisch ist, wie das »Boxen« in England — ich meine das »S c h i f f e r s t e c h e n«. Mit der *fête nautique* hatte es aber folgende Bewandtniss. Ein reicher Kaufherr hatte sich auf der Werfte von Bordeaux ein Schiff bauen lassen: dieses war vollendet und lief heut vom Stapel. Der Vermählung des Schiffes mit dem Wasser zu Ehren war nun nach altem Brauch ein Fest arrangirt, das mit dem Schifferstechen begann.

Das Schifferstechen besteht darin, dass die Kämpfer, welche vorn an der Spitze kleiner Schiffe frei stehen, einander, während sie sich in die Nähe kommeu, mit langen mit einem Knopfe versehenen Stangen ins Wasser zu stossen suchen. Das Volk nimmt lebhaften Antheil am Kampf, ermunternder Zuruf wechselt mit schadenfrohem Gelächter. Die Positionen, welche die aus dem Gleichgewicht gebrachten Kämpfer machen, um sich oben zu erhalten oder um möglichst sanft ins Wasser zu plumpsen, sind in der That oft drollig genug. Sehr häufig fallen beide Gegner ins Wasser, wo dann keiner den Preis gewinnt.

Doch dies war nur das Vorspiel zu dem Hauptschauspiel des Abends — dem Vomstapellaufen des neu erbauten Zweimasters »La providence«. Wenn eine Stütze nach der andern fällt und endlich das auf dem Lande fast noch 1½ mal so gross als im Wasser aussehende Schiff mit beschleunigter Geschwindigkeit die schiefgelegten und mit einer Art Seife eingeschmierten Balken herunterrutscht, um endlich ins Wasser sich hineinzubohren, vor sich eine mächtige Sturzwelle aufwühlend, hinter sich in Folge der Friction Flammen und Rauch lassend: so ist das in der That ein grossartiger Anblick. Der Eindruck dieser Scene wird noch vermehrt, indem die Musik im Fortissimo einfällt und das Volk die Luft mit freudigem Geschrei erschüttert. Eine glänzende Beleuchtung mit bunten Lampen schloss das Ganze.

Den 19.

Nachdem ich noch in der Garonne gebadet, den Jardin des Plantes und den Kirchhof mit seinen Platanen-Alleen und Cypressen-Gruppen besucht hatte, verliess ich Bordeaux, um nach la Teste und von da über das grosse Bassin d'Arcachon nach Arès zu fahren, welches am nördlichen Ende des Bassins gelegen ist. Der Charakter der Landschaft ist hier ganz eigenthümlich gemischt. Einerseits wird man an Italien, andererseits an — Holland erinnert, auch die Windmühlen fehlen nicht. Das Bassin d'Arcachon ist eine sehr seichte Bucht von bedeutendem Flächeninhalt, welche nur durch einen ganz schmalen und kurzen Kanal mit dem Meere in Verbindung steht, so dass sich Ebbe und Fluth wohl geltend machen können, die Wogen des Oceans aber keinen Eingang finden. Das Bassin ist aus diesem Grunde und seiner Seichtigkeit wegen fast immer spiegelglatt, und hat stets eine hohe Temperatur, weshalb es zu einer besonderen Art von Seebädern benützt wird. Im Gegensatz zu den Seebädern mit freiem starkem Wellenschlag, welche nur einige Minuten hindurch gebraucht werden, bleibt man in dem lauen ruhigen Wasser des Bassins zu Viertelstunden!

Den 20.

Heute ritten wir auf die drei Stunden entfernte Besitzung des Herrn Boissière, um dessen Meersalzplantagen zu besehen.

Der Weg führte uns durch Pinus-Wälder, Haideland und während der Ebbe blossgelegten Meergrund. Die Pinus-Wälder liefern Massen von Harz, welches von den Leuten dadurch gewonnen wird, dass sie in die Bäume lange und tiefe Furchen mittels einer Axt anbringen, in welchen dann das Harz herunterläuft und am Fusse des Baumes in Behältnissen sich ansammelt. Die Bäume erhalten durch diese methodisch angebrachten Verwundungen ein eigenthümliches Aussehen, indem die Stämme mit der Zeit einen sternförmigen Querschnitt erhalten. Auffallend war mir, dass die Bäume diese Procedur so leicht ertragen und nicht zu Grunde gehen. Ja nach der Versicherung der Leute soll das Holz solcher Bäume fester und derber werden, und sowohl zum Brennen als zur Verarbeitung dem anderer Stämme vorzuziehen sein.

Während des Rittes litten wir viel von der fast unerträglichen Hitze und vom Staub. Endlich waren wir am Ziele und eine frische Brise vom Meere her erquickte und kühlte uns. Nach wenigen Minuten der Rast liessen wir uns von Herrn BOISSIÈRE nach seinen Meersalzplantagen führen. Das Meersalz wird hier auf die primitivste und wohlfeilste Art gewonnen. Einige Morgen Landes sind zu flachen d. h. einige Zolle tiefen Bassins, die untereinander und mit dem Meere communiciren, umgegraben und mit Meerwasser gefüllt. Der Wind und die Sonne machen das Wasser rasch verdampfen und zwingen das Meersalz herauszukrystallisiren. Das so krystallisirte Salz wird abgeschöpft, gesammelt und in Haufen zusammengeschüttet, die man »Salzschober« nennen könnte. Diese Schober werden mit einer Lage Sand und Erde bedeckt und bleiben so stehen, bis sie weggeführt werden. Auffallend war nur der überaus deutliche Veilchengeruch, den das Salz eines eben angebrochenen Schobers ausströmen liess. Woher dieser liebliche Geruch stamme, konnte ich nicht erfahren. Reines ClNa ist das auf diesem Wege gewonnene Salz aus sehr begreiflichen Gründen nicht, doch soll es sehr gesund sein. In den Gegenden, wo es gegessen wird, sind Kröpfe eine Seltenheit. Sollte dies mit dem Jodgehalt des Meersalzes zusammenhängen?

Eines der Hauptnahrungsmittel der Anwohner des Bassins d'Arcachon sind die Fische, welche sich reichlich darin finden. Um nicht von der zufälligen Ausbeute eines Fischzuges abzuhängen, haben sich die Leute grosse Weiher rings um das Bassin angelegt, worin sie stets einige Hundert Fische halten, welche den nächsten Bedarf decken. Diese Weiher hängen mit dem Bassin durch enge und kurze Kanäle zusammen, welche durch Schleussen abgesperrt werden können. Während der Fluth steigt das Wasser im Bassin so hoch, dass es die Weiher anfüllt, wenn die Schleussen geöffnet sind; während der Ebbe tritt das Wasser aber so weit zurück, dass die Weiher trocken gelegt würden, wenn die Schleussen offen blieben.

Diese Niveau-Unterschiede benützt man auf ganz einfache Art, um ohne besondere Mühe Fische zu fangen. Während der Fluth öffnet man die Schleusse, an deren gegen den Weiher gekehrten Seite vorher ein langes beutelförmiges Netz befestigt worden ist, und lässt, wie die Leute sagen, die Schleusse »trinken«. Mit dem Schwalle des fluthenden Wassers kommen zugleich Schaaren von Fischen herangeschwommen, welche der Strömung folgend in dem beutelförmigen Netze sich sammeln. Das Netz hindert zugleich die Fische des Weihers herauszuschwimmen. Hat die Fluth ihre Höhe erreicht, so lässt man die Schleusse herab. Die Fische sind dann in dem Netze gefangen und werden, nachdem sie eine genaue Revue passirt haben, entweder ins Bassin zurückgeworfen oder den Weihern einverleibt. Diese Vorsicht ist nothwendig, denn es gibt gewisse Arten von Raubfischen, die einen solchen Weiher in wenig Tagen durch ihre enorme Gefrässigkeit ganz entvölkern können. Ueberdies schwemmt die Fluth ohne Wahl oft ein ganzes Museum von Meerungeheuern in dem blinden Ende des beutelförmigen Netzes zusammen — allerlei Gesindel, welches nach seinem naturgeschichtlichen Heimatschein zu fragen sich wohl verlohnt, wenn die Ordnung in den Weihern gesichert bleiben soll.

Die künstliche Fischzucht, *pisciculture*, welcher in neuerer Zeit in Frankreich so grosse Aufmerksamkeit zugewendet wurde, dürfte wohl kaum irgendwo leichter Wurzel fassen und grossartigere Erfolge versprechen, als in der Gegend des Bassins d'Arcachon.

Die natürlichen Bedingungen eines Ortes können schwerlich günstiger und passender gedacht werden zur Einrichtung einer künstlichen Fischzüchterei, als sie eben hier vorhanden sind. Süsses Wasser und Meerwasser — beides steht hier zu Gebote; See- und Süsswasser-Fische könnten sonach gezogen werden. Es würde mich wundern, wenn diese günstigen Bedingungen nicht auch Anderen in die Augen springen und nicht wenigstens zu Versuchen, die ja zu Enghien so ermunternde Resultate geliefert haben, anregen sollten.

Die Heerden von Schafen und Rindvieh, welche man in grosser Menge auf dem Haideland weiden sieht, bieten keine besonderen Eigenthümlichkeiten, dagegen fallen dem Fremden die Hirten auf ihren oft mannshohen Stelzen, eifrig an groben Strümpfen strickend, in nicht geringem Grade auf. Die Stelze ist hier ebenso allgemein und volksthümlich, wie der Schlittschuh in Holland, das Steigeisen in der Schweiz und der Schneeschuh in Lappland. Die Hirten, die Jäger, die Boten gehen hier alle hoch zu Stelze und gewinnen, da sie von

Jugend auf den ganzen Tag über auf diesen Stangen zubringen, eine
solche Sicherheit im Stelzen-Gehen, Laufen und Springen, dass man
glauben könnte, die Stelzen seien natürliche Verlängerungen der Beine.
Die hier gebräuchlichen Stelzen sind etwas anders gebaut, als jene,
die man hie und da bei uns zu sehen bekömmt. Letztere bestehen
bekanntlich aus Stangen, welche bis hoch hinauf unter die Arme
reichen und mit den Händen gefasst und regiert werden: die ersteren
hingegen sind an den Unterschenkel auf eine sinnreiche und überaus
einfache Weise befestigt, so dass sie die Arme zu anderem Gebrauche
ganz frei lassen. Die Befestigung der Stelze an dem Unterschenkel
geschieht durch einen Lederring, welcher durch eine Lederplatte in
zwei ungleiche Oeffnungen getheilt wird. Die grössere Oeffnung nimmt
den Unterschenkel auf, die kleinere nach aussen liegende hingegen
das obere bis an's Knie reichende Ende der Stelze. Die Lederplatte
befindet sich somit zwischen dem Unterschenkel und dem oberen Ende
der Stelze und schützt nicht nur die Weichtheile des ersteren gegen
Reibung und Quetschung, sondern gewährt dem letzteren zugleich Halt
und Befestigung. Das Aufsteigen auf die oft sehr hohen Stelzen vom
flachen Boden aus geschieht folgendermassen. Nachdem die beschriebenen Lederringe an die Unterschenkel gesteckt sind, wird die eine
Stelze wie eine Turnierlanze eingelegt, während die andere mit der
anderen Hand gefasst wird, dann wird ein Anlauf genommen — mit
einem Schwunge steht der Mann mit dem einen Beine auf der vor-
gehaltenen Stelze und befestigt dieselbe durch Herüberschieben der
kleineren Abtheilung des Lederringes über das obere Stelzenende.
Während nun hüpfend auf einer Stelze das Gleichgewicht erhalten
wird, hat die Befestigung der zweiten Stelze keine grossen Schwierigkeiten mehr. Zu Hause machen sich die Leute das Aufsteigen natürlich bequemer. Alle Stelzengeher führen einen langen Stab mit sich,
theils um nicht zu fallen, wenn sie zufällig das Gleichgewicht verloren
hätten, theils um längere Zeit ruhig stehen zu können. Denn trotzdem, dass das untere Ende der Stelzen etwas verdickt ist und eine
mehrere Quadratzolle haltende Fläche bietet, ist es doch nur Augenblicke lang möglich ganz ruhig auf den Stelzen zu stehen.

Der lange Stab wird als dritter Unterstützungspunkt verwendet,
indem er mit seinem oberen Ende entweder durch einen der Lederringe oder in die *Rima glutaeorum* gesteckt wird. Auf diesem drei-
beinigen Gestelle ruhen nun die Hirten Stunden lang, die Heerde
hütend und ihre Strümpfe strickend. Ja, hier bringen die Männer die
Strümpfe zur Welt: es ist zwar grobe Arbeit, aber das Gewebe ist
gleichmaschig und dem Zweck entsprechend. Die Wolle haben die

Leute ringförmig am Halse hängen. Possierlich ist und bleibt diese
Sitte immerhin, wenn sie auch ihre praktische Seite hat. Welchem
allgemein gefühlten Bedürfnisse der Gebrauch der Stelzen abhilft und
abhelfen soll, habe ich nicht in Erfahrung bringen können. Der erhöhte Standpunkt auf den Stelzen befähigt zwar den Hirten die Heerde
leicht zu übersehen und die Häupter seiner Lieben zu zählen; auch
macht der Bote mit seinen durch die Stelzen verlängerten Beinen grössere Schritte und geht oft mehr als um das Doppelte schneller als
andere Menschenkinder: allein diese Vortheile können den so allgemeinen Gebrauch der Stelzen nicht erklären, denn wenn dem so
wäre, so müsste man dann die Frage stellen, warum der Gebrauch
der Stelzen nicht in allen ebenen Ländern allgemein und volksthümlich sei? da die angeführten Vortheile verlängerter Beine für jeden
Breitengrad gelten.

Den 21. August.

Obgleich gestern erst spät am Abend todtmüde von dem Ritt
heimgekehrt, verliessen wir heute schon um 2 Uhr des Morgens Arès,
um den D ü n e n einen Besuch abzustatten. Unsere Gelegenheit bestand
in einem zweirädrigen, von einem Pferde gezogenen Karren (*marette*.
Das Stroh, auf dem wir lagen, schützte uns nur unvollkommen vor den
Stössen dieses primitiven Fahrzeuges. Die einförmige Grossartigkeit
der Dünen liess uns jedoch bald die Unannehmlichkeiten des Weges
vergessen.

Der Charakter dieser Dünen ist ein völlig anderer, als jener der
holländischen. Sie bilden hier ganz kahle, abgerundete, kolossale
Sandberge, während die Holländer fast durchgängig mit einer Grasart
bewachsen sind. Der Sand, aus dem sie zusammengeweht sind, ist so
fein, dass man ihn gleich in eine Streusandbüchse füllen könnte. Jeder
leise Windhauch treibt ihn in Wolken vor sich her und verändert die
Contouren der Berge. So weit der Blick reicht, sieht man nichts als
Himmel und Sand: in der Wüste Sahara kann es nicht monotoner und
öder aussehen, und doch macht das Ganze einen ergreifenden, grossartigen Eindruck. Nichts Lebendiges, keine Pflanze, kein Thier ist
weit und breit zu sehen — doch halt! hier sind kleine Spuren im
Sande, die etwa 2 Zoll von einander in einer langen Reihe sich aus
dem Thal auf den Berg verfolgen lassen. Die Spuren sind ganz frisch,
der nächste Augenblick würde sie verweht haben.

Das Thier, welches seinen Weg damit bezeichnet hat, kann nicht
fern sein. In der That, dort, wohin die Spur sich zieht — hüpft ein
kleiner Frosch ganz emsig den Berg hinan. Wie kommt das arme
Amphibium in diese Sandwüste? Hier muss es ohne Zweifel zu Grunde

gehen, und doch ist es kein zufällig verirrtes Exemplar, wir fanden noch mehrere Frösche und zahlreiche Spuren. Wovon mögen diese Thiere leben? Es ist mir ein Räthsel geblieben. Mitten in dieser Wüstenei befindet sich ein Strandposten der Douane auf einer hervorragenden Düne, von der aus man einen grossen Theil der Sandberge und ein Stück des brandenden Oceans übersieht. Die Douaniers, welche über die Ankunft von Menschen sehr erfreut waren, erquickten uns durch ein ganz annehmbares déjeuner à la fourchette.

Auf dem Rückwege lernte ich eine der sonderbarsten Eigenthümlichkeiten dieser Düne kennen, nämlich die Möglichkeit, überall in den Thälern süsses, trinkbares Wasser aus dem Sandboden hervorquellen zu machen. Man braucht nur eine Grube in den Sand zu graben, um in derselben sogleich eine Menge reines Wasser sich ansammeln zu sehen. Ich dachte unwillkürlich an Moses und seinen Zug durch die Wüste. Das Wasser aber liess ich mir gut schmecken.

Die Sandberge sind offenbar kolossale Filtrirmaschinen! Bei heiterem windstillem Wetter herrscht in den Dünen eine erhebende Ruhe und Stille, welche nur durch die ferne dumpfe Brandung rhythmisch unterbrochen wird. Bei heftigem Sturme hingegen soll sich die Scene auf erschreckende Weise ändern. Der Himmel verdunkelt sich dann von aufgewirbeltem Sand und die Sandberge scheinen sich zu beleben und wandeln in Wellenbewegung landeinwärts, Alles vernichtend und begrabend — wie Lavaströme.

Die Dünen rücken, wie die Gletscher, vor und würden den ganzen Küstenstrich versanden, wenn sie nicht künstlich daran verhindert würden. Wie man in Holland Dämme baut gegen das Wasser, so pflanzt man hier Wälder von *Pinus maritima* gegen die Dünen und den Flugsand. Ein blos palliatives Verfahren gegen das Vorrücken der Dünen besteht darin, dass man Zäune von Pallisaden errichtet, an welchen der Sandstrom sich bricht und staut. Sind die Pallisaden verweht, so hebt man sie heraus und steckt sie höher oben wieder ein. Die kleinste feste Erhabenheit am Boden bedingt eine Anhäufung und endlich einen Hügel von Sand. Man sieht leicht, wie dieses Verfahren zum Ziele führt. Die jungen Pinuspflanzungen werden auf diese Weise geschützt, bis sie, herangewachsen, selbst zum Schutze der hinter ihnen gelegenen Landstrecken dienen.

Während wir uns Arès wieder näherten, machten mich meine Begleiter auf ein sehr merkwürdiges Bodenverhältniss aufmerksam. Sie erzählten mir, es gebe in dem Haidelande, durch welches wir eben dahinschritten, Stellen, welche aus grundlosem Moraste beständen, aber mit einer dünnen Schicht Dammerde dermassen bedeckt wären,

11*

dass man arglos über dieselbe hinwegschreite, dann aber durchbreche und, wenn nicht schleunige Hilfe geleistet werde, jämmerlich in den Boden versinke. Solche Stellen nennt man *blouses*. Sie sollen sehr häufig sein, doch konnte man mir keine zeigen. Vielleicht sind es die *blouses*, welche den Gebrauch der Stelzen nothwendig gemacht haben?! — In Arès erwartete uns ein wohlgedeckter Tisch, zu dem sich sämmtliche Herren Maires der umliegenden Ortschaften eingefunden hatten.

Nachmittags verliess ich Arès und liess mich über das Bassin setzen. Gegen Abend landete ich am entgegengesetzten Ufer vor dem »Hôtel des empereurs« während eines heftigen Gewitters, das uns beinahe noch auf dem Wasser erwischt hätte. Hier lernte ich den berühmten Dichter aus dem Volke, den Barbier JASMIN, kennen, welcher heute Abend eine poetische Soirée gibt.

Den 22. August.

Am frühen Morgen verliessen wir das Hôtel und ritten von la Teste aus nach Villemarie, einer Farm, welche dem Herrn FERRY gehört. Herr FERRY ist unter den Landwirthen Frankreichs eine Notabilität. Er ist der erste und so viel mir bekannt der einzige Oekonom, welcher mit Erfolg in Frankreich Reis baut. Unser Besuch galt FERRY's Reisplantagen. Sein bei der Londoner Exhibition ausgestellter Reis hat einen Preis erhalten, was bei solcher Concurrenz, wie sie 1852 in London war, schon etwas heissen will. Die ganzen Reisplantagen, sowie das Bewässerungssystem der Felder — der Reis reift bekanntlich zur Hälfte unter stehendes Wasser gesetzt — erinnerte mich lebhaft an die Meersalzplantagen des Herrn BOISSIÈRE. Wir blieben über Mittag bei unserem freundlichen Wirthe und fanden grossen Gefallen an seinem einfach aber comfortable eingerichteten Hause, welches seine Frau, eine liebenswürdige Pariserin, mit grosser Einsicht leitet. Nur ungern verliessen wir den freundlichen Ort. Am Abend befanden wir uns wieder in Bordeaux.

Den 23. August.

Während meines ersten Aufenthaltes hatte ich die Stadt nur sehr flüchtig besehen, so dass ich mich heute tüchtig ablaufen musste. Nachdem ich mich gebadet und von den Anstrengungen der letzten Tage etwas erholt hatte, begann ich meine Besichtigung mit dem grossen und schönen Hospitale, welches einen prächtigen viereckigen Hof einschliesst. Die Seitenflügel sind durch kleine Gärtchen für die Reconvalescenten in mehrere Theile getheilt.

Gegenüber dem Hospitale, auf der entgegengesetzten Seite des Platzes, erhebt sich die schöngebaute Fronte des Palais de justice, in dessen geräumiger, mit Säulen gezierter Vorhalle MONTESQUIEU's Statue sich befindet. Dem berühmten Verfasser des »Esprit des loix«, welcher 1689 auf dem Schlosse Brede bei Bordeaux geboren war, konnte an keinem würdigeren und passenderen Orte ein Denkmal errichtet werden, als in den Hallen des Tempels der Gerechtigkeit seiner Vaterstadt.

Viel Interessantes bot mir die Besichtigung der Sanct Michel-Kirche, eines grossen gothischen Baues. In dem halbunterirdischen *caveau* des isolirt stehenden Glockenthurmes befindet sich eine grosse Anzahl wohlerhaltener Mumien, welche man, als im Jahre 1793 der Kirchhof cassirt wurde, beim Umgraben desselben gefunden hatte. Da ich früher Untersuchungen über ägyptische Mumien[1] angestellt hatte, so beschloss ich mich in den Besitz einiger Theile dieser Mumien zu setzen, um auch hier den Grad der Erhaltung der Gewebe mikroskopisch zu untersuchen und die Resultate beider Untersuchungen zu vergleichen. Der Kirchendiener widersetzte sich meinem Sacrilegium, und ich war genöthigt mir vom Herrn Advocat DUPONT, einem der Kirchenvorsteher, die Erlaubniss zu erbitten, zu wissenschaftlichen Zwecken das Caveau de St. Michel berauben zu dürfen. Herr DUPONT gab bereitwilligst die nachgesuchte Erlaubniss und liess dem Kirchendiener den Befehl zukommen mich bei meinem Vorhaben zu unterstützen. Nun suchte ich mir mit aller Bequemlichkeit einen halben Vorderarm sammt der Hand aus, und brachte die kostbare Beute alsbald in Sicherheit.[2]

Unter den Mumien des Caveaus befinden sich einige, deren Glieder krampfhaft verzerrt sind, und deren Gesichter durch den weit aufgerissenen Mund u. s. w. einen unverkennbaren Ausdruck des höchsten Entsetzens tragen. Diese Cadaver sollen hier einst lebendig begraben worden sein. Den Beweis dafür findet man eben in ihrer Attitüde und dem Ausdrucke der Gesichter. — Von den Thürmen von Sct. Michel hat man eine grossartige Aussicht über Bordeaux und seine Umgebungen. Auf den Thürmen befand sich früher eine Station der

---

[1] Beschreibung und mikroskopische Untersuchung zweier ägyptischen Mumien (Bd. I S. 114).

[2] Vor wenig Wochen bin ich endlich dazu gekommen die mikroskopische Untersuchung anzustellen; die Resultate derselben habe ich in der Zeitschrift für wissenschaftliche Zoologie von KÖLLIKER und SIEBOLD veröffentlicht. — A. a. O. S. 152.

von Claude Chappe erfundenen Armtelegraphen, die der elektrische natürlich ganz verdrängt hat.

Das sogenannte Palais Gallien sind Ueberreste eines römischen Amphitheaters, von welchem wenig mehr zu sehen, da Alles mit neuen Häusern verbaut ist. Nur ein Thor steht noch frei zu Tage. Im Jahre 1632 stand dieses Amphitheater vor der Stadt draussen, woraus man die Vergrösserung Bordeaux seit jener Zeit ermessen kann.

Schliesslich erwähne ich einer Eigenthümlichkeit der Bordeauxer Confiseur-Laden. In diesen bekommt man kein Eis, welches nur in den Kaffeehäusern gereicht wird, wohl aber Pomade, Seife, Schönheitswässer u. dgl.

Den 24. August.

Gestern 10 Uhr Abends hatte ich Bordeaux verlassen, wohl zufrieden mit meinem Ausfluge, und setzte meinen Weg über Tours, Amboise, Valois, Orleans — lauter malerische alterthümliche Städte — nach Paris fort, wo ich um $4^1/_2$ Uhr Nachmittags wohlbehalten eintraf.

Bemerkungen über Naturwissenschaft und Spiritismus, Geistermanifestationen u. dgl.[1])

Vorgetragen den 24. und 25. Januar 1873, im Amphitheater des physiologischen Privat-Laboratoriums an der Universität Leipzig.

(Mit 1 Holzschnitt.)

Jeder Tag liefert bedauerliche Beweise dafür, wie urtheilslos sich der naturwissenschaftlich ungeschulte Mensch bei der Beobachtung von Naturvorgängen einem trügerischen Augenschein gefangen zu geben pflegt und Dinge und Geschehnisse thatsächlich und unmittelbar wahrgenommen zu haben steif und fest überzeugt ist, welche sich in Wirklichkeit gar nicht ereignet haben!

Diese Urtheilslosigkeit und diese Hartnäckigkeit sind geradezu erstaunlich und lassen erkennen, wie wenig Gewicht der Naturforscher auf das aufrichtigste Zeugniss der glaubwürdigsten und ehrenhaftesten Personen legen darf, wenn es sich um die Constatirung von noch un-

---

[1] CZERMAK hatte sich im November 1872 eingehend mit dem »Wunderexperiment über die Einbildungskraft der Hühner«, dem eigenthümlichen schlafartigen Zustande nämlich, in welchen sie nach gewissen Manipulationen verfallen, beschäftigt und in seinem darüber an die k. Akademie der Wissenschaften zu Wien erstatteten Berichte (vgl. Bd. I, S. 836), gestützt auf zahlreiche Versuche, den Beweis geführt, dass die vorgebliche wunderthätige Einbildungskraft ganz und gar auf einer »ungenau beobachteten Thatsache« beruhe. Dieselben Versuche nun führte CZERMAK in den zwei Vorträgen (24. und 25. Januar 1873) vor einem zahlreichen Auditorium aus, und die »Gartenlaube« veröffentlichte sie (Nummer 7—11. 1873) unter der Ueberschrift »Ueber Hypnotismus (schlafartigen Zustand) bei Thieren, nebst gelegentlichen Bemerkungen über Naturwissenschaft und Spiritismus, Geistermanifestationen u. dergl.« In der hier folgenden Mittheilung konnten die eigentlichen hypnotischen Versuche, weil deren bereits früher (Bd. I, S. 837) ausführlich Erwähnung geschah, übergangen werden, so dass — nur die »gelegentlichen Bemerkungen« hier wiedergegeben werden, in denen CZERMAK mit der ganzen Kraft seiner Ueberzeugung den Wunderglauben auch auf andern Gebieten der Natur zu bekämpfen suchte. Es war sein letztes Wort!   D. H.

aufgeklärten Naturerscheinungen und ihres ursächlichen Zusammenhanges handelt, — selbst wenn jene Personen eine hervorragende
allgemeine, und vielleicht auch naturwissenschaftliche Bildung besitzen,
vom Geiste der exacten Naturforschung aber doch nicht völlig durchdrungen sind. Wie oft muss man nicht von ernsten und aufrichtigen
Berichterstattern über ungewöhnliche oder zweifelhafte Naturvorgänge
die mit steigender Gereiztheit und Entrüstung vorgebrachte Versicherung hören: »Ich bin aber doch selbst dabei gewesen! — ich habe ja
selbst Alles mit meinen eigenen Augen mit angesehen, mit meinen
eigenen Ohren mit angehört! Was ich berichte, ist eine Thatsache!«

Nun ja! — Der Mann ist ja selbst dabei gewesen: er hat Alles
selbst mit angesehen und mit angehört: er spricht im vollen Ernst, und
er spricht die volle Wahrheit — und doch! — was er berichtet, es hat
sich niemals ereignet, und der Naturforscher hat vollkommen Recht,
sein Zeugniss in den Wind zu schlagen und ihm nicht zu glauben, trotzdem er an seiner Wahrhaftigkeit nicht im Mindesten zweifelt. Dies
klingt paradox genug, aber der unlösbar scheinende Widerspruch steigert sich noch, löst sich aber auch sofort durch die beschwichtigende
Bemerkung, dass der fast schon beleidigte Augen- und Ohrenzeuge ja
auch wirklich vollkommen Recht hat — insofern er nämlich wahrheits-
gemäss nach bestem Wissen und Gewissen eine Thatsache berichtete,
aber freilich nur eine »ungenau beobachtete Thatsache«!

Er hat in seiner naiven Urtheilslosigkeit, in der er sich gegenüber
der Beobachtung und Ermittelung des Zusammenhanges von Naturvorgängen befindet, ein blosses Nach - oder Miteinander, d. h. eine
einfache zeitliche Succession oder Coïncidenz von Erscheinungen, für
ein Aus - oder Durcheinander, d. h. für einen ursächlichen
Zusammenhang derselben genommen. Er hat zwar factisch eine
Thatsache berichtet — nämlich zeitliche Aufeinanderfolge oder Coïncidenz von gewissen wirklichen Dingen und Geschehnissen: — indem er
aber dieses einfache zeitliche Verhältniss ohne Weiteres, d. h.
ohne genaue und vollständige Beobachtung und Prüfung — wozu ihm
entweder überhaupt, oder gerade in diesem Falle sowohl der Sinn, als
die specielle Schulung fehlt — für einen ursächlichen Zusammenhang nahm, berichtete er etwas, was keine Thatsache mehr ist,
er berichtete also ein thatsächliches Ereigniss, welches sich so, wie er
meint, in Wirklichkeit niemals zugetragen hat.

Ein Ereigniss dieser Art kann man kaum anders und besser benennen, als eine »unvollständig geprüfte« oder »ungenau beobachtete
Thatsache«, und ich glaube, man ist nicht nur logisch berechtigt,
sondern auch dringend veranlasst, unter den Thatsachen der Natur-

beobachtung eine neue und besondere Kategorie. die Kategorie der
»ungenau beobachteten Thatsachen« aufzustellen und zu unterscheiden.
denn die Thatsachen dieser Kategorie sind es. welche eine so ungeheure Rolle in der Geschichte der menschlichen Geistesentwickelung
spielen. Ohne den Begriff dieser Kategorie von vermeintlichen
Thatsachen wären wir niemals im Stande. gewisse dunkle Erscheinungen und Richtungen des öffentlichen Geistes und die Hartnäckigkeit, mit welcher dieselben. kaum im Verschwinden. immer wieder
auftauchen und sich erhalten. zu verstehen und zu erklären.

Ich habe den Nachweis der unglaublichen Urtheilslosigkeit. in
welcher sich der vom Geiste der exacten Naturforschung nicht völlig
durchdrungene. wenn auch sonst hochgebildete Mensch den Naturvorgängen gegenüber befindet. werthvoll genannt — und die schon an und
für sich interessanten physiologischen Erscheinungen. die uns hier beschäftigen sollen. deshalb und insofern als sie Gelegenheit bieten. jenen
Nachweis. an den sich gewisse culturhistorische Betrachtungen wie
von selbst anknüpfen. zu liefern. in doppelter Hinsicht für interessant
erklärt; — weil ich der Ueberzeugung bin. dass man es nicht oft und
eindringlich genug sagen kann. wie erst der Geist der strengen Naturforschung. ja die Gewohnheit. in echtem Sinne Naturbeobachtung zu
treiben, eine Schärfe der Kritik. eine Strenge des Beweises und der
Prüfung fordern lehrt, ohne welche die Herrschaft und das Umsich-
greifen der beiden culturfeindlichen Mächte. der Leichtgläubigkeit und
des Aberglaubens. weder zu brechen noch zu hemmen sind! —

Wir Kinder des neunzehnten Jahrhunderts sind nicht wenig stolz
auf unsere Civilisation. Cultur und Aufklärung. Und in der That lässt
sich bei einer Vergleichung des im Mittelalter herrschenden Geistes mit
dem. der in jüngerer Vergangenheit und Gegenwart herrschte und
herrscht, ein mächtiger Fortschritt auf der Bahn der Aufklärung nicht
verkennen.

Indessen wir haben keinen Grund, die Höhe der Entwickelung.
auf der wir heute stehen, zu überschätzen. so lange noch bis in die
jüngste Zeit herab und in der Gegenwart selbst auf den verschiedensten
Gebieten gewisse Geistesrichtungen und Erscheinungen zu
Tage treten und sich geltend machen können. welche geradezu undenk-
bar und unmöglich wären, wenn die Resultate und insbesondere die
Methode der Naturforschung. oder auch nur die Achtung vor beiden.
der lebenden Generation bereits so zu sagen in Fleisch und Blut über-
gegangen wären.

Es würde mich viel zu weit von meinem Gegenstande abführen.
wollte ich auch nur eine ganz flüchtige Umschau über alle diese Rich-

tungen und Erscheinungen halten, welche als dunkle Flecken und schwarze Punkte auch noch die jüngste Phase unseres relativ mächtig aufgeklärten Culturlebens verunzieren. Für unsern Zweck mag es genügen, hier zunächst nur beiläufig auf die Manie des Tischrückens, des Tischschreibens, des Geisterklopfens, an den ganzen wunderlichen Spuk des Spiritismus, des thierischen Magnetismus, der Hellscherei und der verwandten Gebiete zu erinnern.

Die hypnotischen Erscheinungen bei Thieren haben uns gezeigt, wie schwer es ist, aus dem trügerischen Gebiete der »ungenau beobachteten« Thatsache heraus auf den festen sicheren Boden wirklich thatsächlichen Geschehens zu gelangen; welche Umsicht, welche Strenge des Beweises, welche Schärfe der Kritik die naturwissenschaftliche Forschung unbedingt fordern muss, wenn es sich um die Auffindung und Constatirung von Thatsachen handelt — und endlich wie wenig Gewicht das aufrichtigste Zeugniss der glaubwürdigsten und ehrenhaftesten Personen für die Wissenschaft haben kann, wenn jene Personen — trotz aller Ehrenhaftigkeit und aller sonstigen, vielleicht selbst naturwissenschaftlichen Bildung — vom **Geiste** der exacten Naturforschung doch nicht wirklich und nicht völlig durchdrungen sind.

Ist aber diese überhaupt nie zu vernachlässigende Vorsicht bei der Werthschätzung von Berichterstattungen und Zeugnissen, namentlich über solche thatsächliche Erscheinungen, welche aus dem Rahmen der gewöhnlichen Naturvorgänge herauszutreten scheinen, schon dann besonders gerechtfertigt, wenn, wie bei hypnotischen Zuständen der Thiere, jede Spur eines Verdachtes von absichtlicher Täuschung und Betrug ausgeschlossen ist, um wieviel mehr ist dann selbstverständlich Zweifel, Zurückhaltung und Ablehnung unabweisliches Gebot und Pflicht, wenn es sich um Erscheinungsgebiete handelt, welche einerseits dem ganzen bisherigen sicheren Besitz der Wissenschaft Hohn sprechen, andererseits nicht nur dem Verdacht, sondern, zuweilen wenigstens, notorisch einem wirklichen Hineinspielen von absichtlicher Täuschung und Betrug unterliegen. Dieses letzteren, zwiefach bedenklichen Charakters erfreuen sich nun aber, wie jeder Besonnene zugeben muss, zweifellos die von Tausenden von Augen- und Ohrenzeugen berichteten und für wirklich gehaltenen Erscheinungen im Gebiete des Mesmerismus, der Hellscherei, des Spiritismus, der Geistermanifestationen etc.

Indessen, die strenge Naturwissenschaft, als eine Erfahrungswissenschaft, entscheidet sich niemals *a priori*, und der zwiefach bedenkliche Charakter an sich würde die Wissenschaft niemals abhalten, Erscheinungsgebiete solchen Charakters ernstlich in den Bereich ihrer

Forschung und Prüfung zu ziehen — und dennoch verhält sich die
Wissenschaft unserer Tage gegenüber dem Spiritismus und den verwandten Gebieten in jeder Hinsicht absolut ablehnend! Sollten etwa
die leidenschaftlichen Anklagen und Vorwürfe, welchen die Vertreter
der Wissenschaft und die Wissenschaft selbst, eben wegen ihres bisher
unerschütterten, absolut ablehnenden Verhaltens, von Seiten der zahllosen fanatischen Bearbeiter und Gläubigen dieser mysteriösen Gebiete
fortwährend ausgesetzt sind, am Ende d o c h nicht ganz unberechtigt
sein?

Keineswegs!

Es wird mir leicht sein, vor Ihrem Urtheil, meine hochverehrten
Anwesenden, die viel verketzerte Haltung der Wissenschaft und ihrer
echten Vertreter vollkommen zu rechtfertigen, oder doch zu erklären
und zu entschuldigen, jene Vorwürfe und Anklagen aber einmal gebüh-
rend zurückzuweisen und abzufertigen. — Ich glaubte mich dieser
undankbaren Aufgabe, als einer Pflicht meiner besonderen Berufsthätigkeit in diesen der Verbreitung wahrer Aufklärung errichteten Räumen, um so weniger entziehen zu dürfen, als mich das Thema meiner
vorgeführten wissenschaftlichen Untersuchung so nahe an jene Gebiete herangeführt hat, auf denen Leichtgläubigkeit, Aberglaube, Urtheilslosigkeit — und oft noch Schlimmeres dominiren. »Undankbar«
nannte ich die Aufgabe, weil man sich Potenzen gegenüber befindet,
gegen welche, wie das Sprüchwort sagt, »Götter selbst vergebens
kämpfen«.

Immerhin! Die geringe Hoffnung, oder vielmehr die begründete
Hoffnungslosigkeit, Besonnenheit und Vernunft mit einigem Erfolg zu
predigen, das heisst Verirrte auf den rechten Weg zurückzuführen, Un-
kundige vor Irrwegen zu bewahren, die in ihrer Selbstüberschätzung
und Verblendung durch die unwiderstehliche Macht der ungenau beobachteten Thatsache keiner Führung, keines Rathes zu bedürfen meinen, kann mich nicht abhalten, meine Pflicht zu thun. D i e Genugthuung darf ich mir jedoch von vornherein versprechen, dass alle
nüchternen Vertreter der Naturwissenschaft — ohne Ausnahme — mit
meinen Bemerkungen, welche ich übrigens, schon zu meiner Sicher-
stellung gegen absichtliche oder missverständliche Entstellungen, dem-
nächst publiciren werde, völlig übereinstimmen werden. Ich bin mir
klar und voll bewusst, dass ich im Sinne und im Namen der strengen
Naturwissenschaft spreche.

So hören Sie denn, meine hochverehrten Anwesenden, was ich zu
sagen habe, und machen Sie sich davon für Ihr ferneres Verhalten
gegenüber den Lockungen vielleicht allzu lieb gewordener Beschäf-

tigungen so viel zu Nutze, wie der ernsten und ruhigen Ueberlegung und Prüfung, die Sie nur immer aufbieten können, irgend möglich sein wird! —

Diejenigen, welche auf den fraglichen, durch den Reiz des Geheimnissvollen und Wunderbaren anziehenden und bestrickenden Gebieten thätig sind, lassen sich in zwei Hauptclassen bringen. — Die eine Classe wird von Menschen gebildet, welchen es gar nicht um die Constatirung und Erforschung der angeblichen wunderbaren »Thatsachen« ernst und ehrlich zu thun ist, sondern die aus irgendwelchen mehr oder weniger unlauteren oder auch harmlosen Motiven zur Betheiligung an diesen Dingen getrieben werden. Hierher gehören die frivolen Zeitvertreib oder materiellen Gewinn Suchenden, also jene Berufslosen, die sich mit einem eitlen Nimbus umgeben und die Zeit mit scheinbar bedeutsamer Geschäftigkeit todtschlagen wollen, ferner die mehr oder weniger bewussten Charlatane, die betrogenen Betrüger und die Betrüger schlechthin. Von diesem Gelichter brauche ich hier nicht weiter zu sprechen!

Die andere Classe jedoch machen jene anständigen und ehrenwerthen Leute aus, welche es wirklich ernst und aufrichtig mit der Sache meinen — und diese haben ein volles Recht, von uns berücksichtigt, besprochen und ernst und wohlmeinend zurechtgewiesen zu werden — wenn auch Rath und Belehrung natürlich taube Ohren finden!

In dieser Classe sind wieder zwei Gruppen zu unterscheiden: erstens gute Menschen, aber schlechte oder vielmehr gar keine Musikanten, d. h. die naturwissenschaftlichen Laien, die sich entweder niemals oder nur ganz oberflächlich mit Naturforschung, ihren Resultaten und Methoden beschäftigt haben; und zweitens einige wenige Naturforscher von Beruf, die sich sogar auf ihren speciellen Fachgebieten wirkliche und bleibende Verdienste um die Wissenschaft erworben haben können.

Von Denjenigen, welche zur ersten Gruppe dieser Classe gehören und somit ohne Beruf und specielle Vorbildung anscheinend so verwickelte und räthselhafte Vorgänge zu untersuchen sich unterfangen, können wir einfach Folgendes sagen: Hätten diese Biedermänner auch nur eine Ahnung von den Erfordernissen und Schwierigkeiten einer exacten Naturbeobachtung, einen leisen Begriff von der Strenge des Beweises, welche die Wissenschaft unbedingt fordern muss, wenn es sich um die Constatirung von Thatsachen und um die Ermittelung des ursächlichen Zusammenhanges selbst der einfachsten Vorgänge handelt, so würden sie in aller Bescheidenheit von ihren wunderlichen,

sinn- und fruchtlosen Bestrebungen gänzlich ablassen, und — wohl-
gemerkt — zuerst und vor Allem mit dem so reichen Schatze der Errungenschaften der heutigen Naturlehre und mit jenem Geiste der
nüchternen, strengen Forschung sich bekannt zu machen und zu durch-
dringen suchen, ohne welchen der Mensch — einem Schiff ohne Steuer
und Compass vergleichbar — auf dem Meere des Irrthums und der
Täuschung rettungslos herumgeworfen — bis zum Blödsinn ver-
wirrt werden kann! — Ihnen sei der aufrichtige und wohlgemeinte
Rath ertheilt, sich, trotz aller Lockung, alles Reizes des Geheimnissvollen und Uebernatürlichen, von jenen nutzlosen und die Integrität
ihrer Geistesfunctionen gefährdenden Beschäftigungen absolut fern zu
halten. Ein trefflicher Wahrspruch sagt: »Es gibt eine Tugend der
Entsagung im intellectuellen, wie im moralischen Gebiet.« Und man
muss hier, um sich nicht in Versuchung zu führen, diese Entsagung
nach den übertrieben rigorosen, aber praktisch erprobten Principien
der englischen Temperance-Vereine bis zum intellectuellen »Teato-
talism« treiben!

Schwieriger, so scheint es, ist's, mit der zweiten Gruppe dieser
Classe fertig zu werden, — indessen ist es für jeden Denkenden klar,
wären die wenigen Naturforscher, welche diese Gruppe ausmachen,
vom Geiste der nüchternen, strengen Forschung, der ihnen früher
eigen gewesen sein mag, nicht gänzlich verlassen, so würden sie längst
Mittel und Wege gefunden haben müssen, die »ungenau beobachteten« Thatsachen, für welche, als von wirklichen Thatsachen, Zeugniss abzulegen sie sich nicht entblöden, wenigstens in einer echt
wissenschaftlichen, das Vertrauen und die Beachtung aller nüchternen
Forscher gewinnenden Weise zu constatiren. Da ihnen dies aber niemals und in keiner Weise — höchstens gegenüber der Urtheilslosigkeit beschränkter Fanatiker — gelungen ist, so sinkt der Werth auch
ihres Zeugnisses, trotz seiner zweifellosen Aufrichtigkeit und Wahrhaftigkeit, auf das gleiche Niveau mit den nicht minder glaubwür-
digen und ernst gemeinten Zeugnissen der urtheilslosen Laienmenge,
der ersten Gruppe dieser Classe von Biedermännern, herab.

In Bezug auf die Beobachtung und Erkenntniss der Naturvorgänge kann man nicht, wie über menschliche Gesetzesparagraphen,
per majora abstimmen lassen, — hier dürfen die Stimmen eben nicht
gezählt — sie müssen gewogen werden!

Um übrigens keine Veranlassung zu Missverständnissen zu geben,
will ich ausdrücklich hervorheben, dass die selbstverständlich sehr
vereinzelten Naturforscher, von denen ich hier spreche, nicht etwa
deshalb allen ihren früheren etwaigen Ruf, all' ihr Gewicht und An-

sehen in der Wissenschaft verdientermassen verloren haben, weil sie
mit ihrem Zeugniss für die Realität unerhörter und absolut unglaublich erscheinender Vorgänge öffentlich eintraten, sondern nur deshalb, wie und auf welche Begründung hin sie dies thaten — d. h.
Dinge für wirkliche Thatsachen erklärten, die bisher noch gar nichts
als höchstens »ungenau beobachtete« Thatsachen sind.

Da zeiht man uns der Verstocktheit und Unwissenheit und ver-
weist uns triumphirend auf die »wissenschaftlichen« Untersuchungen
und öffentlichen Kundgebungen eines HARE, eines CROOKES, BUTLEROW
und anderer wohlbekannter und anerkannter »Naturforscher«!

Wer sich aber überwindet und diese haarsträubende Literatur
einsieht, der wird nur noch mehr in seinem absolut ablehnenden Verhalten bestärkt werden. Gerade die Art, wie jene »Naturforscher«
ihre sogenannten wissenschaftlichen Experimente anstellen, und wie
sie über dieselben berichten, beweist auf's Klarste, dass sie keine
mehr sind, wenn sie überhaupt jemals den Ehrennamen Naturforscher
in der vollen und ganzen Bedeutung des Wortes verdient haben. Um
nur Ein schlagendes Beispiel anzuführen, so erklärt CROOKES — und
macht davon sogar eine ganz ernsthafte Mittheilung an die Gesellschaft der Wissenschaften in London, deren Mitglied er ist, eine »neue
Naturkraft« entdeckt zu haben, die er — weil sie von gewissen Menschen, den sogenannten »Medien« oder »Psychikern« ausgeht — »psychische Kraft« nennt. Durch die Einwirkung dieser Kraft soll, nach
CROOKES, das Gewicht eines Körpers thatsächlich um viele Pfund vermehrt und wieder vermindert werden können, ohne dass der Körper
sonst irgendwie verändert, ja auch nur von dem sogenannten »Medium«
berührt wird.

Und wie denken Sie, dass CROOKES eine solche, allen Gesetzen
der Schwere Hohn sprechende, wahrhaft welterschütternde Thatsache
begründet und sicher gestellt hat?! — Sie werden es kaum für möglich
halten, wenn ich sage: er that dies einfach dadurch, dass er wiederholt wirklich gesehen und constatirt zu haben versichert, dass in
Gegenwart gewisser Personen, der sogenannten Medien, eine Federwage, von ähnlicher Art, wie man sie zur Portoberechnung von Briefen
braucht, Ausschläge gab, deren Ursache nicht augenfällig war!

Ich schalte hier zum besseren Verständniss eine kleine schematische Zeichnung ein, welche das Princip eines der von CROOKES
gebrauchten Apparate erläutert. B ist ein mehrere Fuss langes,
starkes Mahagonibrett, dessen eines Ende mit einer scharfen, an
seiner unteren Fläche vorspringenden Kante auf dem Tisch T ruht,
während das andere Ende an der an einem Gestell G befestigten

Federwage *W* hängt und von derselben freischwebend getragen wird. Der Index oder Zeiger der Federwage gibt an, wie gross das Gewicht ist, welches dieselbe zu tragen hat. Jede Zu- oder Abnahme des Gewichtes, aber auch jeder Stoss, jede Erschütterung, welche dem schwebenden Brette mitgetheilt wird, muss sich durch ein Steigen oder Fallen des Index an der Scala der Wage bemerklich machen. Und nun versichert CROOKES, solche Ausschläge des Index in Gegenwart seiner Medien beobachtet zu haben, sogar dann, wenn Mr. HOME, das berüchtigte Hauptmedium, den Apparat gar nicht berührte, sondern, bis drei Fuss davon entfernt, an Händen und Füssen festgehalten wurde! — Und das ist Alles! Darauf hin, dass die Federwage unter

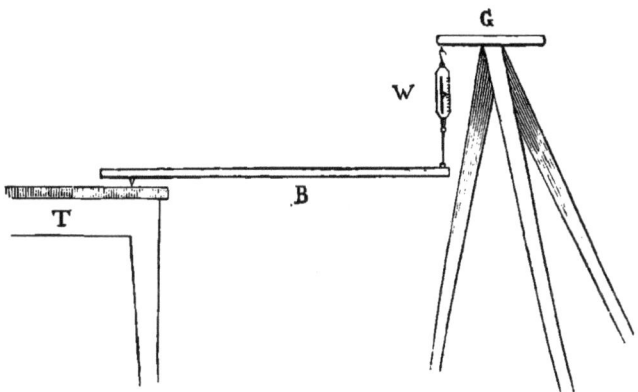

diesen Umständen deutliche Ausschläge gab, welche keine augenfällige und handgreifliche Ursache zu haben schienen, wagt CROOKES seine exorbitante Behauptung!! deren Ungeheuerlichkeit wohl kaum von Ihnen Allen nach Gebühr ermessen und empfunden werden dürfte.

Von überzeugenden Controlversuchen, von ausgiebigen, vertrauenerweckenden Vorsichtsmaassregeln gegen Täuschung und Betrug ist nicht das Mindeste zu finden. Wem das, was CROOKES in dieser Richtung, abgesehen von ganz allgemeinen Versicherungen seiner Scrupulosität und Vorsicht, gethan zu haben angibt, imponirt oder genügt, der steht auf einem so kindlichen Standpunkt naturwissenschaftlicher Urtheilslosigkeit, dass er einfach kein Recht hat, über diese Dinge mitzusprechen!

Dass eine Federwage Ausschläge gibt, ist eine Thatsache, die überaus leicht sicher zu stellen ist. Wir können es daher auf CROOKES' Zeugniss hin ruhig als Thatsache annehmen, dass seine Federwage, seine Fühlhebel in Gegenwart der sogenannten Medien wirklich Ausschläge gegeben haben. Allein, wenn CROOKES als Thatsache hin-

stellt, dass die sogenannte »psychische Kraft« des anwesenden Mediums es war, welche diese Ausschläge verursachte, indem sie die
Schwere der trägen Massen zeitweilig veränderte !!, so ist dies, trotz
aller Versicherungen, noch lange keine wirkliche Thatsache, sondern
höchstens eine ernstgemeinte Angabe über eine »ungenau beobachtete
Thatsache«, und zwar eine Angabe, welche gar keinen Glauben, ja
nicht einmal die geringste ernsthafte Beachtung verdient. Und zwar
verdient diese Angabe nicht einmal die letztere nicht etwa deshalb,
weil sie eine »ungenau beobachtete« Thatsache betrifft, es gibt ja viele
Thatsachen dieser Kategorie, welche die höchste Beachtung verdienen,
und mit welchen sich auch die Wissenschaft auf's Ernstlichste befasst,
sondern einfach deshalb nicht, weil einerseits das unzweifelhaft Thatsächliche in CROOKES' Angabe nämlich: ein ohne augenfällige Ursache erfolgender Ausschlag an einer Federwage oder an einem
Fühlhebel; an sich gar nichts Bemerkenswerthes ist, und weil andererseits nicht der mindeste, Zutrauen erweckende, experimentelle
Nachweis geliefert ist, dass die beobachteten Ausschläge wirklich nur
in Gegenwart von sogenannten Medien erfolgten, und dass sie in der
That keine durch die bisher bekannten Naturgesetze begreifliche
Ursache gehabt haben können!

Wäre ein solcher Nachweis in exacter Weise auch nur versucht
worden, so würden CROOKES' Angaben schon einige Beachtung verdienen und zu einer Wiederholung seiner Versuche einladen, um eine
sonderbare, »ungenau beobachtete« Thatsache zu prüfen; wäre jener
Nachweis gar vollgültig und streng erbracht worden, dann hätte
CROOKES eine der unerhörtesten Thatsachen von unberechenbarer
Tragweite entdeckt, und seine Angaben würden sich die allgemeinste,
eingehendste Beachtung und Würdigung aller ernsten Naturforscher
augenblicklich und mit Einem Schlage erzwungen haben: wie etwa
seiner Zeit die Angaben VOLTA's, als er seine Säule baute, welche
nicht minder unglaubliche und unerhörte Erscheinungen darbot! —
So aber, wie die Sachen factisch stehen, haben CROOKES' Angaben,
so wie die anderen von Hunderten und Tausenden von Biedermännern
bezeugten »Thatsachen« von freischwebenden Tischen, fliegenden Guitarren, selbstmusicirenden Harmonikas, akustischen Klopferscheinun-
gen etc. genau denselben Anspruch auf wissenschaftliche und ernste
Beachtung, wie das erste beste, frappante Taschenspielerkunststückchen, dessen natürlichen Zusammenhang aufzuklären wohl von Nie-
mandem als eine würdige Aufgabe der ernsten Naturforschung betrachtet werden dürfte, so interessant auch oft, besonders in psychologischer
Hinsicht, der wahre und natürliche Grund der Täuschung sein mag.

Und so wenig es irgend einen verständigen Menschen ernstlich beunruhigen wird, wenn es ihm nicht gelingt, den natürlichen Zusammenhang eines hübschen und frappanten Kunststückchens zu ergründen, genau ebenso wenig kann und darf sich irgend Jemand, der nicht allen naturwissenschaftlichen Geistes bar ist, durch die fraglichen, so hundertfältig von den ehrenwerthesten Leuten bezeugten, absonderlichen spiritistischen etc. »Thatsachen« beunruhigen lassen, so lange auch nicht der leiseste, Zutrauen erweckende Nachweis von Seite der Apostel dieses Spuks erbracht ist, dass jeder Gedanke an die Möglichkeit einer natürlichen Erklärung an sich so natürlicher und höchst gleichgültiger Erscheinungen, wie es die sogenannten »physikalischen« Geistermanifestationen sind, absolut ausgeschlossen ist.

Nur dadurch, dass die Ursachen dieser Erscheinungen nicht augenfällig sind, gewinnen diese letzteren in den Augen der Urtheilslosen überhaupt eine übertriebene Bedeutung. Aber in dieser Beziehung unterscheiden sie sich doch — wie selbst der verbohrteste Fanatiker zugeben muss — durchaus nicht von guten Taschenspielerstückchen, die meist noch viel interessanter sind und oft nicht minder unerklärlich erscheinen — sonst wären es eben nicht gute! Ob sie sich aber von Taschenspielerkunststückchen — abgesehen davon, dass wir bei ihnen den Taschenspieler nicht immer kennen, ja überhaupt nicht einmal wissen, ob ein solcher gegenwärtig ist — in irgend einer anderen Beziehung unterscheiden? darüber verlangen wir eben von den »spiritistischen« Herren »Naturforschern« und »Gelehrten« wie VARLEY, WALLACE, CROOKES, BUTLEROW und Anderen zuerst eine halbwegs genügende Auskunft, bevor wir ihnen [und der übrigen urtheilslosen Menge das Recht zugestehen, der Wissenschaft und ihren Vertretern auch nur den leisesten Vorwurf wegen ihres absolut ablehnenden Verhaltens gegenüber diesen Dingen zu machen.

Diese Herren haben weder den Schatten einer Veranlassung, sich über etwas zu beklagen, als über ihre — eigene Unfähigkeit, noch irgend ein Recht, irgend Wem einen Vorwurf zu machen, als sich selbst, dass es ihnen eben nicht gelingt, ihre sogenannten »Geistermanifestationen« etc. über das Niveau von Taschenspielerkunststückchen zu erheben.

Damit will ich, wie ich ausdrücklich betone, durchaus nicht gesagt haben, dass man alle die an sich meist so alltäglichen und nichtssagenden Erscheinungen, welche so vielen Menschen als höchst bedeutsam und wunderbar imponiren, für mehr oder weniger geschickte, bewusste Taschenspielerkunststückchen zu halten habe, ob-

schon manche derselben als solche nachgewiesen wurden — erinnern
Sie sich nur des Davenport-Scandals![1]) —, mit einem derartigen
maassgebenden Ausspruche würde ich ja den einzig berechtigten, absolut ablehnenden Standpunkt der strengen Wissenschaft selbst verlassen, — wohl aber will ich damit sagen, dass man die ersteren, die
sogenannten »Manifestationen«, vorläufig so wenig wie die letzteren,
die guten und schwer zu enträthselnden »Taschenspielerkunststückchen«, für eine würdige Aufgabe der ernsten Naturforschung betrachten könne und dürfe! Uebrigens habe ich, indem ich die Mittheilungen
und Versuche von CROOKES, dem bekannten englischen Gelehrten,
dem verdienstvollen Entdecker des Thalliums, einem Schüler unseres
grossen Chemikers HOFMANN in Berlin — früher in London —, als
charakteristisches Beispiel aus der sogenannten »spiritualistischen«
Literatur herbeizog, noch das Beste ausgewählt, was in ihr enthalten
ist. Haben sich ja doch selbst die auf diesem Gebiete thätigen Herren
»Naturforscher«, wie einer der geschäftigsten Verbreiter jener Schand-
literatur, bezeichnend genug, dem verstorbenen amerikanischen Chemiker und »Spiritisten« Mr. HARE nachrühmt (!), »nicht blos bei der
physikalischen Seite der (Geister-) Manifestationen aufgehalten« (!) —
und findet man in jener Literatur, auf die man uns triumphirend zu
verweisen die Stirn hat, mit wachsendem Erstaunen, in einem Meere
von hirnlosem Geschwätz und phantastischen Ergüssen gläubiger
Fanatiker nichts — r e i n g a r n i c h t s als einerseits einige kindische
oder ganz sinnlose Veranstaltungen, welche physikalische Apparate
und exacte Prüfungsmittel vorstellen sollen — und andererseits mehr
oder weniger glaubwürdige Berichte und Zeugnisse für die Realität —
»ungenau beobachteter Thatsachen«!

Indessen, man wird vielleicht einwenden, »ungenau beobachtete
Thatsachen«, welche von Hunderten von ehrenwerthen Menschen
bezeugt werden, sind doch der wissenschaftlichen Beachtung und
Prüfung werth und bedürftig?!

O ja! — aber lange nicht alle und nicht in gleich hohem Grade.
Die Wissenschaft und ihre Vertreter haben das Recht und sogar die
Pflicht, Zeit und Arbeit zu Rathe zu halten: sie haben mehr und Bes-
seres zu thun, als über jedes beliebige Ding, auf jede beliebige Frage
Rede und Antwort zu geben! — Sie kennen Alle das Sprichwort von
dem Einen Narren und den sieben Weisen! Was sich in keiner der

---

[1] Vgl. auch den reizend erzählten Bericht TYNDALL's über eine »séance« mit
Spiritisten, in dessen Werk: Fragments of science. London 1871. 2. Edition
p. 427.

ernsten Beachtung würdigen und trotz aller Unerhörtheit und Sonder-
barkeit Vertrauen erweckenden Art und Weise darzustellen vermag,
darf eben keinen Anspruch auf ernste Beachtung von Seiten der
Wissenschaft erheben. In diesem Falle befinden sich aber die freischwebenden Tische, die fliegenden Guitarren, die akustischen Klopf-
erscheinungen, die CROOKES'schen ohne augenfällige Ursache Ausschlag gebenden Federwagen und Fühlhebel u. dergl. — von der
sogenannten »intellectuellen Seite dieser Phänomene«, dem directen
Verkehr mit Abgeschiedenen etc. natürlich ganz zu schweigen!

Das Geschrei der Hunderte oder Tausende von einfachen Augen-
und Ohrenzeugen, das triumphirende Hinweisen auf die sogenannten
»wissenschaftlichen« Untersuchungen einiger — eben aus der Qualität
dieser Untersuchungen nachweislich unfähig gewordener Naturforscher ändert an dieser Sachlage nicht das Mindeste. Ob einer oder
der andere Vertreter der Wissenschaft diese Dinge dennoch beachten
mag, hängt von seinen persönlichen Neigungen und von zufälligen
Umständen ab.

Wer keine Neigung dazu in sich spürt und sich fern hält, den
kann darum nicht der leiseste Vorwurf treffen! Mein hochverehrter
alter Freund, Professor SHARPEY, der frühere langjährige Secretär
der Gesellschaft der Wissenschaften in London, z. B. war, wie ich
meine, vollkommen im Recht, als er der freundlichen Einladung von
CROOKES, dessen »Experimenten« mit Mr. HOME beizuwohnen, nicht
nachkam; ja er handelte zugleich mit überlegter Lebensklugheit, da
die Herren Spiritisten und ähnliche Fanatiker sehr geneigt sind,
Männer der Wissenschaft, welche sich bei solchen peinlichen Gelegenheiten in den schonenden Formen der gebildeten Welt aussprechen,
sofort als zustimmende Zeugen von Gewicht auszuposaunen. *Exempla
demonstrant* — Beispiele beweisen! So ist der Brief des berühmten
Astronomen HUGGINS vom 9. Juni 1871 an Herrn CROOKES offenbar
nichts als eine allerdings in überaus schonenden und höflichen Wen-
dungen vorgebrachte, aber ganz entschiedene Ablehnung jeder
Meinungsgenossenschaft mit Herrn CROOKES bezüglich der in HUGGINS'
Gegenwart im CROOKES'schen Hause stattgehabten Erscheinungen —
und doch wird dieser Brief mit triumphirender Freude in spiritistischen
Schriften citirt, und HUGGINS in Folge dessen — wahrscheinlich sehr
gegen seinen Willen — von manchen Seiten für eine der »wissenschaftlichen Autoritäten« gehalten, welche ihr gewichtiges »Zeugniss« für die
Realität »spiritistischer Erscheinungen«, aussernatürlicher »Geistermanifestationen« etc. abgegeben hätten! — Urtheilen Sie selbst! Zur vollständigen Ehrenrettung von HUGGINS und als schlagende Illustration

12*

zu dem von mir gerügten Verfahren der Herren »Spiritisten«, sehe ich
mich veranlasst. den fraglichen Brief im Wortlaut hier mitzutheilen.

»Upper Tulse Hill, S. W., den 9. Juni 1871.

Mein hochverehrter Mr. CROOKES !

Ihr mir zugegangener Correcturbogen scheint mir eine richtige
Darstellung von dem zu enthalten, was in meiner Gegenwart in Ihrem
Hause stattfand. Meine Stellung am Tische gestattete mir zwar nicht,
Zeuge des Hinwegziehens der Hand Mr. HOME's von der Harmonika
zu sein, aber es wurde dies zur Zeit sowohl von Ihnen selbst, als auch
von der an der anderen Seite Mr. HOME's sitzenden Person als stattgefunden behauptet.

Die Experimente scheinen mir die Wichtigkeit einer weiteren Erforschung derselben nahe zu legen: ich wünschte mich aber so verstanden, dass ich damit keinerlei Meinung in Betreff der Ursache der
stattgehabten Erscheinungen ausspreche.

Ihr treu ergebener
WILLIAM HUGGINS.«

Doch. wie gesagt, ob einer oder der andere der Vertreter der
Wissenschaft diese Dinge beachten mag oder nicht. muss seinen persönlichen Neigungen überlassen bleiben und hängt zum Theil auch von
zufälligen Umständen ab. Für die strenge Wissenschaft selbst aber
existiren jene Dinge einfach — gar nicht. Die Wissenschaft anerkennt
weder. noch verneint sie in solchen Fällen — sie ignorirt: — und
dazu hat sie nicht nur das Recht, sondern auch die Pflicht, weil Zeit
und Arbeit zu knapp und kostbar sind. um an Erscheinungen ver-
schwendet zu werden, welche vorläufig kein anderes und höheres
Interesse darbieten, als dass ihre Ursachen nicht augenfällig sind —
gerade so, wie das bei guten und frappanten Taschenspielerkunststückchen der Fall ist. Bei letzteren setzt heutzutage doch kein vernünftiger, besonnener Mensch irgend welche aussernatürlichen Kräfte
voraus — sonst könnten wir ja gleich wieder munter anfangen, Hexen
und Zauberer zu verbrennen !

Bisher aber berechtigt und zwingt uns auch noch gar nichts . bei
jenen sogenannten »Geistermanifestationen« und sonstigen zweifel-
haften Erscheinungen dieser Art die Wirkung aussernatürlicher oder
»neuer Naturkräfte« u. dgl. vorauszusetzen. und deshalb ist vorläufig
der ganze Spuk nicht der mindesten ernsten Beachtung werth —
ausser vielleicht vom psychologischen. oder vielmehr vom psychiatri-
schen Standpunkt !

Das absolut ablehnende Verhalten der Wissenschaft gegenüber dem Spiritismus etc. ist somit, wie Sie, meine hochverehrten Anwesenden, bei ruhiger Ueberlegung nun wohl zugeben müssen, vollkommen gerechtfertigt, so wenig Sie sich auch von diesem Resultate unserer Darlegung befriedigt, oder so sehr Sie sich in Ihren Erwartungen davon getäuscht fühlen mögen. Ich kann nur noch hinzufügen: Möglich, dass in Folge dieser der Wissenschaft nothwendig gebotenen Reserve überhaupt Manches, vielleicht zum Schaden der Menschheit für lange Zeit unentdeckt blieb und bleibt, denn auch w i r können in aller jener Bescheidenheit, zu der sich der Naturforscher wohl mehr als andere Berufsmenschen gedrungen fühlt — doch ohne mit diesem oft missbrauchten Citat der Leichtgläubigkeit, dem Aberglauben und jeder ihrer Ausgeburten Thür und Thor öffnen zu wollen —, mit Hamlet sagen:

»Es gibt mehr Ding' im Himmel und auf Erden,
Als eure Schulweisheit sich träumt, Horatio!«
Hamlet, 1. Act, 5. Scene.

Indessen, dies muss eben getragen werden: für jede Entdeckung, für jeden Fortschritt kommt die richtige Stunde! Allein wenn man — und ich citire hier wörtlich — den »Tonangebern unserer wissenschaftlichen Ueberzeugungen — den gelehrten Facultäten« zum Vorwurf macht, dass sie »die Masse des Volkes ihren eigenen Kräften und Urtheilen im Kampfe mit den unwiderstehlichen Erscheinungen unbegreiflicher Thatsachen überlassen haben«, und i h n e n darum einen Hauptantheil der Schuld und Verantwortlichkeit für alle Tollheiten, Abgeschmacktheiten und intellectuellen Ausschweifungen des Spiritismus, der Medienwirthschaft etc. aufbürden will, so entspringen solche Anklagen und Zumuthungen nur aus einer mit Anmassung verquickten Urtheilslosigkeit und totalen Verkennung der Aufgaben und Verpflichtungen jener wissenschaftlichen »Tonangeber« und Körperschaften, sowie des Weges und der Art und Weise, wie die »Masse des Volkes« zu wahrer Bildung und Aufklärung zu erziehen ist.

Möchten doch jene leidenschaftlichen, unberufenen Schriftsteller, welche ja selbst Alles davon zu hoffen und zu erwarten vorgeben, wenn sich »nur einmal« das Studium ihrer vermeintlich brennenden Frage »in den Händen der Wissenschaft befinden wird«, es auch dem überlegten und nüchternen Urtheile der Wissenschaft ruhig und vertrauensvoll überlassen, welche Fragen sie ihrer ernsten Beachtung würdig zu finden und in die Hand zu nehmen hat! Möchten sie auch, wenn sie anders noch einiges Vertrauen zu den wissenschaftlichen

»Tonangebern« und »gelehrten Facultäten« wirklich bewahrt haben,
ihre so übereifrigen und gemeinschaftlichen Bemühungen, statt der
Verbreitung einer unbedingt zu verdammenden, weil gänzlich werth-
losen und hirnverwirrenden Literatur, wie es zum Beispiel durch die
sogenannte »Bibliothek des Spiritualismus«, Leipzig, geschieht, lieber
der Verbreitung echter, nüchterner und gründlicher naturwissenschaftlicher Einsichten und Kenntnisse in der aufklärungsbedürftigen »Masse
des Volkes« widmen, und mit dieser verständigeren und dankens-
wertheren Thätigkeit recht bald — b e i   s i c h   s e l b s t beginnen!

Die Principien

der

mechanischen Naturauffassung.

Einleitung zur heutigen Physiologie,

ein Cyclus von zehn Vorlesungen.

(Mit 4 Holzschnitten.)

[Aus hinterlassenen Manuscripten.]

I.

Programm der Vorlesungen.

Meine Herren!

Ich habe mir erlaubt Sie einzuladen, sich heute in diesem Raume zu versammeln, um mich über den Zweck, Inhalt und Umfang des Cyclus von Vorlesungen auszusprechen, welche ich in diesem Wintersemester zu halten gedenke. Ehe ich dies jedoch unternehme, wollen Sie mir gestatten, dass ich zunächst an das erinnere, was ich bei meiner Antrittsvorlesung im November 1869 als die Aufgabe und das Ziel meiner Thätigkeit an der hiesigen Hochschule bezeichnet habe, und seit jener Zeit durch vorbereitende Arbeiten, welche trotz allen Bemühens leider noch immer nicht zum gewünschten Abschluss gekommen sind, ins Werk zu setzen suchte. Namentlich war es absolut unmöglich, die tausenderlei Hilfsmittel für den eigentlichen physiologischen Anschauungsunterricht in erforderlicher Vollständigkeit herbeizuschaffen.

Der Titel jener Antrittsvorlesung lautete: »die Physiologie als allgemeines Bildungselement« und lässt sofort erkennen, dass es meine Absicht ist, die Lehren dieser Wissenschaft, welche an allen Hochschulen nur einen Gegenstand des medicinischen Fachunterrichts ausmachen und daher nur einem verhältnissmässig kleinen Kreise von mit besonderen Vorkenntnissen ausgerüsteten und des speciellen Studiums der Heilkunde beflissenen Universitätsgenossen zugänglich sind, in die weitesten Kreise zu tragen, und den Versuch einmal zu wagen, die Physiologie als einen Gegenstand zu behandeln, der sich, etwa wie die allgemeinen philosophischen Collegien über Logik und Weltgeschichte, als unerlässliches Element eines höheren Bildungsganges in den Studienplan eines jeden Universitätshörers einzufügen hätte. Ich wies damals nachdrücklich auf die Thatsache hin, dass die Physiologie eine geradezu centrale Stellung in dem weiten Kreise des gesammten Wissens und Könnens einnimmt, und es, insofern ihr Object die Erforschung des »Lebens« ist, überhaupt gar keine Leistungen oder Beziehungen und Interessen des Menschen geben kann, welche nicht in einem solidarischen Zusammenhange mit dieser Wissenschaft — der Wissenschaft vom Leben — stünden: sowie dass kaum eine andere Wissenschaft in gleich wirksamer Weise die wahre Aufklärung zu befördern im Stande ist, als eben die Physiologie.

Die Physiologie entstand ursprünglich im Dienste der Medicin. Von allen Jenen, die sich denkend mit der Natur beschäftigten, fühlten die Aerzte als die Ersten das Bedürfniss, den Antheil der einzelnen, so mannigfachen Organe oder Werkzeuge des Körpers an den Lebensverrichtungen genauer kennen zu lernen. Es war demnach die Physiologie anfangs nur eine Art von räsonnirender Anatomie und wurde einfach als die Lehre von der Verrichtung oder Function der Körpertheile, als *doctrina de usu partium* definirt. Es sind Jahrhunderte vergangen, bevor sie sich aus einer untergeordneten medicinischen Hilfswissenschaft zu dem Range und der Bedeutung eines selbstständigen Zweiges der reinen Naturwissenschaft emporzuarbeiten suchte, indem sie sich die ganz allgemeine und zwiefache Aufgabe stellte, nicht nur die Lebensvorgänge und Kraftäusserungen der Organe zu ermitteln und festzustellen, sondern dieselben auch nicht länger als Manifestationen einer, den allgemeinen Gesetzen der leblosen Welt entrückten, mystischen »Lebenskraft« zu betrachten, vielmehr auch sie aus der chemisch-physikalischen Beschaffenheit der organischen Formelemente, aus denen die Pflanzen und Thierkörper bestehen, und aus den natürlichen Beziehungen, welche sie zur Aussenwelt haben, mit Nothwendigkeit herzuleiten, d. h. zu erklären. Erst diese neueste Richtung der physiologischen Forschung berechtigt zur Hoffnung, dass die Physiologie dereinst zu einer wahren Physik und Chemie der Organismen, d. h. zu exacter Naturwissenschaft oder Mechanik werden wird. So weit wir auch noch von diesem idealen Zustande der Entwicklung unserer Wissenschaft entfernt sein mögen, so wenig Sicherheit und Gewissheit wir auch besitzen, dass derselbe jemals ganz erreichbar sein werde: so viel steht heute schon hinsichtlich der anatomischen Gebilde fest, dass dieselben, so wie sie aus dem Stoff- und Kraftvorrath unseres Planeten hervorgegangen sind, auch nur aus diesem kosmischen Vorrath dasjenige an Stoff und Kraft schöpfen können, was sie im Kampfe um's Dasein zu ihrem Fortbestehen und zu ihren lebendigen Kraftäusserungen benöthigen. So bilden denn die Entdeckungen und Anschauungen der exacten Naturwissenschaft, die das Gebiet des Gesetzlosen und Unbegreiflichen dadurch beschränken, dass sie unsere Begriffe vom Umfang des Gesetzes erweitern und den Zusammenhang von Erscheinungen

nachweisen. die früher ganz vereinzelt dazustehen schienen, die eigentlichen wissenschaftlichen Grundlagen der heutigen Physiologie, und es
geht nicht mehr an, das Gebiet derselben betreten zu wollen, ohne dem
Fortschritt der Naturwissenschaft im Ganzen Rechnung zu tragen, welchen wir, um die Worte HELMHOLTZ' zu gebrauchen. »nach dem Maasse
zu beurtheilen haben, nach welchem die Anerkennung und Kenntniss
eines alle Naturerscheinungen umfassenden ursächlichen Zusammenhanges fortgeschritten ist.«

Deshalb hielt ich es für gerechtfertigt, ja nothwendig. als Einleitung in die heutige Physiologie die Principien der mechanischen Weltanschauung zum Gegenstande des Cyclus von Vorlesungen zu machen, dessen Programm ich eben heute besprechen
möchte. Es umfasst dieses von mir zu behandelnde Thema die grossartigsten Fortschritte, welche die Naturwissenschaft vielleicht jemals gemacht hat, und darf daher als eines der interessantesten. der Aufmerksamkeit aller Gebildeten würdigsten bezeichnet werden.

Speciell möchte ich noch hervorheben, dass dasjenige. welches ich
in diesem Cyclus von Vorlesungen zu bieten und zu behandeln gedenke.
auch für die medicinischen Fachstudenten, trotzdem ihnen die streng-
wissenschaftlichen Vorträge zugänglich sind oder sein werden. oder
vielleicht bereits zugänglich waren. ein besonderes Interesse haben
dürfte. Die Vertrautheit mit der mechanischen Weltanschauung, die
Kenntniss der Gesetze eines alle Naturerscheinungen umfassenden
Zusammenhanges. wird nämlich bei den Hörern der Fachvorträge über
Physiologie vorausgesetzt, eine Voraussetzung, die wohl selten zutrifft,
da die Lehrer der Physik und der Chemie, zu deren Füssen die Jünger
Aeskulaps gesessen haben müssen oder doch gesessen haben sollten,
bevor sie das Gebiet der Physiologie betreten. nicht in der Lage sind,
die Darstellung der Wechselwirkung der Naturkräfte bis auf den Zusammenhang der Erscheinungen der unorganischen Welt mit denen der
organischen Welt auszudehnen.

So wünsche und bezwecke ich denn mit meinem Cyclus von Vor-
lesungen einerseits allen Jenen, welche im Interesse der allgemeinen
Bildung an denselben Theil nehmen wollen. in allgemein fasslicher
Weise eine Vorstellung von der mechanischen Naturanschauung über-
haupt und von den neuen Errungenschaften, welche wir derselben ver-
danken, zu geben, andererseits zugleich durch die Behandlung dieses
Theiles der Naturforschung, welcher als eine Einleitung in die heutige
Physiologie betrachtet werden kann. eine Lücke im medicinischen
Unterrichtsplan auszufüllen.

Auf welche Weise ich diesen doppelten Zweck zu erreichen bemüht

sein werde, sollen Sie sogleich aus der folgenden Mittheilung über den
Inhalt und Umfang der beabsichtigten Vorlesungen ersehen.

Zunächst soll eine eingehende Skizze der Vorgänge des Kreis-
laufes des Stoffes durch die drei Reiche der Natur entworfen werden, aus der wir als sichere Resultate folgende zwei Thatsachen gewinnen werden: erstens, dass die Pflanzenwelt unter
dem Einflusse des Sonnenlichts das einfache unorganische Stoffmaterial
unserer Erde und Atmosphäre in die complicirten Substanzen der organischen Natur verwandelt, welche allein befähigt sind, die Formen der
Elementargebilde des Pflanzen- und Thierleibes anzunehmen, und ohne
welche die Phänomene des Lebens thatsächlich nie zur Erscheinung
kommen: zweitens, dass die Thierwelt, — unfähig, wie gesagt, selbst
Substanzen organischer Natur aus unorganischen Elementen zu pro-
duciren, und daher gezwungen, das ihr unentbehrliche organische
Ernährungsmaterial der Pflanzenwelt zu entnehmen. — diese der
Pflanzenwelt entnommenen organischen Substanzen durch den ihr
eigenthümlichen Lebensprocess zerstört und wieder in die früheren ein-
facheren Verbindungen unorganischer Natur zerlegt. welche darauf ins
Mineralreich zurückkehren, aus dem sie wieder nur durch die innere
Thätigkeit der Pflanzen dem organischen Leben zurückgeführt werden.

Gegenüber diesen beiden Thatsachen drängen sich die folgenden
grossen Fragen auf:

1) Woher stammt überhaupt die Triebkraft. welche den Kreislauf
des Stoffes aus dem Mineralreich ins Pflanzenreich. aus diesem ins
Thierreich und aus dem Thierreich wieder zurück ins Mineralreich und
so fort und fort ohne Unterbrechung im Gange erhält: und —

2) in welchem Zusammenhange steht der Stoffwechsel in den
pflanzlichen und thierischen Organismen mit den Lebensäusserungen
derselben? oder was dasselbe heisst: Welches sind die Quellen,
aus denen die Lebenskräfte fliessen?

Die Beantwortung dieser Fragen involvirt nichts Geringeres als
eine Erklärung der organischen Vorgänge und Kraftäusserungen. d. h.
des Lebens selbst. Da man aber bei dem Versuch einer Erklärung der
Lebensäusserungen fortwährend den Zusammenhang der verschiedenartigsten physikalischen Vorgänge im Auge behalten muss, die denselben zu Grunde liegen. und da dieser Zusammenhang nur an der
Hand einer anschaulichen Vorstellung von dem inneren Wesen oder
der Constitution der Materie mit Klarheit erfasst werden kann, so er-
wächst mir die Aufgabe. Ihnen eben jene Vorstellungen über das
Wesen und die Constitution der Materie. über die räumliche Vertheilung der Stoffelemente und über die Art und

Wirkung der ihnen inwohnenden Kräfte in allgemeinen Umrissen zu entwickeln, zu denen die exacte Naturwissenschaft auf dem Wege der Erfahrung und des folgerichtigen Denkens gelangt ist, und welche sie zur sogenannten Atomentheorie oder Atomistik ausgebildet hat. Die Atomistik ist die Grundlage der ganzen mechanischen Weltanschauung: von ihr muss derjenige Notiz nehmen, der die letztere in sich aufnehmen und damit ein tieferes Verständniss für die Vorgänge in der Natur und für die ganze Richtung der heutigen Naturforschung gewinnen will.

An die Darstellung der Atomistik wird sich dann die Erörterung des Gesetzes von der Unzerstörbarkeit und Unveränderlichkeit des Stoffes und des Gesetzes von der Erhaltung der Kraft anschliessen, welches letztere die höchste und fruchtbringendste Generalisation der gesammten Naturwissenschaft ist und besagt, dass, wie der Stoff-Vorrath so auch die Quantität der im Universum vorhandenen und disponiblen Kraft eine constante und unveränderliche Grösse sei, dass somit keine auch noch so geringe Quantität von Kraft für das Naturganze neu erschaffen oder vernichtet werden könne.

Die Erklärung und Begründung dieses fast paradox erscheinenden Gesetzes wird uns mehrere Stunden beschäftigen: denn es erfordert zu seinem Verständniss die Bekanntschaft mit allen wirkungsfähigen Naturkräften und der eigenthümlichen Wechselwirkung derselben unter einander. Die Art dieser Wechselwirkung hat man das Princip der Transformation oder Aequivalenz der Kräfte genannt. — Wir werden also die verschiedenen Erscheinungsformen, unter welchen sich die Kraft äussert. Schwere, Cohäsion, Affinität, Wärme u. a. erfahrungsgemäss der Reihe nach kennen zu lernen haben und die Beziehungen aufsuchen müssen, in welchen diese verschiedenen Erscheinungsformen zu einander stehen. Dabei wird es sich herausstellen, dass bei jedem Zustandekommen irgend einer Veränderung. irgend eines Vorganges in der Natur eine gewisse Quantität von Kraft aufgewendet wird und in dem Maasse, als sie die Veränderung zu Stande bringt, verschwindet und vernichtet zu werden scheint: in Wirklichkeit aber von einer Vernichtung einer einmal zur Wirkung gekommenen und zur Herbeiführung einer Veränderung verwendeten Kraftmenge — sie sei auch noch so klein, — niemals die Rede sein kann. Die verbrauchte und verschwundene Kraft bleibt vielmehr in unveränderter Quantität erhalten: was sich ändert, was verschwindet, ist nur die Erscheinungsform, unter welcher sie sich an einem bestimmten Orte im Raume geäussert hat: sie selbst aber findet sich.

wie gesagt, ohne irgend einen Verlust oder Zuwachs erlitten zu haben,
unversehrt, nur an einem anderen Orte und unter anderen Erscheinungsformen wieder.

Zur Begründung dieses, alle Naturvorgänge umfassenden Zusammenhanges müssen natürlich alle irgendwo und irgendwie ins Spiel
kommenden Kraftquantitäten in exacter Weise gemessen und mit einander verglichen werden können. Und in der That ist es gelungen,
ein solches allgemeines Maass zu finden, seitdem man einen der
grössten, ja vielleicht den grössten und folgenreichsten Fortschritt auf
dem Gebiete der exacten Naturwissenschaft gemacht hat — ich meine,
die Begründung der sogenannten mechanischen Wärmetheorie
und die Auffindung des mechanischen Aequivalents der
Wärme. Von diesen beiden epochemachenden Errungenschaften
werde ich mich gleichfalls bemühen, Ihnen eine allgemeine Vorstellung zu geben. Ohne die Entdeckung des mechanischen Aequivalents
der Wärme und der mechanischen Wärmetheorie wäre das Gesetz von
der Erhaltung der Kraft niemals aufgefunden worden, und ebenso
wenig könnte ich meiner Aufgabe genügen, Ihnen das Verständniss
dieses Gesetzes näher zu bringen, wollte ich nicht diese beiden Errungenschaften in den Kreis unserer Betrachtungen ziehen.

Mit der vollendeten Darstellung und Erklärung des Gesetzes von
der Erhaltung der Kraft nähern wir uns dem Abschluss des in unserem
diesjährigen Vorlesungscyclus zu behandelnden Themas: denn es
erübrigt dann nur noch die Consequenzen zu entwickeln, welche sich
im Geiste der mechanischen Weltanschauung aus diesem Gesetze für
die Erforschung der Quellen der sogenannten Lebenskräfte
ergeben.

Kreislauf der Stoffe in den drei Naturreichen.

Man macht der exacten Naturwissenschaft häufig den Vorwurf, dass sie aller Poesie bar sei, dass sie aller Bethätigung der Einbildungskraft feindlich gegenüber stehe. Dies ist ein Vorurtheil, welches gepflegt und als Abschreckungsmittel aufrecht erhalten wird, nur im Interesse jener eigenthümlichen Geistesrichtung, die in dem freien und unbeschränkten Gebrauch der gesunden menschlichen Verstandeskräfte — allerdings mit vollem Rechte — die grösste Gefahr sieht für die Fortdauer ihrer Alleinherrschaft über die Gemüther. Mein heutiger Vortrag soll nun dieses Vorurtheil bekämpfen und erschüttern helfen: denn ich beabsichtige Ihnen einen tieferen Einblick in die thatsächlich »weltbewegenden« Vorgänge des Stoffkreislaufs in der Natur zu eröffnen — einen Einblick, der zwar nur eine nüchterne Wahrheit erkennen lässt, eine Wahrheit aber, die an überwältigender Grossartigkeit, ja an phantastischem Reiz jeden Vergleich mit den am höchsten und heiligsten gehaltenen Producten der mythenbildenden Einbildungskraft auszuhalten im Stande ist. Der Weg nach dem Standpunkt, von dem aus der Einblick in jene Wahrheit gestattet ist, führt freilich durch etwas trockenes, steiniges Land; aber lassen Sie sich die etwaigen Beschwerlichkeiten unserer Wanderung nicht verdriessen; »es führt kein anderer Weg — nach Küssnacht«!

Die pflanzlichen und thierischen Organismen — die menschlichen natürlich mit eingerechnet —, welche man als die lebenden Wesen den leblosen Gebilden und Massen gegenüberstellt, sind aus Substanzen aufgebaut, die sich sowohl hinsichtlich ihres Aussehens als hinsichtlich ihrer feineren Structur und ihrer Eigenschaften sehr auffallend von jenen Substanzen unterscheiden, welche der unorganischen Welt, dem Mineralreich, angehören. Vergleichen Sie ein Stück Fleisch oder Brod, ein Blumenblatt, ein Weizenkorn mit einem Stein, einem Krystall oder einer Marmorstatue — und Sie werden zwischen diesen

materiellen Körpern der auffallenden Unterschiede mehr als der
Uebereinstimmungen finden! Diesen auffallenden Unterschieden entsprechend ergab sich denn auch bei der chemischen Zerlegung der
Thier- und Pflanzenkörper, dass sie zwar der Hauptmasse nach aus
bekannten unorganischen Stoffen — nämlich überwiegend aus Wasser
und gewissen Mengen von Mineralsalzen — bestehen, dass sie aber
stets auch noch einen Antheil ganz eigenthümlicher, sonst nirgendwo
in der Natur vorkommender, sogenannter organischer Stoffe enthalten;
und es gewann den Anschein, als ob diese letzteren Stoffe, ohne
welche das Leben thatsächlich niemals zur Erscheinung kommt, ihren
einfachsten, elementaren Stoffbestandtheilen nach, von jenen der unorganischen Welt völlig verschieden wären. Es ist darum als ein
epochemachender Fortschritt für die Wissenschaft vom Leben zu
bezeichnen, dass es den Chemikern endlich gelungen ist, eine Methode
zu finden, vermittelst welcher auch diese eigentlich sogenannten organischen Stoffe in ihre einfachen chemischen Elemente zerlegt und die
vollkommene Identität derselben mit jenen der unorganischen Stoffe
nachgewiesen werden konnte.

Unter einem einfachen chemischen Element versteht man bekanntlich einen Stoff, der sich auf keine Weise in andere differente Stoffe
zerlegen lässt, da er aus keiner Verbindung oder Vereinigung solcher
besteht und hervorgeht. Das Wasser z. B., so lange für einen einfachen Stoff, für ein chemisches Element gehalten, lässt sich in Sauerstoff oder Oxygen (O) und in Wasserstoff oder Hydrogen (H) zerlegen
— zwei gasförmige Körper, welche verschiedene Eigenschaften zeigen;
letzteres ist der leichteste aller Körper und verbrennt mit schwach-
leuchtender Flamme, ersterer ist viel schwerer als der Wasserstoff, ist
gar nicht verbrennlich, unterhält aber die Verbrennung. Weder Wasserstoff noch Sauerstoff lassen sich weiter zerlegen, dagegen kann man
aus zwei Theilen Wasserstoff und Einem Theil Sauerstoff Wasser H_2O)
zusammensetzen und erzeugen. Wasser ist daher ein zusammengesetzter Körper, Wasserstoff und Sauerstoff sind einfache chemische Elementarstoffe oder Grundstoffe. Ebenso ist die Kohlensäure, welche
Sie Alle im moussirenden Biere und Champagner kennen und lieben,
ein zusammengesetzter Stoff, der durch die Vereinigung der einfachen
chemischen Elemente Kohlenstoff oder Carbon (C) und Sauerstoff (O)
entsteht, indem Ein Theil des ersteren mit zwei Theilen des letzteren
ein chemisches Ganzes bildet. Die Kohlensäure hat also die Formel
CO_2. Endlich will ich noch ein Beispiel anführen, das Ammoniak. Es
ist dies jenes widerliche Gas, welches sich an gewissen unentbehrlichen
Orten anhäuft und durch seine stechende Schärfe der Nase und den

Augen so beschwerlich fällt. Es ist zusammengesetzt aus zwei differenten chemischen Elementen, dem schon erwähnten Wasserstoff H
und dem sogenannten Stickstoff oder Nitrogen (N, und hat die chemische Formel N H₃, d. h. Ein Theil Stickstoff verbindet sich mit drei
Theilen Wasserstoff zu Einem Theil Ammoniak.

Jene neuere Methode der chemischen Zerlegung, von deren Erfindung, wie gesagt, ein epochemachender Fortschritt für die Wissenschaft vom Leben datirt, nennt man die chemische Elementar-Analyse
der organischen Verbindungen. Ihre Begründung und Ausbildung ist
eines der unsterblichen Verdienste unseres JUSTUS v. LIEBIG. Sie hat
das wunderbar einfache und überraschende Resultat ergeben, dass
alle diese verschiedenen, eigentlich sogenannten organischen
Verbindungen aus einer äusserst geringen Anzahl ganz derselben einfachen chemischen Grundstoffe bestehen, welche sich auch in der unorganischen Welt finden; und zwar sind es von den zweiundsechzig
wohlcharakterisirten Elementarstoffen, welche die heutige Chemie als
die Urbestandtheile unseres Planeten und seiner Atmosphäre kennt,
hauptsächlich nur vier, um die es sich bei der Zusammensetzung der
organischen Körper handelt: nämlich Kohlenstoff C, Wasserstoff H,
Sauerstoff (O) und Stickstoff (N). Merkwürdig aber wahr, es sind
immer nur diese vier Elemente, welche, in verschiedener Anzahl und
in den mannigfaltigsten Verhältnissen gruppirt und verbunden, zur
Herstellung der unendlichen Fülle der verschiedenen eigentlich sogenannten organisch-chemischen Verbindungen dienen, die, wie wir
sehen werden, mit einigem unorganischen Stoffmaterial verbunden
oder auch nur gemischt, die sämmtlichen pflanzlichen, thierischen und
menschlichen Organismen zusammensetzen. Bald sind es zwei, bald
drei, vier oder noch mehr dieser einfachen chemischen Elemente, die
sich zu einheitlichen Ganzen verbinden und organische Substanzen
constituiren.

Alle organischen Verbindungen enthalten Kohlenstoff (C): dieser
fehlt also in keinem Gebilde der organischen Welt. Unter den weitaus zahlreichsten, aus mehr als zwei Grundstoffen bestehenden organischen Verbindungen gibt es wieder eine grosse Gruppe solcher,
welche nur aus Kohlenstoff, Wasserstoff und Sauerstoff bestehen, und
eine zweite von solchen, die ausser Kohlenstoff, Wasserstoff und
Sauerstoff immer auch noch Stickstoff enthalten. Die ersteren nennt
man stickstofflose, die letzteren stickstoffhaltige organische Verbindungen. Von den stickstofflosen Verbindungen muss ich jene hervorheben, welche man (wie Stärkemehl, Gummi, Zucker u. a. deshalb
als Kohlehydrate bezeichnet hat, weil sie Wasserstoff und Sauerstoff

im Wasserbildungsverhältniss, — d. h. auf je Einen Theil Sauerstoff
je zwei Theile Wasserstoff, — und natürlich auch noch den nie fehlen-
den Kohlenstoff enthalten. Ferner sind hier die Fette und Oele zu
nennen, welche gleichfalls nur aus Kohlenstoff, Wasserstoff und
Sauerstoff bestehen, aber verhältnissmässig sehr viel mehr Wasserstoff
und Kohlenstoff als Sauerstoff enthalten. — Was die zweite Haupt-
gruppe organischer Verbindungen, die stickstoffhaltigen, angeht, so
enthalten viele von ihnen, und gerade die wichtigsten, ausser Kohlenstoff, Wasserstoff, Sauerstoff und Stickstoff, auch noch kleine Mengen
Schwefel (S), manche auch Phosphor (P) und Eisen (Fe), so dass die
complicirtesten derselben aus der Vereinigung von fünf, sechs oder
sieben Elementen hervorgehen. Hierher gehören jene merkwürdigen
organischen Stoffcomplexe, welche man Proteïnstoffe oder Eiweisskörper genannt hat. Sie enthalten alle: Kohlenstoff (52 bis 54 Procent), Wasserstoff (gegen 7 Procent), Sauerstoff (21 bis 26 Procent),
Stickstoff (13 bis 16 Procent) und Schwefel (1 bis 1,6 Procent), und
werden zum Aufbau jener Organe und Organtheile verwendet, deren
Thätigkeiten die höchsten und eigenthümlichsten Lebensäusserungen
in Erscheinung treten lassen.

Der Unterschied zwischen den organischen und den unorganischen
Verbindungen liegt also nicht in einer Verschiedenheit der chemischen
Elementarstoffe, aus deren Verbindung sie hervorgehen; denn diese
sind identisch, mögen sie nun in den mineralischen Bestandtheilen des
Erdbodens, der Gewässer und der Luft stecken, oder die Substanzen
des Pflanzen-, Thier- und Menschenleibes bilden helfen. Der Unterschied liegt wesentlich nur in der Anzahl und Zusammenordnung der
genannten wenigen Elemente zu einem complicirten chemischen
Ganzen.

Die organischen Verbindungen zeichnen sich im Allgemeinen also
zunächst durch die höhere Complication ihrer Zusammensetzung oder
Constitution vor den unorganischen aus. Ein anderes hervorstechen-
des Merkmal der organischen Verbindungen ist, dass sie alle ohne
Ausnahme verbrennlicher Natur sind, während die meisten unorganischen Verbindungen unfähig sind zu verbrennen, d. h. neue
Sauerstoffmengen aufzunehmen. Unter Verbrennung oder Oxydation
versteht man nämlich die Verbindung der Stoffelemente mit Sauerstoff.
Die Verbrennung oder Oxydation hat Stufen oder Grade, und man
nennt sie eine vollständige, wenn ein Mehrzutritt, eine Mehraufnahme
von Sauerstoff unmöglich geworden ist; die meisten unorganischen
Körper sind solche »gesättigte« Sauerstoffverbindungen. Die organischen Verbindungen enthalten hingegen entweder gar keinen Sauer-

stoff, oder, wenn er vorhanden ist, doch nur in verhältnissmässig so geringen Mengen, dass in allen Fällen der Zutritt und die Bindung neuer Quantitäten von Sauerstoff möglich ist, d. h., dass eine vollständige Verbrennung eingeleitet werden kann, in Folge welcher die organische Verbindung schliesslich stets in einfache Endproducte von unorganischem Charakter zerfällt. Wird daher ein ganzer pflanzlicher oder thierischer Organismus vollständig verbrannt, so verflüchtigt sich die Hauptmasse desselben in die Luft und es bleibt nur ein unorganischer Rückstand als sogenannte Asche übrig, welcher in den meisten Fällen verhältnissmässig gering, oft fast gleich Null ist.

Diese Thatsache erklärt sich einfach daraus, dass das Wasser $(H_2 O)$, welches ja der Masse nach den grössten Theil aller organischen Gebilde ausmacht, durch die Verbrennungswärme als Dampf entweicht, während die hauptsächlich aus den genannten vier Elementarstoffen Kohlenstoff, Wasserstoff, Sauerstoff und Stickstoff bestehenden stickstofflosen und stickstoffhaltigen organischen Verbindungen überwiegend gasförmige Verbrennungsproducte liefern. Der Kohlenstoff derselben verbrennt zu Kohlensäure (CO_2), von der nur ein Bruchtheil in den kohlensauren Salzen der Asche fixirt wird: ihr Wasserstoff (H), theils zu Wasser $(H_2 O)$ verbrannt, theils mit Stickstoff (N) zu Ammoniak (NH_4) verbunden, verflüchtigt sich ebenfalls: nur die in den Eiweisskörpern enthaltenen, meist geringen Schwefel- und Phosphormengen bleiben, zu Schwefelsäure (SO_3) und Phosphorsäure (PO_5) verbrannt oder oxydirt, ganz in der Asche zurück. Die Hauptmasse der Asche aber bilden die sämmtlichen unorganischen oder mineralischen Verbindungen, welche zum Aufbau jedes Pflanzen- und Thierkörpers mit verwendet werden — mit Ausnahme des Wassers, das bei der Verbrennung verdampfte.

Ausser der Kohlensäure, Schwefelsäure und Phosphorsäure, welche, wie wir sahen, zum Theil organischen Ursprungs sind, finden sich in der Asche, mit basischen Stoffen zu Salzen verbunden, noch Chlor (Cl), Fluor (Fl) und Kiesel (Si). Die basischen Stoffe der Asche sind: Alkalien: Kalium (K) und Natrium (Na) und alkalische Erden: Kalk (Ca) und Bittererde (Mg) — und ein einziges schweres Metall. das Eisen (Fe).[1] Die letzten Verbrennungsproducte der Pflanzen- und Thierkörper sind also: einige Mineralsalze, Wasser, Kohlensäure und Ammoniak — sämmtlich unorganischer Natur.

---

[1] Das Eisen bildet einen integrirenden Bestandtheil jener äusserst zusammengesetzten, in einen Eiweisskörper und einen eisenhaltigen Farbstoff zerfallenden organischen Verbindung, welcher das Blut der Thiere seine Scharlachfarbe verdankt.

Dieselben Endproducte, welche die Verbrennung liefert, liefert noch ein anderer — den organischen Körpern aber ausschliesslich zukommender Zersetzungs- oder Zerstörungsprocess, die sogenannte Fäulniss. Auch durch die Fäulniss zerfällt der pflanzliche und thierische Körper zuletzt in Kohlensäure, Wasser, Ammoniak und Mineralsalze.

Hiermit gewinnen wir nicht nur eine Uebersicht der letzten Zersetzungsproducte unorganischer Natur, in welche die Organismen zerfallen, sondern zugleich auch eine Uebersicht der sämmtlichen wichtigsten Elementarstoffe, aus denen in letzter Instanz alle pflanzlichen und thierischen Gebilde bestehen. Es sind ihrer nur etwa vierzehn: Kohlenstoff C, Wasserstoff H, Sauerstoff (O), Stickstoff N, Schwefel (S), Phosphor P, Chlor Cl, Fluor (Fl), Kiesel oder Silicium $Si)$, Kalium (K), Natrium (Na), Calcium $Ca)$, Magnesium $Mg)$ und Eisen $Fe)$.

Zunächst sind es also der Kohlenstoff, Wasserstoff, Sauerstoff, Stickstoff, dann der Schwefel, der Phosphor und allenfalls noch das Eisen, welche, in den mannigfaltigsten Anordnungen und Verhältnissen zu höheren chemischen Einheiten verbunden, alle die zahllosen, eigentlich sogenannten organischen Stoffe bilden. Diese, gemischt oder in chemischer Verbindung mit Stoffen unorganischer Natur, namentlich Wasser und einigen Mineralsalzen, treten dann zu den eigenthümlichen Substanzen zusammen, welche die organischen Formen des Thier- und Pflanzenleibes annehmen und die Erscheinungen des Lebens manifestiren.

Sehen wir uns nun um, wo und wie die genannten vierzehn Elementarstoffe, die letzten Endes zum Aufbau aller Organismen dienen, im Stoffvorrath der unorganischen Natur, im Mineralreich, sich vorfinden.

1) Freier Sauerstoff und freier Stickstoff, im Verhältniss von 21 zu 79 Raumtheilen gemengt, bilden die atmosphärische Luft, welche den Erdball von allen Seiten umgibt.

2) Der Kohlenstoff, mit Sauerstoff verbunden zu Kohlensäure, mischt sich in dieser Gasform der Luft und dem Wasser bei oder bindet sich in den kohlensauren Salzen, welche im Wasser gelöst sind oder feste Bestandtheile des Erdbodens darstellen.

3) Aus der Verbindung des Wasserstoffs mit Sauerstoff geht das Wasser hervor, welches überall in festem, flüssigem oder dampfförmigem Zustand verbreitet ist.

4) Eine andere Verbindung des Wasserstoffs, die mit Stickstoff,

bildet das Ammoniak, welches sich in der Damm- oder Ackererde und in sehr wechselnden Mengen in der Atmosphäre findet.

5` Endlich sind Schwefel und Phosphor in den schwefelsauren und phosphorsauren Salzen vorhanden, und diese sowie alle anderen Mineralien, welche die übrigen der genannten vierzehn Elementarstoffe, wie Kalium, Natrium, Calcium, Magnesium u. s. w. enthalten, kommen in gelöster oder fester Form als Bestandtheile in den Gewässern und im Erdboden vor.

Erwägen Sie diese fünf Punkte im Zusammenhange mit den vorausgeschickten Mittheilungen über die letzten unorganischen Verbrennungs- und Fäulnissproducte der Substanzen des Thier- und Pflanzenkörpers, so wird Ihnen unzweifelhaft die grosse Thatsache vor Augen stehen, dass die unorganische Welt unseres Planeten in Form von Wasser, Kohlensäure, Ammoniak und einigen Salzen alle die Elementarstoffe enthält, welche die lebenden organischen Wesen in letzter Instanz zusammensetzen; während der freie Sauerstoff der atmosphärischen Luft durch den Verbrennungs- und Fäulnissprocess im Stande ist, die Thier- und Pflanzenleiber in dieselben einfachen mineralischen Formen von Wasser, Kohlensäure, Ammoniak und Salzen zu zerlegen und als solche der unorganischen Welt wiederzugeben.

Mittels Wurzel und Blatt entnimmt die Pflanze fortwährend Stoffmaterial aus dem Boden, aus dem Wasser und aus der Atmosphäre. Diese grossen Vorrathskammern unorganischen Stoffes liefern der Pflanzenwelt alle Elemente zu ihrer Bildung, Erhaltung und Entwickelung in Form von Kohlensäure, Wasser, Ammoniak und Mineralsalzen.

In den grünen Theilen der Pflanzen wird unter dem Beistande der Sonnenstrahlen die aufgenommene Kohlensäure reducirt, das heisst, der Sauerstoff wird vom Kohlenstoff gewaltsam abgetrennt und in freiem gasförmigem Zustand an die Atmosphäre abgegeben, während der Kohlenstoff in neue Verbindungen organischer Natur mit den Elementen des Wassers und Ammoniaks tritt und im Pflanzenkörper zurückbleibt. Durch diese innere chemische Arbeit fabricirt die Pflanze jedes Stück ihrer Gewebs- und Säftebestandtheile, die ihr eigenthümlich sind; mit diesem Baumaterial rein unorganischer Natur setzt sie unter Sauerstoffentwickelung oder Desoxydation alle die sogenannten organischen Verbindungen zusammen, welche sich vor den unorganischen durch ihre Verbrennlichkeit und ihre complicirte Constitution auszeichnen. So verbinden sich die Elemente der Kohlensäure und des Wassers unter gleichzeitiger Desoxydation oder Verminderung ihres Sauerstoffgehaltes zu organischen Stoffen, die nur aus Kohlenstoff, Wasserstoff und Sauerstoff bestehen (Kohlehydrate: Zellstoff, Stärkemehl, Gummi, Zucker, Fette und Oele). — Durch Hinzutritt des Ammoniaks (NH_3) kommt der Stickstoff zu den drei genannten noch als viertes Element hinzu und es entstehen vierfache, stickstoffhaltige, organische Verbindungen. Endlich wird noch der Schwefel und Phosphor, der in den aufgenommenen schwefelsauren (SO_3) und phosphorsauren (PO_5) Salzen steckt, vom Sauerstoff befreit und in die neuen Gruppirungen miteinbezogen, und es kommt zur Herstellung der am höchsten complicirten organischen Verbindungen, namentlich der eiweissartigen Stoffe.

Diese eigenthümlichen und noch lange nicht im Detail erforschten Vorgänge, bei denen die einfachen Stoffelemente zu complicirteren Gruppen von Elementen zusammentreten und Stoffe von höherer Zusammensetzung constituiren, nennt man die organische Synthese oder progressive Stoffmetamorphose. Von der unansehnlichen Flechte, welche den feuchten Felsblock überzieht, bis zu den eleganten Zierpflanzen unserer Treibhäuser und den mächtigen Baumriesen der Wälder ist somit die Pflanze als ein natürliches chemisches Laboratorium zu betrachten, welches, durch die Sonnenstrahlen geheizt und in Thätigkeit versetzt, Sauerstoff entbindet und sauerstoffarme, aber hochcomplicirte organische Stoffe producirt und somit der organischen Synthese oder progressiven Stoffmetamorphose dient. Damit soll jedoch nicht etwa gesagt sein, dass in den Pflanzen keine anderen, ja die geradezu entgegengesetzten chemischen Vorgänge (von Sauerstoffbindung und von Zersetzung), vorkämen; allein die eben geschilderten sind weitaus die wichtigsten und charakteristischesten für die Bedeutung der Pflanzenwelt im Haushalt der Natur. Die Rolle und Bedeutung der Pflanzenwelt im grossen Haushalt der Natur muss nämlich in der That dahin formulirt werden, dass sie es ist, welche aus einfachem unorganischem Stoffmaterial unter Sauerstoffentbindung organische Substanz erzeugt.

Das Thier hat ganz andere Beziehungen zur Aussenwelt als die Pflanze. Das Thier bedarf zum Aufbau und zur Erhaltung seiner Körpersubstanzen schon fertiges organisches Stoffmaterial, da ihm alle Fähigkeit abgeht, aus den einfachen unorganischen Verbindungen irgend welche Stoffe von organischer Natur und Zusammensetzung herzustellen. Diese Fähigkeit besitzen von allen Gebilden der organischen Welt nur die vom Sonnenlicht bestrahlten grünen Pflanzentheile. Die Thierwelt kann also nirgendwo anders als in den organischen Stoffen, welche die Pflanzen gebildet und aufgespeichert haben, das ihr unentbehrliche organische Stoff- oder Nahrungsmaterial finden — und wenn auch in den Säften und Geweben der Thiere eigenthümliche organische Stoffe enthalten sind, welche in den Pflanzen nicht vorkommen, so sind dieselben nicht etwa vom Thiere selbst aus unorganischen Elementen neu gebildet worden, sondern nur Modificationen jener organischen Pflanzenstoffe, welche das Thier entweder unmittelbar in seiner Pflanzenkost aufgenommen hat, oder welche das Thier, wenn es, wie die reinen Fleischfresser — Löwen und Tiger z. B. — niemals Pflanzenkost geniesst, mittelbar aus solcher erhält, indem es andere Thiere verzehrt, die entweder selbst Pflanzenfresser sind oder sich von Pflanzenfressern nähren. Kurz: das Thier entnimmt das ihm unentbehrliche organische Stoffmaterial in Form von Kohlehydraten, Fetten und Eiweisskörpern, mittelbar oder unmittelbar, somit letzten Endes immer nur der Pflanzenwelt.

Die unorganischen Stoffe, welche das Thier zur Erhaltung seines Lebens noch weiter bedarf — Wasser und Mineralsalze — findet es zum Theil ebenfalls schon in den Pflanzen, zum Theil eignet es sich dieselben jedoch unmittelbar aus der unorganischen Welt an. Unter diesen letzteren Stoffen ist es vor Allem der freie Sauerstoff, welchen das Thier, als wichtigstes und unentbehrlichstes Lebenselement, vermittelst seiner Athmungsorgane, unmittelbar entweder der Atmosphäre oder, wie alle im Wasser lebenden Thiere, der im Wasser absorbirten Luft entnimmt. Der freie Sauerstoff dringt durch die Athmungsflächen in die Blut- oder Säftemasse des Thieres und wird im ganzen Körper desselben vertheilt; so gelangt er mit allen Bestandtheilen der lebenden thierischen Gewebe, so wie mit den durch die Verdauung modificirten und ebenfalls in und durch die circulirende Blut- und Säftemasse aufgenommenen und im ganzen Körper vertheilten Nahrungsstoffen in innige Berührung. Die nothwendige Folge davon ist, dass im Thiere alle die organischen Substanzen, die es der Pflanzenwelt entnommen, einer langsamen Verbrennung, einer allmählichen Oxydation verfallen und, durch Spaltung in immer einfachere und höher oxydirte Verbindungen zerlegt, zuletzt die uns schon bekannten unorganischen Endproducte: Kohlensäure, Wasser, Ammoniak und Mineralsalze, liefern. Der Lebensprocess bietet somit genau dieselben letzten Zersetzungs- und Zerstörungsproducte wie die rasche künstliche Verbrennung und die träge verlaufende Fäulniss. Das Thier scheidet in der That während seines lebendigen Bestehens ununterbrochen nebst Mineralsalzen Kohlensäure, Wasser und stickstoffhaltige, alsbald in Ammoniak und Kohlensäure zerfallende Zerstörungsproducte aus — und Sie erkennen somit, dass das Thier ein chemischer Apparat ist, welcher, im Gegensatze zur Pflanze, Sauerstoff verzehrt, und die organische Substanz durch die — der Desoxydation und Synthese entgegengesetzten — Vorgänge der Oxydation und Spaltung schliesslich in dieselben unorganischen Verbindungen zerlegt, aus welchen sie die Pflanze ursprünglich aufgebaut und erzeugt hat.

Während wir somit die Rolle und Bedeutung der Pflanzenwelt im grossen Haushalt der Natur dahin formulirten, dass sie es sei, welche aus unorganischem Stoffmaterial unter Sauerstoffentbindung organische Substanz erzeugt, sehen wir jetzt, dass die Thierwelt es ist, welche der regressiven Stoffmetamorphose dient, d. h. unter Sauerstoffbindung die organische Substanz zerstört und vernichtet, und aus ihr dasselbe unorganische Stoffmaterial wieder herstellt, welches die Pflanze zur organischen Synthese, zur progressiven Stoffmetamorphose braucht. — Es ist aber auch hier hervorzuheben, dass im Thiere die Vorgänge dieser regressiven Stoffmetamorphose nicht die ausschliesslich vorkommenden, sondern nur die überwiegenden und bedeutungsvollsten sind, und dass neben diesen auch im Thiere gewisse Synthesen vorkommen; immerhin liegt in der regressiven Stoffmetamorphose die Rolle und Bedeutung des Thierreichs im grossen Haushalte der Natur.

In ihren Beziehungen zur Atmosphäre unserer Erde sind Thier und Pflanze daher nothwendig in ununterbrochenem Antagonismus. Die Pflanze entnimmt ihr fortwährend Kohlensäure, zerlegt dieselbe, behält den Kohlenstoff für sich zurück und erstattet ihr dafür freien Sauerstoff. Unter dem Einflusse der von der Sonne bestrahlten Vegetation sucht sich die Atmosphäre ihres ganzen Kohlensäuregehaltes zu entledigen und dagegen an freiem Sauerstoff reicher zu werden. Das Thier, im Gegentheil, bemächtigt sich des Sauerstoffs der Luft, verbrennt damit die organischen Bestandtheile seiner Körpersubstanz und Nahrung und haucht dafür eine fast gleiche Menge Kohlensäure aus. Durch die Lebensthätigkeit der Thiere wird die Atmosphäre fortwährend sauerstoffärmer und kohlensäurereicher.

Genaue und zahlreiche chemische Analysen haben nichts destoweniger sicher gestellt, dass die Zusammensetzung der Atmosphäre in allen Regionen der Erde wahrnehmbar dieselbe ist, und dass, wenn das relative Mischungsverhältniss der drei Hauptbestandtheile der atmosphärischen Luft, Stickstoff, Sauerstoff und Kohlensäure, auch nicht absolut constant ist, doch nur Schwankungen innerhalb sehr enger Grenzen vorkommen. Die Entwickelung und Vertheilung der Organismen muss daher gegenwärtig auf einem Punkte angelangt sein, dass sich die oxydirende Thätigkeit der Thiere und die reducirende der Pflanzen das Gleichgewicht halten; denn aus dem gegenseitigen Verhältniss dieser beiden antagonistischen Thätigkeiten resultirt nothwendig der jeweilige Zustand, in welchem sich die Atmosphäre thatsächlich befindet. Unzweifelhaft war es nicht immer so wie jetzt mit der Zusammensetzung der Atmosphäre bestellt. In früheren Epochen der Entwickelung unseres Planeten war der Kohlensäuregehalt der Luft ein ungleich grösserer als jetzt. Nur die überwiegende und kolossale Entwickelung und Verbreitung des vorweltlichen Pflanzenreichs hat ihn so bedeutend herabgemindert; dabei ist der Kohlenstoff, der früher im kohlensauren Gas der Atmosphäre in den Lüften schwebte, in fester Form und vom Sauerstoff befreit in die Tiefen der Erde gelangt, wo wir ihn heute in den ungeheuren Steinkohlenflötzen und Braunkohlenlagern wiederfinden und, indem wir ihn als Brennmaterial benutzen, zum mächtigsten Bundesgenossen für die Entwickelung der Industrie und des Weltverkehrs machen. Die vorweltlichen Wälder sind nämlich durch die heftigen Katastrophen, welche die Bildungsepochen der jungen Erde kennzeichneten, verschüttet, weggespült und begraben worden und haben im Erdboden unter dem Einflusse der Feuchtigkeit und Wärme jene Veränderungen erlitten, welche der kohlenstoffreichen vegetabilischen Substanz die Beschaffenheit der Braun- und Steinkohle ertheilen. So ist denn der Kohlenstoff durch die innere chemische Arbeit der vorweltlichen Wälder gesammelt und aufgespeichert worden, um heute eine so grossartige Rolle in der Geschichte des Fortschritts der Menschen zu spielen! Welch wunderbarer Zusammenhang!

Die vergleichende Untersuchung der Art und Weise, wie sich Thier und Pflanze dem Stoffmaterial der Aussenwelt gegenüber verhalten, lehrt also, dass die chemischen Vorgänge in den beiden Reichen der organischen oder belebten Welt im Grossen und Ganzen principiell verschieden sind. Diese principielle Verschiedenheit zuerst hervorgehoben und damit das Dunkel des solidarischen Zusammenhanges zwischen dem Thier-, Pflanzen- und Mineralreich aufgehellt zu haben, das ist LAVOISIER's unsterbliches Verdienst. Dieser Zusammenhang stellt sich aber als ein in sich geschlossener Kreislauf des Stoffes durch die drei Reiche der Natur dar. Während die Pflanze einfach zusammengesetzte und hochoxydirte unorganische Verbindungen als Nahrung zu sich nimmt und dieselben unter Desoxydation

oder Sauerstoffaustreibung in organische Stoffe verwandelt, verwandelt
das Thier, das seine Hauptnahrung unmittelbar oder mittelbar aus dem
Pflanzenreiche bezieht, die von der Pflanze erzeugten, hochzusammengesetzten und sauerstoffarmen organischen Stoffe durch Oxydation und
Spaltung zurück in einfache unorganische Verbindungen. Die Pflanze
eignet sich die Elementarstoffe aus dem Mineralreiche an und macht
sie zu Bestandtheilen ihrer organischen Körpersubstanz. Diese organische Substanz und somit die in ihr enthaltenen Elementarstoffe
werden Bestandtheile des Thierkörpers; die Bestandtheile und Elementarstoffe des Thieres aber werden wieder zu Bestandtheilen des Mineralreichs, und so fort in ununterbrochenem Kreislaufe. Der Kohlenstoff der in der Luft befindlichen Kohlensäure wird zum Kohlenstoff
der Holzfaser, des Stärkemehls und anderer Pflanzenstoffe; mit unserer
Nahrung aufgenommen, wird er zum Kohlenstoff unseres Fleisches und
Blutes, aus denen er wieder in Form von Kohlensäure in die Luft
zurückkehrt. Aehnlich lässt sich von jedem chemischen Elemente,
das die organische Substanz des Thierleibes zusammensetzen hilft,
nachweisen, dass es, aus dem Mineralreiche von der Pflanze aufgenommen und in ihren organischen Verbindungen fixirt, als Nahrungsstoff
in das Thier gelangt, um aus diesem wieder ins Mineralreich zurückzukehren und diesen Kreislauf immer wieder von Neuem zu beginnen.

Werfen Sie einen Blick auf das grosse Diagramm, welches ich
entworfen habe, um Ihnen den erörterten Kreislauf des Stoffes durch
die drei Reiche der Natur einigermassen anschaulich zu machen. Die
eine Hälfte der Kreisfläche, welche das ganze Universum bedeutet,
soll uns die unorganische Welt, die andere Hälfte die organische Welt
darstellen: diese letztere zerfällt wieder in einen Quadranten, der das
Pflanzenreich, und in einen zweiten, der das Thierreich repräsentirt.
Im Mineralreiche oder in der unorganischen Welt finden sich die vierzehn Elementarstoffe, welche letzten Endes zum Aufbau der organischen Welt dienen, in Form von einigen Mineralsalzen, von Ammoniak (NH_3), Wasser (H_2O) und Kohlensäure (CO_2) vor. Sie finden
diese Bezeichnungen in die ausgesparten weissen Täfelchen der rechten
Hälfte des Kreises eingeschrieben. Verfolgen Sie nun mit dem Auge
in der Richtung, welche die kleinen Pfeile angeben, wie dieses Stoffmaterial unorganischer Natur in den Quadranten des Pflanzenreichs
eindringt! Sie bemerken, wie sich die punktirten, die Sauerstoff-
bahnen andeutenden Linien abtrennen, um wieder in den Raum des
Mineralreichs zurückzukehren, wo sie sich in dem Täfelchen, welches
mit O bezeichnet ist (d. h. »freier Sauerstoffvorrath der Atmosphäre«),
sammeln, während die ausgezogenen Linien, welche die Bahnen des

Kohlenstoffs, Wasserstoffs, Stickstoffs etc. bedeuten, ihren Weg fortsetzen und in einen dem Pflanzen- und Thierreichsquadranten gemeinschaftlichen weiss gelassenen Streifen gelangen, innerhalb welches die Buchstaben C, H, O, N, S, P eingeschrieben sind. Dieser weisse Streifen mit den eingeschriebenen Buchstaben soll uns die hochzusammengesetzten und niedrigoxydirten organischen Verbindungen bedeuten.

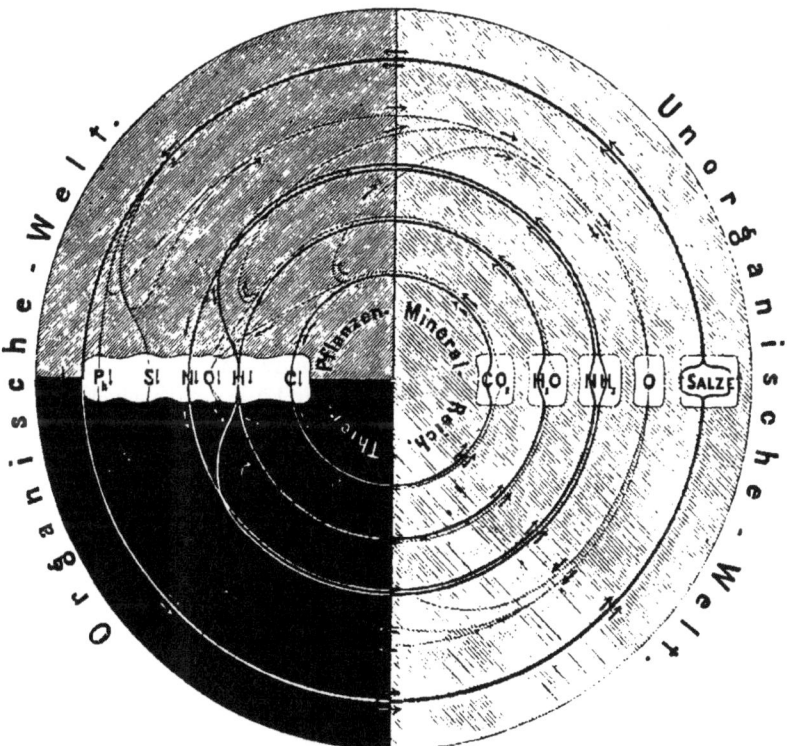

Fig. 1. Anschauliche Darstellung des Kreislaufs des Stoffes.

welche die Pflanze aus dem unorganischen, niedrigzusammengesetzten, aber hochoxydirten Stoffmaterial unter Sauerstoffabscheidung erzeugt. Der weisse Streifen mit den eingeschriebenen Buchstaben greift aber zur Hälfte in den Quadranten des Thierreichs hinein, um Sie daran zu erinnern und Ihnen anschaulich zu machen, wie die dem Thiere unentbehrlichen organischen Nahrungsstoffe und Körperbestandtheile aus der Pflanzenwelt stammen. — Die Bahnen der Elementarstoffe können Sie durch diesen weissen Streifen hindurch in den Thierreichsqua-

dranten verfolgen. Hier jedoch lagert sich die Anordnung der Bahnen
wieder um, und, indem die punktirten Linien aus dem freien Sauerstoffvorrath der Atmosphäre, welche in den Thierreichsquadranten eindringen, an die ausgezogenen Linien sich wieder anlegen, kommen
die vierzehn Elementarstoffe wieder in Form von Kohlensäure (CO_2),
Wasser (H_2O), Ammoniak NH_3 und Salzen ins Mineralreich zurück.
Dies soll Sie an die Verbrennungs- und Spaltungsvorgänge, durch
welche sich im Thiere die regressive Stoffmetamorphose vollzieht, erinnern. — Jeder Elementarstoff vollendet, wie Sie deutlich verfolgen
können, eine in sich geschlossene Kreisbahn, welche ihn in ewig
wechselnder Vergesellschaftung und Gruppirung mit anderen Elementen durch die drei Reiche der Natur hindurchführt.

So haben Sie denn wohl den Eingangs in Aussicht gestellten
tieferen Einblick in die Rolle gewonnen, welche der elementare Stoff
bei dem Ablauf der Lebensvorgänge auf unserem Planeten spielt:
hineingerissen in einen mächtigen Strom, der aus dem Mineralreich
entspringt und seinen Lauf durch das Pflanzen- ins Thierreich nimmt,
um von da wieder ins Mineralreich zurückzukehren, verändert der
Stoff fortwährend seine chemische Anordnung und Gruppirung und
seinen Ort im Raume. Die ganze unendliche Fülle von Erscheinungen
des organischen Lebens in der Natur — ja unser eigenes Menschen-
dasein mit seinem ganzen Reichthum an intellectuellen und socialen
Erscheinungen ist an diesen Wechsel und Kreislauf des Stoffes erfah-
rungsmässig gebunden. Hemmen Sie diesen Wechsel und Kreislauf
des Stoffes — und Sie vernichten die Welt! —

Die uralte Vorstellung von der Metempsychose oder Seelenwande-
rung ist ein phantastischer Traum aus der Kindheit des Menschengeschlechts, aus dem die Mehrzahl der Menschen heute noch nicht
völlig erwacht ist. Der ewige Kreislauf des Stoffes hingegen, dessen
Detail-Ausmalung in einem der Wirklichkeit auch nur annähernd entsprechenden Bilde der kühnsten und reichsten Phantasie spottet, ist
eine grossartige nüchterne Wahrheit, welche der herangereiften
Menschheit — durch die exacte Naturforschung — unerschütterlich
feststehend für alle Zeiten aufgegangen ist. Mit der Wage und dem
chemischen Reagens in der Hand ist der Naturforscher den Stoffelementen nachgegangen und hat sie auf ihren Wanderungen durch's
Universum in ewig wechselnder Vergesellschaftung mit einander
Schritt für Schritt verfolgt, — aus dem Stoffvorrath der Erde, der
Gewässer, der Atmosphäre heraus, durch die pflanzlichen, thierischen
und menschlichen Individuen hindurch, wieder ins Mineralreich zurück, und so fort und fort in geschlossener Kreisbahn. Es ist daher

keine beliebige abenteuerliche Idee mehr [1], sondern eine ganz nüchterne und sehr reelle Möglichkeit, dass einzelne derselben Stofftheilchen, die einst das geschäftige Gehirn Julius Cäsar's zusammengesetzt haben, heute in den Getreidekörnern auf dem Felde einer nordamerikanischen Farm oder in einer Leipziger — Nasenspitze stecken, und in hundert Jahren das Herz unseres eigenen Urenkels bilden helfen werden. Denn das steht über alles Meinen und Glauben fest und sicher, dass die Stoffelemente, welche die organischen Verbindungen des Thier- und Menschenleibes in einem gegebenen Augenblicke zusammensetzen, früher einer Pflanze angehört haben müssen, die sie aus dem Boden, dem Wasser und der Luft entnommen und organisch gruppirt hat, und dass diese Stoffelemente aus den Thier- und Menschenleibern in anderer, unorganischer Gruppirung in den Boden, das Wasser und die Luft zurückkehren, aus denen sie nur die Pflanze für das organische Leben wieder zurückgewinnen kann.

Die Kohlensäure, die wir heute hier in diesem Saale ausathmen — sie wird durch die Ventilation der Herren MÜLLER und KELLNIG der Atmosphäre Leipzigs beigemischt und über Deutschland und Europa, ja über die ganze Oberfläche der Erde fortgeführt, um nach kürzerer oder längerer Zeit von einer Pflanze aufgenommen, und unter dem Einfluss des Sonnenlichts in Kohlenstoff und Sauerstoff zerlegt zu werden. Den freigewordenen Sauerstoff athmet irgendwo und irgendwann Thier oder Mensch ein, oder es verzehrt ihn ein Hochofen oder eine bescheidene Herdstelle, an der man eben die Mittagssuppe kocht; den freigewordenen Kohlenstoff verbaut die Pflanze in ihre Kohlehydrate, Fette und Eiweisskörper, die wieder Thieren und Menschen zur Nahrung dienen. Und so können wir dieselben Kohlenstofftheilchen, welche wir heute hier als Kohlensäure ausgeathmet haben, vielleicht schon im nächsten Jahre auf einer Reise durch Italien im Mehl der Maccaroni Neapels oder im Fleische einer Apfelsine Sorrents wiedergeniessen und so als einen integrirenden Bestandtheil unseres eigenen Blutes und Fleisches zurückerhalten!

Doch, weiteres frappantes Detail dieser Art auszudenken, kann ich füglich Ihrer eigenen Einbildungskraft überlassen, der Sie dabei getrost den kühnsten Flug gestatten mögen, ohne befürchten zu dürfen,

---

[1] Dass der Genius eines Shakespeare den Kreislauf des Stoffes poetisch vorausgeahnt hat, beweist jene Stelle im »Hamlet«, wo es heisst:

»Der grosse Cäsar, todt und Lehm geworden,
Verstopft ein Loch wohl vor dem rauhen Norden.
O dass die Erde, der die Welt gebebt,
Vor Wind und Wetter eine Wand verklebt!«

die Wirklichkeit an Phantasiereichthum und Erfindungsgabe jemals
zu überbieten. Schliesslich nur noch die Frage: Was wohl aus der
»Auferstehung des Fleisches« wird, wenn der Tag der Auferstehung
noch lange auf sich warten lässt, und mittlerweile Millionen und Millionen von Generationen durch ihre Entstehung und ihr Leben die
Berechtigung erhalten, am Auferstehungstage d a s s e l b e Stoffmaterial
als ihr eigenstes Fleisch und Blut zu reclamiren, auf welches frühere
Generationen, die ja doch auch zur Auferstehung berufen sind, den
gleichen Anspruch erheben werden, da sie absolut denselben, nur noch
älteren Besitzrechtstitel darauf haben?!

Lehre von den Atomen und ihrer Unzerstörbarkeit.

Ich darf, meine Herren, mich heute der wenig beneidenswerthen Aufgabe nicht entziehen, Sie in eine unmessbare und unsichtbare Welt, in die der Atome, einzuführen, und indem ich dies versuche, möchte ich vorausschicken, dass ich mit der Darstellung von dem Baue, der Constitution, der Natur der minimalen Stofftheilchen zwar ein nicht ganz sicheres, schwankendes Gebiet betrete, jenes der Hypothese nämlich; dass ich es jedoch in der vollen Ueberzeugung thue, die Hypothese sei im Allgemeinen weit besser als ihr Ruf, dort wo sie in wissenschaftlichem Sinne gepflegt wird. Es sind in der That die geringsten Fortschritte der Wissenschaft durchaus nicht, die wir allein derartigen Hypothesen zu verdanken haben, ja, man kann im Gegentheil ohne jede Uebertreibung behaupten, dass die grössten Errungenschaften der Wissenschaft zu allen Zeiten hypothetischen Annahmen entsprossen sind. Hören Sie, was einer der ersten Vertreter der modernen Chemie, HOFFMANN in Berlin, dort, wo er das Zusammentreten der chemischen Atome nach bestimmten Gewichtsmengen erörtert, in dieser Richtung sagt:

»Die Ursachen der beobachteten Wirkungen sind uns bis jetzt fremd geblieben. Zu ihrer Erforschung fühlen wir uns gleichwohl durch einen der mächtigsten Impulse unserer intellectuellen Natur unwiderstehlich hingezogen. Dieser instinctive Forschungstrieb scheint niemals völlig befriedigt werden zu können. Die letzte der Ursachen liegt immer jenseits der Grenzen unseres Fassungsvermögens, unserer Urtheilskraft. Die Bedingungen, unter denen sich die Erscheinungen gestalten, die Verhältnisse ihrer Reihenfolge und ihrer Aehnlichkeit sind dagegen berechtigte Aufgaben der Untersuchung, ihre wahre Natur, ihr letzter Ursprung bleiben uns unergründliches Geheimniss. Allein der Lösung selbst solcher, über das uns zugängliche Gebiet nicht hinausgreifender Aufgaben stellen sich Schwierigkeiten aller

Art entgegen, welche oft nur dadurch zu überwinden sind, dass wir,
unserer Phantasie vertrauend, gewisse Voraussetzungen gelten
lassen, um die Ergebnisse bereits angestellter Versuche mit einander
zu verknüpfen und die Richtung neuer Versuche zu bezeichnen. Solche
Voraussetzungen nennen wir Hypothesen von ὑπό, unter, und θέσις,
einem Abkömmling von τίθημι, ich stelle, also wörtlich: Unterstel-
lungen'. Die Hypothese ist für die Naturforschung das werthvollste
Hilfsmittel, allein das gilt nur von der Hypothese, welche, auf Thatsachen fussend, das Verständniss dieser Thatsachen anbahnt, dieselben unter einem Gesichtspunkt vereinigt und endlich zu neuen Versuchen Veranlassung gibt: die rein speculative Hypothese, welche
nicht in dem Boden des Versuches und der Beobachtung wurzelt, hat
keine Bedeutung und kann also nur als eine wenig fruchtbare Verstan-
desübung betrachtet werden. — Die Hypothese ist begreiflich ein ganz
provisorisches Hilfsmittel: sie muss erweitert und selbst aufgegeben
werden, je nachdem sie für die Ergebnisse fortgesetzter Forschung zu
enge wird, oder aufhört sich ihnen anzupassen. Umfasst und erklärt
die Hypothese andererseits ausgedehnte Reihen von Erscheinungen,
ergeben sich in fortgesetzten Versuchen die Resultate, welche die Hypothese in Aussicht stellt, wird sie durch aufeinanderfolgende Entdeckungen höher und höher in der Wahrscheinlichkeitsskala gehoben, so verliert sie immer mehr und mehr ihren provisorischen Charakter, bis sie
zuletzt mit dem Namen und Rang einer Theorie (von θεωρέω, ich
betrachte) den anerkannten Lehren der Wissenschaft sich anreiht.«[1])

In diesem Sinne, meine Herren, ist die empirische Atomenlehre,
welche, wie Sie bald sehen werden, auf unzweifelhaften Thatsachen
fusst und mit all' den glänzenden Entdeckungen und Erfolgen der modernen Naturwissenschaft in solidarischem Zusammenhange steht, eine
feststehende Theorie, von deren Grundzügen Jeder, der irgend Anspruch auf allgemeine Bildung haben will, eine einigermassen richtige
und klare Vorstellung besitzen muss.

Nach dieser Theorie besteht nun die Materie aus unzählbaren
discreten, d. h. durch freie Zwischenräume von einander getrennten,
unmessbar kleinen Theilchen oder Atomen von zweierlei Art: die einen
heissen Körperatome, die anderen Aetheratome. — Die Körperatome ziehen sich gegenseitig an, die Aetheratome stossen sich gegenseitig ab. — Auch dort, wo Körper- und Aetheratome in gegenseitige
Beziehung treten, wird angenommen, dass die ersteren anziehend, die
letzteren abstossend wirken — die einfachsten elementaren Bewegun-

---

[1] Einleitung in die moderne Chemie; Braunschweig 1871. S. 219—220.

gen der Uratome finden somit geradlinig Statt, da die beiden Urkräfte,
die Anziehungs- und Abstossungskraft, geradlinig wirken.

Alle Körperatome würden auf Einen Punkt zusammenschiessen,
wenn nicht die zwischengelagerten Aetheratome gleichsam Hüllen um
dieselben bildeten, welche ihre Berührung absolut verhindern, da die
Abstossungskraft der Aetheratome für unendlich kleine Entfernungen
unendlich gross wird. Die Aetheratome ihrerseits würden wieder ins
Unendliche auseinanderfahren, wenn sie nicht durch die Anziehungskraft der Körperatome zusammengehalten würden.

So treten denn Körperatome und Aetheratome in bestimmter Anzahl und Gruppirung zu unsichtbar kleinen, aber doch schon räumlich
ausgedehnten G a n z e n zusammen, welche die Chemie A t o m e nennt.
Diese elementarsten Gruppen von Uratomen verdienen den Namen
»Atome« (von τέμνω, schneiden, und dem griechischen α privativum,
also »untheilbar«) in sofern, als sie durch keinerlei Hilfsmittel weiter
zerlegt oder zertheilt werden können. — Je nach der verschiedenen
Anzahl und Form, in welcher sich die Körper- und Aetheratome oder
Uratome zu elementaren Complexen gruppiren, werden diese Complexe
oder Atome nothwendig verschiedene Wirkungen auf ihre Umgebung
ausüben, d. h. verschiedene Eigenschaften und Gewichte haben müssen.
— Die Chemie kennt heute 62 solcher Atome oder chemischer Elemente.

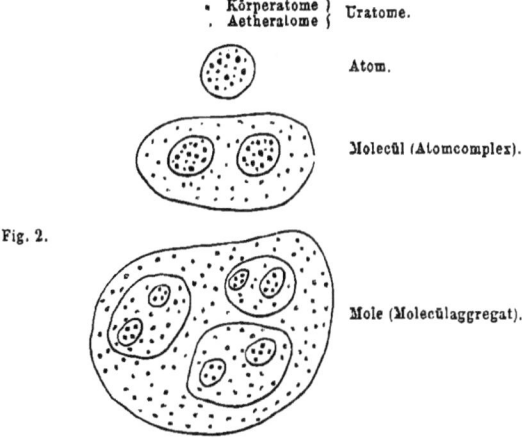

Fig. 2.

. Körperatome } Uratome.
. Aetheratome }

Atom.

Molecül (Atomcomplex).

Mole (Molecülaggregat).

Aus der Verbindung einer bestimmten Anzahl solcher gleichartiger
oder ungleichartiger Atome entstehen nun chemisch einfache oder zusammengesetzte Atomcomplexe oder M o l e c ü l e. Auch sie sind noch
unsichtbar und von unmessbarer Kleinheit.

Erst indem die Molecüle sich zu A g g r e g a t e n vereinigen, bilden sie Molen, von *moles*, Masse, so genannt. Es sind das sowohl die kleinsten überhaupt wahrnehmbaren und' messbaren Massentheilchen, als auch die gröberen Massen, wie sie in der uns umgebenden Körperwelt unmittelbar zur Erscheinung kommen.

Ich habe Ihnen hiermit die Massen oder Molen der Materie aus Uratomen, Atomen und Molecülen sozusagen theoretisch aufgebaut; jetzt gedenke ich, von dem festen Boden sinnlicher Erfahrung ausgehend, Sie an der Hand der Beobachtung und des Experiments den durchlaufenen Weg zurückzuführen, Ihnen die Ueberzeugung beizubringen, dass die dargelegten Grundzüge der atomistischen Hypothese oder Theorie von der Constitution der Materie kein Hirngespinnst sind, sondern auf fester, unerschütterlicher Basis ruhen. — Prüfen wir also zunächst, ob unsere Vorstellung, der gemäss die Materie im Allgemeinen sich dreistufig, aus Uratomen, Atomen und Molecülen aufbaut, eine berechtigte ist, ob dieselbe Materie sich etwa experimentell wieder zurück in ihre Molecüle, Atome und Uratome zerlegen oder theilen lasse; denn offenbar ist die T h e i l b a r k e i t der Materie eine nothwendige Consequenz dieser Vorstellung. — Zu diesem Ende wollen wir unsere Aufmerksamkeit vor Allem einem wohlbekannten Körper, dem Wasser, zuwenden.

Wir kennen das Wasser in drei verschiedenen Zuständen oder Formen: als f e s t e s Eis, als f l ü s s i g e s Wasser und als g a s f ö r m i g e n Dampf.

Wenden wir die Mittel der mechanischen Zerkleinerung auf ein Stück Eis an, so können wir es in immer kleinere Stücke zerbrechen, ja wenn wir nur Sorge tragen, die Temperatur unter dem Gefrierpunkt zu erhalten, können wir es ganz fein pulverisiren. Aber das feinste Eispulver besteht noch immer nur aus Eisfragmenten, und das denkbar kleinste, diesem Eisstaube entnommene Theilchen ist und bleibt nichts mehr und nichts weniger als ein starres Stückchen Eis — eine E i s - m o l e. Es ist erfahrungsgemäss noch nie gelungen, durch mechanische Mittel die Theilbarkeit der Materie weiter zu treiben.

Ganz anders verhält sich die Sache, wenn wir Eismassen, einerlei ob in grossen Stücken oder in verschwindend kleinen Staubtheilchen, dem Einfluss der Wärme aussetzen. Wir sehen dann, wie das Eis schmilzt, d. h. zu flüssigem Wasser wird, und die denkbar kleinsten starren E i s m o l e n oder Stäubchen documentiren durch dieses ihr Flüssigwerden, dass sie aus u n m e s s b a r kleinen Theilchen oder M o - l e c ü l e n 'Verkleinerungswort von Mole' zusammengesetzt sein müssen, welche durch den Einfluss der Wärme leicht verschiebbar geworden sind, während sie in der starren Eismole unverrückbar feste Stellungen gegen einander hatten. — Fahren wir fort, dem entstandenen flüssigen Wasser Wärme zuzuführen, so steigt dessen Temperatur von 0º, die es trotz der Wärmezufuhr so lange beibehält, als noch eine Spur von Eis ungeschmolzen blieb, — rasch bis auf 100º C., den Siedepunkt, und das flüssige Wasser wird in Dampf verwandelt, wird gasförmig. Sorgt man dafür, das Wassergas auf derselben Temperatur zu erhalten, so ist es leicht zu constatiren, dass es einen 1689 mal grösseren Raum einnimmt, als das flüssige Wasser, aus dem es hervorgegangen war. Es folgt hieraus, dass die unmessbar kleinen Zwischenräume zwischen den Molecülen des flüssigen Wassers bei der Umwandlung desselben in gasförmiges Wasser 1689 mal grösser geworden sind, — obschon sie auch dann noch unmessbar klein bleiben, — und dass die Molecüle in Folge des Einflusses der Wärme eine noch grössere Verschiebbarkeit und Beweglichkeit erhalten haben, als sie im flüssigen Wasser besassen.

Wir gelangen auf diese Weise mit Nothwendigkeit zu der Vorstellung, dass auch die kleinsten Massen oder Molen aus Aggregaten noch kleinerer, d. h. unmessbar kleiner Theilchen oder Molecüle bestehen, zwischen welchen die Anziehungs- und Abstossungskraft in verschiedener Weise thätig sind. Der gegenseitigen Anziehung der Molecüle verdanken starre Körper, wie das Eis, ihre Form und Festigkeit: die moleculare Abstossung dagegen bedingt in gasförmigen Körpern, wie im Wassergas, ihre freie Beweglichkeit und ihr Bestreben, sich zu verflüchtigen; in flüssigen Körpern, wie im flüssigen Wasser, sind die beiden Formen molecularer Thätigkeit auf einer Zwischenstufe ins Gleichgewicht getreten. Die Molecüle der Flüssigkeiten werden noch mit beträchtlicher Anziehung in unveränderlichen Entfernungen an einander gehalten (Tropfenbildung), können sich jedoch mit Leichtigkeit um einander verschieben, so dass das Aggregat, welches sie bilden, zwar stets das gleiche Volumen behalten muss, dagegen jedwede Begrenzungsform oder äussere Gestalt anzunehmen im Stande ist.

Die unmessbar kleinen Theilchen des Eises, des Wassers und des Wassergases sind in allen drei Cohäsionsformen identisch, und sie sind an sich weder starr, noch flüssig, noch gasförmig; nur die wahrnehmbaren Massenaggregate, welche bei verschiedenen Wärmegraden sich aus ihnen aufbauen, zeigen die verschiedenen Grade des festen, flüssigen oder gasförmigen Zustandes der Materie.

Erfahrungsgemäss ist jedoch die Theilbarkeit der Materie mit dieser Auseinanderdrängung der Molecüle noch nicht zu Ende. So unaussprechlich klein wir uns auch die unmessbaren Molecüle des Wassers denken mögen, wir können thatsächlich jedes derselben durch chemisch-physikalische Einwirkung noch in zwei Theile spalten, zer-

14*

legen, welche von differenter chemischer Natur sind, und sie erst
bezeichnen wir als A t o m e oder chemische Elemente, weil sie sich
auf keine Weise in chemisch verschiedene Bestandtheile weiter zerlegen lassen.

Jedes Molecül des Wassers besteht aus zweierlei Atomen, aus
Wasserstoff- und Sauerstoffatomen nämlich. Lassen wir hier die Pole
einer elektrischen Batterie in das Gefäss mit Wasser tauchen, so zersetzt sich dieses letztere sofort in zwei, ihren Eigenschaften nach verschiedene Gase: kleine Bläschen Sauerstoff steigen vom positiven Pol
auf, während Bläschen von Wasserstoff sich am negativen Pol zeigen;
wägen wir beide, so erhalten wir das Gewicht des zersetzten Wassers.

Mit der Einreihung dieses letzten Gliedes in die Kette der Erfahrungen über die Theilbarkeit der Materie kommt dieselbe thatsächlich
zum Abschluss. Sie erweist sich also als eine dreifache: als molare,
moleculare und atomistische.

1) Die m o l a r e Theilung wird durch mechanische Hilfsmittel bewerkstelligt und liefert, selbst auf's äusserste getrieben, immer nur
Massen oder M o l e n, welche wahrnehmbare Grössen besitzen und der
unmittelbaren Beobachtung zugänglich sind.

2) Die m o l e c u l a r e Theilung, durch Anwendung physikalischer
Kräfte, wie die Wärme, erreichbar, erweist selbst die kleinsten Molen
oder Massen als aus Aggregaten noch kleinerer Theilchen bestehend
und findet ihre Grenze in den unmessbar kleinen M o l e c ü l e n.

3) Die a t o m i s t i s c h e Theilung endlich gelingt durch chemisch-
physikalische Vorgänge, welche das unmessbar kleine Molecül in seine
elementaren Bestandtheile oder A t o m e zerlegen.

Die Molecüle und Atome, welche aus der molecularen und atomistischen Theilbarkeit der Materie als Grenzpunkte hervorgehen, sind
zwar der unmittelbaren Beobachtung entzogen, ihre reale Existenz kann
aber mit einer an Gewissheit grenzenden Wahrscheinlichkeit erschlossen
werden; denn nur, wenn wir dieselbe statuiren, gelingt es uns, die
thatsächlichen Ergebnisse der modernen Forschung befriedigend zu
verknüpfen und zu erklären. In der That, wenn der Chemiker erfährt,
dass der Kohlenstoff mit dem Sauerstoff — von der Gewichtsmenge des
Wasserstoffelements als Einheit ausgehend — sich nur im Gewichts-
verhältniss von 12 : 16 (im Kohlenoxyd) oder von 12 : 32 (in der Kohlensäure) vereinigt; wenn er weiter erfährt, dass die Gewichtsverhältnisse des Kohlenstoffs im Grubengas, im ölbildenden Gas, im Aether,
im Terpentinöl durch die Zahlen 12, 24, 48, 120, jenes des Sauerstoffes im Wasser, in der Essigsäure, in anderen Verbindungen durch
die Zahlen 16, 48, 64 ausgedrückt werden: muss er da nicht nothwen-

dig zur Annahme gedrängt werden, die Zahl 12 drücke die Gewichtsmenge des kleinsten Kohlenstofftheilchens überhaupt, und ebenso 16
die geringste Gewichtsmenge des Sauerstofftheilchens überhaupt aus?
Denn nur, wenn die Zahlen 12 und 16 als die Gewichtsmengen der
letzten einfachen Kohlenstoff- und Sauerstoffelemente angesehen werden, erklären sich die Gewichtsverhältnisse derselben bei den genannten
verschieden zusammengesetzten Körpern ganz natürlich und vollkommen. Denn ist der Sauerstoff in der Gewichtsmenge von 16 n i c h t
w e i t e r   t h e i l b a r, also Atom, ist es der Kohlenstoff in der Gewichtsmenge von 12 ebenso wenig, dann können sie beide selbstverständlich
nur in diesen Gewichtsverhältnissen oder in den Vielfachen derselben
in chemische Combinationen eintreten.

Ist jedoch der Chemiker hiermit bei den letzten Ergebnissen der
thatsächlichen Theilbarkeit der Materie angelangt, so machen dagegen
die Phantasie, der mächtige Forschungstrieb unserer intellectuellen
Natur auch bei ihnen noch nicht Halt. Wir können nämlich die Atome
der chemischen Elemente, so wenig wir auch im Stande sind sie weiter
zu zerlegen, darum doch nicht als die letzten Elemente der Materie
anerkennen, weil die e i n f a c h e n   Z a h l e n v e r h ä l t n i s s e der verschiedenen sogenannten Atomgewichte, — denen gemäss das Atomge-
wicht des Sauerstoffs zu dem des Wasserstoffs sich wie 16 : 1, das des
Kohlenstoffs zum Wasserstoff sich wie 12 : 1 verhält, und ähnliche Verhältnisse ohne Bruchtheile bei den Atomen a l l e r Stoffe aufgefunden
worden sind, — darauf schliessen lassen, dass eben auch die chemischen Atome letzten Endes nur verschiedene Lagerungsformen einer
verschiedenen Anzahl g l e i c h a r t i g e r Grundelemente oder U r a t o m e
sein müssen, welche wir Körperatome genannt und mit Anziehungskraft begabt haben.

Neben den K ö r p e r a t o m e n mussten wir A e t h e r a t o m e annehmen, weil ohne diese abstossend wirkenden Atome die Körperatome,
ihrer Anziehungskraft allein folgend, auf einen Punkt zusammenschiessen würden. Ohne das Vorhandensein des Aethers als Medium
vermöchten wir ferner alle Erscheinungen der Licht- und Wärmestrah-
lung uns nicht zu erklären. Ja, in den Schwingungen der Aetheratome
allein sind, wie wir schon bei der Thätigkeit des Chlorophylls in den
Pflanzen erfahren haben, die Quellen alles Lebens, des pflanzlichen wie
des thierischen, zu suchen. Die Aetheratome sind daher, nach unserer
Theorie, ebenso in jedem chemischen Atom zwischen den Körperatomen, und in jedem Massentheilchen zwischen den Molecülen oder Atom-
complexen, als im Weltraum zwischen den Himmelskörpern vertheilt.

Ob nun diese Uratome selbst noch s t o f f l i c h, d. h. theilbar

gedacht werden sollen, hat für die Naturforschung kein praktisches
Interesse mehr, da sie nur so weit Hypothesen baut, als sie derselben
zur Verknüpfung und Erklärung der Thatsachen und zum Ansatze des
mathematischen Calcüls eben bedarf. Dagegen bemächtigt sich jene
Philosophie, welche, wie »die Philosophie des Unbewussten« von HART-
MANN, einsichtig genug ist, die Atomentheorie als die allein mögliche
und fruchtbringende Auffassungsweise der Constitution der Materie
anzuerkennen, dieser Frage nach der Stofflichkeit der Uratome und
kommt zu dem Resultate, dieselben als absolut ausdehnungslose, mathematische Punkte, als blosse K r a f t c e n t r a vorzustellen, wodurch
die Materie, der Stoff, in ein System von atomistischen Kräften verflüchtigt wird. Die empirische Atomentheorie wird so zum a t o m i s t i s c h e n
D y n a m i s m u s, welcher allen Anforderungen sowohl der exacten
Naturwissenschaft, wie der metaphysischen Speculation Genüge leistet.

Ich citire die Stelle wörtlich, in welcher HARTMANN die Grundzüge
seines atomistischen Dynamismus meisterhaft recapitulirt.

»Es gibt gleich viel positive und negative, d. h. anziehende und
abstossende Kräfte. Die Wirkungsrichtungen jeder Kraft schneiden
sich in einem mathematischen Punkte, welchen wir den Sitz der Kraft
nennen. Dieser Sitz der Kraft ist beweglich, d. h. im Raume verschiebbar. Jede Kraft wirkt auf jede andere auf dieselbe Weise, gleichviel,
welches Vorzeichen dieselbe hat. Die positive Kraft heisst Körperatom, die negative Aetheratom. Auf eine gewisse endliche Entfernung
ist die Abstossung eines Aetheratoms und die Anziehung eines Körper-
atoms gleich, aber da das Gesetz ihrer Veränderung mit der Entfernung
verschieden ist, überwiegt zwischen dem Aether- und Körperatom auf
kleineren Entfernungen die Abstossung, auf grösseren die Anziehung.

Körperatome mit zwischengelagerten, sie auseinanderhaltenden
Aetheratomen vereinigen sich zu den Molecülen (wir nannten sie »Atome«,
während wir die zu ihnen sich vereinigenden Körper- und Aetheratome
»Uratome« nannten) der chemischen Elemente, diese auf dieselbe Weise
zu den Molecülen der chemisch zusammengesetzten Körper, diese zu
den materiellen Körpern selbst.

Die Materie ist also ein System von atomistischen Kräften in einem
gewissen Gleichgewichtszustande. Aus diesen Atomkräften in den verschiedenartigsten Combinationen und Reactionen entstehen alle sogenannten Kräfte der Materie, wie Gravitation, Schwere, Expansion,
Elektricität, Krystallisation, Elasticität, Galvanismus, Magnetismus,
chemische Verwandtschaft, Wärme, Licht u. s. w.«[1].

---

[1] Philos. d. Unbew. — 2. Aufl. S. 442.

Wenn aber HARTMANN schliesslich die Materie »als Wille und Vorstellung« auffasst, so ist das reine metaphysische Speculation, mit der ich hier nichts zu thun habe, da es nicht meines Amtes, Philosophie zu lehren, sondern nur die Grundzüge der exacten Naturforschung darzulegen; — für die Naturforschung aber gibt es eine Tugend der Entsagung auf intellectuellem Gebiete nicht minder als auf moralischem. — Mir genügt es darum, wenn Sie richtig erfasst haben, dass die exacte Naturforschung die Materie, trotz des trügerischen Anscheins, n i c h t als etwas den R a u m c o n t i n u i r l i c h E r f ü l l e n d e s betrachtet, sondern als aus unmessbar kleinen discreten, d. h. durch Zwischenräume getrennten Theilchen, den Uratomen, bestehend, welche, in Folge der zwischen ihnen herrschenden Anziehungs- und Abstossungskräfte sich innerhalb jener Zwischenräume stetig bewegen, — zu bestimmten einheitlichen Gruppen, den chemisch differenten Atomen zusammentreten, aus deren Verbindung chemisch gleichartige oder ungleichartig zusammengesetzte höhere Einheiten — die Molecüle — hervorgehen, deren Aggregate endlich die sichtbar festen, flüssigen und gasförmigen Körper darstellen.

Während so die Chemie durch die von mir angeführten Thatsachen zur Kenntniss der Atome gelangt ist, hat sie gleichzeitig unwiderlegbar, mit der Waage in der Hand, erfahren, dass die Atome völlig u n v e r n i c h t b a r sind, und u n v e r ä n d e r l i c h in ihrer Masse, unveränderlich auch in ihren Eigenschaften, insofern als sie aus jedem Zustande, in den sie übergeführt wurden, immer wieder ausgeschieden und auf d i e s e l b e n Eigenschaften zurückgeführt werden können, die sie früher im isolirten Zustand besassen [1]). Die Chemie hat ferner thatsächlich gezeigt, dass a l l e Substanzen, — organische und unorganische, — aus den von ihr aufgefundenen Elementarstoffen zusammengesetzt werden, indem sich dieselben in den verschiedensten Verhältnissen mit einander chemisch verbinden und gruppiren, — und dass der ganze unendliche Wechsel der Erscheinungen, — in der unorganischen, wie der organischen Welt, alle die überraschenden und mannigfaltigen Resultate der chemischen Zusammensetzungen und Verbindungen auf einer Veränderung der räumlichen Vertheilung und Gruppirung der einfachen und an sich unveränderlichen Atome zu chemisch gleichartigen oder ungleichartigen Molecülen und Molecülaggregaten oder Molen beruht. —

---

[1] Damit ist nicht gesagt, dass die Zahl der chemischen Elemente im Lauf des wissenschaftlichen Fortschritts sich nicht verringern könnte, oder dass es absolut unmöglich bleiben sollte — G o l d z u m a c h e n.

Alles Verschwinden und Entstehen von Stoff, jede Veränderung der Eigenschaften des Stoffes ist nur scheinbar, insofern sich dies Verschwinden und Entstehen nur auf die zusammengesetzten Substanzen, nicht aber auf die Stoffelemente — also nur auf die Molecüle und Molecülaggregate, nicht aber auf die chemischen Atome bezieht, aus welchen jene hervorgehen. Die Atome selbst sind und bleiben unverändert und unveränderlich; was sich allein ändern kann und wirklich ändert, was allein neu entsteht und auch wieder vernichtbar ist, das ist die Vertheilung der Atome im Raum, d. i. die Form und Anordnung der Mischung und chemischen Verbindung der Atome zu Molecülen, zu Molecülaggregaten, und das sind die neuen Eigenschaften und Wirkungen, welche aus der Combination der Atomkräfte als resultirende aus ihren Componenten hervorgehen.

Fassen wir alle diese Thatsachen zu einem einzigen Begriffe zusammen, so gewinnen wir

Das Gesetz von der Erhaltung und Unzerstörbarkeit des Stoffes.

Es besagt dasselbe demnach zweierlei:

1) dass die Quantität des Stoffes, also seine Masse, ewig und unveränderlich ist. Der Stoff kann weder vermindert und vernichtet, noch vermehrt und neu geschaffen werden. Der Vorrath an Stoff, welcher im Universum vorhanden ist, ist ein- für allemal gegeben und constant;

2) dass ebenso, wie die Masse auch das Gewicht und alle sonstigen Eigenschaften des Stoffes ewig und unveränderlich sind.

Ueber die grosse Tragweite dieses Gesetzes will ich Sie in der Folge unterhalten.

IV.

Gesetz von der Erhaltung der Kraft.

Wir hatten mit der Betrachtung des Kreislaufs des Stoffs in den drei Naturreichen begonnen und dabei erfahren, wie die Pflanze aus einfachen unorganischen Stoffen Stoffe complicirter organischer Constitution fabricirt, das Thier dagegen die in solcher Weise umgewandelten Stoffe als Nahrungsmittel aufnimmt und wieder zerlegt, um sie in Form derselben einfachen unorganischen Verbindungen dem Mineralreich zurückzugeben, aus welchen sie die Pflanze wieder für das organische Leben zurückgewinnt.

In Bezug auf die Atome haben wir dann die Einsicht gewonnen, dass sie durch ihren Eintritt in chemische Verbindungen irgend welcher Art nichts an ihrer Masse und ihren Eigenschaften verlieren. Man kann aus allen, auch aus den complicirtesten zusammengesetzten chemischen Stoffen die Elementarstoffe vollkommen nach Form, Gewicht und Kräften wieder erhalten, wie sie zur Bildung des betreffenden Körpers zusammengetreten sind.

Auch dann, wenn Stoffatome Bestandtheile eines lebenden Organismus geworden sind, verlieren sie nichts an den ihnen im isolirten Zustande zukommenden Eigenschaften; der Kohlenstoff verbrennt im Organismus ebenso zu Kohlensäure wie ausserhalb desselben: der Wasserstoff bildet in beiden Fällen bei seiner Verbindung mit Sauerstoff Wasser. Andererseits ist der Lebensprocess auch der beste Scheidekünstler, indem er aus den organischen Verbindungen stets ihre Elemente wieder zu gewinnen versteht — zum neuen Beweise des Satzes, dass nirgends in der Natur Etwas, auch nur ein Atom von den vorhandenen Stoffelementen verschwindet oder neu gebildet wird. Die Materie trägt für den Naturforscher den Charakter der unvergänglichen Beständigkeit. Ueberall, wo das Auge des Menschen ein Neuentstehen von Stoff, ein Vergehen desselben zu erblicken meint, lehrt uns die exacte Wissenschaft nur einen Wechsel der Form, einen Wechsel der chemi-

schen Verbindung, der mechanischen Mischung und des Aggregatzu-
standes der Materie kennen. Sie zeigt uns, wie aus gasförmigen, unsichtbaren Stoffen sich feste, sicht- und greifbare Körper zusammensetzen können, die nach kürzerer oder längerer Zeit des Bestehens
wieder zu vergehen scheinen, indem ihre Bestandtheile von Neuem die
chemischen und physikalischen Eigenschaften annehmen, die sie vor
der Bildung des festen Körpers besessen hatten. Immer wieder stossen
wir auf das Grundgesetz von der Erhaltung oder Unzerstörbarkeit des Stoffes.

An die nachgewiesene Unveränderlichkeit und Constanz der Elementarstoffe und die nicht mehr zu bezweifelnde Thatsache: dass
allen Naturerscheinungen nur Veränderungen der Vertheilung der Atome im Raume zu Grunde liegen, schliesst
sich die weitere Folgerung von fundamentaler Bedeutung an: dass
alle Vorgänge in der Natur, so verschieden und mannigfaltig sie auch immer sein und erscheinen mögen,
in letzter Instanz durch **mechanische Bewegung** zu Stande
kommen. — So löst sich, wie Sie sehen, vor dem Blicke des exacten
Naturforschers alles Geschehen in der Natur in Bewegung der Atome,
Molecüle und Molecülaggregate oder Molen auf; für ihn werden darum
auch alle die verschiedenen Kräfte, welche man früher als
Ursachen der Erscheinungen postulirte, letzten Endes insgesammt
mechanische Bewegungskräfte, nichts als verschiedene
Combinationen derselben Anziehungs- und Abstossungskräfte sein.

Sind aber alle Naturkräfte mechanische Bewegungs-
kräfte, alle also wesentlich gleichartig und nur verschiedene Erscheinungsformen derselben Kraft, so müssen sie auch alle mit demselben
Maasse, mit dem Maasse der mechanischen Kraft zu messen
sein, und nach diesem Maasse sich aus einer in die andere Erscheinungsform überführen oder »transformiren« lassen — was erfahrungsgemäss auch der Fall ist, wie wir später zeigen werden.

Das Endziel der modernen mechanischen Naturauffassung ist also:
die allem Geschehen zu Grunde liegenden Bewegungen und deren
Triebkräfte zu finden, und die gesammte Naturwissenschaft als ein
Problem der analytischen Mechanik zu behandeln. —

Diese raschen Schlussfolgerungen und überraschenden Anschauungen, welche ich eben angedeutet habe, werden die Meisten von Ihnen
überaus fremdartig anmuthen, und wohl den Wenigsten schon so ganz
verständlich erscheinen. Ich will Sie deshalb ausdrücklich auffordern,
weder das Interesse noch den Muth und die Geduld zu verlieren, um zu

klarerem Verständniss vorzudringen. Wenn Sie mit einigem Aufwande von Aufmerksamkeit, Hingebung und Consequenz, ohne welche freilich in keiner Wissenschaft Etwas zu erreichen ist, meinen weiteren Auseinandersetzungen, die sich nunmehr dem sogenannten Gesetze von der Erhaltung der Kraft zuwenden, folgen wollen, darf ich hoffen, Ihnen das Verständniss der modernen naturwissenschaftlichen Anschauungen so weit erschliessen zu können, als es heutzutage von Jedem, der auf wahre allgemeine Bildung Anspruch macht, gefordert werden muss. Denn die Zeiten sind vorüber, wo man sich auf der Höhe der allgemeinen Bildung stehend wähnte, wenn man auch keine weitere Kenntniss der Naturerscheinungen und ihres causalen Zusammenhanges besass, als aus dem täglichen Leben und aus der mosaischen »Genesis« zu holen ist! —

Was besagt zunächst das Gesetz von der Erhaltung der Kraft? Es statuirt mit Bezug auf die Kraft wesentlich dasselbe, was durch das Gesetz von der Unveränderlichkeit des Stoffes bezüglich der elementaren Stofftheilchen gilt. Ich könnte Ihnen also kurz sagen: Gerade so wie die Quantität des Stoffes ewig und unveränderlich ist, d. h. das kleinste Stoffatom weder vernichtet noch neu geschaffen werden kann, ebenso sei auch die Quantität der im Naturganzen vorhandenen wirkungsfähigen Kraft ewig und unveränderlich, d. h. Kraft könne ebenso wenig erschaffen wie vernichtet werden — und gerade so wie der seltsame Wechsel in den Eigenschaften der Materie nur durch die Veränderung der Anordnung der an sich unveränderlichen Stoffatome zur Erscheinung kommt, ebenso beruhe nach unserem neuen Gesetz auch alle Mannigfaltigkeit der Vorgänge der Natur einzig und allein auf einem Wechsel des Ortes im Raume, wo, und auf einem Wechsel der Erscheinungsform, wie die an sich unveränderliche und unzerstörbare Kraft wirksam wird. — In der That, dies ist eine kurze Formulirung unseres Gesetzes.

Allein für die Meisten von Ihnen sind dies nur Worte ohne Begriffe. An Worte lässt sich trefflich glauben, vom Wort kann man kein Iota rauben — und wo Begriffe fehlen, da stellt ein Wort zur rechten Zeit sich ein u. s. w. Hier wollen wir aber Mephisto's Recept: »Haltet euch an Worte«, nicht befolgen; denn zum Begreifen gehören Begriffe, und diese stammen aus der Erfahrung. Ich muss also etwas weiter ausholen, um verständlich zu sein, und zwar um so mehr, als ja die tägliche Erfahrung mit unserem Gesetze in schreiendstem Widerspruch zu stehen scheint, indem bekanntlich allenthalben die Vergänglichkeit und Zerstörbarkeit der Kraft uns entgegentritt. Die Kugel z. B., welche dem tödtlichen Rohr entfliegt und die Kraft besitzt, auf ihrem Wege

Alles zu zertrümmern, sie ist das unschuldigste Spielzeug, wenn sie endlich in der Scheibe stecken geblieben ist oder zu Boden gefallen daliegt. Die in ihren Wirkungen furchtbare Kraft, die sie besass, ist augenscheinlich verschwunden: ist sie nun vernichtet oder bleibt sie irgendwo und irgendwie erhalten — etwa an einem andern Orte und unter einer anderen Erscheinungsform, an sich aber unzerstört und unvermindert, — ähnlich wie das Sauerstoffatom, welches, mit Wasserstoffatomen zu einem Wassermolecül verbunden, zwar in der Bildung eines neuen Körpers mit neuen Eigenschaften, des Wassers nämlich, seine Individualität aufgibt, dabei aber keineswegs vernichtet worden ist? Um dies zu beantworten, wollen wir einige andere Beispiele, welche gleichfalls einen Wechsel in der Erscheinungsform zeigen, näher betrachten.

Sie sehen hier eine kleine Maschine, ein Uhrwerk; lasse ich das Gewicht los, so geräth das Uhrwerk sofort in Bewegung. Die Schwere des Gewichts liefert also hier die Triebkraft. Sowie das Gewicht den Boden erreicht hat, so dass seine Schwere weiter zu wirken gehemmt ist, bleibt die Uhr stehen, das Uhrwerk ist, wie wir sagen, abgelaufen. Wollen wir es von Neuem in Gang bringen, so müssen wir das Gewicht heraufwinden, erst dadurch geben wir dem Gewichte die verlorene Triebkraft wieder zurück. Was beobachten wir also? Es sinkt das Gewicht und treibt dabei das Uhrwerk; indem es sinkt, verausgabt es also

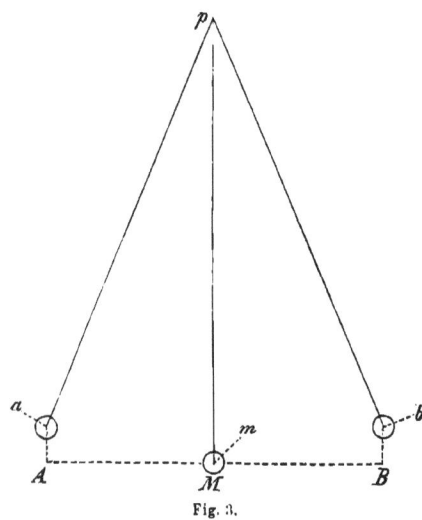

Fig. 3.

scheinbar seine Triebkraft, die immer geringer wird, je mehr sich das Gewicht dem Boden nähert, die aber wieder hergestellt werden kann, wenn wir das Gewicht heben, d. h. wenn wir die Muskelkraft unseres eigenen Armes aufwenden. Was heisst das nun? Drängt sich Ihnen nicht die Vermuthung auf, dass die Kraft Ihrer Armmuskeln sich auf das Gewicht überträgt und sich da in die Triebkraft desselben umwandelt? dass wir also wohl einen Wechsel in der Form wie und im Orte wo die Kraft in Erscheinung tritt, vor uns haben, dass aber die Kraft selbst sich unvermindert erhält?

Ein anderes Beispiel. Ein Pendelgewicht hängt, seiner Schwere folgend, ruhig senkrecht herab. Ziehe ich es unter Aufwand meiner Armmuskelkraft von seinem Ruhepunkt M (Fig. 3) nach der Seite, so beschreibt es einen Kreisabschnitt, und wenn ich es in einem Punkte desselben festhalte, in a zum Beispiel, so habe ich es um die Höhe $A\,a$ gehoben, und ihm, wie im vorerwähnten Falle, durch meine Muskelkraft Triebkraft mitgetheilt, die sich dadurch kund gibt, dass das Pendel, sobald es losgelassen wird, sich in Bewegung setzt, und zwar sinkt es jetzt nicht nur nach dem ursprünglichen Ruhepunkt M herab, sondern, beachten Sie wohl, anstatt in M angelangt daselbst stehen zu bleiben, wie es sein Gewicht erfordern würde, bewegt es sich nach der andern Seite hin und leistet in dieser Weise Arbeit, indem es die eigene Masse der Schwere entgegen bis zu jener Höhe hebt, auf welche es die Triebkraft meiner Muskeln zuerst gehoben hatte, bis zum Punkte b nämlich; denn die Höhe $B\,b$ ist gleich der Höhe $A\,a$. Durch die Mittheilung oder Uebertragung meiner Muskeltriebkraft auf das Pendel habe ich hier also nicht nur die Triebkraft der Schwere im Pendel wieder hergestellt: es geschah weit mehr; denn das Pendel bewegt sich in Folge meiner aufgewendeten Kraft auch der Richtung seiner Schwere entgegen; es hebt sein eigenes Gewicht empor, scheint also in den Besitz einer neuen Triebkraft gelangt zu sein.

In der That wird diese Triebkraft in der Physik als G e s c h w i n d i g k e i t   e r l a n g t e r   B e w e g u n g bezeichnet, die durchaus nicht identisch ist mit der Triebkraft der Schwere oder irgend einer andern Triebkraft, die Sie noch kennen lernen werden, sondern es tritt dieselbe als W i r k u n g   e i n e r   j e d e n   B e w e g u n g auf, gleichviel ob diese eine Aeusserung der Triebkraft der Schwere oder sonst welch' einer Triebkraft sei.

Ein eclatantes Beispiel dieser G e s c h w i n d i g k e i t   b e w e g t e r M a s s e n bietet Ihnen auch dieses Modell. Ich habe hier einen gegen die Richtung der Schwere aufsteigenden Wasserstrahl. Halte ich das kleine Schaufelrädchen in den Wasserstrahl, so wird es in lebhafte Umdrehungen versetzt. Das Wasser besitzt hier Triebkraft, wie Sie sehen, sogar e n t g e g e n der Richtung seiner Schwere. Die Triebkraft des Wassers kann also nur aus der G e s c h w i n d i g k e i t stammen, die es erlangt hat. Ja, unsere Windmühlen, was anders treibt sie als die Geschwindigkeit der bewegten Luft? — Wer von Ihnen ein unterschlächtiges Mühlrad gesehen hat, weiss ferner, dass dasselbe unbewegt bleibt, so lange dem Wasser das Gefälle fehlt und es daher nicht, wie auf das oberschlächtige Mühlrad, als fallendes Gewicht wirken kann. Das Mühlrad bewegt sich dagegen sofort, wenn man eine andere Triebkraft aufgewendet hat, durch welche das Wasser eine gewisse Geschwindigkeit erlangt, bevor es die eintauchenden Mühlradfächer füllt. Hier ist es also wieder nicht die Schwere oder das Gewicht des sinkenden Wassers, sondern die erlangte Geschwindigkeit desselben, welche die Triebkraft für das Rad liefert.

Bei der grossen Bedeutung, welche die Triebkraft bewegter Massen für uns hat, will ich, zum vollkommneren Verständniss derselben, Ihnen noch folgenden Versuch an der Atwood'schen Maschine zeigen. Sie sehen hier eine Rolle auf diesem Gestelle. Ueber dieselbe geht ein Faden, an dessen beiden Enden Gewichte hängen, die genau gleich schwer sind. Sie halten sich daher im Gleichgewicht, es herrscht Ruhe. Legen Sie nun ein kleines Gewicht auf das eine oder andere der beiden Gewichte auf, so wird der Ruhezustand des Gleichgewichtes gestört und es entsteht sofort Bewegung im Sinne und in der Richtung des aufgelegten Uebergewichtes: das belastete Gewicht fällt mit beschleunigter Geschwindigkeit, während das unbelastete in derselben Weise aufsteigt. Die Schwerkraft des Uebergewichtes äussert sich hier in Form von Bewegung, und indem diese Kraftäusserung continuirlich vorhanden ist, so muss die Geschwindigkeit der Bewegung fortwährend zunehmen. In der That, in jedem Augenblick ist die erlangte Geschwindigkeit der bewegten Massen grösser als im vorhergehenden. Was geschieht nun aber, wenn plötzlich das aufgelegte Uebergewicht von dem mit beschleunigter Geschwindigkeit fallenden Gewichte abgehoben und damit also jene Kraft ganz entfernt wird, welche die ganze Bewegung herbeigeführt hat? Sie können dies bewerkstelligen, wenn Sie das belastete Gewicht durch einen Ring gehen lassen, auf welchem das hervorstehende Uebergewicht liegen bleibt. Von dem Momente ab, wo das Uebergewicht abgehoben und die die Bewegung erzeugende Schwerkraft aus dem Apparate entfernt wird, hört wohl die weitere Beschleunigung der Bewegung auf, nicht aber die Bewegung selbst. Die Geschwindigkeit der Bewegung, welche die Massen als Wirkung der nunmehr eliminirten Schwerkraft in dem Momente bereits erlangt hatten, wo das Uebergewicht abgehoben wurde, äussert sich nunmehr selbst als Bewegungsursache und überwindet noch eine Zeit lang den Widerstand der entgegenstehenden Kräfte, bis sie allmählich immer mehr und mehr verzögert, endlich gleich Null wird, und Alles zur Ruhe kommt. Was nun hier nach Entfernung der ursprünglichen Triebkraft, — der zwischen dem Uebergewicht und der Erde herrschenden Anziehungskraft nämlich, — die bewegten Massen in Bewegung erhält und treibt, nennt man eben die Geschwindigkeit bewegter Massen. Sie erfahren somit auf's deutlichste, dass die als Triebkraft thätige Geschwindigkeit bewegter Massen zwar keine besondere, dem Stoffe inhärirende Kraft, sondern nur die übriggebliebene Wirkung einer solchen ist; dass aber diese Wirkung zur Ursache neuer Wirkungen werden kann, auch wenn die ursprüngliche Kraft gar nicht mehr dabei betheiligt ist.

Dass ferner auch diese Form der Triebkraft in dem Maasse abnimmt, als sie wirkliche Arbeit leistet, und schliesslich völlig verschwindet, gerade so wie die Triebkraft des gehobenen Gewichtes, wenn es sinkend Arbeit leistet, sehen Sie deutlich bei meinem Versuch mit dem Springbrunnen. Sobald der Wasserstrahl Arbeit leistet, indem er das Rädchen treibt, springt er nicht mehr gleich hoch, wie wenn er frei in der Luft aufsteigt. Indem nämlich die erlangte Geschwindigkeit des bewegten Wassers sich als Triebkraft dem Rädchen mittheilt, wird sie kleiner und kleiner und geht dem Wasser allmählich ganz verloren; das Wasser gelangt dadurch früher, also in geringerer Höhe als beim freien Springen, zur Ruhe und fällt dann, dem Zuge der Schwere folgend, zu Boden. Es gibt eben keine Arbeitsleistung ohne Verlust von Triebkraft, in welcher Form die Triebkraft immer erscheinen mag.

Allein kehren wir zu unserm Pendelgewichte zurück, an dem wir die Geschwindigkeit bewegter Massen zuerst wahrgenommen haben. Nachdem es, seiner Schwere folgend, beim Punkte M eingetroffen ist, leistet es, wie wir sahen, noch Arbeit, die mit der Triebkraft des gehobenen Gewichtes nichts gemein hat, sondern der Richtung der Schwere entgegengesetzt, die eigene Masse wieder in die Höhe hebt. Wie das Gewicht zuerst mit stets zunehmender Geschwindigkeit von A nach M gesunken ist, so steigt es von da an mit stets abnehmender Geschwindigkeit von M auf b wieder hinan. Dort zur Ruhe gelangt, geräth es im nächsten Augenblick wieder in Bewegung, weil es durch Aufwendung seiner Triebkraft in Form von Geschwindigkeit die ursprüngliche Triebkraft in Form eines gehobenen Gewichtes wieder erlangt hat. Sie sehen hier, wie die beiden Formen der Triebkraft. die des gehobenen Gewichtes und die der Geschwindigkeit einer bewegten Masse, unmittelbar in einander übergehen. — In den Punkten a und b hat die Masse des Gewichtes keine Geschwindigkeit, sie ist aber um $Aa = Bb$ gehoben und kann daher ihre Schwere als Triebkraft manifestiren, insofern sie fallen kann. Im Punkte M, wo sie sich am Ende des Fallraumes befindet, ist sie zwar nicht mehr gehoben, besitzt aber dafür Geschwindigkeit, also Triebkraft in anderer Form. Auf dem Wege von a oder b nach M setzt sich die Triebkraft des gehobenen Gewichtes in Geschwindigkeit um, auf dem Wege von M nach a oder b umgekehrt, Triebkraft der Geschwindigkeit in die Triebkraft eines gehobenen Gewichtes.

Dies ist nun wieder ein schönes Beispiel der Erhaltung der Kraft bei fortwährendem Wechsel der Erscheinung.

Freilich können Sie einwenden, dass die Erhaltung der Kraft augenscheinlich keine vollständige sei; denn allmählich würden ja die Schwingungen des Pendels immer kleiner und schwächer und schliesslich bleibt das Pendel in Ruhe. Allein gemach, die Triebkraft s c h e i n t uns allerdings verschwunden; ja, aber sie ist nur aus dem G e w i c h t e verschwunden; sie ist nicht vernichtet, sie bleibt erhalten und wir werden sie in unveränderter Quantität wiederfinden lernen, aber allerdings an einem andern Orte und in einer andern Form. Schreiten wir nur geduldig und steten Schrittes auf dem Wege der Beobachtung fort, es wird uns unvermerkt an's Ziel bringen.

Wenden wir uns zunächst von der Schwere zur Betrachtung einer andern Naturkraft, zu jener der e l a s t i s c h e n K ö r p e r, welche in ganz derselben Weise wie die Schwere T r i e b k r a f t für Maschinen liefern kann.

Das populärste Beispiel bieten unsere Taschenuhren, bei welchen bekanntlich die nöthige Triebkraft statt durch gehobene Gewichte, durch gespannte stählerne Federn aufgebracht wird. Und gleich wie eine gewisse Quantität einer Triebkraft, die unsere Armmuskeln lieferten, aufgewendet werden musste, um das am Boden liegende Gewicht zu heben und erst durch die erfolgte Herstellung eines Zwischenraumes zwischen der Erde und dem Gewichte, dem letztern die Möglichkeit ertheilt ward zu sinken und im Sinken Arbeit zu leisten, ebenso bedarf es eines Aufwandes einer bestimmten Triebkraft, um einen elastischen Körper zu spannen, d. h. die unmessbar kleinen Zwischenräume zwischen den Molecülen desselben durch Zug zu verändern und durch diese Vergrösserung es, wie beim gehobenen Gewichte den groben Massen oder Molen, so hier den Molecülen zu ermöglichen, dass sie, ihrer Anziehungskraft, Cohäsion, folgend, sich nähern, gegeneinander fallen und dabei Arbeit leisten. Ich habe hier einen elastischen Kautschukstreifen, der durch einen Hebel mit diesem Räderwerk in Verbindung steht. Um das Räderwerk in Gang zu bringen, muss ich den Streifen spannen oder dehnen, d. h. ich muss eine gewisse Quantität Muskelkraft verbrauchen, um die Cohäsion,

welche die Molecüle des Kautschuks zusammenhält, zu überwinden;
ähnlich wie wir's beim ruhenden Gewichte thun mussten, um die
Attraction zwischen ihm und der Erde zu überwinden. Die hierzu aufgewendete Muskelkraft wird dabei nicht vernichtet, sondern sie ändert
nur ihre Erscheinungsweise und ihren Ort im Raume, indem sie sich
auf den gedehnten Kautschukstreifen so zu sagen überträgt, der dadurch, analog dem gehobenen Gewichte, zu einer Triebkraft gelangt,
und wir lernen daher eine neue Art mechanischer Triebkraft kennen,
die Spannung elastischer Körper.

Die Analogie in der Action der beiden Triebkräfte ist, wie ersichtlich, eine auffällige. Sowie das Gewicht sinken muss, wenn seine
Schwerkraft als Triebkraft wirklich Bewegung erzeugen soll, ebenso
muss der gespannte Kautschukstreifen sich entspannen, um das Räderwerk in Bewegung zu versetzen. In beiden Fällen verkleinern sich
die früher durch die aufgewendete Muskelkraft hergestellten Zwischenräume, indem die Molecüle des elastischen Streifens ebenso gegeneinander fallen wie das Gewicht zur Erde fällt. In beiden Fällen wird
die Triebkraft allmählich verausgabt und ist vollständig aus dem Gewichte und dem Kautschukstreifen verschwunden, wenn jenes am
Boden liegt und dieser seine ursprüngliche Gleichgewichtsgestalt angenommen hat. Das Räderwerk bleibt stehen, — um es neuerdings
in Bewegung zu setzen, müssten Sie dem Kautschukstreifen durch
abermalige Dehnung seine Triebkraft zurückgeben. Also auch hier
die Eigenheit der Triebkraft, durch wirklich geleistete Arbeit erschöpft
zu werden; auch hier die Möglichkeit ihrer Wiederherstellung durch
Aufwendung einer neuen Quantität einer andern Triebkraft.

Die Analogie reicht indess auch noch weiter; denn auch die Beziehung zu und der Zusammenhang mit der Triebkraft in Form von
Geschwindigkeit sind bei der Triebkraft, welche ein gespannter
elastischer Körper besitzt, genau dieselben wie bei der Triebkraft des
gehobenen Gewichtes. Ein einfacher Versuch überzeugt Sie hiervon.
Biege ich einen langen elastischen Metallstab nach der Seite und lasse
ihn hierauf plötzlich los, so sehen Sie, wie er hin und her schwingt,
gerade so wie vorhin das Pendel. Allerdings ist hier eine andere
Kraft im Spiele; beim Pendel war es die Schwerkraft, hier ist es die
Cohäsion elastischer Körper, welche als unmittelbare Bewegungsursache wirksam ist. In mechanischem Sinne ist jedoch hier wie dort
der Vorgang genau derselbe. Hier wie dort sehen Sie, wie eine
bestimmte Quantität einer fremden Triebkraft, der Kraft der Armmuskeln, aufgewendet wird, um an den Apparaten Veränderungen
hervorzubringen, welche dort dem Pendelgewichte, hier dem elasti-

schen Stabe eine Triebkraft verleihen, und Sie sehen ferner, wie dieser mitgetheilte Vorrath an Kraft in beiden Fällen abwechselnd zwei verschiedene, ineinander sich verwandelnde Erscheinungsformen annimmt.

Die eine Erscheinungsform der Kraft ist beim Pendel die Triebkraft eines gehobenen Gewichtes, beim schwingenden Metallstab die Triebkraft eines gespannten elastischen Körpers: — die andere Erscheinungsform hingegen ist in beiden Fällen, beim Pendel wie beim Metallstab, dieselbe, nämlich die Geschwindigkeit bewegter Massen.

Man nennt die erste Erscheinungsform von dem Verhalten gespannter elastischer Körper, Spannkraft oder potentielle Energie, um damit jenen Zustand oder jene Form der Triebkraft scharf zu bezeichnen, wenn dieselbe zwar irgendwo vorhanden ist, aber die ihr mögliche Arbeit noch nicht thatsächlich leistet, d. h. wenn sie noch keine wirkliche Bewegung oder Veränderung erzeugt, — im Gegensatze zur zweiten Erscheinungsform, welche die lebendige Kraft oder actuelle Energie genannt wird, weil bei ihr, als im Zustande bewegter Massen, die Triebkraft bereits wirkliche Bewegung erzeugt, wirkliche Bewegung leistet.

Den gegenseitigen Umsatz der beiden Erscheinungsformen, die Umwandlung von Spannkraft in lebendige Kraft oder, was dasselbe ist, von potentieller in actuelle Energie, von möglicher Arbeitsleistung in wirkliche, und umgekehrt, können wir an dem schwingenden elastischen Stabe genau in derselben Weise beobachten, wie vorhin beim Pendel. Hier wie dort erscheint der Gesammtvorrath an Triebkraft oder die totale Energie, welche ich durch den Aufwand meiner Muskelkraft den Massen mitgetheilt habe, zuerst ganz in Form von Spannkraft, die sich aber, sobald ihr dies gestattet ist, sofort in lebendige Kraft zu verwandeln beginnt. Dabei spaltet sich die totale Energie in zwei Theile: der eine Theil, der immerfort kleiner wird, wenn das Gewicht fällt, der Metallstab sich entspannt, ist noch Spannkraft, der andere, der fortwährend wächst, ist schon lebendige Kraft geworden und hat Bewegung oder Geschwindigkeit erzeugt. In dem Maasse als die Spannkraft verschwindet, nimmt die lebendige Kraft zu: im Halbirungspunkte der Schwingungsbahn ist die Spannkraft gleich Null, sie erscheint vollständig verbraucht und in lebendige Kraft umgesetzt. Deshalb kann der ganz entspannte Metallstab ebenso wenig stehen bleiben, wie das in dem Ruhepunkt M angekommene Pendel. Beide besitzen im betreffenden Momente die ihnen mitgetheilte Triebkraft oder Energie in Form von erlangter Geschwindigkeit, welche fähig ist, Arbeit zu leisten. Diese Arbeit besteht darin, dass durch Aufwand seiner eigenen lebendigen Kraft das Pendelgewicht gehoben, der Stab wieder gespannt wird, so dass im gehobenen Gewicht, wie im gespannten Stab die lebendige Kraft wieder in Spannkraft umgesetzt erscheint. Pendel und Stab gelangen am anderen Ende der Schwingungsbahn zur Ruhe, weil die lebendige Kraft gleich Null geworden ist; doch beginnen sie ihre Bewegung sofort von Neuem, indem die Spannkraft sich wieder in lebendige Kraft verwandelt. Sie ersehen hieraus, dass der gesammte Kraftvorrath oder die totale Energie, welche ich dem schwingenden Metallstab, wie vorhin dem Pendel mitgetheilt habe, an jedem Punkte der Schwingungsbahn eine Summe von Spannkraft und lebendiger Kraft, oder was dasselbe, von potentieller und actueller Energie ist. Die beiden Summanden ändern fortwährend in entgegengesetztem Sinne ihre Werthe. An den beiden Enden der Schwingungsbahn ist die totale Kraft Spannkraft, während die lebendige Kraft gänzlich fehlt; im Halbirungspunkte dagegen ist die gesammte Kraft lebendige Kraft, und die Spannkraft fehlt; an jedem andern Punkte der Bahn ist die totale Energie die Summe von so viel Spannkraft als noch nicht verbraucht ist, und von so viel lebendiger Kraft als der bereits verbrauchten Spannkraft entspricht, oder umgekehrt von so viel lebendiger Kraft, als noch nicht verbraucht ist, und von so viel Spannkraft als der bereits verbrauchten lebendigen Kraft entspricht.

Ich habe mich so lange bei dieser Erörterung aufgehalten, weil es mir dadurch erst möglich geworden ist, Ihnen den Sinn des Gesetzes von der Erhaltung der Kraft ausserordentlich klar zu formuliren; denn erst jetzt können Sie mich vollkommen verstehen, wenn ich sage: nach diesem Gesetze muss immer und unter allen Umständen für das Quantum Spannkraft, welches verschwindet, ein äquivalentes, d. h. gleich grosses Quantum lebendiger Kraft auftreten, welches, in entgegengesetzter Richtung aufgewendet, dasselbe Quantum von Spannkraft wieder herstellt. Es bleibt sich somit die Summe dieser beiden Grössen oder die totale Energie, d. h. der gesammte Kraftvorrath, durch das ganze Universum stets gleich.

Jetzt begreifen Sie auch ganz und gar, dass es ebenso unmöglich ist, Kraft oder Arbeit zu erschaffen als zu vernichten, und sind so der Ansicht näher gekommen, dass alle die mannigfachen Umwandlungen in der That einzig und allein in einem Wechsel der Triebkraft oder Energie bezüglich ihres Ortes im Raume und ihrer Erscheinungsformen bestehen.

Allerdings lässt sich nicht läugnen, dass, wie beim Pendel so auch beim schwingenden Metallstab, dieser Wechsel der Triebkraft oder Energie im Raume [und im Erscheinungsmodus dem Gesetze von der unverminderten Erhaltung der Kraftmenge zu widersprechen scheint. Wie das Pendel nämlich nach einer gewissen Zeit zur Ruhe gelangt, ähnlich hören auch die Schwingungen des Metallstabes allmählich völlig auf. Bei der Umsetzung der Spannkraft in lebendige Kraft und umgekehrt herrscht also augenscheinlich eben keine strenge Aequivalenz, d. h. beim Verschwinden eines bestimmten Quantums Spannkraft entsteht stets etwas weniger lebendige Kraft, und für die aufgewendete lebendige Kraft immer ein etwas kleineres Quantum von Spannkraft, so dass endlich die Summe beider oder die totale Energie gleich Null wird. Doch ich kann hier blos wiederholen, dass dieser Widerspruch mit dem Gesetz von der Erhaltung der Kraft ein nur scheinbarer ist, und dass wir die dem Anschein nach vernichtete Kraft an einem andern Orte im Raume und in anderer Erscheinungsform, aber in unverminderter Quantität wiederfinden lernen werden!

Was wesentlich beim Austausch von Spannkraft und lebendiger Kraft geschieht.

Die Erfahrungen, welche wir bisher in dem Gebiete der grobmechanischen Bewegungserscheinungen gemacht haben, haben uns zu einer Erweiterung des Begriffes der Triebkraft oder Energie geführt, indem sie uns nöthigten, die Triebkraft in Form von Spannkraft oder potentieller Energie von der Triebkraft in Form von lebendiger Kraft oder actueller Energie zu unterscheiden. Zugleich gelangten wir vermittelst dieser Begriffserweiterung zu einer neuen und präcisen Formulirung des Gesetzes von der Erhaltung der Kraft, welche lautete: dass immer und unter allen Umständen für das Quantum Spannkraft, welches verschwindet, ein äquivalentes Quantum lebendiger Kraft auftritt, dass somit die Summe dieser beiden Grössen, die totale Energie oder der gesammte Vorrath an Kraft, durch das ganze Universum sich stets gleich bleibt.

Was geschieht denn aber im Wesen, werden Sie mit Recht fragen, bei all' den mannigfachen Umwandlungen in der Erscheinungswelt, — was entspricht in Wirklichkeit der Spannkraft und der lebendigen Kraft, und was ist denn eigentlich da, was geht vor, wenn wir von einem Vorhandensein und von einem Umsatz der lebendigen Kraft in Spannkraft oder umgekehrt sprechen? In der That, alle diese Ausdrücke, sowie die Redensarten von »Mittheilung«, »Uebertragung«, »Aufspeicherung«, »Aufwand« von Kraft u. s. w., sie werden meist nur figürlich und uneigentlich gebraucht und geben entweder zu unrichtigen Vorstellungen Veranlassung, oder erwecken — wie Sie wohl an sich selbst erfahren haben werden — durchaus keine bestimmten und anschaulichen Vorstellungen von den wirklichen Vorgängen und Verhältnissen, welche den sinnlich so leicht wahrnehmbaren Erscheinungen zu Grunde liegen. Man nennt eben die Dinge gemeinhin nicht beim rechten Namen oder vielmehr, man hält den verschiedenen Sinn der

Worte, indem sie gebraucht werden, nicht scharf und streng genug
auseinander. Ich hoffe indess, dass es mir in der nachfolgenden Auseinandersetzung gelingen wird, jede Zweideutigkeit zu vermeiden und
Ihnen diesen hochwichtigen Gegenstand zu anschaulichster Klarheit
zu bringen. —

An einem Gewichte, das auf dem Boden ruht, an einem Kautschukstreifen, der nicht gespannt ist, beobachten wir gar keine Kraftäusserung; dennoch sind wir überzeugt, dass zwischen dem Gewicht
und der Erde, sowie zwischen den Molecülen des Kautschukstreifens
gegenseitige Anziehung besteht, dass also ein an sich unbekanntes
und unerkennbares Etwas vorhanden ist, welches das Bestreben hat
oder ist, die Massen und Massentheilchen, denen es innewohnt, in
einer bestimmten Richtung in Bewegung zu setzen, und welches wir
als eine Kraft bezeichnen. — Wenn wir das Wort in diesem Sinne
gebrauchen, meinen wir also die Kraft, die, wie die Schwere, die Cohäsion, ihren Sitz, wie gesagt, in den materiellen Elementartheilchen
hat, welche sie miteinander in Beziehung setzt; jede solche »Kraft« ist
eine Wesenseigenschaft des Stoffes und daher selbstverständlich gerade
so unerschaffbar und unzerstörbar wie dieser selbst. Von der »Kraft«,
in diesem Sinne gebraucht, von jenem an sich unbekannten und uner-
kennbaren Etwas nämlich, das von jedem Stoffelemente unzertrennbar,
ist das Gesetz ihrer Erhaltung, ihrer Unerschaffbarkeit und Unzerstörbarkeit, kein Verdienst der Neuzeit; es war vielmehr in dem längst
anerkannten Gesetze von der Erhaltung und Unveränderlichkeit des
Stoffes mit ausgesprochen.

Unter Kraft, deren Erhaltung, d. h. deren Unzerstörbarkeit und
Unerschaffbarkeit unser neues Gesetz behauptet, ist dagegen kein
unbekanntes und unerkennbares Etwas, vielmehr ein ganz Erkenn-
bares und Bekanntes, ja numerisch Ausdrückbares, nämlich die Quantität der Aeusserung oder Wirkung einer irgendwo vorhandenen und ins Spiel kommenden Kraft zu verstehen. Das was unser
Gesetz von der Erhaltung der Kraft Neues aussagt, ist also: dass auch
die Kraftäusserung oder Kraftwirkung, d. h. die Quantität der
Arbeitsleistung aller Naturkräfte ebenso unerschaffbar und unzerstörbar ist, als »Kraft« und Stoff selbst. Was allein zerstörbar und
wiederherstellbar ist, was allein wechselt, ist die Form wie, und der
Ort im Raume, wo die Kraft in dem hier gebrauchten Sinne des
Wortes, also die Kraftäusserung oder Arbeitsleistung erscheint.

Die Schwere des auf dem Boden liegenden Gewichts, die Cohäsion
der in ihrer Gleichgewichtslage befindlichen Molecüle des ungedehnten
Kautschukstreifens äussern sich aber niemals und in keiner Weise

dadurch, dass sie v o n s e l b s t eine Veränderung oder Bewegung herbeiführen, und wir würden von dem wirklichen Vorhandensein dieser
Kräfte keine Ahnung haben, wenn wir nicht erfahrungsgemäss wüss-
ten, dass sich dieselben sofort in bestimmter Form und Richtung Veränderungen bewirkend äussern, sobald w i r den vorhandenen Ruhezustand stören, indem wir das Gewicht heben und den Kautschuk dehnen. — Die Form und Richtung der Kraftäusserung, welche uns zuerst
das Vorhandensein dieser Kräfte documentirt, besteht aber darin, dass
sich die Schwerkraft der Hebung des Gewichtes, d. h. der Vergrösserung des Zwischenraumes zwischen demselben und der Erde, — die
Cohäsion der Dehnung des Kautschukstreifens, d. h. der Vergrösserung der unmessbar kleinen Zwischenräume zwischen den Molecülen
desselben, w i d e r s e t z t. Beide Kräfte äussern sich also zunächst in
Form von W i d e r s t a n d gegen die, durch die Triebkraft unserer Muskeln zu bewirkende L a g e n v e r ä n d e r u n g der Massentheilchen im
Raume; sie äussern sich als B e w e g u n g h e m m e n d u n d v e r n i c h-
t e n d. Indem wir trotzdem das Gewicht heben, den Kautschuk spannen, wird der Widerstand überwunden, durch den sich beide Kräfte
zunächst sichtbar äussern, und als Resultat des überwundenen Widerstandes erscheinen die Massentheilchen in einer ganz bestimmten neuen
Anordnung und Stellung im Raume. — Damit sind neue Bedingungen
hergestellt worden, unter welchen die Kräfte, die den Massen des
Gewichtes und der Erde einerseits, den Molecülen des Kautschuks
andererseits innewohnen, ganz neue Aeusserungsformen annehmen und
ganz neue Erscheinungen herbeiführen.

Wir drückten dies Alles bildlich so aus, dass wir sagten, wir hätten
dem Gewichte durch das Emporheben, dem Kautschuk durch das Dehnen eine Quantität Triebkraft oder Energie »mitgetheilt«, die sie nun in
Form von Spannkraft oder potentieller Energie »besässen« und in lebendige Kraft oder actuelle Energie »umsetzen« können. Denn in der That,
wenn das gehobene Gewicht, der gespannte Kautschukstreifen sich frei
überlassen werden, so entsteht sofort Bewegung von bestimmter Richtung und Geschwindigkeit, indem das erste zu Boden fällt und der
letztere in seine ursprüngliche Gleichgewichtsgestalt zurückschnellt. —
Haben wir nun aber den fraglichen Körpern wirklich irgend eine n e u e
Kraft »mitgetheilt«? »Besitzen« sie nun wirklich irgend welche anderen
Kräfte als welche ihnen, d. h. den Stoffelementen, aus denen diese
Körper bestehen, ursprünglich innewohnen und ein unveräusserlicher
Besitz der Materie sind? — Und ferner, k a n n denn überhaupt eine
Kraft an die Stelle und den Sitz einer anderen Kraft sich begeben, oder
thatsächlich in eine andere Kraft sich »umsetzen«, sich »verwandeln«?

— Wissen wir doch, dass nach dem Gesetze von der Erhaltung und Unveränderlichkeit des Stoffes, Kraft und Stoff gleich unzerstörbar und unerschaffbar sind! Auf alle diese Fragen müssen wir entschieden mit »Nein« antworten; es verhält sich in Wirklichkeit das Alles anders, als wir es uns nach dieser bildlichen Ausdrucksweise vorzustellen wohl geneigt sein könnten.

Zunächst ist festzuhalten, dass die Kraftäusserung, welche sich beim Heben des Gewichtes, beim Dehnen des Kautschukstreifens geltend gemacht und das Vorhandensein einer wirklichen »Kraft«, — der Schwere dort, der Cohäsion hier, überhaupt erst documentirt hat, eine Widerstandsleistung ist. Die beiden genannten Kräfte widerstreben eben der durch unsere Muskelkraft in der angegebenen Richtung bewerkstelligten Veränderung der Stellung und Anordnung der Massentheilchen im Raume, sie hemmen und vernichten die in dieser Richtung als Wirkung einer fremden Kraft entstehende oder vorhandene Bewegung, weil und insofern sie ihrer Natur nach in dem Bestreben bestehen, Bewegung von entgegengesetzter Richtung zu erzeugen; denn offenbar ist der Widerstand oder die Bewegungshemmung nichts Anderes als die eine Aeusserungsform dieses Bestrebens selbst, dessen zweite Aeusserungsform Bewegungserzeugung ist.

In der That, die Schwere und die Cohäsion, ja ganz allgemein jede Kraft, mag es nun eine Anziehungs- oder Abstossungskraft sein, besteht in dem Bestreben, die Stoffelemente, denen sie innewohnt, in der ihr eigenthümlichen Anziehungs- oder Abstossungsrichtung in Bewegung zu versetzen, — und es liegt ferner im Begriff und Wesen der »Kraft« in diesem Sinne des Wortes, dass sie immer und unter allen Umständen irgend eine Aeusserungsform annehmen muss; denn eine Kraft, die sich nicht irgendwie, sei es durch eine sichtbare Veränderung oder durch eine andere, unmittelbar nicht wahrnehmbare Wirkung, äusserte — wäre eben gar nicht vorhanden. Ob nun aber eine irgendwo vorhandene Kraft die eine oder die andere Aeusserungsform annimmt, ob sie eine unmittelbar oder nur mittelbar wahrnehmbare Wirkung hervorruft, das hängt erfahrungsgemäss von den Umständen ab, ebenso wie die verschiedenen Arten, in denen die sichtbaren Veränderungen sich kundgeben.

Der Natur der Sache nach besteht jede Veränderung entweder in der Störung einer ruhigen Anordnung und Vertheilung der Stoffelemente im Raume, also in der Erzeugung und Beschleunigung einer Bewegung, — oder aber in der Störung der Geschwindigkeit oder der Richtung einer, als Wirkung einer anderen Kraft vorhandenen

Bewegung, also in einer Bewegungshemmung und Vernichtung: denn es vermag die Kraft natürlich in so lange ihre Bewegung erzeugende Aeusserungsform nicht anzunehmen, d. h. so lange keine wirkliche Bewegung in der ihr eigenthümlichen Wirkungsrichtung zu erzeugen, als sie entweder durch eine in entgegengesetzter Richtung vorhandene Bewegung als Widerstandsleistung überwunden wird, oder durch ein ihrem Bewegung erzeugenden Bestreben das Gleichgewicht haltendes Hinderniss in Anspruch genommen ist.

Wir haben also drei Fälle zu unterscheiden:

Erstens, es liegt das Gewicht auf dem Boden, der Kautschukstreifen ist ungedehnt. Beide Kräfte, die Schwerkraft des Gewichtes wie die Cohäsion des elastischen Streifens, befinden sich hier unter den an letzter Stelle angeführten Umständen, beide werden nämlich durch ein ihrem Bewegung erzeugenden Bestreben das Gleichgewicht haltendes Hinderniss in Anspruch genommen. Beide Kräfte äussern sich unter diesen Umständen gar nicht; sie führen keine irgendwelche Veränderung herbei, und wir würden daher, wie schon bemerkt, keine Ahnung von ihrem wirklichen Vorhandensein haben. Weder leisten sie einen wahrnehmbaren Widerstand, da keine durch eine andere Kraft bewirkte wahrnehmbare Bewegung vorhanden ist, die gehemmt oder vernichtet würde; noch können sie ihre Bewegung erzeugende Form annehmen und wirkliche Bewegung hervorrufen, indem bei der Berührung zwischen Gewicht und Erdboden, und ebenso bei der vollständigen Abspannung des Kautschukstreifens einer weiteren Verkleinerung der Zwischenräume zwischen den Molecülen des Kautschuks, und zwischen den Molecülen, aus welchen die Massen an jenen Punkten bestehen, wo sich das Gewicht und der Erdboden berühren, in Folge der abstossenden Kräfte der Materie ein unüberwindliches Hinderniss entgegensteht. Da aber die Schwere und Cohäsion, trotzdem wir keine Veränderung wahrnehmen, unzweifelhaft vorhanden sind, und jede »Kraft« in dem hier gebrauchten Sinne des Wortes als ein unzerstörbares, dem Stoffe innewohnendes Etwas selbstverständlich immer und unter allen Umständen irgendwie sich äussern muss; so kann die Aeusserungsform der Schwere und Cohäsion hier nur in einem ruhigen Druck, in einer andauernden gegenseitigen Pressung der Molecüle im Sinne der Wirkungsrichtung der Kräfte, ohne jeden weiteren Effect, bestehen. Wir drückten dieses Verhältniss früher so aus, dass wir sagten: das mit der Erde in Berührung befindliche Gewicht, der ungedehnte Kautschukstreifen besitzen gar keine Triebkraft. In Wirklichkeit heisst dies aber: die Schwerkraft, welche die Massen des Gewichtes und der Erde, die Cohäsion, welche die Molecüle des Kautschuks besitzen, äussern sich nicht nur nicht durch eine wahrnehmbare Veränderung, sondern können sich unter diesen Umständen, bei Aufrechterhaltung der vorhandenen Aggregatzustände der Körper, überhaupt gar nicht mehr als Bewegung erzeugend äussern, und selbst als Bewegung hemmend oder Widerstand leistend nur dann, wenn eine der Schwere und Cohäsion entgegengesetzt gerichtete fremde Kraftäusserung in Form von wirklicher wahrnehmbarer Bewegung entstehen würde. —

Zweitens, genau in derselben Art und Weise, nämlich blos als ruhiger Druck oder andauernde gegenseitige Pressung der Molecüle, äussern die Schwere und Cohäsion ihr Bewegung erzeugendes Bestreben, wenn dieses Bestreben nach erfolgter Hebung des Gewichtes und Dehnung des Kautschukstreifens zwar nicht mehr als Widerstand leistend in Anspruch genommen und überwunden wird — dagegen aber in seiner Wirkungsrichtung ein anderes unübersteigliches Hinderniss, z. B. einen Sperrhaken in der zu treibenden Maschine, findet. Unter diesen Umständen befinden sich die Schwere und Cohäsion, trotz der vollbrachten Hebung und Dehnung, hinsichtlich ihres Aeusserungsvermögens absolut in denselben Verhältnissen, wie in dem vorhin betrachteten Falle — so lange nicht jenes unübersteigliche Hinderniss, der Sperrhaken z. B., entfernt ist. Es wäre zwischen den beiden Fällen überhaupt gar kein wesentlicher Unterschied vorhanden, wenn nicht eben durch die vorangegangene Hebung des Gewichts und Dehnung des Kautschukstreifens die Vertheilung und Anordnung der Stoffelemente eine andere geworden wäre, und wenn jenes Hinderniss nicht entfernt werden könnte.

Sie erinnern sich, dass wir unter so bewandten Umständen davon sprachen, wir hätten dem Gewicht durch die Hebung, dem Kautschukstreifen durch die Spannung eine Triebkraft »mitgetheilt« oder »verliehen«, welche die beiden Körper nun in Form von Spannkraft oder potentieller Energie »besässen«. — Vergegenwärtigen wir uns jedoch den wirklichen Vorgang, welcher die jetzt vorhandenen Verhältnisse herbeigeführt hat, so erkennen wir mit voller Klarheit, dass hier von der »Mittheilung« irgend einer wie immer beschaffenen »Kraft« ebensowenig im eigentlichen Wortsinne die Rede sein kann, als davon, dass das gehobene Gewicht, der gedehnte Kautschukstreifen nunmehr eine neue Kraft »besitze«; denn zwischen dem Gewicht und der Erde, sowie zwischen den Molecülen des elastischen Streifens herrscht immer nur einzig und allein eine und dieselbe »Kraft«, deren Intensität bekanntlich in einer bestimmten gesetzmässigen Beziehung zur gegenseitigen Entfernung der Stoffelemente steht, — nämlich dieselbe

Schwere, dieselbe Cohäsion, mag das Gewicht gehoben oder mit der Erde in Berührung sein, der Kautschuk im gedehnten oder im ungedehnten Zustande sich befinden. — Was eigentlich geschehen ist, was wir wirklich thaten, als wir das Gewicht gehoben, den Kautschukstreifen gespannt haben, bestand nicht in einer Neubegabung des Stoffes mit einer ihm früher fremden »Kraft«, sondern darin, dass wir den Widerstand, d. h. ein gewisses Quantum der Bewegung hemmenden und vernichtenden Aeusserungsform der Schwere und Cohäsion, vermittelst der Bewegung erzeugenden Aeusserungsform einer anderen Kraft, d. h. vermittelst eines durch die fremde Kraft bewirkten Bewegungsquantums überwanden.

Das Resultat aber dieses Gegeneinanderwirkens oder Conflictes der beiden diametral entgegengesetzt gerichteten Aeusserungen oder Wirkungen, — der Schwere, resp. Cohäsion nämlich, als Widerstand oder Bewegungshemmung einerseits, und der durch irgend eine fremde Kraft erzeugten Bewegung andererseits, — war die Herstellung einer ganz bestimmten Veränderung der räumlichen Anordnung und gegenseitigen Stellung der Massentheilchen und der ganzen Massen, in einem der Wirkungsrichtung der Schwere und Cohäsion diametral entgegengesetzten Sinne. Diese neue Stellung und Vertheilung der Stoffelemente im Raume ist also stets eine gemeinschaftliche Arbeitsleistung beider Kraftwirkungen; sie ist die Summe, der Gesammteffect, in welchem die Bewegung und der Widerstand, die als solche nicht mehr vorhanden sind, sich in Form von geleisteter Arbeit thatsächlich in unveränderter Quantität erhalten haben — insofern, als dieses gemeinschaftlich geleistete Arbeitsquantum eben in der neuen, ganz bestimmten Anordnung und Vertheilung des Stoffes im Raume besteht, welche anders und nicht gerade so, wie sie eben ist, hätte ausfallen müssen, wenn nicht gerade diese Quantität der Widerstandsäusserung mit dieser Quantität vorhanden gewesener Bewegung in Conflict gerathen wäre.

Mit der vollendeten Herstellung der neuen Anordnung und Stellung der Massen und Massentheilchen sind die Zwischenräume zwischen den Molecülen des Kautschuks wie zwischen Gewicht und Erde vergrössert worden und betragen keinesfalls nur das mögliche Minimum, wie wenn das Gewicht auf dem Boden liegt, der elastische Streifen entspannt ist, wobei jede weitere Annäherung der Massen und Massentheilchen unmöglich ward. Zugleich sind, wie gesagt, sowohl Bewegung als Widerstand, die bei der Hebung und Spannung zur Aeusserung gelangten, als solche, nicht mehr vorhanden, aber die Schwerkraft und die Cohäsion sind in den Stoffelementen geblieben und müssen nun — wenn kein neues Hinderniss, wie der beispielsweise angeführte Sperrhaken in der zu treibenden Maschine, im Wege läge — in ihrer Bewegung erzeugenden Aeusserungsform sich zeigen, indem sie nicht mehr als Widerstand leistend in Anspruch genommen sind. In so fern jenes neue Hinderniss, Sperrhaken, entfernbar ist, können daher unter den betrachteten Umständen Schwere und Cohäsion gerade so viel Bewegung in entgegengesetzter Richtung wieder erzeugen, als sie durch ihren Widerstand gegen die Hebung des Gewichtes und Spannung des Kautschukstreifens verzögert und vernichtet haben.

Mit Rücksicht auf diese Möglichkeit spricht man von einem Quantum Triebkraft, welches das gehobene Gewicht, der gedehnte Kautschukstreifen in Form von »Spannkraft« besitzen. In Wirklichkeit »besitzen« die fraglichen Massen und Massentheilchen aber gar nichts weiter, als neue räumliche Stellungen mit vergrösserten Zwischenräumen, und die ihnen unveräusserlich innewohnenden Kräfte der Schwere und Cohäsion, welche aber im Augenblick keine wahrnehmbare Veränderung, sondern an gewissen Punkten höchstens einen ruhigen Druck oder Zug, eine gegenseitige Pressung der Molecüle bewirken. —

Drittens, das gehobene Gewicht fällt zu Boden, der Kautschukstreifen entspannt sich, d. h. seine Molecüle fallen gegeneinander. — Wir haben eben gesehen, dass mit der, durch die Hebung des Gewichtes sowie durch die Spannung des Kautschukstreifens vollendeten neuen Anordnung und Vertheilung der Stoffelemente im Raume die Zwischenräume zwischen den Molecülen des Kautschukstreifens wie zwischen dem Gewicht und der Erde vergrössert worden sind und jedenfalls mehr als das mögliche Minimum betragen: sie gestatten also wieder eine gegenseitige Annäherung der Massen und Massentheilchen. Wir haben ferner gesehen, dass dabei zugleich die durch eine fremde Kraft erzeugte Bewegung verzögert wurde und endlich ganz verschwunden ist, während die natürlich unversehrt gebliebene und nun nicht mehr zur Widerstandleistung gezwungene Schwere und Cohäsion sofort ihre Bewegung erzeugende Aeusserungsform annehmen, das Gewicht somit gegen die Erde, die Molecüle des Streifens gegeneinander fallen müssen — vorausgesetzt, dass kein neues Hinderniss, ein Sperrhaken oder dergleichen, im Wege liegt; sei es, dass ein solches nie vorhanden war oder eben entfernt worden ist.

Der bequeme bildliche Ausdruck für diesen Vorgang lautet: die vorhandene »Spannkraft« oder potentielle Energie beginnt in »lebendige Kraft« oder actuelle Energie sich »umzusetzen«, oder zu »verwandeln«. In Wirklichkeit geschieht jedoch nichts dergleichen, sondern nur die-

ses: Das unter allen Umständen unversehrt bleibende und stets irgendwie wirksame Bestreben, die Massen und Massentheilchen, in welchen
Schwere und Cohäsion ihren Sitz haben, gegeneinander zu ziehen,
äussert sich einfach in seiner wirkliche Bewegung erzeugenden
Form, oder, wie man es anders ausdrückt, als Triebkraft in Form von
»lebendiger Kraft« oder actueller Energie, weil eben unter den angeführten Umständen weder seine Widerstand leistende Aeusserungsform vorhanden ist, noch die durch dasselbe begonnene Bewegung
selbst irgend ein absolutes Hinderniss findet.

Die Massentheilchen und die ganzen Massen erlangen somit im
Sinne gegenseitiger Annäherung eine continuirlich wachsende Geschwindigkeit und dadurch verkleinern sich die Zwischenräume
zwischen den Molecülen des Kautschuks ebenso wie zwischen dem
Gewicht und der Erde; in gleichem Schritt mit der Verkleinerung der
Zwischenräume schwindet aber auch selbstverständlich jene Anordnung
und Vertheilung des Stoffes im Raume, welche durch die gemeinschaftliche Arbeitsleistung, als Resultante der Quantität der überwundenen
Widerstandsäusserung der Schwere und Cohäsion und der Quantität
der durch eine fremde Kraft erzeugten Bewegung herbeigeführt worden war.

Und so wie bei der Herstellung der räumlichen Vertheilung und
Anordnung der Stoffelemente mit vergrösserten Zwischenräumen
ein Quantum von fremder Bewegung verschwand und ein Quantum
des Widerstandes oder der Bewegung hemmenden Aeusserungsform der Schwere und Cohäsion durch eben jenes Quantum fremder
Triebkraft überwunden wurde, genau ebenso entsteht jetzt, bei
der allmählichen Wiederherstellung der früheren räumlichen Vertheilung und Anordnung der Stoffelemente mit minimalen Zwischenräumen,
— ein ganz gleiches Quantum Bewegung in entgegengesetzter Richtung, in der Richtung nämlich der Schwere und Cohäsion; denn es
werden beide Kräfte, die Schwere und die Cohäsion, jetzt nothwendig
dieselbe Quantität von Bewegung zu erzeugen im Stande sein,
als sie früher Bewegung gehemmt oder Widerstand geleistet haben,
da ja Bewegungshemmung (Widerstand) und Bewegungserzeugung (lebendige Kraft oder actuelle Energie) nur zwei verschiedene
Aeusserungsformen einer und derselben Kraftquantität sind.

Wenn demnach von einer irgendwo vorhandenen Quantität von
»Spannkraft« gesprochen wird, so fusst man dabei, nach dem was ich
heute über das Wesen der Triebkraft in Form von Spannkraft oder
potentieller Energie und über das was ihr in Wirklichkeit zu Grunde
liegt, gesagt habe, einfach darauf, dass, — nachdem die Schwere und

Cohäsion unter den bezeichneten Umständen Bewegung erzeugend sich zu äussern die Möglichkeit haben, — die Quantität dieser möglichen und eventuell wirklich gewordenen Bewegung genau äquivalent ist der Quantität des von der Schwere und Cohäsion vorher geleisteten Widerstandes. Eine Quantität Spannkraft oder potentieller Energie kann ja eigentlich nichts Anderes sein, als jene Quantität des unzerstörbaren Wirkungsbestrebens der Schwere, resp. Cohäsion, welches in Form von Widerstand oder Bewegungshemmung zur Erscheinung gekommen war und nun in die Möglichkeit versetzt ist, seine Bewegung erzeugende Aeusserungsform anzunehmen. Hieraus begreift sich denn mit Leichtigkeit, dass die Quantität der möglichen, d. h. eventuell auch wirklich erzeugbaren Bewegung der Quantität jener Bewegung von entgegengesetzter Richtung gleich sein muss, welche in Folge der Widerstandsleistung der Schwere und Cohäsion verzögert und endlich vernichtet worden war. Es begreift sich ferner die strenge Aequivalenz einer Quantität von Spannkraft, welche verschwindet, und der Quantität von wirklicher Bewegung, welche dafür entsteht.

In unserer bildlichen, ihrer Bequemlichkeit wegen mit Recht allgemein gebrauchten Ausdrucksweise sagen wir, um den eben erörterten Vorgang zu bezeichnen: eine Quantität »Spannkraft« wird »umgesetzt« oder »verwandelt« sich in eine genau äquivalente Quantität von »lebendiger Kraft«. In Wirklichkeit besteht jedoch der eigentliche Vorgang darin, dass die Schwere und die Cohäsion, welche in ihrer, wirkliche Bewegung erzeugenden Aeusserungsform vorhanden sind, die räumliche Anordnung und Vertheilung des Stoffes dahin verändern, dass die Zwischenräume zwischen den Massentheilchen und zwischen den ganzen Massen sich verkleinern. In jedem gegebenen Augenblick besitzen die bewegten Massen und Massentheilchen also eine bestimmte Geschwindigkeit oder lebendige Energie, und die dieselben trennenden Zwischenräume haben sich um einen bestimmten Betrag verkleinert. Das ist Alles. Indessen, insofern wir von einer Quantität »Spannkraft« sprechen konnten, dürfen wir auch von einer Quantität »lebendiger Kraft« reden — und diese ist nichts Anderes als die vorhandene Quantität der Geschwindigkeit, welche die in der Richtung der Schwere und Cohäsion bewegten Massen und Massentheilchen bereits erlangt haben.

Könnten wir die Richtung der vorhandenen Bewegung plötzlich umkehren, oder wäre sie aus irgend einer Ursache die der jetzigen diametral entgegengesetzte, so würde die Quantität der eben erlangten Geschwindigkeit gerade ausreichen, um die im Augenblick gegebenen

Zwischenräume zwischen den Massen und Massentheilchen um genau so viel wieder zu vergrössern, wie sich dieselben verkleinert hatten, als durch die Wirkung der Schwere und Cohäsion jene bestimmte Geschwindigkeitsmenge erzeugt wurde. Dabei hätten also die Massen und Massentheilchen ihre frühere Stellung und Anordnung im Raume wiedererhalten, und es wäre dieselbe Quantität von Spannkraft wieder vorhanden, wie früher, welche sich auch wieder genau so, wie früher, in eine äquivalente Quantität von lebendiger Kraft »umsetzen« oder »verwandeln« könnte und würde.

Allgemeines Maass der mechanischen Arbeit. —
Scheinbare Ausnahmen vom allgemeinen Gesetze.

Ich werde Ihnen im Laufe dieser Vorlesungen den Beweis liefern,
dass sich dem Gesetze von der Erhaltung der Kraft, ähnlich wie die
Schwere und Cohäsion, erfahrungsgemäss auch die anderen wirkungs-
oder arbeitsfähigen Naturkräfte insgesammt, ohne Ausnahme, fügen,
und dass somit nicht die kleinsten Quantitäten von Kraft oder Arbeit
erschaffen oder vernichtet werden können. Um jedoch die strenge Allgemeingiltigkeit unseres Gesetzes nachzuweisen, müssen wir zunächst
und vor Allem ein exactes und allgemeines Maass für die
Quantität der mechanischen Kraft in ihren verschiedenen
Aeusserungsformen suchen. Die Formeln, nach denen der numerische
Ausdruck für die Quantität der Kraft zu berechnen sein wird, werden
nothwendig verschieden gestaltet sein müssen, da wir die verschiedenen Arten oder Formen der Kraftäusserungen zu berücksichtigen
genöthigt sind, die wir erfahrungsgemäss kennen gelernt haben.

1) Es sei eine Kraft gegeben, welche in irgend einer Richtung
auf einen Punkt wirkt, so lässt sich immer ein bestimmtes Gewicht
denken, welches, in entgegengesetzter Richtung auf denselben Punkt
wirkend, ihr gerade das Gleichgewicht halten wird. Dieses Gewicht
(P) ist dann offenbar das Maass der neutralisirten Kraft, und man
kann auf diese Weise einen numerischen Ausdruck dafür in Pfunden
oder Kilogrammen finden.

Beiläufig sei hier in Erinnerung gebracht, dass das Product aus
der Dichtigkeit (D) und dem Volumen (V) eines Körpers seine Masse
(M) heisst:
$$M = V \cdot D;$$
ferner, dass die Masse (M) eines Körpers, multiplicirt mit einer constanten Grösse (g), welche der Beschleunigung entspricht, die ein jeder

Körper, welches auch seine Natur und Masse sein mag, bei freiem
Falle durch die Schwere in der Zeiteinheit erfährt, das Gewicht (P)
des Körpers ausdrückt:

$$P = M \cdot g.$$

2) Jede Kraft übt, wenn sie durch eine in entgegengesetzter
Richtung wirkende im Gleichgewicht gehalten wird, ähnlich wie die
Schwere eines auf dem Boden ruhenden Körpers, zwar einen Zug oder
Druck aus, allein sie bewirkt keine Lagenveränderung, keine Ver-
schiebung der Massen im Raum, — sie liefert keine Triebkraft, sie
leistet keine mechanische Arbeit. Soll Arbeit geleistet werden, so ge-
nügt es nicht, dass eine Zug- oder Druckkraft vorhanden sei; hierzu
ist erforderlich, dass die Kraft den Widerstand, welcher ihr das
Gleichgewicht hält, überwindet und die widerstandleistende Masse im
Raume verschiebt. Um also den Werth der geleisteten Arbeit oder die
Quantität der Kraft, welche diese Arbeit zu leisten vermag, zu bestimmen, müssen zwei Dinge berücksichtigt werden:

a) die Grösse des überwundenen Widerstandes, und
b) die Länge des Weges, um welche die Verschiebung der Massen
   im Raume stattgefunden hat.

Nehmen wir an, eine Maschine werde durch ein Gewicht von
1 Pfund getrieben, welches in 24 Stunden 6 Fuss herabsinkt; so wird,
wenn wir uns zwei solche Maschinen von genau derselben Art und
Construction gleichzeitig thätig denken, durch die zwei vorhandenen
Pfundgewichte die doppelte Arbeit geleistet. Daraus ergibt sich,
dass bei gleicher Fallhöhe das Quantum Trieb- oder Arbeitskraft der
Grösse des Gewichtes proportional ist. — Geben wir dagegen
dem Seil, an welchem das Gewicht hängt und zieht, die doppelte
Länge, so dass das Gewicht, statt 6 Fuss, 12 Fuss fallen kann, so
wird es die Maschine zwei Tage lang im Gang erhalten, und es wird
im Ganzen abermals eine doppelte Arbeit geleistet; die Quantität der
Trieb- oder Arbeitskraft ist also unter übrigens gleichen Umständen
auch der Fallhöhe proportional.

Hieraus folgt, dass das Product aus der Grösse des Gewichtes (P)
mit der Höhe (h), aus der es herabsinken kann, — P h — das Maass
ist sowohl für geleistete mechanische Arbeit als für die Quantität der
Kraft, welche diese Arbeit leistet. Um 4 Kilogramm 1 Meter hoch zu
heben, brauche ich offenbar 4mal soviel Kraft, als um 1 Kilogramm
1 Meter zu heben; aber mit demselben Kraftquantum, welches hinreicht 4 Kilogramm auf 1 Meter Höhe zu heben, kann ich auch 1 Kilogramm 4 Meter oder 2 Kilogramm 2 Meter hoch heben u. s. w.

In der That, die Einheit des von den Technikern allgemein an-

gewendeten Maasses für Arbeitsgrössen ist das **Fusspfund** oder
Kilogrammmeter. Diese Maasseinheit ist aber deshalb technisch
allgemein verwendbar, weil sich jede Maschine, mag sie welche Art
mechanischer Arbeit immer zu leisten haben, durch ein hinreichend
schweres, hinreichend hoch gehobenes Gewicht treiben liesse, wenn
es aus jener Höhe herabsinken kann, und weil man jede solche Maschine wiederum so arbeiten lassen könnte, dass die Art der geleisteten Arbeit einfach in der Hebung einer Last bestände.

Um der technischen Formel — $P \cdot h$ — den allgemeinen wissenschaftlichen Ausdruck zu geben, hat man den Begriff und das Zeichen
der **Masse** (M) in dieselbe eingeführt. Ich habe Sie vorhin daran erinnert, dass das Gewicht P durch $M \cdot g$ ausgedrückt werden kann.
Substituiren wir $M \cdot g$ für P in unserer Formel, so finden wir, dass

$$P \cdot h = M \cdot g \cdot h.$$

Diese beiden Ausdrücke sind nun das Maass, nach welchem wir
ein jedes Quantum von Arbeitsleistung sowohl, wie von Trieb- oder
Arbeitskraft, wie es uns in Form von **Spannkraft** oder potentieller
Energie eines gehobenen Gewichtes, eines gespannten elastischen
Körpers u. s. w. entgegentritt, zu messen haben.

3) Wir müssen aber noch eine Formel für das gleiche Quantum
von Arbeitsleistung und Trieb- oder Arbeitskraft in Form von **lebendiger Kraft** oder actueller Energie finden, was durch folgende einfache Berechnung geschieht:

Jedes elementare Lehrbuch der Physik enthält und beweist den
Satz: dass die Geschwindigkeit (v), welche ein aus der Höhe (h) frei
herabfallender Körper durch die fortwährende Beschleunigung der
Schwere (g) am Ende des Fallraumes erlangt hat, zu der Gleichung
führt $v = \sqrt{2g \cdot h.}$ oder $v^2 = 2g \cdot h.$

Multiplicirt man beide Theile der letzteren Gleichung mit der
halben Masse $\left(\dfrac{M}{2}\right)$ des Körpers, so hat man:

$$\frac{M}{2} \cdot v^2 = \frac{M}{2} \cdot 2g \cdot h = M \cdot g \cdot h. \text{ und somit}$$

$$\frac{M \cdot v^2}{2} = M \cdot g \cdot h = P \cdot h.$$

$P \cdot h$ ist die technische Formel, $M \cdot g \cdot h$ die allgemeine wissenschaftliche Formel für die geleistete Arbeitsgrösse und für die Quantität der Spannkraft oder potentiellen Energie, während nach der
Formel $\dfrac{M \cdot v^2}{2}$ dieselbe Quantität geleisteter Arbeit und Triebkraft in

Form von lebendiger Kraft, actueller Energie oder erlangter Geschwindigkeit der bewegten Masse berechnet wird, wobei es natürlich gleich-
giltig ist, auf welche Art und Weise diese Masse ihre Geschwindigkeit
erlangt hat, da die erlangte Geschwindigkeit unter allen Umständen
ein Triebkraftquantum repräsentirt, welches die Masse (M) auf eine
Höhe (h) zu heben vermag, aus welcher frei fallend sie jene Geschwindigkeit erlangen würde, die sie im Augenblick factisch besitzt.

Ausgerüstet nunmehr mit der Kenntniss und dem Verständniss der
fundamentalen Begriffe und Formeln für ein allgemeines Maass der
mechanischen Kraft in allen ihren Aeusserungsformen, wenden wir
uns jetzt wieder zur Betrachtung einzelner concreter Fälle, um nach
und nach das Gesetz von der Erhaltung der Kraft in seiner allgemeinen
Gültigkeit erfahrungsgemäss hervortreten zu sehen. Scheinbar freilich
stossen wir nicht selten auf widersprechende Erfahrungen; bei genauer
Würdigung jedoch werden sie sich insgesammt dem allgemeinen Gesetze unterworfen zeigen. Bei den Schwingungen des Pendels und
ebenso bei jenen des Metallstabs lenkte ich Ihre Aufmerksamkeit auf
die scheinbaren Verluste hin, welche die Spannkraft wie die lebendige
Kraft zu erleiden haben, heute will ich Ihnen eine Reihe von entgegengesetzten Fällen vorführen, in welchen bei oberflächlicher Betrachtung
Kraft ohne entsprechenden Aufwand und Verbrauch gewonnen,
also so zu sagen aus Nichts erzeugt zu werden scheint, was abermals
im flagrantesten Widerspruche zu unserem Gesetze stünde.

Ich habe hier eine Armbrust und eine Bolzbüchse. Ich mache
beide in kürzester Zeit und mit leichter Mühe schussbereit, drücke ab,
und der Bolzen wie der Pfeil fliegen mit solcher Gewalt gegen die
Scheibe, dass sie tief und fest darin stecken bleiben. Hier ist ein
augenscheinliches Missverhältniss zwischen dem Aufwand an Kraft
und dem Effect. Mit aller Anstrengung meiner Muskeln hätte ich
diesen Effect ohne Vermittelung der beiden Instrumente niemals zu
Stande gebracht. Es muss also wohl irgendwie in ihnen Triebkraft
hinzugekommen, d. h. neu entstanden sein. Sehen wir zu, wie sich
dieser scheinbare Widerspruch gegen unser Gesetz löst.

Indem ich den Bogen der Armbrust spannte und die Feder der
Bolzbüchse aufzog, leistete mein Arm Arbeit, welche, genau wie beim
Heben des Pendelgewichts oder beim Dehnen des Kautschukstreifens,
in Spannkraft des Bogens und der Feder »umgesetzt« wurde. Aber,
beachten Sie wohl, die Arbeit meines Armes dauerte eine gewisse Zeit
und so wurde ein Quantum Spannkraft allmählich aufgespeichert.
Beim Abschiessen der Armbrust und Büchse wurde hingegen in Einem

16*

Momente der ganze Kraftvorrath auf einmal in lebendige Kraft
verwandelt, und dadurch allein den Massen des Pfeiles und Bolzens
eine so bedeutende Geschwindigkeit ertheilt, wie sie solche durch
einen Wurf aus freier Hand niemals hätten erlangen können. Dieser
Effect ist also nicht etwa dadurch erreicht worden, dass Armbrust und
Büchse Triebkraft neu erzeugt haben, sondern dadurch, dass sie den
Vorrath an Spannkraft, den ich langsam und allmählich aufgespeichert
hatte, plötzlich und auf einmal verausgabt haben. Und wodurch gelang
es denn, die Triebkraft meines Armes derart in beiden Waffen anzu-
sammeln? Allein dadurch, dass sie einem unüberwindlichen Hinderniss begegnete, welches sie in der Richtung ihres Bewegung erzeugenden und beschleunigenden Bestrebens hemmte. Die Kraft nun, durch
deren Wirkung wir das Hinderniss fortschafften, nennt man die aus-
lösende Kraft, und sie kann möglicherweise so gering gegen den
Spannkraft-Vorrath sein, dass die aus der Spannkraft entstehende
lebendige Kraft, der schliessliche Effect, in gar keinem Verhältniss zur
auslösenden Kraft steht. Es handelt sich hier eben nicht um ein causales Verhältniss zwischen der auslösenden Kraft und dem Effect, sondern nur um ein zeitliches, um ein Successions-Verhältniss. — Es ist
um so wichtiger, sich mit dem Principe der »Auslösung der Spannkräfte« vertraut zu machen, weil namentlich die Kraftäusserungen und
lebendigen Thätigkeiten der thierischen Organismen vielfach gerade
auf diesem Princip beruhen.

    Einen der »Auslösung« entgegengesetzten Effect beobachten wir
bei unseren Uhren, sei es, dass sie durch Gewichte oder durch Federn
getrieben werden. Indem wir sie nämlich aufziehen, speichern wir in
kürzester Zeit einen Vorrath von Spannkraft in ihnen an, welchen sie
so allmählich verbrauchen, dass sie Tage, Wochen, ja selbst Jahre
ununterbrochen gehen können.

    In beiden Fällen also, bei den Geschossen wie bei den Uhren,
handelt es sich einfach um eine verschiedene Vertheilung und
Verausgabung des ihnen mitgetheilten Kraftvorrathes in der
Zeit. Der Widerspruch dieser Erfahrungen gegen das Gesetz von der
Erhaltung der Kraft ist also ein nur scheinbarer. Gewinn und Verlust
an Arbeitskraft erweisen sich immer blos als illusorisch.

    Hier ist auch der Ort, von jenen Vorrichtungen oder Maschinen zu
sprechen, welche dazu dienen, sehr bedeutende mechanische Effecte
unter verhältnissmässig geringer Anstrengung hervorzubringen. Wer
da z. B. glaubt, bei der Anwendung von Hebel, Flaschenzug
und Winde einen Gewinn an Arbeitskraft zu bewirken, ist in einer
Täuschung befangen, der Gewinn ist eben nur ein scheinbarer; denn

wir überzeugen uns leicht, dass der schliesslich erzielte Effect, das Quantum der während einer bestimmten Zeit geleisteten Arbeit, niemals grösser ist, als das Quantum der Triebkraft, welche wir während dieser Zeit aufwenden.

Wir können allerdings vermittelst eines Hebels 2 Pfund durch 1 Pfund heben; aber während das Pfundgewicht 2 Fuss fällt, steigt das doppelt so schwere Gewicht nur auf die halbe Höhe: die Anzahl der Fusspfunde geleisteter Arbeit und der ins Spiel gekommenen lebendigen Kraft bleiben sich absolut gleich. Ja, die totale Arbeitsgrösse, d. h. die Summe aus dem Quantum der ursprünglich als Spannkraft vorhanden gewesenen Triebkraft und dem Quantum der in der gegebenen Zeit wirklich geleisteten mechanischen Arbeit ist sogar immer merklich kleiner, als dem ursprünglichen Spannkraftsquantum eigentlich entspricht; denn dieses hätte dasselbe Quantum Arbeit in kürzerer Zeit leisten können, wenn nicht ein Theil der Triebkraft zur Ueberwindung des Reibungswiderstandes u. s. w. dem mechanischen Nutzeffect verloren gegangen wäre. Von einem Gewinn an Arbeitskraft ist also hier in keiner Richtung die Rede.

Dies gilt ebenso auch für den Flaschenzug und die Winde. Beim Gebrauch dieser Maschinen fällt noch ein anderer Umstand, nämlich das Verhältniss, in welchem die Geschwindigkeit, mit welcher sie eine bestimmte Arbeitsleistung verrichten, zu dem scheinbar erzielten Kraftgewinn steht, ganz besonders in die Augen. Ich kann z. B. vermittelst dieser Winde mit sehr geringer Anstrengung ein Gewicht, das ich mit freier Hand kaum zu heben im Stande bin, 1 Fuss hoch heben; um es aber 6 Fuss hoch zu heben, brauche ich 6mal so viel Zeit, wenn ich die Anstrengung nicht entsprechend vergrössern will. Ich habe also schliesslich doch keine Kraft gewonnen, sondern gerade so viel verbraucht als eben nöthig ist. Auch hier handelt es sich daher nur um eine verschiedene Vertheilung und Verausgabung des zur Erreichung eines Effectes nöthigen Kraftvorrathes in der Zeit.

Was auf den ersten Blick als Ausnahme erscheinen könnte, dient bei genauerer Betrachtung nur dazu, die allgemeine Regel zu bestätigen: es kann nirgends Kraft verloren, nirgends Kraft gewonnen werden.

VII.

Das mechanische Aequivalent der Wärme.

Es waren bis jetzt die Erscheinungen der, den sinnlich wahrnehmbaren Massen oder Molen inwohnenden Schwere und Cohäsion, welche uns das Gesetz von der Erhaltung der Kraft manifestirten; wir haben heute einen Schritt weiter zu thun und seine Geltung im Kreise der molecularen und atomistischen Thätigkeit aufzusuchen.

Fig. 4.
Manometer.

Hier ist ein lufterfüllter Glasballon, der mit dem Quecksilber-Manometer (bei a Fig. 4) mittels eines Korkes in Verbindung steht.

Ich pumpe neue Mengen Luft in den Ballon, wodurch ich das elastische Gas comprimire, d. h. die unmessbaren Zwischenräume zwischen den Molecülen, der Abstossungskraft des Gases entgegen, verkleinere, und ihm so eine Triebkraft in Form von Spannkraft mittheile. Habe ich bei einem früheren Versuche durch das Dehnen eines elastischen Kautschukstreifens die Anziehungskraft der Molecüle überwunden, so dass sie als Spannkraft aufgespeichert ward, so bewerkstellige ich hier das Entgegengesetzte — ich presse das elastische Gas zusammen, überwinde dadurch die Abstossungskraft der Molecüle, die sich in Folge davon als Spannkraft anhäuft. Sobald ich den Hahn des Manometers öffne, geht diese Spannkraft in lebendige Kraft über und leistet Arbeit; Sie sehen, wie sofort die Quecksilbersäule im äussern Schenkel cd emporgehoben wird.

Genau dieselbe Arbeitsleistung kann ich aber auch auf eine andere Weise erreichen, wenn ich nämlich anstatt der Muskelkraft meines pumpenden Armes eine andere Naturkraft aufwende, um das elastische Gas zu spannen. — Hier ist eine brennende Spirituslampe, welche Wärme hervorbringt. Ich halte die Flamme derselben unter den Glasballon. Das Glas und die eingeschlossene Luft erwärmen sich, wie

Sie am Steigen des Thermometers deutlich sehen können. Oeffne ich
nun wieder den Manometerhahn, so wird die Quecksilbersäule gleichfalls in dem äussern Schenkel des Manometers gehoben, es wird also
wieder mechanische Arbeit geleistet. — Entferne ich die Wärmequelle,
nachdem ich vorher so viel Quecksilber ausfliessen liess, dass es wieder in beiden Schenkeln des Manometers gleich hoch steht, so steigt
es im inneren Schenkel empor; denn in dem Maasse, als die Luft im
Glasballon ihre Wärme und vermehrte Spannkraft oder Abstossungskraft der Molecüle verliert, drückt die äussere Luft die Quecksilbersäule im äussern Schenkel herab und macht, dass sie im innern emporsteigt. Wir lernen so in der Wärme eine neue Form von Triebkraft
kennen, die Ihnen überdies aus unseren gewaltigen Motoren, den
Dampfmaschinen, längst bekannt ist; denn wie Sie Alle wissen, ist es
eben die moleculäre Ausdehnung des Wasserdampfes, die den Kolben
und alle mit ihm in Verbindung stehenden Theile bewegt. Was Ihnen
aber kaum bekannt sein dürfte, das ist, dass sich die Wärme unter
Umständen in mechanische Kraft umsetzen kann, auch ohne zugleich
einen thermischen Effect, d. h. ohne ein Steigen des Thermometers,
eine weitere Steigerung der Temperatur hervorzubringen, so dass sie
dann ganz und unmittelbar als mechanische Arbeitskraft erscheint.

Benutzen wir einen dem vorigen analogen Apparat, füllen aber
den Glasballon diesmal nicht mit Luft, sondern mit Wasser. Im An-
fangsstadium des Versuches bringt die Wärme, wie vorhin an dem
luftgefüllten Apparat, beide Wirkungen hervor, nämlich: erstens,
einen thermischen Effect, Temperatursteigerung: zweitens, mechanische Arbeit. Diese letztere pflegt man in eine innere und äussere zu
unterscheiden. Die innere Arbeit besteht in der Vergrösserung der
unmessbar kleinen Zwischenräume zwischen den Molecülen des Wassers; denn damit die Wärme dieses gewaltsame Auseinandertreiben
der Molecüle bewirke, muss sie den Widerstand, dem sie in der gegenseitigen Anziehungskraft derselben Wassermolecüle begegnet, überwinden, muss also Arbeit leisten, und diese Arbeit wird als innere
bezeichnet. Nachdem nun aber das Volumen der erwärmten Wassermasse vergrössert worden, die Flüssigkeit jedoch in unnachgiebige
Wände eingeschlossen ist, so hebt sie die Wassersäule und leistet damit äussere mechanische Arbeit. — Doch dies nur beiläufig. Ihr
Hauptaugenmerk wollen Sie dem erwärmten Ballon zuwenden. Beachten Sie nun wohl: von dem Moment an, wo die Temperatur des Wassers 100° C. erreicht hat und Wasserdampf entsteht, fährt wohl die in
derselben Menge wie früher zugeleitete Wärme fort, ihre mechanische
innere und äussere Arbeit zu leisten, aber ein weiterer thermi-

scher Effect bleibt aus: das mit dem Apparat in Verbindung
gebrachte Thermometer bleibt auf 100° C. stehen! Die Wärme, welche,
wie Sie unmittelbar sehen, im Wasser und Wasserdampf verschwindet,
erscheint ganz und unmittelbar als ein bestimmtes, durch Fusspfunde
oder Kilogramme ausdrückbares Quantum mechanischer Trieb-
oder Arbeitskraft.

Eine dieser ähnliche Erfahrung machen wir bei einem andern Versuche. Ich habe hier einen Ballon mit comprimirter Luft; sie hat jetzt
dieselbe Temperatur wie die Umgebung — der Thermomultiplicator,
in dem wir bekanntlich einen äusserst empfindlichen Wärmemesser
besitzen, steht deshalb auf Null. Oeffne ich den Hahn, so strömt die
Luft mit Gewalt hervor, leistet also mechanische Arbeit, und beachten
Sie wohl, gleichzeitig sinkt die Temperatur der arbeitenden Luft! Die
verschwindende Wärme äussert sich als mechanische Triebkraft — sie
wird, wie jede andere Triebkraft, verbraucht, indem sie Arbeit
leistet, die Arbeit entsteht auf Kosten der Wärme.

Wie umgekehrt, auf Kosten von mechanischer Arbeit
Wärme entsteht, ist eine Allen bekannte Erfahrung. Wer von
Ihnen kennt nicht die durch Reibung, Druck und Stoss erzeugte Wärme?
Wie der Naturmensch durch Gegeneinanderreiben von zwei Hölzern
sich sein Feuer bereitet, reiben auch wir uns gegen den Winterfrost
die Hände; der Fuhrmann wieder fettet die Räder fleissig, damit die
Reibung geringer werde und so durch die Reibungswärme nicht zu viel
der angewandten mechanischen Arbeitskraft seiner Zugthiere verloren
gehe. — Wie in unserem Versuche die Arbeit auf Kosten der Wärme
erzeugt worden ist, ebenso sehen wir also in der täglichen Erfahrung
die Wärme auf Kosten von Arbeit entstehen.

Wir kommen hier zu einem der wichtigsten und bedeutungsvollsten
Gesetze, welches die moderne Wissenschaft aufgefunden hat. Von der
Auffindung dieses Gesetzes und dem damit zusammenhängenden Gesetze von der Erhaltung der Kraft datirt der grossartigste Fortschritt,
den die gesammten Naturwissenschaften seit der Entdeckung des Gra-
vitationsgesetzes durch NEWTON gemacht haben; denn dieser Fortschritt hat zur Erkenntniss des eigentlichen Wesens und der wahren
Natur der Wärme, sowie zur erfahrungsmässigen Begründung der ganzen modernen mechanischen Naturanschauung geführt.

Die genauesten Untersuchungen und Messungen von R. J. MAYER,
JOULE, CLAUSIUS und FAVRE haben nämlich ergeben, dass sich die
Umwandlung oder Transformation der mechanischen Arbeit in
Wärme und umgekehrt, welches immer auch die Umstände nach Zeit
und Ort sein mögen, nach einem unwandelbaren, constanten

Verhältniss vollzieht, d. h. dass für das Quantum Wärme, welches aufgewendet wird und verschwindet, — wie sich dies bei unseren Versuchen am Thermometer, durch das Ausbleiben einer Temperatursteigerung oder durch das Sinken der Temperatur, kundgegeben, —
ein constantes, genau gleiches Quantum mechanischer Arbeit entsteht,
und umgekehrt.

Doch dieser Gegenstand ist von solcher Wichtigkeit, dass ich noch
länger bei demselben verweilen muss.

Es war im Jahre 1842, dass R. J. MAYER, praktischer Arzt in Heil-
bronn, zuerst den Gedanken von der Nothwendigkeit eines constanten
Acquivalenzverhältnisses zwischen mechanischer Arbeit und Wärme
entwickelte und aussprach. MAYER wird daher unbestritten als der
erste intellectuelle Urheber des grossartigsten Fortschrittes der modernen Naturwissenschaft angesehen. Dieses Verdienst wird dadurch nicht
geschmälert, dass unabhängig von ihm und fast zu derselben Zeit,
1843, JOULE in Manchester die ersten Versuche veröffentlichte, welche
den experimentellen Beweis für die Acquivalenz geliefert und zur numerischen Bestimmung des Aequivalenzverhältnisses der Wärme
geführt haben. Es geschieht ja so häufig, dass, wenn die Entwickelung
der Menschheit bei einem gewissen Punkte angelangt ist, auf welchem
die Erkenntniss einer grossen Wahrheit so zu sagen logisch nothwendig
erfolgen muss, diese Wahrheit gleichzeitig mehreren bevorzugten Geistern aufgeht. — Doch dies nur beiläufig; denn es ist mir weniger um
historische Notizen zu thun, als um die klare Auseinandersetzung des
Sinnes und der Bedeutung der mechanischen Aequivalenz der Wärme.
Zu diesem Zwecke werde ich Sie mit den Mitteln und Wegen einigermassen bekannt zu machen suchen, durch und auf welchen man die
Constanz des fraglichen Acquivalenzverhältnisses bewiesen und die
Ziffer desselben bestimmt hat.

Sie werden begreifen, dass, wenn es gelingt, das zur Unterhaltung
der Reibung aufgewendete Quantum mechanischer Arbeit oder
Triebkraft genau zu messen, und mit der ebenfalls genau gemessenen
Wärmequantität zu vergleichen, welche durch die Reibung eben
entstanden ist, damit auch die Möglichkeit gewonnen wird, das Acquivalenzverhältniss zwischen mechanischer Arbeit und Wärme nachzuweisen und numerisch zu bestimmen. JOULE's Versuche hatten nun
diesen Weg im Auge, und in der That erreichte er auch auf ihm das
angestrebte Ziel. Der Mechanismus, dessen er sich bediente, war ein
ganz einfacher. Ein fallendes Gewicht drehte ein Schaufelrad, das im
Innern einer Wasser- oder Quecksilbermasse durch feste Hindernisse

in seiner Bewegung verzögert wurde. Die Reibung der Flüssigkeits-
theilchen gegeneinander, an den festen Hindernissen und an den Rad-
schaufeln, entwickelte eine Wärmemenge, die nach dem Temperatur-
zuwachs der verschiedenen Theile des Apparats leicht zu bestimmen
war. Die aufgewendete Triebkraft oder Arbeit zur Unterhaltung der
Drehung des Schaufelrades war gegeben durch den Fall des treibenden
Gewichts. Unter Berücksichtigung der Correctionen, welche die Reibung der beweglichen Theile der Maschine ausserhalb der calorime-
trischen Theile derselben nöthig macht, ergab sich dann unmittelbar
das Verhältniss zwischen der aufgewendeten Arbeit und der erzeugten
Wärmemenge.

Während so das Quantum der verbrauchten Triebkraft von Joule
mit der entstandenen Wärmemenge verglichen ward, bedurfte es auch
einer Reihe von Versuchen, bei welchen umgekehrt die verschwindende,
d. h. aufgewendete Wärmemenge verglichen ward mit dem
Quantum von Triebkraft, welche dadurch entsteht, also mit dem
Quantum Arbeit, welches durch die verbrauchte Wärmemenge geleistet
wurde. In dieser Richtung stellte Hirn seine Versuche an und auch
ihm gelang es, seinen Zweck vollkommen zu erreichen.

Als das mechanische Acquivalent der Wärme hat sich nun aus
allen diesen Versuchen mit Sicherheit die Zahl 425 herausgestellt. Sie
drückt aus, dass es, als mechanische Leistung betrachtet, genau dasselbe thun heisst, ob man eine Wärmemenge erzeugt, die im Stande
ist, die Temperatur eines Kilogramm Wasser um 1^{0} Celsius zu erhöhen,
— was man eine Wärmeeinheit oder Calorie nennt — oder ob man
ein Gewicht von 1 Kilogramm auf 425 Meter Höhe emporhebt. Für jede
Wärmeeinheit, die verschwindet, entsteht ein Quantum Arbeit von 425
Kilogrammmetern; so wie das Quantum Arbeit, welches 1 Kilogramm
leisten kann, das 425 Meter hoch herabfällt, im Stande ist, die Temperatur von 1 Kilogramm Wasser um 1^{0} C. zu erhöhen. — Kurz, der mechanische Kraftaufwand ist für beide Leistungen genau gleichwerthig.
Und dieses Acquivalenzverhältniss gilt ganz allgemein, d. h. in allen
Fällen, wo eben für und durch den Verlust oder Verbrauch von einer
Wärmemenge eine Quantität Triebkraft oder Arbeit entsteht, und umgekehrt, — welches auch die Umstände, die Mittel und Vorgänge einer
solchen Transformation sein mögen.

Wärme ist wesentlich Bewegung, — die Art derselben.

Nachdem wir die engste Beziehung zwischen Wärme und mechanischer Arbeit, ja sogar für die Wärme ein mechanisches Maass, ihr sogenanntes mechanisches Aequivalent aufgefunden haben, so dass wir jetzt Wärmemengen durch Fusspfunde oder Kilogrammmeter ebenso gut messen und numerisch ausdrücken können wie durch Wärmeeinheiten oder Calorien — liegt uns natürlich nichts näher, als nach dem eigentlichen Wesen der Wärme zu fragen. Ist die Wärme ein besonderer Stoff? oder ist sie etwas Anderes, also nur ein Zustand des Stoffes, welchen man nach Belieben hervorrufen und wieder verschwinden machen kann?

Die ältere, sogenannte materielle Wärmetheorie erklärte die Wärme für einen überaus feinen, imponderablen, d. h. gewichtlosen Stoff, Caloricum oder Wärmestoff, der nur das mit den übrigen ponderablen Stoffen gemein habe, dass er, wie diese, ebenso unerschaffbar und unzerstörbar in seiner Quantität als unveränderlich in seinen Eigenschaften sein sollte. Diese materielle Wärmetheorie sucht die thatsächlichen Wärmephänomene folgendermassen zu erklären:

Wo Wärmemengen vernichtet zu werden scheinen, da soll das Caloricum oder der Wärmestoff nur zwischen die Theilchen der ponderablen Materien, so zu sagen, sich verkriechen oder verstecken, wie man sich ausdrückte, latent werden, ganz ähnlich wie bei den chemischen Verbindungen die Eigenschaften der Elementarstoffe in der neuen Verbindung nur unwahrnehmbar verborgen sind. Umgekehrt in jenen Fällen, wo Wärmemengen scheinbar neu erzeugt würden, da sollte das »latent« vorhandene Caloricum nur aus seinen Schlupfwinkeln und Verstecken hervorgetrieben und an anderen Orten im Raume angehäuft werden, analog wie beim Zerlegen der chemischen Verbindungen die Stoffe mit ihren ursprünglichen Eigenschaften wieder wahrnehmbar werden.

Zur Erklärung der verschiedenen Erscheinungen, welche sich beim
Erwärmen und Erkalten der verschiedenen Substanzen, beim Wechsel
der Aggregatzustände derselben u. s. w. zeigen, wurde den ponderablen
Körpern eine verschiedene Fähigkeit zugeschrieben, grössere oder kleinere Mengen des Caloricums oder Wärmestoffs aufzunehmen und zu
binden. Diese Fähigkeit, bestimmte verschiedene Mengen latent zu
machen, nannte man die specifische »Wärmecapacität« der Körper.

Von allen Wärmeerscheinungen bot die thatsächliche Möglichkeit,
durch rein mechanische Mittel Wärme zu erzeugen, die grösste
Schwierigkeit einer befriedigenden und ungezwungenen Erklärung
nach der materiellen Wärmetheorie. Um z. B. zu erklären, warum eine
Bleikugel, die wir hämmern, warm wird, musste man annehmen, dass
durch das Hämmern die Zwischenräume zwischen den Bleitheilchen,
in welche sich das Caloricum oder der Wärmestoff versteckt haben und
»latent« geworden sein sollte, verkleinert würden und nun nicht mehr
dieselbe Wärmemenge beherbergen könnten wie zuvor.

Diese Annahme, welche im ersten Augenblick noch leidlich plau-
sibel erscheint, ist jedoch völlig unstatthaft und ungenügend, und zwar
gebührt das Verdienst, dies durch schlagende Versuche nachgewiesen
und damit den ersten vernichtenden Stoss gegen die materielle Wärmetheorie geführt zu haben, dem Engländer Grafen Rumford, welcher
sein Verdienst noch dadurch erhöhte, dass er aus den Resultaten seiner
Versuche mit unvergleichlichem Scharfsinn zugleich auch eine andere,
weit bessere Vorstellung vom Wesen der Wärme entwickelte, die —
andeutungsweise allerdings schon in Baco's »Novum organon« und in
Locke's Schriften erwähnt — thatsächlich die Grundlage unserer modernen, im Gegensatze zur gestürzten materiellen, sogenannten dyna-
mischen oder mechanischen Wärmetheorie bildet.

Graf Rumford, in weiteren Kreisen nur als Philanthrop durch die
nach ihm benannte Armensuppe bekannt und berühmt, hat schon 1798,
als er Vorstand der Münchener Kanonengiesserei war, seinen schönen
Versuch über die Umwandlung von mechanischer Arbeit in Wärme
angestellt, welcher unter seinen Händen epochemachend werden sollte.
Es ist sehr lehrreich und anziehend, Rumford's echt naturwissenschaftlichen Gedankengang zu verfolgen, weshalb ich denselben kurz und
zum Theil mit Rumford's eigenen Worten skizziren will.

Ueberrascht von den bedeutenden Wärmemengen, welche sich
beim Ausbohren der Kanonen entwickeln, stellt und beantwortet sich
Rumford im Sinne der damaligen materiellen Wärmetheorie die wichtige Frage: »Woher stammt die Wärme, welche bei der mechanischen
Arbeit des Kanonenbohrens factisch entwickelt wird? Geht dieselbe

von den Metallspähnen aus, welche von dem Metall getrennt werden?
und ist es also die latente Wärme der Bohrspähne, welche frei wird?«
Wenn dem so wäre, so müsste die Wärmecapacität der Metallspähne
nicht nur verändert sein, sondern diese Veränderung müsste auch gross
genug befunden werden, um die ganze erzeugte Wärmemenge zu erklären.

RUMFORD schnitt also mit einer feinen Säge, ohne jede merkliche
Erwärmung, von dem Kanonenmetall Spähne ab und bestimmte und
verglich ihre Wärmecapacität mit der der Bohrspähne, bei deren Ab-
trennung sich so bedeutende Wärmemengen entwickelt hatten. Es fand
sich nicht der geringste Unterschied in der Wärmecapacität der beider-
lei Metallspähne. —

Nun ging RUMFORD weiter und liess einen eigenen Apparat con-
struiren, um die durch Reibung entstandene Wärme zu untersuchen.
Der Apparat bestand aus einem hohlen eisernen Cylinder, in dessen
Höhlung ein massiver cylindrischer Kolben aus gehärtetem Stahl eingepasst war, der gegen den Boden des Hohlcylinders fest aufdrückte
und durch Pferdekraft in Drehung versetzt werden konnte, wobei zwischen den metallischen Berührungsflächen starke Reibung stattfand.
Der Hohlcylinder war mit einem Holzkasten umgeben, und dieser mit
kaltem (16,7°) Wasser so weit gefüllt, dass der ganze Cylinder bedeckt
war. — Jetzt wurde der stählerne Kolben durch Pferdekraft in Rotationen versetzt und sofort begann die Temperatur der Wassermasse,
welche 2½ Gallonen oder 18,77 Pfund betrug, zu steigen. Nach Verlauf von 1½ Stunden fortgesetzten Drehens und ununterbrochener Reibung war die Temperatur der ganzen Wassermasse von 16,7° auf 61°
gestiegen; nach einer weiteren Stunde, also nach 2½ Stunden seit
Beginn des Versuches, kam das Wasser wirklich ins Kochen! Die
Ueberraschung und das Staunen der Anwesenden, Wasser ohne alles
Feuer in volles Kochen gerathen zu sehen, war nicht minder gross, als
RUMFORD's Freude über das von ihm vorausgesehene glänzende Gelingen seines schönen Versuches.

Die ganze, während der Versuchszeit durch das Pferdegespann
geleistete mechanische Arbeit war verwandt worden, um den Reibungs-
widerstand zwischen den sich berührenden Metallflächen zu überwinden. Hierbei hatten sich nur 54 Gramm Metallstaub gebildet, dessen
Wärmecapacität in keiner Weise verändert war; die Quantität der im
Wasser und im ganzen übrigen Apparat producirten Wärme betrug
hingegen 1200 Calorien, d. h. so viel als nöthig ist, um 12 Kilogramm
Wasser von 0° auf 100° zu erhitzen. Ueberzeugt, dass diese grosse,
durch die Reibung producirte Wärmemenge unmöglich als das Resultat

des Freiwerdens der »latenten« Wärme des so geringen Quantums ab-
geriebener Metalltheilchen, — deren Wärmecapacität überdies, wie
erwähnt, factisch unverändert geblieben war, — betrachtet werden
könne, begleitet RUMFORD seinen Versuch mit den folgenden bedeutenden Reflexionen über das eigentliche Wesen der Wärme. Er sagt
wörtlich :

»Beim Nachdenken über die Resultate aller dieser Versuche werden wir naturgemäss auf die grosse Frage, welche so oft den Gegenstand der Speculationen unter den Naturforschern bildete, hingelenkt,
nämlich : Was ist Wärme? Gibt es etwas, wie ein feuriges Fluidum?
Existirt überhaupt etwas, das man richtig als Wärmestoff bezeichnen
könnte? ... Wir haben gesehen, dass eine ganz bedeutende Wärmemenge durch die Reibung zweier metallischen Flächen hervorgebracht
und nach allen Richtungen in fortdauerndem Strom ohne Unterbrechung oder Pause und ohne jegliches Zeichen von Abnahme oder
Erschöpfung abgegeben werden kann. ... Bei unseren Schlussfolgerungen über diesen Gegenstand dürfen wir den sehr bedeutenden
Umstand nicht vergessen, dass die Quelle der bei diesen Versuchen
durch Reibung erzeugten Wärme offenbar unerschöpflich ist. ..
Es ist kaum nöthig, hinzuzufügen«, bemerkt RUMFORD zum Schlusse
seiner glänzenden Deduction, »dass etwas, das von einem isolirten
Körper oder Körpersystem endlos hervorgebracht werden kann, unmöglich eine materielle Substanz sein kann, und ich finde es
schwer, wenn nicht ganz unmöglich, mir eine bestimmte Vorstellung
von dem zu machen, was in diesen Versuchen erzeugt und mitgetheilt
wird, wenn ich es nicht für eine Bewegung halten soll.«

Zur Zeit, als RUMFORD seine Experimente veranstaltete und aus
ihnen Schlüsse von solcher bindenden Kraft gegen die Stofflichkeit des
Wärmeprincipes ableitete, waren seine Ideen über das Wesen und die
Natur der Wärme im flagrantesten Widerspruch mit den allgemein
herrschenden Anschauungen; heute haben dieselben ihre feste Geltung
in der Wissenschaft gewonnen als thatsächlich erwiesene Wahrheiten.

Gestatten Sie, bevor ich diesen Gegenstand weiter verfolge, dass
ich Ihnen den RUMFORD'schen Cardinalversuch in einer von TYNDALL
angegebenen einfachen Modification vorführe, um Sie durch die unmittelbare Anschauung zu überzeugen, dass Wasser in der That
durch einfache Reibung siedend gemacht werden kann.
und zwar in kürzester Zeit. — Sie sehen hier die kleine Kochmaschine,
die ihren Hauptbestandtheilen nach aus einer Messingröhre besteht, die
zwischen einer Art Holzzange gedreht werden kann. Versetze ich
durch die Drehschraube hier die Röhre in schnelle Drehung, so sehen

Sie, wie das in ihr befindliche kalte Wasser sehr bald zum Kochen kommt — schon nach zwei und einer halben Minute.

Nicht viel später als RUMFORD machte DAVY einen anderen Versuch, dessen Beweiskraft gegen die Stofflichkeit des Wärmeprincipes von mancher Seite für noch schlagender und unwiderstehlicher gehalten wird, als die des RUMFORD'schen Versuchs. DAVY nahm zwei glatte Stücke Eis und liess sie durch einen besonderen Apparat, dessen Temperatur wie die der ganzen Umgebung des Eises sorgfältig auf derselben Höhe, auf oder unter dem Gefrierpunkt von 0⁰ dauernd erhalten wurde, rasch und kräftig gegeneinander reiben. In Folge dessen entstand nichts desto weniger so viel Wärme, dass beide Eisstücke an den gegeneinander geriebenen Berührungsflächen zu schmelzen begannen und in kürzester Zeit z e r s c h m o l z e n. — Woher konnte nun unter diesen Umständen die Wärmemenge stammen, welche erfahrungsgemäss nöthig ist, um den festen Aggregatzustand der Eismolecüle in den flüssigen des Wassers zu verwandeln? Eine Wärmemenge, die gar so gering nicht ist, da jedes Kilogramm Eis von 0⁰ bekanntlich 79 Wärmeeinheiten zugeführt erhalten und absorbiren, d. h. »latent« machen muss, wenn es sich in flüssiges Wasser von 0⁰ Temperatur verwandeln soll.

Aus den Bestandtheilen des die Bewegung und gegenseitige Reibung der Eisstücke bewerkstelligenden Apparats konnte die nöthige Wärmemenge ebenso wenig stammen, als aus der die Eisstücke umgebenden Luft, da, wie gesagt, sowohl der ganze Bewegungsapparat als die Umgebung der Eisstücke durch künstliche Mittel andauernd auf oder unter dem Gefrierpunkt von 0⁰ erhalten wurden. — Sie konnte aber natürlich auch nicht geliefert werden durch eine Entbindung der latenten Wärmemengen, welche das Eis bis 0⁰ allerdings noch immer enthält — wie wir aus der Möglichkeit, seine Temperatur noch weiter, unter 0⁰ zu erniedrigen, sehen — indem dieselben kaum halb so gross sind, als jene »latenten« Wärmemengen, welche das Wasser factisch enthält und enthalten muss, wenn es bei 0⁰ seinen flüssigen Aggregatzustand annehmen und erhalten soll!

So sehen Sie denn, wie der sinnreiche DAVY'sche Versuch im Sinne der alten materiellen Wärmetheorie absolut unerklärlich bleibt und zu dem zwingenden Schlusse berechtigt, dass die Wärme absolut kein S t o f f sein kann, der dem Eise von irgendwoher zugeleitet und in demselben angehäuft wird, weil sich, wie wir sahen, unter den künstlich hergestellten Bedingungen des Versuches nirgendwo die zum Schmelzen des Eises nöthige Wärmestoffmenge findet. Der Versuch berechtigt zu dem weiteren Schlusse, dass die Wärme ein Etwas sein muss, welches

an den sich reibenden Eisflächen durch die Reibung und Bewegung
neu und unerschöpflich entsteht, so lange die Reibung und Bewegung
unterhalten wird. Dieses Etwas kann nun offenbar nur ein Zustand
des Stoffes, nicht ein Stoff selbst sein, — und dieser Zustand muss in
einer Bewegung der kleinsten unsichtbaren Stofftheilchen bestehen,
da das, was an den sich berührenden Flächen der Eismassen sichtbar
vorgeht, nichts als Bewegung ist.

Die moderne, mechanische oder dynamische Wärmetheorie erklärt
also die Wärme für einen Zustand der Materie, d. h. für eine mechanische Bewegung der kleinsten unsichtbaren und unmessbaren Stofftheilchen. Und nun ist mit Einem Male
Alles klar! Man begreift sofort die Beziehung zwischen Wärme und
mechanischer Arbeit. Man begreift die Neuerzeugung von Wärme
durch Reibung und Stoss, also durch Aufwand mechanischer Arbeit,
ebenso gut wie das Verschwinden, das Vernichtetwerden der
Wärme, wo auf Kosten derselben mechanische Arbeit entsteht; denn
die gewöhnliche mechanische Arbeit und die Wärme sind nach der
neuen Theorie in ihrem innersten Wesen gleichartige Vorgänge,
beide sind Bewegung: erstere, Bewegung der ganzen grobsinnlichen
Massen oder Molen; letztere, Bewegung der sinnlich nicht wahrnehmbaren Molecüle, Atome und Uratome der Materie. Wir haben die
erlangte Geschwindigkeit bewegter Massen als eine Form der Triebkraft, als sogenannte »lebendige Kraft« kennen gelernt; wir erfahren
nun, dass die erlangte Geschwindigkeit oder »lebendige Kraft« der
atomistischen Massentheilchen gleichfalls eine Form der
Triebkraft ist, die wir »Wärme« nennen. So überraschend dies im
ersten Augenblick auch sein mag, so selbstverständlich erscheint es
bei reiferer Ueberlegung; denn für den Verstand ist es doch offenbar
nicht schwieriger, sich eine Bewegung atomistischer Stoffelemente
innerhalb der Stoffmassen vorzustellen, als die Bewegung ganzer
Stoffmassen selbst! Die Wärme ist also, kurz definirt, die lebendige Kraft oder die erlangte Geschwindigkeit der bewegten atomistischen Massentheilchen.

Wie überaus fruchtbringend und manchen scheinbaren Widerspruch lösend die soeben gewonnene Anschauung vom Wesen der
Wärme sich erweist, werden Sie sofort ersehen. — Ich erinnere Sie
daran, dass wir schon bei unseren ersten praktischen Versuchen zur
Orientirung über die verschiedenen Formen der Kraftäusserung und
über die nöthigsten Grundbegriffe der Mechanik auf Beispiele gestossen
sind, welche der strengen Allgemeingiltigkeit des Gesetzes von der
Erhaltung der Kraft zu widersprechen schienen. Wir sahen damals

beim Pendel und ebenso auch beim schwingenden Metallstab, dass im Anfangspunkt der Schwingungsbahn das ganze Quantum der mitgetheilten Triebkraft in Form von Spannkraft vorhanden war, dass aber in dem Maasse der Vorrath an Spannkraft abnahm, als sich lebendige Kraft entwickelte. Im Halbirungspunkte der Schwingungsbahn war gar keine Spannkraft mehr vorhanden, sie hatte ganz die Form von lebendiger Kraft oder von Geschwindigkeit angenommen; deshalb musste das Pendel und der Metallstab seinen Weg fortsetzen und die zweite Hälfte der Schwingungsbahn durchlaufen. Dabei nahm aber in dem Maasse, als sich die Geschwindigkeit der Bewegung verzögerte, der Vorrath an Spannkraft wieder zu, so dass das Quantum der Triebkraft am Ende der Schwingungsbahn wieder ganz in Form von Spannkraft vorhanden war. —

Nach dem Gesetze von der Erhaltung der Kraft soll nun für jedes Quantum Spannkraft, das verschwindet, ein genau gleiches Quantum lebendiger Kraft, — und umgekehrt wenn diese verschwindet, ein genau gleiches Quantum Spannkraft entstehen, so dass die Summe dieser beiden Grössen oder der gesammte Kraftvorrath, die totale Energie, sich gleichbleibt. Bei den Versuchen mit dem Pendel wie mit dem Metallstab bemerkten wir jedoch, dass dem Gesetze nicht mit voller Strenge genügt werde. Beim Verschwinden eines gewissen Quantums von Spannkraft entsteht kein genau äquivalentes, sondern ein etwas geringeres Quantum lebendiger Kraft, und umgekehrt, so dass auch die Summe der beiden Grössen nicht constant bleibt, sondern schliesslich gleich Null wird. — Ich hatte Sie hinsichtlich der Lösung dieses Widerspruchs auf später vertröstet, indem ich bemerkte, wir würden das Quantum der Kraft, das bei jeder Verwandlung von Spannkraft in lebendige Kraft und umgekehrt vernichtet zu werden scheint und das endliche Gesammtdeficit an Triebkraft verursacht, an einem anderen Ort im Raume und in anderer Erscheinungsform, aber in unveränderter Quantität wiederfinden lernen. Jetzt erkennen Sie nun deutlich, dass das für den mechanischen Effect verloren gehende Triebkraftsquantum in Form einer genau äquivalenten Wärmemenge und an jenen Orten im Raume erhalten bleibt, wo sich die bewegten Massen an einander reiben, gegen einander stossen, oder wo sie verbogen, gepresst oder gezerrt werden. In der That, es erwärmt sich der schwingende Stab, wo er sich biegt, das Pendel, wo es aufgehängt ist, sowie die Luft, an der sich die Massen reiben.

Ja, jeder bewegte Körper würde sich in alle Ewigkeit mit seiner einmal erlangten Geschwindigkeit in derselben Richtung fortbewegen, wenn diese Geschwindigkeit nicht durch die Reibung und durch die

kleinen und grossen Stösse an den benachbarten Körpern allmählich
verzögert und vernichtet würde, indem sie sich dabei in Wärme verwandelt, d. h. in Geschwindigkeit oder Bewegung der unmessbar kleinen Massentheilchen, die daher unmittelbar und als solche sinnlich
nicht wahrnehmbar sein kann. Nur Ein eclatantes Beispiel. Wenn ein
Eisenbahnzug, der sich mit einer Geschwindigkeit von fünf deutschen
Meilen in der Stunde fortbewegt, in die Nähe einer Haltestelle gelangt,
so sperrt man den Hahn zum Kolben, so dass demselben keine neue
Triebkraft mehr zugeführt wird. Dass der Zug nicht sofort darauf
stehen bleibt, ist darin begründet, dass er noch Triebkraft in Form von
erlangter Geschwindigkeit besitzt. Um ihn zum Stehen zu bringen,
muss daher noch die Bremse angewendet werden, — nun sprühen alsbald Rauch und Funken aus dem Rade, auf welches die Bremse
drückt, und nun erst kommt der Zug zum Stillstand. Wodurch? —
Einfach dadurch, dass die ganze Geschwindigkeit, welche der Zug besitzt, vermittelst der Bremse in Geschwindigkeit der kleinsten Massentheilchen innerhalb der sich reibenden Metallstücke, d. h. in Wärme
verwandelt wird! Auf Kosten der Bewegung der ganzen Massen ist
eine äquivalente Menge Bewegung der kleinsten Massentheilchen innerhalb des Eisens des Rades und der Bremse entstanden, die durch
die Bewegung des Zuges an einander geriebenen Massen haben sich
erhitzt!

Dieses Beispiel mag genügen, um Ihnen zu zeigen, wie sich die
lebendige Kraft oder die erlangte Geschwindigkeit der bewegten groben Massen fortwährend in Wärme verwandelt, indem sie sich auf die
kleinsten Massentheilchen überträgt. Aehnlich verliert die abgeschos-
sene Kugel allmählich ihre lebendige Kraft, indem sie dieselbe den
Massen und Massentheilchen mittheilt, welche sie auf ihrem Wege
trifft.

Nach all diesen Thatsachen und bei dem neuen Lichte, in dem sie
Ihnen jetzt erscheinen, muss sich Ihnen wohl schon die Ahnung davon
aufdrängen, dass die Begründung und Ausbildung der mechanischen
Wärmetheorie den grossartigsten Fortschritt der Naturwissenschaft in
der Richtung nach jenem Ziele bezeichnet: alles Geschehen, alle
Veränderungen in der Natur auf Bewegungsvorgänge,
alle Naturkräfte auf die einfachen Anziehungs- und
Abstossungskräfte der Uratome und ihrer Complexe
zurückzuführen — oder mit anderen Worten, die ganze Naturwissenschaft in analytische Mechanik zu verwandeln. Denn durch die Einsicht in das eigentliche Wesen der Wärme
und durch die Kenntniss des mechanischen Aequivalents der Wärme

ist uns nun auch die mechanische Behandlung und Auffassung aller übrigen Naturkräfte'ermöglicht.

Der Begriff und das Maass der mechanischen Arbeit ist nämlich, wie wir sehen werden, erfahrungsgemäss auf alle Naturprocesse und auf alle arbeitsfähigen Naturkräfte verwendbar — und immer deutlicher wird das Gesetz von der Erhaltung der Kraft in unveränderter Quantität, bei fortwährendem Wechsel der Erscheinungsform und des Ortes im Raume, uns entgegentreten. —

Welcher Art ist nun aber die Bewegung der Stofftheilchen, werden Sie sicher fragen, die sich uns als Wärme kund gibt? — Um Ihnen hierauf zu antworten, muss ich an die Vorstellungen von der atomistischen Constitution der Materie anknüpfen, deren Auseinandersetzung ich eine der früheren Stunden gewidmet habe.

Sie erinnern sich, dass nach den erfahrungsgemäss berechtigten Lehren der Atomistik die groben Massen oder Molen, welche wir sinnlich wahrnehmen, aus Aggregaten sinnlich nicht mehr wahrnehmbarer, durch unmessbar kleine Zwischenräume von einander getrennter Theilchen oder Moleciüle bestehen, welche selbst wieder aus noch kleineren, ebenfalls durch Zwischenräume getrennten, chemisch gleichartigen oder ungleichartigen Atomen zusammengesetzt sind, und dass schliesslich auch die chemischen Atome aus einer bestimmten Anzahl und Gruppirung von unendlich kleinen discreten Uratomen hervorgehen, welche von zweierlei Art sind: die sogenannten Körperatome und die sogenannten Aetheratome, welche letzteren in die Zwischenräume zwischen den Körper-Uratomen sowohl als in die Zwischenräume zwischen den chemischen Atomen, und endlich auch in die Zwischenräume, welche die Moleciüle von einander trennen, eingelagert sind, und durch ihre Abstossungskraft ein Zusammenfallen und Sich-Berühren der gegenseitig sich anziehenden Körperatome und Atomcomplexe verhindern. Wir gewinnen in solcher Weise die Vorstellung eines Aethermeeres, welches den ganzen Weltraum nicht nur zwischen den Weltkörpern und den irdischen ponderablen Massen oder Molenaggregaten erfüllt, sondern die letzteren auch durchdringt, indem es in und zwischen die Moleciüle, ja selbst zwischen und in die Atome eindringt. Der inter- und intramoleculare Aether bildet so ein zusammenhängendes Ganzes, das indess innerhalb der verschiedenen Körper verschiedene Dichtigkeit und Spannung besitzt, und das Medium wie den Schau- und Tummelplatz für die verschiedensten Bewegungsvorgänge darbietet. Jede Störung des Gleichgewichtszustandes, welche irgendwo im Aethermeere entsteht, wird, nach den angeführten Prämissen, sich fortpflanzen müssen: denn jedes bewegte Aetheratom muss seine Bewegung nothwendig den Nachbaratomen mittheilen. Jede Gleichgewichtsstörung wird demnach auch in und zwischen die Molecüle und zuletzt auch zwischen und in die chemischen Atome gelangen, und es ist klar, dass in Folge dessen schliesslich auch die Körperatome und deren wägbare Complexe, die chemischen Atome und die Molecüle, in bestimmte Bewegungen gerathen müssen. Ebenso wird selbstverständlich auch umgekehrt jede Störung und Veränderung der räumlichen Stellung und Anordnung der Körperatome und ihrer Complexe nothwendig analoge Bewegungen im Aethermeere hervorrufen.

Die Bewegungen der kleinsten Theilchen eines Körpers, seiner Molecüle, seiner chemischen Atome, seiner Ur- oder Körper- und Aetheratome sind es nun, welche die Wärme eines Körpers ausmachen. Was aber die Art der Bewegungen betrifft, welche diese minimalen Theilchen eines erwärmten Körpers ausführen, so unterscheiden die Physiker eine zweifache: erstlich, führt jedes Körper- und jedes Aetheratom innerhalb des Ortes im Raume, wo es sich eben befindet, ungemein rasche, zitternde Bewegungen aus: zweitens aber sind auch die kleinen einheitlichen Gruppen, die aus der Zusammensetzung der Uratome hervorgehen, die chemischen Atome und die ganzen Molecüle, in fortwährender, verschiedenartiger Bewegung, — die chemischen Atome und die Molecüle rotiren nämlich als kleine Ganze um ihre Mittelpunkte und schiessen in geradlinigen oder kreisförmigen Bahnen umher. Man hat sich demnach die chemischen Atome und die Atomgruppen oder Molecüle etwa wie kleine, aus zitternden Theilchen (Uratomen) bestehende Weltkörper vorzustellen, welche um ihre Mittelpunkte rotiren und sich zugleich in geradlinigen oder kreisförmigen Bahnen, wie die Erde um die Sonne, fortschreitend bewegen, wodurch ihre Mittelpunkte selbst neue Stellungen im Raume gegen einander erhalten. — Und die Summe dieser in jedem Molecül verschiedenen, ganz unregelmässigen und ungeordneten Bewegungen oder lebendigen Kraftquantitäten der bewegten Massentheilchen ist nichts Anderes als die jedesmalige im Körper enthaltene Wärmemenge.

Diese Art der Anschauung gibt uns eine interessante Betrachtung an die Hand. Man bezeichnet nämlich den Gefrierpunkt des Wassers mit 0^0, und noch niedrigere Temperaturgrade mit -1^0, -2^0 u. s. w., was den Irrthum veranlassen könnte, als ob das gefrierende Wasser oder die unter Null abgekühlten Körper gar keine Wärme mehr besässen, und als ob es ein besonderes, der Wärme entgegengesetztes Kälteagens gäbe. Gegen solche Irrthümer und missverständliche Auffassungen sind wir aber durch unsere Vorstellung von der mechanischen Natur der Wärme gesichert. Das Sinken der Temperatur bedeutet in Wirklichkeit gar nichts Anderes, als eine Verminderung der Heftigkeit und Grösse jener Bewegungen, welche wir als das eigentliche Wesen der Wärme erkannt haben. Erst wenn diese Bewegungen des Körpers völlig vernichtet und die Atome des Körpers völlig zur Ruhe gebracht wären, erst dann wäre alle Wärme aus dem Körper verschwunden, erst dann hätte er den »absoluten 0-Punkt« der Temperatur erreicht. Dieser Zustand ist uns aber noch bei keinem Körper bekannt geworden. Es gibt — dem Zusammenhange des Aethermeeres zufolge — keinen absoluten Ruhezustand der kleinsten unsichtbaren Massenelemente der Materie. Wir haben uns im Gegentheile vorzustellen, dass die Atome und Molecüle aller uns bekannten Körper, allerdings in mehr oder weniger heftiger und ausgiebiger, aber stets doch in Wärmebewegung begriffen sind und Wärmespannkraft oder latente specifische Wärme) besitzen.

Es wird diese Anschauung von Bewegungen, die allenthalben im Weltraume ohne jede Unterbrechung stattfinden, Ihnen auf den ersten Blick überraschend, ja sonderbar erscheinen: führt doch die unmittelbare sinnliche Wahrnehmung uns zu einem ganz anderen Ergebniss. Allein der Widerspruch ist nur ein scheinbarer. Wir dürfen nämlich nicht vergessen, dass die bewegten Stofftheilchen sowohl als auch die von ihnen ausgehenden Bewegungen und die von ihnen durchlaufenen Bahnen unmessbar klein sind und deshalb auch in ihrem Gesammteffecte oft blos mittelbar — indem die Körpermassen durch Erwärmung und Abkühlung in ganz bestimmter Weise ihren Umfang oder ihr Volumen, sowie ihren Aggregatzustand erfahrungsgemäss ändern, — nicht aber unmittelbar wahrnehmbar sind. So haben wir z. B. den festen Aggregatzustand der Körper, der dem Principe allgemeiner Bewegung am entschiedensten zu widersprechen scheint, nunmehr dahin zu interpretiren, dass in ihm jedes Molecül eine ganz bestimmte stabile Gleichgewichtslage einnimmt, die es nicht auf die Dauer zu verlassen vermag, dass es aber um dieselbe herum kleine schwingende Bewegungen ausführen kann, bei denen es sich allerdings nach allen Seiten nur wenig aus der Gleichgewichtslage entfernt: ebenso sind die Rotationsbewegungen, die es um seinen Mittelpunkt ausführen kann, nur sehr beschränkt, da das bestimmte, feste Gefüge, namentlich der Krystalle, darauf beruht, dass die Molecüle in ganz bestimmten Richtungen in verschiedener Stärke anziehend auf einander wirken und aus diesem Grunde eine ganz bestimmte, feste Orientirung und Stellung im Raume und gegen einander zu erhalten streben. Aber, so gering diese Bewegungen auch sein mögen, sie sind doch jedenfalls vorhanden, sie finden thatsächlich statt. —

Es haben uns diese Betrachtungen über die Allgemeinheit der Bewegungen der minimalen Theilchen von unserem eigentlichen Thema, das die Art der Bewegungen in den erwärmten Körpern zum Gegenstande hat, etwas abgeführt. Ich kehre nun zu demselben zurück, um Ihnen in wenigen Zügen die wichtigsten Momente der hierüber unter den Physikern herrschenden Anschauung vorzuführen.

Die einem Körper zugeführte bestimmte Wärmemenge oder Kraftquantität spaltet sich in z w e i Theile, der e i n e Theil erhöht die Temperatur des Körpers und ist vermittelst des Thermometers wahrnehmbar: derselbe bewirkt jene Art der zitternden, unregelmässigen Bewegung der k l e i n s t e n unmessbaren Stofftheilchen innerhalb des bestimmten Ortes im Raume, der ihnen durch ihre Stellung in dem ganzen Atomencomplex angewiesen ist. Diese Art der Bewegung nennen wir W ä r m e im engeren Sinne des Wortes. — Der a n d e r e Theil der dem Körper zugeführten Wärmemenge oder Kraftquantität wird hingegen aufgewendet, jene Art der Bewegung zu bewirken, durch welche die g a n z e n chemischen Atome und Molecüle oder Atomgruppen neue Stellungen im Raume erhalten. Dieser Theil geht für die Temperaturerhöhung verloren, er leistet dagegen grob mechanische Arbeit innerhalb des erwärmten Körpers, weshalb man diese Leistung i n n e r e A r b e i t der Wärme nennt.

Diese innere Arbeit besteht darin, dass die Molecüle, entgegen der zwischen ihnen herrschenden gegenseitigen Anziehungskraft, der Cohäsion oder Affinität — ganz analog der mechanischen Arbeit, welche wir leisten, wenn wir ein zu Boden gefallenes Gewicht emporheben, — aus einander gerissen werden: und genau so wie das zum Heben des Gewichtes aufgewendete Kraftquantum in Form von Spannkraft des gehobenen Gewichtes erhalten bleibt, ebenso bleibt der Theil der Wärme, welcher zur Leistung dieser inneren Arbeit des Auseinanderdrängens der Molecüle aufgebraucht wird und als Wärme, d. h. für das Thermometer, verschwindet, in Form von Spannkraft der aus ihrer gegenseitigen Stellung herausgebrachten Molecüle erhalten. Denn, wenn der erwärmte Körper sich wieder abkühlt, d. h. wenn die geschilderten Bewegungen allmählich an Geschwindigkeit verlieren, so fallen die Molecüle in ihre früheren Stellungen zurück, und e s w i r d d a b e i g e r a d e w i e d e r s o v i e l W ä r m e f r e i, als vorher durch die geleistete innere Arbeit verschwunden ist.

Der Vergleich zwischen den beiden Vorgängen, der Hebung des Gewichtes und der inneren Arbeit, lässt sich aber nach Tyndall noch benutzen, um eine sehr anschauliche Vorstellung von zweierlei Effecten zu geben, welche beim Erwärmen eines festen Körpers, z. B. eines Stückes Blei, erzielt werden. — »Angenommen«, sagt er, »wir hätten eine bestimmte Quantität von Kraft auf die Hebung unseres Gewichtes zu verwenden und wir theilten diese Kraft in zwei Theile. Den einen Theil der Kraft verwenden wir zur wirklichen Hebung, den anderen aber dazu, um das Gewicht während seines Aufsteigens wie ein Pendel in hin- und hergehende Schwingungen, oder in Rotationen, oder in andere immer heftigere Bewegungen zu versetzen. Nun, wenn wir dies thun, so geschieht etwas ganz Analoges, wie wenn Wärme dem Blei mitgetheilt wird. Die Atome und Molecüle des Bleies werden aus einander gedrängt; allein während ihres Zurückweichens vibriren sie mit allmählich zunehmender Heftigkeit. Die mitgetheilte Wärme scheidet sich also in eine Quantität aufgehäufter Spannkräfte und in eine Quantität lebendiger Kraft, welche man als eine Art atomischer Musik ansehen kann, und der musikalische Theil vermag allein auf unsere Thermometer einzuwirken und unsere Nerven zu erregen.«

Was man früher »latent«-werden der Wärme nannte, erkennen wir jetzt als die Umwandlung der lebendigen Kraft der Wärmebewegung in Spannkraft.

Chemische Affinität, Elektricität, Elektro-Magnetismus, Licht — insgesammt gleichfalls Bewegungsformen.

Der Versuch, bei welchem wir die Wärme als eine Form der Triebkraft kennen lernten, bestand, wie Sie sich erinnern, darin, dass wir einer, in einem festwandigen Gefässe eingeschlossenen Wassermasse fortwährend Wärme zuführten. Die Folge davon war, dass die Temperatur des Wassers stieg und die Molecüle desselben aus einander gedrängt wurden, so dass sein Volumen zunahm. Durch diese Volumenzunahme wurde in dem benützten Apparat m e c h a n i s c h e A r b e i t geleistet. Die zugeführte Wärme hatte diese beiden Effecte gleichzeitig bewirkt. Als sich nun aber das Wasser auf 100 ^{0} erhitzt hatte und in Dampf zu verwandeln begann, hörte das Steigen der Temperatur auf, dagegen fuhr der Apparat fort, mechanische Arbeit zu leisten, und wir überzeugten uns, dass die dem Wasser zugeführte Wärmemenge, welche als solche, d. h. für das Gefühl und das Thermometer, verschwand, in einer bestimmten mechanischen Arbeitsleistung zur Erscheinung kam. Wir sahen, so zu sagen, wie die Wärme ganz und gar sich in mechanische Triebkraft, in Form von lebendiger Kraft oder erlangter Geschwindigkeit, umsetzte.

Erinnern wir uns nun, auf welche Weise und wodurch wir die Wärme oder Triebkraft selbst erzeugt haben: es war eine Spiritusflamme, vermittelst welcher wir den Glasballon und seinen Inhalt erwärmten. Und wie war die Spiritusflamme entstanden? Durch die Verbrennung des Spiritus, d. h. durch die Vereinigung seiner Bestandtheile, der Kohlenstoff- und Wasserstoffatome, mit den Sauerstoffatomen der Luft zu Kohlensäure (CO_2) und Wasser (H_2O), eine Vereinigung, welche durch die sogenannte A f f i n i t ä t oder c h e m i s c h e V e r w a n d t s c h a f t s k r a f t bewirkt wird. Das Wesen dieser Affinität aber haben wir ein Recht, uns gleichfalls als eine einfache mechanische A n z i e h u n g s k r a f t zu denken, die hier zwischen den chemischen

Atomen genau so wirkt, wie die Cohäsion zwischen den Molecülen, wie die Schwere zwischen den Massen oder Molen, mit der alleinigen Besonderheit, dass sie eben nur auf unmessbar kleine, ja noch viel kleinere Entfernungen als selbst die Cohäsion, dafür aber auch mit enormer Stärke thätig ist. Und genau so wie die Schwere des gehobenen Gewichtes vermag auch die Affinität, die zwischen den getrennten Wasserstoff- und Kohlenstoffatomen einer- und den Sauerstoffatomen andererseits besteht, Arbeit zu leisten: denn für den Verstand bleibt es sich offenbar ganz gleich, ob das Gewicht zu Boden fällt und daselbst festgehalten wird, oder ob die Kohlenstoff- und Sauerstoffatome, die Wasserstoff- und Sauerstoffatome, gegen einander stürzen und schliesslich fest an einander haften. Vom mechanischen Gesichtspunkte aus geschieht beim chemischen Process und beim Fall gehobener Massen wesentlich dasselbe.

Indem das fallende Gewicht mit seiner erlangten Geschwindigkeit am Boden ankommt, bringt es eine mehr oder weniger mächtige Erschütterung hervor, die sich theils als Schallwellenbewegung durch die Luft fortpflanzt, theils als Wärmebewegung in den an einander gestossenen Massen verbleibt. Ganz denselben Effect müssen wir bei dem chemischen Vorgang der Verbrennung erwarten, und in der That beobachten wir auch hier Wärmeentwickelung und unter Umständen sogar auch Schallerzeugung. Sind die Wasserstoff- und Kohlenstoffatome des Spiritus und die Sauerstoffatome der Luft auf einander los gestürzt, um sich zu Wasser (H_2O) und Kohlensäure (CO_2) zu vereinigen, so sind die Atome und Molecüle der neugebildeten Verbrennungsproducte natürlich in der heftigsten unregelmässigen Bewegung, d. h. in Wärmebewegung begriffen, und unmittelbar nach der Verbrennung erscheinen die Verbrennungsproducte im gasförmigen Aggregatzustande und glühend heiss. Die Affinität leistet also bei der Verbrennung eine Arbeit im mechanischen Sinne, die in Form von Wärme zum Vorschein kommt, und in der That auch nach dem mechanischen Aequivalent der Wärme in Fusspfunden berechnet und ausgewerthet werden kann. Sie erkennen nun auch, wie man von Spannkraft oder potentieller Energie der chemischen Elemente oder Atome und ihrer Verbindungen, — von einem mechanischen Aequivalent des Brennstoffes sprechen kann.

Wenn dann später die Verbrennungsproducte allmählich sich abkühlen, d. h. die lebendige Kraft oder Geschwindigkeit ihrer Atome und Molecüle auf die Umgebung übertragen und abgegeben haben, so finden wir in ihnen, in der Kohlensäure und im Wasser, noch dieselben Sauerstoff-, Kohlenstoff- und Wasserstoffatome wie früher, und auch die Affinität zwischen ihnen ist unverändert vorhanden, nur dass sich

jetzt ihre Thätigkeit darauf beschränkt, unter den neu gruppirten Atomen die innigste, festeste Verbindung aufrecht zu halten, jeder Trennung derselben zu widerstreben, ohne irgend eine Veränderung, sei es
Arbeit oder Wärme, hervorbringen zu können, — gerade so wie die
Cohäsion eines entspannten elastischen Körpers nur mehr die Molecüle
desselben in ihrer Anordnung und Gleichgewichtslage im Raume festhält, und wie die Schwere das zu Boden gefallene Gewicht mit der
Erde in Berührung erhält und seiner Hebung widerstrebt, ohne dass dagegen dort die Cohäsion, hier die Schwere sonst irgend eine Veränderung hervorzubringen vermöchte. Und gleichwie ferner ein Quantum
einer fremden Triebkraft aufgewendet werden muss, um das Gewicht
zu heben, den elastischen Körper zu spannen, wenn Schwere und Cohäsion wieder als Triebkraft wirksam werden sollen, ebenso kann den
Sauerstoff-, Wasserstoff- und Kohlenstoffatomen die verlorene Arbeitskraft nur dadurch wiedergegeben werden, dass wir die als Verbrennungsproducte aus ihnen neuentstandenen Verbindungen, die Kohlensäure und das Wasser, zerlegen, d. h. ihre Elemente, entgegen der
unter ihnen herrschenden Affinität, wieder von einander trennen, aus
einander reissen, was im mechanischen Sinne genau dasselbe ist, wie
die Hebung des Gewichtes oder die Veränderung der unmessbar kleinen Zwischenräume zwischen den in ihrer Gleichgewichtslage befindlichen Molecülen des elastischen Körpers. Wir werden also in unserem
Falle eine entsprechende Menge fremder Triebkraft aufwenden müssen,
welche den Widerstand der Affinität zu überwinden und die festen
chemischen Verbindungen der Kohlensäure und des Wassers zu zerlegen vermag.

Ich sagte Ihnen, dass die Affinität, welche die chemischen Verbindungen der Atome bestimmt, dabei lebendige Kraft in Form von
Wärme entwickelt, deren Quantität sich durch Wärmeeinheiten ausdrücken lässt, welche, nach dem mechanischen Aequivalent, als Kilogrammmeter berechnet werden können. — So lange die chemische
Reaction der Körper noch nicht begonnen hat, ist die Kraftquantität
ganz »potentiell«; sie wird »actuell«, d. h. lebendige Kraft oder Wärme,
sowie die chemische Reaction beginnt, und ist ganz in Wärme umgesetzt, wenn endlich die neuen Verbindungen geschlossen und hergestellt sind. Die Erfahrung zeigt nun, dass die durch einen und
denselben chemischen Vorgang zu Stande kommende
totale Wärmemenge absolut constant bleibt.

So entwickeln sich nach genauen Messungen bei Verbrennung eines
Kilogramm Wasserstoff zu Wasser 34,462 Wärmeeinheiten oder Calorieen. Diese enorme Wärmemenge ist das Aequivalent der verrichteten

chemischen Arbeit der Wasserbildung. Die Triebkraft, also hier die befriedigte chemische Anziehungskraft oder Affinität, hat sich so zu sagen in die Triebkraft in Form von Wärme verwandelt, wie die Schwere in Geschwindigkeit der fallenden Massen: die Triebkraft ist aufgewendet, verschwunden; aber nicht vernichtet, sondern ist in anderer Form zwar, aber der Quantität nach unverändert erhalten geblieben. So lange sich aber Wasserstoff und Sauerstoff unbewegt und unverbunden gegenüber stehen, bleibt die Affinität unbefriedigt, so zu sagen im Zustand einer Spannung, wie der Zug der Schwerkraft eines am Fallen gehinderten Gewichtes. Die g a n z e »Energie« der chemischen Agentien ist unter diesen Umständen »potentiell«, und wir können sagen, dass ein Kilogramm Wasserstoff unter Berücksichtigung seiner Affinität zu Sauerstoff, eine »potentielle Energie« oder »Spannkraft« von 34,462 Calorieen oder 14,646,350 Kilogrammmetern besitzt, gerade so wie ein 40 Meter über dem Erdboden aufgehängtes Gewicht von 5 Kilogramm 200 Kilogrammmeter oder 0,47 Calorieen repräsentirt.

Vom Kohlenstoff und Sauerstoff existiren zwei Verbindungen, Kohlenoxyd und Kohlensäure (CO und CO_2), welche zwei Oxydationsstufen oder Verbrennungsgrade bezeichnen. Der Versuch lehrt, dass: 1 Kilogramm Kohlenstoff bei seiner Verbrennung zu Kohlenoxyd 2473 Calorieen gibt. Beim Uebergang aus dieser ersten in die zweite Oxydationsstufe entstehen noch 5607 Calorieen. Wird dagegen 1 Kilogramm Kohlenstoff sofort vollständig zu Kohlensäure (CO_2) verbrannt, so entstehen 8080 Calorieen. Wir können also sagen, die chemische Energie des Kohlenstoffs mit Rücksicht auf seine Affinität zu Sauerstoff ist 8080 Calorieen oder 3,434,005 Kilogrammmeter! Diese totale Energie des Kohlenstoffs in Gegenwart des Sauerstoffs bleibt so lange ganz potentiell oder chemische Spannkraft, so lange nicht irgend eine chemische Reaction zwischen beiden Stoffen begonnen hat; sie verharrt ihrer ganzen Quantität nach unter der Form der Affinität. Sie erscheint dagegen actuell, nach vollendeter Verbrennung des Kohlenstoffs zu Kohlensäure; sie ist dann ganz disponibel in Form von Wärme. — Macht der Kohlenstoff, anstatt auf einmal zu Kohlensäure zu verbrennen, die beiden Oxydationsstufen nach einander durch, verbrennt er zuerst zu Kohlenoxyd, und dieses dann weiter zu Kohlensäure, so wird die totale Energie des Kohlenstoffs in zwei Hälften getheilt. Während der eine Theil bereits actuell geworden ist und den durch die Kohlenoxydbildung erzeugten 2473 Calorieen entspricht, bleibt der zweite Theil der totalen Energie noch potentiell, denn der Kohlenstoff im Kohlenoxyd besitzt noch 5607 Calorieen chemischer Spannkraft, die erst dann aufgewandt wird, wenn die Bildung von Kohlensäure vor sich geht. Wir

sehen also, dass bei jeder reinen Verbrennung, i. e. Vereinigung eines
bestimmten Kohlenstoffquantums mit einem bestimmten Sauerstoffquan-
tum, eine bestimmte constante Wärmemenge erzeugt wird, einerlei ob
die Verbrennung auf einmal oder absatzweise geschieht. —

Wie Sie leicht errathen, wird zum entgegengesetzten Vorgange,
zur gewaltsamen Zerlegung oder Trennung der entstandenen Verbindungen, wieder ein gleich grosser Aufwand von Triebkraft nöthig
sein, es werden, damit eine Trennung der Kohlenstoff- und Sauerstoffatome zu Stande kommen könne, 8080 Caloricen aufgewendet werden
müssen: nur dadurch vermögen wir die ganze Quantität Triebkraft in
Form von chemischer Spannkraft wieder herzustellen.

Bei verwickelten chemischen Processen kommt nun in der That
b e i d e s z u g l e i c h vor. Einerseits werden chemische Verbindungen
gelöst, d. h. auf Kosten von Wärme chemische Spannkraft aufgespeichert: andererseits neue Verbindungen fest geschlossen, d. h. auf
Kosten chemischer Spannkraft chemische Arbeit geleistet, also Wärme
oder lebendige Kraft erzeugt.

Die chemischen Umwandlungen, wie sie uns in der Natur entgegentreten, erscheinen unendlich mannigfaltig, und es ist schwer,
eine klare Uebersicht über sie zu gewinnen; aber gerade in der Richtung, auf die es hier allein ankommt, kann man sie mit Entschiedenheit in zwei grosse Gruppen trennen: in solche nämlich, bei denen
Wärme, Licht, mechanische Bewegung, Elasticität, oder mehrere von
ihnen gleichzeitig g e w o n n e n, und in solche, bei denen die genannten Bewegungen oder lebendigen Kräfte v e r n i c h t e t werden. Daher
erklärt es sich auch, dass bei der Bildung einer bestimmten Quantität
Kohlensäure (CO_2) nicht allemal dieselbe Wärmemenge frei wird, sondern je nach Umständen mehr oder weniger. Denn lassen wir z. B.
durch Verbrennung von 30 Gramm Zucker mit 32 Gramm Sauerstoff
44 Gramm Kohlensäure entstehen, so gehen zugleich die Sauerstoffatome des Kohlehydrates mit dem Wasserstoff eine innigere chemische
Verbindung ein, und es werden dabei m e h r Wärmeeinheiten erzeugt,
als wenn die 44 Gramm Kohlensäure durch Oxydation von freiem Kohlenstoff hergestellt worden wären. In der That erzeugte FRANKLAND
durch Verbrennung von 12 Gramm freien reinen Kohlenstoff nur 96
Caloricen, während die Verbrennung von 12 Gramm Kohlenstoff, die
in 30 Gramm Zucker enthalten waren, 98 Caloricen ergaben.

Von hohem Interesse ist ferner Folgendes. Betrachten wir das
Wasser und seine Zerlegung. Wasser besteht, wie Sie wissen, aus einer
festen Verbindung von 2 Atomen Wasserstoff und 1 Atom Sauerstoff.
Führen wir dem flüssigen Wasser Wärme zu, so nimmt es bald den

gasigen Aggregatzustand an; die Wassermolecüle, aller Bande der Cohäsion ledig, fahren heftig durch einander, während zugleich innerhalb der Molecüle die dieselben zusammensetzenden Wasserstoff- und Sauerstoffatome gleichfalls in heftiger, unregelmässiger, zitternder Bewegung begriffen sind, ohne jedoch den Bereich der Wassermolecüle verlassen zu können; denn noch hält die Affinität die Wasserstoff- und Sauerstoffatome, trotz ihrer Wärmeoscillation, als Wassermolecüle zusammen. Indem wir aber fortfahren, das Wassergas zu erhitzen und die lebendige Kraft der Atombewegungen zu steigern, tritt erfahrungsgemäss ein Temperaturgrad ein, bei welchem, ähnlich wie bei 100° die Molecularanziehung, endlich auch die Anziehung zwischen den chemischen Atomen, d. h. die chemische Affinität oder Verwandtschaftskraft, überwunden wird und die Wasserstoff- und Sauerstoffatome frei durch einander fliegen. Man sagt dann, die Wärme habe gasförmiges Wasser in ein Gasgemenge von frei durch einander fliegenden Sauerstoff- und Wasserstoffatomen »dissociirt«, und nennt diesen merkwürdigen Vorgang mit St. Claire Deville »Dissociation«

Sie lernen somit die sonderbare Thatsache kennen, dass die Wärme, welche bei der Herstellung chemischer Verbindungen durch Umwandlung chemischer Spannkraft in lebendige Kraft entsteht, auch wieder die chemischen Verbindungen sprengen, die chemische Verwandtschaftskraft oder Affinität in Spannkraft verwandeln kann. Um diese Arbeit zu leisten, die Trennung der vereinigten Atome herbeizuführen, verschwindet natürlich genau so viel Wärme als solche, als bei der Wiederherstellung der dissociirten chemischen Verbindungen entstehen würde. Und die auf diese Weise in Form von chemischer Spannkraft wiederhergestellte Triebkraft der Wasserstoff- und Sauerstoffatome würde sogleich wieder in Wärme umgesetzt, sowie wir die Wiederherstellung der dissociirten Wassermolecüle gestatteten, indem wir aufhörten, durch fortgesetzte Wärmezufuhr den hohen Temperaturgrad, bei dem die beschriebene Dissociation eintritt, constant zu erhalten.

Fast scheint es übrigens, als wenn auch dort, wo die Wärme chemische Verbindungen veranlasst, sie zunächst dissociirend wirkt. Wasserstoffgas und Sauerstoffgas können, z. B. im Wasserbildungsverhältniss gemengt, unverändert und ohne zu Wasser zu werden, fortbestehen, wenn sie nicht, wenigstens theilweise, durch einen Funken oder einen glühenden Platindraht erhitzt werden, wobei die Sauerstoffmolecüle sich spalten. Die Molecüle des Sauerstoffs hat man sich nämlich sowohl nach den Lehren der Chemie als nach den aus der mechanischen Wärmetheorie von Clausius hergeleiteten Folgerungen zwei-atomig

gebaut zu denken, d. h. jedes Sauerstoffmolecül besteht aus der Zusammenordnung zweier Sauerstoffatome zu einem einheitlichen Ganzen
— Einem Sauerstoffmolecül. So sieht man denn sofort ein, dass zunächst eine Dissociation der beiden Sauerstoffatome eines Sauerstoff-
molecüls stattfinden muss, bevor Wasser, d. h. die Verbindung von
2 Wasserstoffatomen mit 1 Sauerstoffatom, sich bilden kann; dass und
wie ferner überhaupt Wärme oder eine andere Molecularbewegung,
welche bei der Herstellung fester chemischer Verbindungen entsteht
und dieselben auch wieder zerstört, zugleich eine der Bedingungen
sein kann, damit chemische Verbindungen zu Stande kommen.

Eine, analog der chemischen Affinität und Wärme, in Form von
Molecularbewegung auftretende Triebkraft bieten die elektrischen
Ströme dar, deren Wirkung Ihnen Allen aus der Davy'schen Entdeckung bekannt ist, Wasser in seine Elemente zu zerlegen, indem
man es mit den beiden Polen einer elektrischen Batterie in Verbindung
bringt. Es gehören nun die elektrischen Ströme zwar zu einer Gruppe
von Naturerscheinungen, die durch gewisse Bewegungen und Wirkungen der Aetheratome bedingt sind, also der Theilchen jenes besondern
unwägbaren Fluidums, von dessen eigentlichem Wesen man sich noch
immer keine recht anschauliche Vorstellung machen kann: glücklicherweise ist es nichtsdestoweniger vollkommen gelungen, auch die Rolle,
welche die Elektricität bei der Wechselwirkung der Naturkräfte spielt,
in widerspruchslosem Einklang mit der Allgemeingültigkeit des Gesetzes von der Erhaltung der Kraft zu finden. Es hat sich nämlich
herausgestellt, dass die Arbeit, welche die elektrischen Ströme, als
eine neue Art oder Form von Triebkraft, zu leisten im Stande sind,
thatsächlich genau äquivalent sei der Trieb- oder Arbeitskraft, die
aufgewendet werden muss, um die elektrischen Ströme selbst zu erzeugen! Und mehr brauchen wir vorläufig nicht zu wissen, insofern es
sich für uns blos darum handelt, das Gesetz von der Erhaltung der
Kraft in seinem eigentlichen Sinne und in seiner Allgemeingültigkeit
zu erfassen.

Sehen wir genauer zu, wie die elektrischen Ströme, welche uns in
dem Wasserzersetzungsapparate arbeitsfähige Affinität, d. h. chemische Triebkraft wiederherstellen, selbst zu Stande kommen. Bekanntlich entstehen sie in einer sogenannten Batterie, welche aus elektrischen Elementen — einer Combination von Zink, Platin und verdünnter
Schwefelsäure $H_2 SO_4$) zusammengesetzt ist. Ich werde vor Ihren
Augen ein solches elektrisches Element aufbauen. — Sie sehen hier
ein Glas, ich fülle es mit verdünnter Schwefelsäure und versenke eine

Platinplatte und eine Zinkplatte in die Flüssigkeit: so wie die letztere eintaucht, findet ein chemischer Vorgang statt. Das Wasser wird zersetzt, sein Sauerstoff stürzt auf die Zinkatome zu und verbindet sich mit denselben zu Zinkoxyd, das mit der Schwefelsäure zu schwefelsaurem Zinkoxyd zusammentritt, welches Salz sich in Wasser auflöst, während sein Wasserstoff frei wird. Das Vorhandensein des letzteren erkennen wir sofort, indem wir ihn anzünden! Bei dieser Oxydation und Salzbildung wird Wärme erzeugt und zwar, wenn sich 5 Aequivalent Zink gelöst haben = 94 Colorieen. — Durch den Verbrauch oder Aufwand einer bestimmten Menge chemischer Spannkraft erzeugen wir also 94 Calorieen Wärme.

Ich stelle nun 5 solcher Elemente zusammen, indem ich das Zink des einen mit dem Platin des anderen Elementes durch Draht verbinde. So erhalte ich eine Batterie mit einem Zinkpol und einem Platinpol. Verbinde ich die beiden Pole durch einen Draht, so hat sich nichts an der chemischen Arbeit in den Elementen geändert, — das Zink löst sich in der verdünnten Schwefelsäure unter Freiwerden von Wasserstoff wie früher; aber in Folge der geänderten Umstände, unter denen die Affinität hier als Triebkraft wirksam wird, entwickelt sich in den Elementen und in den Schliessungsdrähten nicht nur Wärme, sondern auch jenes in seinem Wesen uns unbekannte Etwas — ein elektrischer Strom. Setzen wir diesen Versuch so lange fort, dass in jedem der 5 Elemente 1 Aequivalent Zink aufgelöst ist, dann ist die verbrauchte Menge von Affinität in der ganzen, aus 5 Elementen bestehenden galvanischen Batterie dieselbe, wie vorhin in dem Einen Element, in welchem sich 5 Aequivalent Zink aufgelöst hatten, und dem entsprechend entwickelt sich im galvanischen Kreise ein elektrischer Strom, welcher die Widerstände in den Leitungsdrähten und Flüssigkeiten überwindet, und dabei entstehen genau wieder dieselben 94 Calorieen Wärme, welche der geleisteten chemischen Arbeit äquivalent sind.

Schalten wir jetzt in den Schliessungsbogen der Batterie einen Wasserzersetzungsapparat ein, und setzen wir den Versuch unter diesen Umständen wieder so lange fort, bis sich in jedem Element 1 Aequivalent Zink gelöst hat, so ist es wieder dieselbe Menge von Affinität oder chemischer Triebkraft, welche wir verausgabt haben, und wir erhalten auch wieder denselben elektrischen Strom. Dieser bringt nun aber zweierlei Effecte hervor, er überwindet die Leitungswiderstände und zersetzt ein bestimmtes Quantum Wasser des Wasserzersetzungsapparats. Die ganze Leitungsbahn, Drähte und Flüssigkeiten, erwärmen sich wie früher: aber anstatt dass die totale Wärmemenge 94 Ca-

lorieen beträgt, beträgt sie jetzt nur etwa 30; die 64 Caloriceen, welche
fehlen und scheinbar verschwunden sind, sind aufgewendet worden,
um die chemische Arbeit der Wasserzersetzung zu leisten, d. h. chemische Spannkraft herzustellen, deren Quantität gerade ausreicht, um
bei der Verbrennung oder Wiedervereinigung der getrennten Sauer-
stoff- und Wasserstoffmengen genau 64 Calorieen oder Wärmeeinheiten
zu erzeugen.

Während arbeitsfähige Affinität in den Elementen der Batterie
aufgewendet wird und verschwindet, wird im Wasserzersetzungsapparat arbeitsfähige Affinität wieder hergestellt. Der elektrische Strom ist
gleichsam nur der Vermittler oder Träger, der die chemische Arbeitskraft der GALVANI'schen Elemente auf das Wasser im Zersetzungs-
apparat hinüberleitet und zweierlei Arbeitsleistungen, Wärme und
chemische Spannkraft, hervorbringen lässt, deren Summe, in Calorieen
ausgedrückt, genau äquivalent ist der Wärmemenge, welche die in den
Elementen der Batterie aufgewendete chemische Arbeitskraft zu erzeugen vermag.

So sehen Sie denn auch hier verloren gegangene Arbeitskraft wieder hergestellt; aber, wie in allen früheren Fällen, nur indem ein bestimmtes Quantum einer anderen disponiblen Arbeitskraft aufgewendet
und dadurch dem Gesetze von der Erhaltung der Kraft vollkommen
genügt wurde.

Wir haben in diesem Falle Affinität in Form von Spannkraft durch
Affinität in Form von lebendiger Kraft unter Verwendung des elektrischen Stromes erzeugt. — Dass bei dieser Umwandlung dem Gesetze
von der Erhaltung der Kraft vollkommen genügt wird, erkannten wir,
als wir die nebenbei erzeugte Wärmemenge mit in Rechnung brachten. gerade so, wie wir die strenge Gültigkeit des Gesetzes von der Erhaltung der Kraft bei den Bewegungserscheinungen bewegter Massen,
beim schwingenden Pendel und Metallstab, erst dann erkannten, als
wir die durch Reibung und Stoss, Pressung und Dehnung dabei frei
werdenden Wärmemengen berücksichtigten.

Wir können gleich hier die wichtige Bemerkung einschalten,
welche wir später noch ganz allgemein bestätigt und gültig finden werden, dass bei jeder Umwandlung von Spannkraft in lebendige Kraft
und umgekehrt stets ein Theil des vorhandenen Kraftvorrathes in
Wärme verwandelt wird, und für das Quantum der Arbeitsleistung in
der zu erzielenden Form verloren geht. welche daher immer
um jene Anzahl Caloriceen kleiner ausfallen muss als die aufgewendete Triebkraft.

Vertauschen wir nun den Wasserzersetzungsapparat und dessen

chemische Leistung mit einem Elektromagnet, der Gewichte zu heben, mechanische Arbeit zu leisten im Stande ist, und lassen wir wieder die Batterie so lange in Gang, bis sich 5 Aequivalent Zink in derselben gelöst haben. Mit diesem selben Quantum von verbrauchter chemischer Triebkraft wird unter den neuen Umständen, unter Vermittelung desselben elektrischen Stromes, abermals eine doppelte Arbeit geleistet: ein Quantum Wärme und ein Quantum mechanischer Arbeit. Die Summe beider Quantitäten ist wieder = 94 Calorieen. Die wirklich entwickelte Wärmemenge beträgt abermals weniger als 94 Calorieen; was daran fehlt, entspricht aber genau dem in Wärmeeinheiten ausgedrückten mechanischen Arbeitsquantum durch den Elektromagneten! Dem Gesetz von der Erhaltung der Kraft wird vollkommen genügt, trotzdem der elektrische Strom selbst und das neue Agens, durch welches er die mechanische Arbeit der Hebung eines Gewichtes geleistet hat — der Magnetismus — ins Spiel kamen.

Abgesehen von dem merkwürdigen Umstande, dass die elektrischen und magnetischen Erscheinungen fast wie etwas Immaterielles zum Vorschein kommen, und sich doch am Zustandekommen der materiellen Vorgänge betheiligen, lernen wir aus den letzten Versuchen die wichtige Thatsache kennen: dass es bei gleichem Aufwande an chemischer Triebkraft in Form von Spannkraft genügt, die Natur und Anordnung der Bestandtheile des Apparates, — welcher bestimmt ist, die potentielle Energie der 5 Aequivalent Zink in actuelle umzusetzen, — zu verändern, um als Ergebniss jenes Aufwandes bald eine Wärmemenge allein, bald einen elektrischen Strom und Wärme, bald, unter Vermittelung des elektrischen Stromes, Wärme und zugleich chemische Zersetzungsarbeit, oder aber, wie beim Gebrauch des Elektromagnets, Wärme und zugleich mechanische Arbeit zu erhalten.

Wir erfahren hier neuerdings in unzweifelhafter Weise, dass die wirkungsfähigen Naturkräfte in einer eigenthümlichen Wechselbeziehung stehen und durch einander hervorgerufen oder in einander verwandelt werden können, je nach der Anordnung und Beschaffenheit der Apparate, die wir hierzu anwenden. Wir erfahren aber zu gleicher Zeit, dass dabei stets ein strenges, gegenseitiges Aequivalenzverhältniss herrsche. Diese Wechselbeziehung nennt man die Transformation der Naturkräfte, und ihr wollen wir in der nächsten Vorlesung eine eingehende Betrachtung widmen.

Heute sei nur noch mit wenigen Worten des Lichtes Erwähnung gethan, in dem wir ebenfalls eine Form der Triebkraft oder arbeitsfähigen Naturkraft anzuerkennen, ja im eigentlichen Sinne die Quelle aller anderen zu suchen haben. — Hat die Auseinandersetzung des

Kreislaufs der Stoffe in den drei Naturreichen uns gelehrt, dass die
Pflanze den Sauerstoff aus seinen festen chemischen Verbindungen,
namentlich mit dem Kohlenstoff, herausreisst und befreit, um aus einfachem hochoxydirtem, rein unorganischem Stoffmaterial verbrennliche
organische Substanzen von hochcomplicirter, minder fester Zusammensetzung zu erzeugen; so drängt sich nothwendig die Frage auf: Woher
nimmt die Pflanze die nöthige Kraft, um diese innere Arbeit zu leisten?
— Nun, die moderne Naturwissenschaft ertheilt darauf die bestimmte
Antwort: die Pflanze schöpft diese Kraft aus dem Sonnenstrahl,
dessen Kraftintensität bekanntlich so gross ist, dass seine Schwingungen 30000 Kilometer in der Secunde durchlaufen! Und wenn ein
solcher Einfluss des Lichtes auf die Pflanzenthätigkeit vor wenigen
Decennien noch völlig unverständlich gewesen wäre: so verliert er
heute alles Räthselhafte, sobald Sie erwägen, dass der chemische Vorgang in der Pflanze ganz und gar auf Bewegungen beruht, dass das
Licht gleichfalls durch Schwingungen der Aetheratome bedingt ist, dass
aber, nach allen Erfahrungen, die wir bisher gemacht, der Uebergang
welch immer einer Bewegungsform in eine andere ein Charakterzug ist,
der allen Naturkräften gemeinsam zukommt. Wenn Sie somit erfahren,
dass die langsameren Lichtschwingungen, zu denen das Roth gehört,
die Blätter grün färben und mit Hilfe der Blattgrün-Kügelchen dann die
Kohlensäure der Luft in Kohle und Sauerstoff zerlegen: so kann Sie
das nicht mehr befremden, als wenn Sie gesehen haben, wie die molecularen Wärmebewegungen zu chemischen Zersetzungen und Verbindungen geführt haben. Selbstverständlich kann auch von einem Verschwinden der lebendigen Kraft des Sonnenstrahls in der Pflanze nicht
die Rede sein: sie wird in ihr nur zur Spannkraft, die unter bestimmten
Verhältnissen wieder in lebendige Kraft, wenn auch unter anderer Form,
übergehen kann. »Die Arbeitskraft, die in der Kohle ruht, ist fixirte
Arbeitskraft der Sonnenstrahlen: man hat berechnet, dass jedes Stück
Kohle beim Verbrennen so viel Kraft frei macht, um sein eigenes Gewicht, der Schwere entgegen, 400 Meilen hoch empor zu schleudern.«
Die vom Sonnenstrahl in die Kohle abgelagerte Spannkraft tritt somit
als Wärme, als mechanische Arbeitskraft wieder hervor.

An Erfahrungen, dass, auch umgekehrt, Affinitäts- und Wärmebewegungen in Lichtschwingungen übergehen, fehlt es gleichfalls
nicht. Das Leuchten unserer Gas- und Kerzen-Flammen, die Licht-
erscheinungen bei Insecten und Fischen, bei der langsamen Oxydation des Phosphor, sie sind insgesammt ebenso viele Zeugnisse für
diese Umwandlung.

X.

Rückblick: die Umwandlungen der einzelnen Bewegungsformen in einander; die theoretische Erklärung des Wesens der Transformationen.

Wir haben uns in den letzten Stunden bemüht, das Gesetz von der Erhaltung der Kraft seinem eigentlichen Sinne nach zu erfassen und verständlich zu machen. Ich glaube, dass uns dies gelungen sein dürfte, und ich halte es nun für angemessen, einen eingehenden Rückblick auf den von uns durchlaufenen Weg zu werfen, sodann das Gesetz im Sinne der mechanischen Naturauffassung zu beleuchten, um dann endlich die Wichtigkeit und Bedeutung seiner Anwendung auf die gesammten Naturerscheinungen — auch auf die sogenannten organischen oder Lebensvorgänge — darzulegen, womit das Thema dieser Vorträge zum Abschluss gelangt.

Getreu den nüchternen Principien der exacten Naturforschung haben wir damit begonnen, uns auf dem Wege der Beobachtung und des Experiments mit allen den verschiedenen Naturkräften und ihrer Wirkungs- und Erscheinungsweise bekannt zu machen, welche im Stande sind, Arbeit zu leisten, d. h. irgend welche Vorgänge und Veränderungen in der Natur zu verursachen.

Wir lernten zunächst an einigen einfachen concreten Beispielen aus dem Gebiete der grob-mechanischen Erscheinungen den Begriff der mechanischen Triebkraft und den Begriff der mechanischen Arbeit kennen. Die Naturkräfte, welche wir als mechanische Triebkräfte kennen lernten, fanden wir erfahrungsgemäss unter zweierlei Umständen vor, welche uns nöthigten, den allgemeinen Begriff der Triebkraft näher zu definiren: als Triebkraft in Form von Spannkraft oder potentieller Energie, und als Triebkraft in Form von lebendiger Kraft oder actueller Energie. Der Begriff der mechanischen Arbeit führte uns zur numerischen Auswerthung einer bestimmten Quantität

18*

geleisteter Arbeit in Fusspfunden oder Kilogrammmetern, und wir erkannten, dass wir damit zugleich ein exactes und ganz allgemeines
Maass für ein bestimmtes Quantum mechanischer Triebkraft erhalten
hatten, welches irgendwo und irgendwie in Form von Spannkraft oder
lebendiger Kraft, als Gesammtvorrath von Triebkraft oder totale Energie vorhanden oder disponibel ist. — Für das Spannkraftsquantum
ergab sich die Formel: $P \cdot h = Mg \cdot h$; für dasselbe Quantum in Form
von lebendiger Kraft hingegen die Formel: $\dfrac{Mv^2}{2}$; und der eigentliche
Sinn des Gesetzes von der Erhaltung der Kraft erschloss sich uns dahin, dass nach demselben die Summe von Spannkraft und lebendiger
Kraft, oder die totale Energie eine durch das ganze Universum constante und sich gleichbleibende Grösse sein sollte, indem für jedes
Quantum von Spannkraft, das verschwindet, ein genau äquivalentes
Quantum lebendiger Kraft entsteht und umgekehrt, dass mit einem
Worte nicht nur die Kraft wie der Stoff, sondern auch die Kraftleistung
oder das Quantum der geleisteten Arbeit unerschaffbar und unvernichtbar sei und somit in unveränderter Quantität im Naturganzen erhalten
bleibe.

Die von uns untersuchten concreten Fälle aus dem Gebiete der
grobmechanischen Erscheinungen schienen jedoch der strengen und
allgemeinen Gültigkeit und Herrschaft des Gesetzes von der Erhaltung
der Kraft zu widersprechen, und ich musste Sie mit der Aussicht auf
eine spätere befriedigende Lösung dieser scheinbaren Widersprüche
verweisen. Sie wissen bereits, dass diese Aussicht keine trügerische
war! —

Indem wir die Wärme als eine Art der mechanischen Triebkraft,
nämlich als lebendige Kraft, d. h. als erlangte Geschwindigkeit der
kleinsten Massentheilchen, kennen lernten, und als sich uns im Zusammenhange hiermit das Verständniss der mechanischen oder dynami-
schen Wärmetheorie und die Einsicht in das eigentliche Wesen und die
Natur der Wärme als einer Art der Bewegung erschloss — da ging uns
mit einem Male die grossartige Erkenntniss auf, dass der Begriff
und das Maass der mechanischen Arbeit, der Begriff
und das Maass der mechanischen Trieb- oder Arbeitskraft in Form von potentieller und actueller Energie
oder von Spannkraft und lebendiger Kraft, auf alle
Naturprocesse und arbeitsfähigen Naturkräfte an-
wendbar ist, und das Gesetz von der Erhaltung der
Kraft trat in seiner Bedeutung und strengen Allgemeingültigkeit immer deutlicher und schärfer hervor.

Auch das Licht und die chemischen Processe konnten wir nun in den Kreis der mechanischen Naturanschauung ziehen und mit der Maasseinheit der Calorie und des Kilogrammmeters messen. — Ja, selbst die elektrischen und magnetischen Erscheinungen, deren Natur und eigentliches Wesen vorläufig noch in ein undurchdringliches Dunkel gehüllt bleibt, fügten sich als arbeitsfähige Naturkräfte dem grossen Gesetze der Transformation, Aequivalenz und Erhaltung der Kraft.

Es wird nunmehr lehrreich und angenehm sein, die von uns auf dem skizzirten Wege der Untersuchung gesammelten Erfahrungen über die Formen der Trieb- oder Arbeitskraft rasch zu recapituliren.

Ein bestimmtes Quantum von Trieb- oder Arbeitskraft lernten wir in folgenden Formen oder Modalitäten kennen:

1) ein gehobenes Gewicht, indem es fällt oder fallen kann. Hier ist es die Schwere oder Gravitation, d. h. die allgemeine Anziehung der ponderablen Massen oder Molen, welche ins Spiel kommt;

2) ein gespannter elastischer Körper, indem er sich entspannt oder entspannen kann. Hier wirkt die Cohäsion, d. h. die Anziehungs- und Abstossungskraft, welche zwischen den Molecülen der festen und flüssigen Aggregate thätig ist:

3) getrennte chemische Atome, indem sie sich durch die Affinität oder Verwandtschaftskraft fest verbinden.

Die genannten drei Formen der Triebkraft sind im Gesammtkraft- vorrath der Natur als Spannkräfte vorhanden.

4) Die erlangte Geschwindigkeit bewegter, ponderabler Mas- sen, indem sich dieselbe verzögert:

5) Wärme, d. h. die erlangte Geschwindigkeit der unregelmässig bewegten, unmessbar kleinen Molecüle und Atome, indem die Wärme als solche, d. h. die Wärmebewegung verschwindet;

6) Licht, d. h. die erlangte Geschwindigkeit der in regelmässig fortschreitender Wellenbewegung begriffenen Aetheratome, indem das Licht oder die regelmässige Aetherwelle als solche verschwindet.

Die drei zuletzt genannten Formen von disponibler Triebkraft fin- den sich im Gesammtvorrath der Natur als die unmittelbare Wirkung der in lebendige Kraft oder actuelle Energie »umgesetzten« äqui- valenten Spannkraftsmengen von Schwere, Cohäsion oder Affinität.

7) Endlich sind noch elektrische Ströme und elektroma- gnetische Wirkungen Erscheinungsformen bestimmter Quantitäten der Triebkraft, insofern als unter ihrer Vermittelung äquivalente Ar- beitsmengen geleistet und zu ihrer Unterhaltung mechanische, chemi- sche oder thermische Kräfte verbraucht werden. Wir wissen zwar

nicht, was eine gewisse Menge Elektricität ist, und haben daher auch
keinen Ausdruck für ihr directes Aequivalenzverhältniss zu den anderen Kräften, allein es gilt, wie ich im jüngsten Vortrage gezeigt
habe, nichtsdestoweniger in aller Strenge das Gesetz von der Erhaltung der Kraft auch für alle Wirkungen und Arbeitsleistungen, die
unter der räthselhaften Vermittelung des elektrischen Stromes zu
Stande kommen.

Die eben gegebene Uebersicht über die Erscheinungsformen der
im Naturganzen thätigen Kräfte erinnert uns daran:

1) dass sich die wirkungsfähige Trieb- oder Arbeitskraft in allen
Fällen erschöpft — und zwar genau in dem Maasse, als sie die Arbeit wirklich leistet; und

2) dass sie wieder hergestellt werden kann, aber immer nur unter der Bedingung, dass eine bestimmte Menge einer anderen
Triebkraft dazu aufgewendet wird, gleichgültig welcher Art und Natur
diese andere fremde Triebkraft auch sein mag.

Diese Möglichkeit der Wiederherstellung einer verloren gegange-
nen Triebkraft durch Aufwendung einer anderen beruht auf der sogenannten Transformation der Naturkräfte, auf dem Vermögen
derselben, gegenseitig in einander überzugehen. — Sie lernten bereits
der Erfahrungen viele für diese Thatsache kennen, ich will sie Ihnen
jetzt durch noch eine Reihe von Beispielen ad oculos demonstriren.

Ich habe hier ein gehobenes Gewicht, das fallen kann, also ein
Quantum disponibler mechanischer Triebkraft in Form von
Spannkraft. Fällt das Gewicht, wirkt die Schwere als lebendige Kraft,
so entsteht Bewegung, und das Gewicht hat am Ende des Fallraumes
eine bestimmte Geschwindigkeit, ein bestimmtes Quantum lebendiger Kraft, erlangt. Lasse ich eine Feder gegen die Rolle drücken,
so kommt das Gewicht am Ende des Fallraumes ohne merkliche Geschwindigkeit an; dagegen hat sich in Folge der Reibung eine äquivalente Wärmemenge entwickelt. —

Benütze ich die Triebkraft des fallenden Gewichtes, um diese
magneto-elektrische Maschine zu treiben, so erhalte ich elektrische
Ströme unter Vermittelung des Magnetismus.

Genau dieselben wirkungsfähigen Kraftformen der Wärme und der
elektrischen Ströme kann ich auch durch Aufwendung eines Quantums
irgend einer anderen mechanischen Triebkraft, z. B. einer gespannten
Feder oder der erlangten Geschwindigkeit bewegter Massen, disponibel
machen. Kurz, mechanische Kraft gibt Geschwindigkeit bewegter
Massen, Wärme und elektrische Ströme.

Die Wärme wieder kann sich in mechanische Kraft (Dampfmaschinen), in Licht (Glühen), in elektrische Ströme (Thermosäule) und in chemische Spannkraft (Dissociation) verwandeln.

Ein Quantum chemischer Spannkraft oder Affinität gibt Wärme (Verbrennung) oder elektrische Ströme (Batterie).

Unter Vermittelung der elektrischen Ströme aber erzeugt sich Wärme, entstehen Inductionsströme, Magnetismus, mechanische Arbeit (durch Induction Elektromagnetismus, Elektrodiffusion), chemische Spannkraft und Licht. —

Licht endlich setzt sich in Wärme oder chemische Spannkraft um.

Sie sehen, jede Erscheinungsform wirkungsfähiger Kraft lässt sich in jede andere überführen oder transformiren, und zwar kann dies durch die verschiedenartigsten Zwischenglieder und auf den mannigfaltigsten Wegen geschehen. Allein welchen Weg die Natur beim Ablauf der in der Welt zu Stande kommenden Vorgänge und Veränderungen, oder wir selbst zur Erreichung unserer Zwecke auch einschlagen mögen, niemals und unter keinerlei Umständen ist ein Neugewinn an wirkungsfähiger Kraft möglich: denn so oft auch, nachdem ein Quantum Triebkraft in der einen Form durch die wirklich geleistete Arbeit erschöpft worden ist, eine oder gleichzeitig mehrere andere Formen der Triebkraft als Spannkraft oder lebendige Kraft zum Vorschein kommen, ihre Summe ist immer dem aufgewendeten Triebkraftsquantum absolut gleichwerthig oder äquivalent.

Diese grosse und fundamentale Wahrheit verdankt die Wissenschaft der Entdeckung des mechanischen Aequivalents der Wärme: denn da sich jede Erscheinungsform der Triebkraft in eine bestimmte Wärmemenge umsetzen lässt, so können die Aequivalente aller übrigen Naturkräfte auf das Maass der mechanischen Arbeit zurückgeführt werden. — Und wie zwischen Wärme und mechanischer Arbeit, so zeigt sich zwischen allen Naturkräften ein bestimmtes und unveränderliches Aequivalenzverhältniss, d. h. wenn ein gewisses Quantum Kraft in einer der verschiedenen Erscheinungsformen verschwindet, so tritt sie in genau äquivalenter Menge in einer anderen Form wieder auf, so dass die Triebkraft, genau so wie der Stoff, weder vermehrt noch vermindert, weder neu erzeugt noch vernichtet werden kann, sondern im ganzen Universum in gleichbleibender Menge sich erhält.

Dies ist nun das sogenannte Gesetz von der Erhaltung der Kraft oder Arbeit, dessen Sinn Ihnen nach allen diesen Erörterungen wohl vollkommen verständlich geworden sein wird.

So weit bis heute die Thatsachen geprüft sind, gilt das Gesetz von der Unveränderlichkeit des Stoffs und von der Erhaltung der Kraft —

wie dies a priori nicht anders erwartet werden konnte — auch für die
Vorgänge in der organischen Natur. Was den Stoff betrifft, hat
mein früherer Vortrag über den Kreislauf desselben in den drei Naturreichen Sie wohl genügend von seiner Unveränderlichkeit überzeugt:
von der Kraft und ihrem Gesetze der Erhaltung sei von mir heute nur
im Allgemeinen der unter den Physiologen zur Zeit herrschenden Anschauung erwähnt.

Die Pflanzen, wird allgemein gelehrt, entnehmen die Triebkraft
in Form von lebendiger Kraft der Sonnenstrahlung: ohne äussere Arbeit zu leisten, verschlucken sie die Sonnenstrahlen, leisten vorzugsweise innere Arbeit, indem sie in den grünen Pflanzentheilen chemische
Zersetzung herbeiführen, wobei die lebendige Kraft in Spannkraft um-
gewandelt wird: die Thiere ihrerseits nehmen in den verbrennlichen
organischen Substanzen Spannkraft auf und verwandeln sie in lebendige Kraft in der Modalität der Wärme, Contractilität und Neurilität.

In unseren Organismen insgesammt haben wir somit keine Kraft-
erzeuger, sondern blos Transformationsapparate.

Ich darf Sie nunmehr wohl daran erinnern, dass wir schon in einer
der ersten Vorlesungen an die nachgewiesene Unveränderlichkeit und
Unzerstörbarkeit des elementaren Stoffes eine Reihe von raschen
Schlussfolgerungen geknüpft hatten, welche in dem Satze gipfelten,
dass es das Endziel der modernen mechanischen Naturauffassung sei:
die allem Geschehen in der Natur zu Grunde liegenden
Bewegungen und deren Triebkräfte zu finden und die
gesammte Naturwissenschaft als ein Problem der analytischen Mechanik zu behandeln.

Damals musste Sie diese ganze Auffassungsweise und Gedanken-
kette äusserst fremdartig anmuthen und wie ein wüster, unverständ-
licher, zusammenhangloser Traum in eine Art Verwirrung versetzen.
Heute hoffe ich Sie genügend vorbereitet zu finden, die damaligen
Schlussfolgerungen mit verständnissvollem Bewusstsein ·zu begleiten
und deren bindende Kraft anzuerkennen.

Wir haben uns mit der Vorstellung vertraut gemacht, dass allen
Naturerscheinungen nur Veränderungen der Vertheilung der Uratome im Raume zu Grunde liegen, dass somit alle Vorgänge in
der Natur, so verschieden und mannigfaltig dieselben auch immer sein
mögen, in letzter Instanz durch mechanische Bewegung zu
Stande kommen. Ich brauche Sie nicht daran zu erinnern, dass wir die
Veränderung der Aggregatzustände, den Wechsel der chemischen Verbindungen, die Wärme und Lichtentwickelung in anschaulichster Weise

als mechanische Bewegungsvorgänge der Molecüle, der chemischen Atome und der Uratome auffassen lernten. Auch die elektrischen und magnetischen Erscheinungen, obschon sie ihrer eigentlichen Wesenheit und Natur nach noch dunkel sind, fügen sich insofern in den Rahmen der mechanischen Naturauffassung, als sie sich an dem Zustandekommen der Bewegungsvorgänge in der Natur in einer solchen Weise betheiligen, dass wir berechtigt sind, den Satz auszusprechen, dass alle die verschiedenen Kräfte, welche man früher als die Ursachen der verschiedenen Naturerscheinungen postuliren zu müssen glaubte, wesentlich gleichartig und nur verschiedene Erscheinungsformen einer und derselben mechanischen Kraft sind, die als Anziehung in den Körperatomen, als Abstossung in den Aetheratomen ihren Sitz hat.

Es ist lehrreich sich hier klar zu machen, wie man zur Aufstellung so verschiedener Naturkräfte kommen musste. Die Forderung, die Naturerscheinungen zu begreifen, heisst so viel, als ihre Gesetze zu finden. In der That ist ein Naturgesetz, nach HELMHOLTZ' Definition der allgemeine Begriff, unter den sich eine Reihe gleichartig ablaufender Vorgänge zusammenfassen lässt, d. h. es ist der Ausdruck dessen, was allen Einzelfällen einer gleichartigen Erscheinungsweise gemeinsam ist und was wir in allen diesen Fällen ausnahmslos regelmässig wiederkehrend finden. Die Ausnahmslosigkeit ist das Kennzeichen der Wahrheit und Wirklichkeit des Gesetzes. So tritt uns das Gesetz mit zwingender Nothwendigkeit und Gewalt als fremde reale Macht entgegen, und demgemäss objectiviren wir es als besondere Naturkraft, und so kommen wir zur Statuirung von einer besonderen chemischen Verwandtschaftskraft oder Affinität, einer besonderen Cohäsionskraft, einer besonderen Schwerkraft oder Gravitation, von Wärme, Licht, Elektricität, Magnetismus und endlich einer besonderen Lebenskraft u. s. w. In diesem Sinne bezeichnet das Wort »Kraft« ein Etwas, das nicht an sich und in seiner Wesenheit bekannt und erkennbar ist, sondern nur durch und in seiner gesetzmässigen Wirkungsweise und mannigfaltigen Erscheinungsform. Nach der mechanischen Hypothese der modernen Naturwissenschaft sind aber alle diese besonderen und verschiedenen Naturkräfte, welche man als die Ursachen der Naturerscheinungen postulirt, letzten Endes auf eine und dieselbe mechanische Bewegungskraft zurückzuführen, welche als einfache anziehende Centralkraft in jedem Körperatom, als einfache abstossende Centralkraft in jedem Aetheratom ihren Sitz hat.

Wir haben ja gesehen, dass in der That alle die verschiedenen Naturkräfte, insofern sie Veränderungen hervorrufen, d. h. Arbeit

leisten, mit dem Maasse der mechanischen Kraft sich messen lassen und
nach ganz bestimmten, in diesem Maasse ausdrückbaren Aequivalenten
sich gegenseitig Wirksamkeit verleihen, oder, wie der bildliche Ausdruck lautet, in einander sich t r a n s f o r m i r e n. Aber sehen wir zu,
was wir unter diesem bildlichen Ausdruck, der sich allerdings durch
seine Kürze und Bequemlichkeit empfiehlt und eingebürgert hat,
eigentlich meinen, d. h. was denn im Sinne unsrer mechanischen Naturauffassung wirklich und eigentlich vorgeht, wenn sich, wie wir sagten,
eine Kraft in die andere transformirt, was ja ein logischer Widerspruch
ist. Ich werde in meiner Erörterung so Manches wiederholen müssen,
was ich Ihnen bereits bei einem früheren Anlasse über das Wesen all
dieser Vorgänge und verschiedenen Erscheinungsformen mitgetheilt
habe; aber scheuen Sie die Mühe nicht, mir von Neuem aufmerksam
zu folgen, die Wichtigkeit des Gegenstandes verdient es vollkommen.

Nach der modernen naturwissenschaftlichen Anschauung besteht,
wie Sie wissen, die Materie aus unzählbaren, discreten, d. h. durch
Zwischenräume getrennten, unmessbar kleinen Theilchen, den sogenannten Körperatomen und Aetheratomen; die ersteren sind die Sitze
der Anziehungskraft, die letzteren die Sitze der Abstossungskraft.
Diese Anziehungs- und Abstossungskräfte sind sogenannte Central-
kräfte, d. h. sie wirken gleichmässig von einem Centralpunkte aus in
geraden Linien nach allen Richtungen des Raumes hin, und die Intensität ihrer Wirkung ist nur eine Function der Entfernung. Alle Bewegungskräfte, die uns in den Naturerscheinungen entgegentreten, sind
nichts als verschiedene Aeusserungsformen der eben genannten beiden
Urkräfte. So ist die A f f i n i t ä t nicht etwa eine neue Kraft, sondern
einfach die Combination oder Resultante der Anziehungs- und Abstossungskräfte der zu unmessbar kleinen Ganzen — den chemischen
Atomen — verknüpften Körper- und Aetheratome. — Dasselbe gilt
von der Anziehungskraft oder C o h ä s i o n zwischen den Molecülen der
Körper, welche aus der Zusammenordnung einer bestimmten Anzahl
von chemisch gleichartigen oder chemisch ungleichartigen Atomen als
kleine Ganze von höherer Ordnung, aber noch immer von unmessbarer
Kleinheit hervorgehen. Auch die Cohäsion ist also keine neue Kraft,
sondern letzten Endes nur eine Combination oder Resultante der den
Aether- und Körperatomen innewohnenden Anziehungs- und Abstossungskräfte. — Endlich ist die S c h w e r e oder Gravitation, welche
auf messbare, ja ungeheure Entfernungen die Massen oder Molen,
die aus Aggregaten von Molecülen bestehen, gegen einander zieht,
gleichfalls keine neue Kraft, sondern zuletzt immer nur die Summe
der Anziehungs- und Abstossungskräfte, welche den in bestimmter

Weise zusammengeordneten Stoffelementen oder Uratomen innewohnen. —

Und so haben wir es denn immer und unter allen Umständen
eigentlich mit einer einzigen Kraft, der mechanischen, zu thun,
welche in zwei gleichartigen, aber entgegengesetzten, und nach verschiedenen Gesetzen der Zu- und Abnahme der Intensität mit der Entfernung functionirenden Formen — als Anziehungskraft in den Körperatomen, als Abstossungskraft in den Aetheratomen — auftritt.

Alle Verschiedenheiten der Eigenschaften der so mannigfaltigen
Stoffe beruhen demzufolge nur auf einer verschiedenen Vertheilung
und Gruppirung der Uratome im Raume; allen Veränderungen und
Vorgängen in der Natur, so verschieden und mannigfaltig dieselben
auch sein und erscheinen mögen, liegen in letzter Instanz immer nur
Veränderungen in der räumlichen Vertheilung und Gruppirung der
Uratome zu Grunde, — Veränderungen, welche selbstverständlich nur
durch Bewegungen von bestimmter Richtung und Geschwindigkeit
zu Stande kommen können. Es gibt also überhaupt nur zwei Zustände,
in welchen sich ein einzelnes Aether- oder Körperatom, oder ein ganzer
Complex von solchen, die wir als chemische Atome, Molecüle und Molecülaggregate oder Molen bezeichnet haben, befindet: sie sind nämlich
immer entweder in Ruhe oder in Bewegung, und daher kann sich
in letzter Analyse überhaupt nur zweierlei im materiellen Universum,
welchem in einem gegebenen Augenblick eine bestimmte Vertheilung und Anordnung der Atome zu Grunde liegt, ereig-
nen: eine Veränderung des Ruhe- oder des Bewegungszustandes, in
dem die Atome sich eben befinden.

Es lassen sich demnach drei specielle Fälle unterscheiden: es geht
die Ruhe des Atoms oder Atomcomplexes in Bewegung über, — es
nimmt die Bewegung, mit oder ohne gleichzeitige Aenderung ihrer
Richtung, an Geschwindigkeit zu, — es findet endlich das Entgegengesetzte, nämlich eine Verzögerung der Geschwindigkeit statt, und
dann kann die Bewegung mit oder ohne Richtungsänderung allmählich
oder plötzlich ganz zur Ruhe kommen. —

Hier erachte ich es für zweckmässig, Sie an eine allen Körpern
zukommende Eigenschaft zu erinnern, an die Trägheit oder das
Beharrungsvermögen nämlich, welches macht, dass ebensowenig
wie ein vorhandener Ruhezustand in Bewegung übergehen kann, ebensowenig die Richtung oder Geschwindigkeit einer einmal vorhandenen
Bewegung sich verändern kann, ohne die Dazwischenkunft irgend
einer neuen Kraftäusserung. Eine einmal erzeugte Bewegung, d. h.
die in einer bestimmten Richtung erlangte Geschwindigkeit eines

Atoms oder Atomcomplexes, würde sich in infinitum ebenso unverändert erhalten, wie der Ruhezustand eines Atoms oder Atomcomplexes,
wenn nicht eben durch die Bewegung selbst Stellung und Lage der
Atome und Atomcomplexe gegen einander sich änderten und in Folge
dessen neue Kraftcombinationen entständen. Ich habe Ihnen früher an
der Atwood'schen Maschine diese Fortdauer der erlangten Geschwindigkeit auf's Klarste vorgeführt: Sie überzeugten sich damals, dass
auch nach entferntem Uebergewicht die Bewegung des überlastet gewesenen Gewichtes eine Zeit lang fortdauerte. Die in irgend einem
Momente erlangte Geschwindigkeit der fallenden Massen ist nämlich
die Summe oder Gesammtwirkung der während der ganzen Fallzeit
als lebendige Kraft thätigen Anziehung zwischen dem Uebergewicht
und der Erde — jedoch minus der Widerstandsäusserungen jener Kräfte,
welche in entgegengesetzter Richtung thätig sind. Bei unserem Versuche mit der genannten Maschine rührten diese nicht blos von der
Schwerkraft des aufsteigenden Gegengewichtes, sondern auch von den
Molecular- und Atomkräften der Massen her, welche sich bei der Drehung der Rolle, bei der Abwicklung und Biegung des Fadens und bei
der Verschiebung der Theile durch die Luft an einander reiben oder sonst
in ihrer Gleichgewichtslage stören. wobei neben der grobmechanischen
Bewegung Wärme entsteht, deren Menge genau äquivalent ist dem
Minus an erlangter Geschwindigkeit — in Folge dessen denn auch nach
einiger Zeit das früher belastete Gewicht zur Ruhe kam. — Doch
kehren wir zu unserer allgemeinen Beweisführung zurück.

Jede Kraft, einerlei ob Anziehungs- oder Abstossungskraft, kann
sich nur auf zweierlei Art äussern, entweder als Widerstand, d. h.
Bewegung hemmend, — oder als Triebkraft. d. h. potentiell oder
actuell Bewegung erzeugend. Die wirkliche Leistung oder die Wirkung, die eine Kraft hervorbringt, besteht immer nur entweder in der
Aufrechterhaltung oder Veränderung des Ruhezustandes, oder aber in
der Aufrechterhaltung oder Veränderung des Bewegungszustandes der
einzelnen Atome oder der ganzen Atomcomplexe, je nachdem sie dem
Widerstande anderer entgegengesetzt gerichteter Kräfte das Gleichgewicht hält, oder denselben überwindet, oder endlich selbst in ihrer
Widerstandsäusserung gegen die ihr entgegenwirkenden Kräfte überwunden wird. Die Quantitäten der Leistungen oder Wirkungen,
welche aus dem Widerspiel der Bewegung erzeugenden und Bewegung
hemmenden Kraftäusserungen hervorgehen, mögen sie nun in der Aufrechterhaltung oder in der Veränderung eines Ruhezustandes — in der
Aufrechterhaltung oder in der Veränderung eines Bewegungszustandes

der Atome und Atomcomplexe bestehen, sind, dem Gesetze der Erhaltung der Kraft zufolge, ebenso unvernichtbar und unzerstörbar wie die Atomkräfte selbst. — Es kann zwar ein bestimmter Ruhezustand, eine bestimmte Bewegung längere oder kürzere Zeit unverändert sich erhalten oder aber sich verändern, neu entstehen und wieder verschwinden, also scheinbar vernichtet werden, die Vertheilung und Gruppirung der Atome und Atomcomplexe im Raume, welche hierdurch besteht oder herbeigeführt wird und also überhaupt die Vorgänge und Zustände in der Natur, welche in irgend einem Augenblicke vorhanden sind, sind aber immer und unter allen Umständen das Resultat einer constanten und unveränderlichen Summe von Bewegung hemmenden und Bewegung erzeugenden Kraftäusserungen. Die Quantitäten der Kraftäusserungen in der einen Form (Widerstand, Bewegungshemmung) können zwar zunehmen oder abnehmen; allein indem hierdurch jedesmal die Quantitäten der Kraftäusserungen in der andern Form (lebendige Kraft, Bewegungserzeugung) in genau äquivalenten Mengen in entgegengesetztem Sinne sich verändern, so bleibt die Summe der Kraftäusserungen und Wirkungen absolut constant.

Mit anderen Worten: die elementaren Naturkräfte gehören so zu sagen zum Fundus instructus der Materie — und nicht nur kann die Naturkraft an sich, was schon a priori feststeht, ebenso wenig zerstört als geschaffen werden; sondern es kann auch die durch ein gewisses Quantum derselben hervorgebrachte Wirkung, abgesehen von der Form ihrer Erscheinung, niemals ganz oder auch nur theilweise vernichtet werden; denn jede Wirkung, oder, was dasselbe ist, jede Veränderung, welche durch ein gewisses Quantum Kraft bewirkt wird, ist eine doppelte, d. h. hat zwei Seiten, und besteht darin, dass einerseits jene Anordnung des Stoffs, d. h. jene Vertheilung der Materie im Raume verschwindet, unter welcher ein äquivalentes Quantum Kraft in Form von Spannkraft vorhanden war: dass aber andererseits zugleich an einem anderen Orte Bewegungen entstehen, welche einem gleichen Quantum Kraft in Form von lebendiger Kraft genau entsprechen. Bei jeder Arbeitsleistung, bei jedem Vorgang in der Natur, als einer durch ein bestimmtes Quantum Kraft bewirkten Veränderung der Anordnung der Ruhe und Bewegungszustände der einzelnen Atome und ganzen Atomcomplexe ist das Verschwinden des dazu aufgewendeten Kraftquantums nur scheinbar: denn dieses Quantum bleibt unter allen Umständen unverändert erhalten: dasjenige was allein verschwindet, was allein wechselt und sich verändert, das sind nur die Zustände und Erscheinungsformen der Kraft. Die ersteren bezeichnen wir als

actuelle und potentielle Energie, die letztere als Schwere, Cohäsion,
Affinität u. s. w. Die genaue physikalische Analyse eines jeden Vorganges in der Natur lässt uns also erkennen, dass dabei weder Stoff
noch Kraft erzeugt oder vernichtet wird: in jenem ändert sich nur die
Vertheilung und Anordnung seiner Atome und Atomcomplexe im Raume,
bei dieser setzt sich nur die potentielle Energie in actuelle oder vice
versa um, und es wird eine ihrer Erscheinungsformen in ein genau
äquivalentes Quantum einer anderen transformirt.

Wir haben diese grosse Thatsache so ausgedrückt, dass wir sagten: Alles Geschehen beruhe auf der Transformation der Naturkräfte
nach strenger Aequivalenz und der Gesammtvorrath an Naturkraft oder die totale Energie im Universum sei somit
eine constante, unveränderliche Summe von Spannkraft
und lebendiger Kraft oder potentieller und actueller
Energie. — Wir meinten damit genau dasselbe, was wir soeben im
Lichte der atomistischen Theorie in seinem eigentlichsten Wesen durch-
schaut haben: denn was ist Spannkraft anders als die Quantität der
Kraftäusserung, welche als überwundener Widerstand, d. h. als Bewegungshemmung, die ganz bestimmte, in einem gegebenen Augenblick
vorhandene Vertheilung und Anordnung der Atome und Atomcomplexe
im Raume herbeiführen half, — was ist ferner lebendige Kraft anders, als die Bewegung erzeugende Aeusserungsform, welche in einem
gegebenen Augenblicke als erlangte Geschwindigkeit der in bestimmter
Richtung in Bewegung befindlichen Atome und Atomcomplexe, nach
Ueberwindung der entgegenstehenden Widerstände übrig geblieben ist,
— und was heisst endlich Transformation der Naturkräfte in
einander anders, als jene Veränderung der Vertheilung und Gruppirung der Atome und Atomcomplexe im Raume, welche die in jedem
Augenblicke vorhandene räumliche Gruppirung und Vertheilung der
Atome und Atomcomplexe im nächstfolgenden Augenblicke durch den
äquivalenten Wechsel der Bewegung hemmenden und Bewegung erzeugenden Kraftäusserungen bedingt und herbeiführt.

Ueber

den Bau und Mechanismus

des

menschlichen Körpers.

––––––

[Nach hinterlassenen Manuscripten.]

Meine Herren!

Zum Ausgangspunkt meiner für Studenten aller Facultäten berechneten Darstellung der Physiologie des Menschen, welche ich mit der heutigen Vorlesung beginne, habe ich einen einfachen Versuch gewählt, der uns sofort einen tiefen Einblick in das Wesen und die Natur des thierischen Lebensprocesses eröffnen soll.

Allerdings ist dieser Versuch aus verschiedenen Gründen, die Ihnen bald einleuchten werden, nicht gut dazu geeignet, vor Ihren Augen wirklich ausgeführt zu werden: allein ich kann Ihnen denselben durch Wort und Bild so anschaulich machen, dass er unserem Zwecke nicht besser dienen könnte, wenn ich ihn auch thatsächlich anstellen möchte!

Doch zur Sache!

Denken Sie sich einen allseitig abgeschlossenen Raum, dessen Wandungen aus Eisquadern zusammengefügt sind. An zwei einander entgegengesetzten Punkten befinden sich Oeffnungen, so dass wir einen Strom reiner eiskalter Luft durch den Raum hindurchtreiben können. Die Luft wird natürlich bei der einen Oeffnung ebenso rein und kalt aus dem Raume herauskommen, als sie bei der ersten Oeffnung in denselben hineingekommen ist — und die Eiswände werden ungeschmolzen bleiben.

Nun stellen Sie sich vor, wir hätten einen Menschen, dessen Körpergewicht vorher genau bestimmt worden ist, in den Raum hineingebracht und eine Stunde lang darin auf- und abgehen lassen.

Was beobachten wir?

1) Der Mensch hat mechanische Kraft entwickelt, indem er auf- und abging und Athem schöpfte;

2) hat der Mensch Wärme abgegeben, denn wir finden, dass eine Schicht von bestimmter Dicke von den Eiswänden abgeschmolzen und in Wasser verwandelt wurde: und die austretende Luft ist warm;

3) hat der Mensch Kohlensäure und

4) Wasser abgegeben. Letzteres sieht man unmittelbar in Form von Dampfwolken der Nase und der Hautoberfläche entströmen und

der Luft sich beimengen, welche deshalb immer feucht aus dem Raume herausströmt, wenn sie auch ganz trocken einströmte; erstere, die Kohlensäure nämlich, welche ebenfalls in der einströmenden Luft fehlt, verräth ihre Gegenwart in der ausströmenden Luft, wenn diese durch Kalkwasser geleitet wird, durch einen weissen Niederschlag von Kreide.

5, Endlich hat der Mensch an Gewicht verloren, wenn er nach Verlauf der Stunde, welche das Experiment gedauert, neuerdings gewogen wird.

So zeigt es sich denn, dass der Mensch in jedem Augenblicke seiner Lebensthätigkeit beständig mechanische Kraft entwickelt und Wärme erzeugt, und ebenso beständig Kohlensäure und Wasser abgiebt und einen Substanzverlust erleidet.

Offenbar könnte das Leben bei diesem Stande der Dinge nur eine sehr abgegrenzte Dauer haben, da ja der Mensch sehr bald in Nichts zusammenschwinden müsste.

Lange bevor jedoch die Folgen dieses unaufhörlichen, mit der Wärmeabgabe und Kraftentwickelung Hand in Hand gehenden Substanzverbrauchs äusserlich auffallen, verspürt sie das Individuum selbst in Form der beiden gebieterischen Empfindungen des H u n g e r s und des D u r s t e s.

Um Hunger und Durst zu stillen, um den Substanzverlust wieder gut zu machen und den Körper in den Stand zu setzen, fort zu leben, d. h. auf die Dauer Kohlensäure und Wasser auszuscheiden und Wärme und mechanische Kraft zu entwickeln, muss der Mensch vor Allem und unbedingt zwei Dinge haben und einnehmen.

Diese beiden Dinge sind: reine atmosphärische L u f t, welche ein Gemenge von 21 Theilen Sauerstoff und 79 Theilen Stickstoff ist — und dann Speise und Trank oder N a h r u n g, welche zwar in mannigfaltigster Weise zusammengesetzt sein kann, immer aber, falls sie das Leben auf die Dauer gesund erhalten soll, fünferlei Arten von chemischen Stoffverbindungen in bestimmtem Verhältniss gemischt enthalten muss — nämlich:

1) Wasser, welches in jedem Getränk, aber auch fast in jeder Speise enthalten ist;

2, sogenannte Proteinstoffe, sehr zusammengesetzte stickstoffhaltige Verbindungen, die sich nur in gewissen Theilen der thierischen und pflanzlichen Gebilde finden, wie im Fleisch, im Mehl, im Ei;

3) Fette, welche im reinen Zustande nur aus Kohlensäure und Wasser bestehen;

4) Kohlenhydrate, welche zwar auch nur aus Kohlenstoff, Wasser-

stoff und Sauerstoff bestehen, letzteren aber im Wasserbildungsverhältniss besitzen: — hierher gehören Zucker und Stärke:

5) endlich anorganische Salze, namentlich phosphorsaure Alkalien und Erden, Kochsalz u. s. w., Eisen.

Eine gewisse Menge der als Nahrung eingenommenen Stoffe kann entweder nicht verbraucht werden oder wird wenigstens nicht verbraucht und verlässt den Körper mit den Excrementen oder Auswurfsstoffen in unveränderter Beschaffenheit und Zusammensetzung.

Unter normalen Verhältnissen jedoch, und wenn nur gerade so viel Nahrung eingeführt wird als eben absolut nöthig ist, dann sind in den Auswurfsstoffen weder Proteinkörper, noch Fette und Kohlenhydrate a l s s o l c h e nachzuweisen, sondern fast Alles was der Körper auswirft, hat die einfache Zusammensetzung von unorganischen Salzen, von Kohlensäure und Wasser und einem dritten sehr wichtigen Stoffe, dem sogenannten Harnstoff, der stickstoffhaltig ist.

Alle diese Auswurfsstoffe, welche den Körper verlassen, enthalten z u s a m m e n g e n o m m e n viel mehr Sauerstoff chemisch gebunden, als die sämmtlichen in den Speisen und Getränken eingenommenen und dem Körper einverleibten Nahrungsstoffe.

Die einzige Quelle für diesen Ueberschuss in den Auswurfsstoffen ist die eingeathmete atmosphärische Luft, denn eine genauere Analyse zeigt, dass die Luft, welche in unserem imaginären Versuch den Eisraum verlässt, nicht nur Kohlensäure und Wasser a u s dem eingeschlossenen Menschen genommen, sondern ebensoviel oder mehr Sauerstoff a n denselben abgegeben hat. Ja, es ist nachgewiesen worden, dass das Gesammtgewicht der Auswurfsstoffe bei einem Menschen, der weder abmagert noch stärker wird, sich also im sogenannten physiologischen Gleichgewicht der Einnahmen und Ausgaben befindet, genau gleich ist der Summe der Gewichte der eingeführten Nahrung u n d des eingeathmeten Sauerstoffes, welcher aus der Atmosphäre verschwunden ist.

Es ist daher mehr als eine blosse Redefigur, wenn wir sagen: das Leben sei eine Flamme, welche auf Kosten der Körperbestandtheile brenne und wärme und leuchte. Der thierische Lebensprocess ist factisch wesentlich nichts Anderes als eine langsame, aber stätige Oxydation oder Verbrennung, welche den Körper verzehrt, wie die Flamme das Oel in der Lampe. Und wie die Flamme erlischt, wenn wir nicht von Zeit zu Zeit neues Oel aufgiessen, ebenso kann das Leben nicht auf die Dauer bestehen, wenn der durch den Oxydationsvorgang nothwendig gesetzte Substanzverlust nicht durch Nahrungsaufnahme wieder gut gemacht wird.

Während aber der Substanz- und Gewichtsverlust in Folge des Verbrennungsprocesses ein continuirlicher ist, erfolgt der Ersatz nur periodisch nach den Mahlzeiten.

Sie sehen daher ein, dass wenn wir einen erwachsenen Menschen, der sich im täglichen physiologischen Gleichgewicht befindet, auf eine äusserst empfindliche Sprungfederwage bringen und daselbst tagelang lassen könnten, die Wagschale nach den Mahlzeiten rasch sinken, in den Zwischenzeiten aber allmählich wieder steigen müsste — und (ohne jemals für mehr als einige Augenblicke zur Ruhe zu kommen) Tag für Tag innerhalb derselben Grenzen auf- und abosciliiren würde.

Sie überzeugen sich ferner, dass es eigentlich gar kein constantes Körpergewicht des lebenden Menschen giebt und geben kann, selbst wenn er sich im sogenannten physiologischen Gleichgewicht der Einnahmen und Ausgaben befindet, d. h. weder abmagert noch stärker wird. Was wir als constantes Körpergewicht bezeichnen, ist also nur ein mittlerer Werth innerhalb enger und constanter Grenzen. So wie ein im physiologischen Gleichgewicht befindlicher Mensch z. B. eine schwere Last hebt, wird der Gewichtsverlust, welchen derselbe ohne diese Anstrengung erlitten haben würde, sofort um einen bestimmten Werth sich steigern. Dem Plus der Entwickelung mechanischer Kraft entspricht ein Plus des Substanzverlustes. Das physiologische Gleichgewicht wird gestört und die Störung kann nicht anders wieder ausgeglichen werden, als durch Einnahme eines entsprechenden Plus von Extranahrung.

Ebenso würde, wenn die Temperatur der Luft fiele und der Körper ebenso warm bleiben sollte als zuvor, die Wärmeproduction sich also steigern müsste, ohne das Gleichgewicht zu stören, Extranahrung eingenommen werden müssen.

Dagegen würde andererseits bei Verminderung der Wärmeproduction und der geleisteten mechanischen Arbeit und gleichbleibender Quantität eingenommener Nahrung entweder der Körper an Gewicht zunehmen oder ein Theil der Nahrung unbenutzt bleiben. Es existirt somit, wie Sie sehen, eine feste Beziehung oder Proportionalität:

$$K = \frac{N}{W \cdot M}.$$

Resumé:

1) Der Strom der Nahrung, welcher in den Körper eindringt, besteht aus Stoffen, welche chemische Verbindungen von verwickelter Zusammensetzung und verhältnissmässig geringem Sauerstoffgehalt darstellen.

2) Die Elemente dieser Stoffe verlassen nach mehr oder weniger

Zeit den Körper zu Verbindungen gruppirt, welche eine sehr einfache Zusammensetzung, aber einen höheren Sauerstoffgehalt haben, der aus der eingeathmeten Luft stammt.

3) Diese ununterbrochene Zersetzung und Oxydation steht in einem bestimmten Verhältniss zur Höhe der lebendigen Kraftentwickelung des Körpers, — geradeso wie das Quantum mechanischer Arbeit, welche eine Dampfmaschine leistet, und die Wärmemenge, welche dieselbe ausstrahlt, der Consumption einer ganz bestimmten Menge von Brennmaterial entspricht!

Von diesen allgemeinen Betrachtungen, welche uns lehrten, das Leben als physiologische Arbeit aufzufassen, wenden wir nun unseren Blick dem Apparat zu, der diese Arbeit leistet. . . .

Wir haben das Wesen und die Natur der Verrichtung der lebendigen Maschine im Allgemeinen erfasst, versuchen wir jetzt, uns eine ähnliche, allgemeine Einsicht in den Bau und die Einrichtung derselben zu verschaffen!

Am menschlichen Körper unterscheidet man auf den ersten Blick Kopf, Hals und Rumpf, und die an dem letzteren beweglich befestigten oberen und unteren Gliedmassen oder Extremitäten, — die Arme und die Beine — welche zwar in der Form etwas von einander abweichen, in ihrem Bau aber die vollständigste Uebereinstimmung zeigen, indem dem Oberarm, Vorderarm, der Handwurzel und den Fingern, der Oberschenkel, Unterschenkel, die Fusswurzel und die Zehen genau entsprechen.

Der ganze Körper zeigt bilaterale Symmetrie, so dass derselbe nach der Mittellinie in zwei ganz gleiche Hälften — eine rechte und eine linke — zerlegt werden kann.

Betrachten wir eine solche Körperhälfte, z. B. die rechte, von innen, so erkennen wir sofort, dass sich durch Kopf, Hals und Rumpf zwei Reihen von Hohlräumen der Länge nach erstrecken, welche die verschiedenen inneren Organe — die sogenannten Eingeweide — einschliessen und beherbergen (vgl. Fig. 20 auf Tafel 3).

Das Studium eines solchen Längsschnittes lehrt uns, dass der Körper so zu sagen aus zwei vollständig getrennten Röhren besteht, zwischen denen die Reihe der Wirbelkörper und deren Fortsetzung im Kopf, die Schädelbasis, eine ununterbrochene Scheidewand bildet, weshalb die eine als die hintere oder dorsale, die andere als die vordere oder ventrale Röhre bezeichnet wird.

Die Schädelhöhle und der Rückgratskanal, welche ein zusammenhängendes Ganze ausmachen und die grossen centralen Nervenmassen — Hirn und Rückenmark — beherbergen, sind die dorsale Röhre, während die Bauch-, Brust-, Hals-, Mund- und Nasenhöhle, welche die Gangliencentra, den Darm und die übrigen Eingeweide enthalten, die getrennten Abschnitte der ventralen Röhre darstellen.

An Querschnitten des Körpers, welche senkrecht gegen die Wirbelsäule oder die Schädelbasis von rechts nach links geführt werden, lässt sich diese fundamentale, übrigens allen Wirbelthieren eigenthümliche Structur einer Doppelröhre wo möglich noch deutlicher erkennen.

Die scheinbar so grosse Differenz zwischen dem Bau des Kopfes und des Rumpfes rührt, wie Sie sehen, wesentlich von dem verschiedenen Verhältniss zwischen den Durchmessern der Ventral- und Dorsalröhre her. Im Rumpf ist erstere gross im Verhältniss zur letzteren, im Kopf gerade umgekehrt. Der Typus der Doppelröhre ist aber derselbe.

Die Gliedmassen oder Extremitäten schliessen keinen solchen Hohlraum ein, sondern bestehen mit Ausnahme verzweigter Gefässröhren, die mit Flüssigkeit (Blut oder Lymphe) gefüllt sind, durchaus aus festen oder halbfesten Gebilden.

Gesetzt, es läge uns ein frischer menschlicher Leichnam vor, untersuchen wir, in welche Bestandtheile er sich zerlegen lässt. Zunächst wird es uns leicht gelingen, eine ziemlich derbe Membran, welche den ganzen Körper im Zusammenhang überzieht und umkleidet, von den darunter liegenden Theilen loszupräpariren. Es ist dies das Integumentum commune, die sogenannte allgemeine Decke, äussere Haut. Diese Haut lässt sich in eine obere und in eine untere Lamelle trennen: die erstere heisst die Oberhaut oder Epidermis und besteht aus zahllosen, an den verschiedenen Körperregionen in verschiedener Mächtigkeit übereinander gelagerten mikroskopischen Hornschüppchen, welche in den oberflächlichsten Schichten fortwährend abgerieben werden und verloren gehen. Die untere Lamelle heisst die Lederhaut, Dermis oder Derma, und ist ein derbes Gewebe vielfach verflochtener Fäserchen, an dessen Oberfläche eine fortwährende Neubildung von saftigen Zellen, die zu Epidermis verhornen, stattfindet. Eine Verwundung der Epidermis verursacht weder Schmerz noch Blutung; die verwundete Lederhaut hingegen schmerzt und blutet reichlich. Hiervon hat sich schon Mancher beim Rasiren unfreiwillig überzeugt, wenn das Messer, ungeschickt geführt, einen Gedanken tiefer eingriff als nöthig ist, um die blossen Epidermoidalgebilde, zu denen auch die Haare gehören, zu entfernen.

An allen Körperöffnungen, wie an Mund, Nase, After u. s. w., setzt sich die äussere Haut continuirlich in die sogenannte Schleimhaut fort, welche weicher und röther ist und durch eine an ihrer

Oberfläche hervorquellende Flüssigkeit, den Schleim, stets feucht erhalten wird, sonst aber ganz wie die äussere Haut aus einer unteren
faserigen, gefäss- und nervenreichen, und aus einer oberen zelligen,
blutlosen Lamelle, welche hier Epithelium heisst, besteht. Die Schleimhaut überkleidet die innere Oberfläche aller Hohlräume und Organe,
welche sich nach aussen öffnen — so z. B. den ganzen Nahrungskanal
vom Munde bis zum After; und da die beiden Lamellen der äusseren
Haut und der Schleimhaut an den genannten Oeffnungen continuirlich
in einander übergehen, so kann man sagen, dass die Epidermis die
äussere, das Epithelium die innere Wand eines röhrenförmigen Sacks
mit doppelten Wandungen bildet, zwischen welche sämmtliche
Theile des Körpers eingeschlossen sind.

Das Derma und die tiefe, gefäss- und nervenreiche Lamelle,
welche ihm in der Schleimhaut entspricht, sind hauptsächlich aus
einem Fasergewebe gebildet, welches bei anhaltendem Kochen zu
Leim zergeht und gegerbt wird, wenn man aus Häuten Leder fabricirt.

Dieses Gewebe heisst fibröses oder Zellgewebe, wird aber
am schicklichsten das Bindegewebe genannt, weil es fast alle
Bestandtheile des Körpers zusammenhält und mit einander verbindet, indem seine Fasern bald straff und regelmässig angeordnet, sei-
denartig glänzend, bald locker und wirr verfilzt, und dann von matt-
weisser Farbe, nicht nur Häute und Bänder, Scheiden und Stränge
bilden, sondern auch alle kleinen Lücken ausfüllen, ja sogar das Innere
der meisten Organe durchziehen.

Das Bindegewebe stellt also ein, durch den ganzen Körper zusammenhängendes Gerüste dar, in welches alle anderen Bestandtheile
eingebettet sind. Könnte man die letzteren vollständig entfernen, so
würde man eine schwammige Masse zurückbehalten, welche nichts
destoweniger ziemlich genau die Formen des ganzen Körpers und seiner einzelnen Theile zeigen würde.

Um späteren Mittheilungen nicht vorzugreifen, will ich hier nur
beiläufig noch erwähnen, dass das Bindegewebe vortrefflich geeignet
ist, jene wichtige Flüssigkeit — den sogenannten Gewebesaft oder
die Ernährungsflüssigkeit — aufzunehmen und fortzuleiten, welche aus
dem Blute stammt und alle Gewebe des Körpers durchtränkt.

Wir wenden uns nun zur Betrachtung eines der wichtigsten Gebilde, welche im Bindegewebe eingebettet und eingescheidet liegen,
dessen Gegenwart und Thätigkeit sehr leicht am Lebenden constatirt
werden kann. — Umfassen wir von vornher den Oberarm einer Person,
so fühlen wir jedesmal, wenn die Person das Ellenbogengelenk kräftig

beugt, wie daselbst eine weiche Masse anschwillt, hart wird und stark
vorspringt. Bei der Senkung des Ellenbogengelenkes verschwindet
wieder beides — die Schwellung und die Härte. Könnten wir die
Haut an der angegebenen Stelle einschneiden und aus einander schlagen, so würden wir finden, dass der Körper, welcher beschriebener-
massen seine Form und Spannung geändert hat, ein längliches Stück
r o t h e s F l e i s c h ist, überzogen und durchsetzt von Bindegewebsscheiden, welche sich an beiden Enden zu starken Sehnen verdichten,
durch die das Fleisch oder der Muskel einerseits an das Schulterblatt,
andererseits an den einen der beiden Vorderarmknochen befestigt wird.
Kurz, diese Fleischmasse ist jener Muskel, welcher den anatomischen
Namen *Biceps brachii* führt.

Wir constatiren, dass die Fasern, welche die Fleisch- oder Muskelsubstanz zusammensetzen, die auffallende Eigenschaft haben, mit
grosser Kraft ihre Gestalt zu verändern, genauer: sich zu verkürzen
und dabei im Verhältniss zur Längenabnahme zugleich dicker zu werden — sobald der Willensimpuls oder andere Reize auf sie einwirken.

Diese merkwürdige Eigenschaft der C o n t r a c t i l i t ä t macht die
Fleisch- und Muskelsubstanz zum activen Bewegungselement des Körpers und seiner Theile. Zu diesem Ende sind die Fleisch- oder Mus-
kelmassen in der mannigfaltigsten Weise zwischen den Weichtheilen
und Hartgebilden angeordnet und an denselben befestigt, denn wenn
sie sich vermöge ihrer Contractilität verkürzen und ihre Anheftungs-
punkte mit Gewalt gegen einander ziehen und einander näher bringen,
so müssen sie nothwendig die mit ihnen verwachsenen passiven Theile
in Bewegung setzen und die verschiedenartigsten Gestalt- und Lagen-
veränderungen derselben veranlassen.

Die erwähnten Hartgebilde des Körpers sind die K n o c h e n und
K n o r p e l, welche feste Grundlage und Stütze für die Weichtheile
bilden. Sie haben die verschiedensten Formen und sind mit einander
theils unbeweglich, theils beweglich zu Gerüsten verbunden. Das
Hauptgerüst des Körpers nennt man das Gerippe oder Skelet. Die
Knochen entstehen aus Knorpel- oder Bindegewebe, indem sich phos-
phorsaurer und kohlensaurer Kalk daselbst ablagert. Sie sind ein
thierisches Gewebe, welches so zu sagen naturgemäss versteinert: man
nennt diesen Vorgang die Ossification, Verknöcherung. Werden die
genannten Kalksalze durch Säuren herausgezogen, so bleibt eine bieg-
same organische Masse von derselben Gestalt wie der Knochen zurück.
Nicht alle Knorpel ossificiren, einige niemals, andere nur ausnahms-
weise: permanente Knorpel.

Es gibt weit über 200 Knochen im menschlichen Körper, doch ist die wirkliche Zahl getrennter selbstständiger Knochen in verschiedenen Lebensaltern verschieden, indem manche in der Jugend getrennte Knochen im späteren Alter zusammenwachsen und verschmelzen. So gibt es ursprünglich 33 Wirbel, welche das Rückgrat zusammensetzen, und die oberen 24 bleiben durch das ganze Leben getrennt, während später 5 davon, der 25.—29., regelmässig zu einem einzigen Knochen, dem Kreuz- oder Heiligenbein verwachsen, und die noch übrigen untersten 4 manchmal in Eins — das Steissbein oder *Coccyx* — verschmelzen. — So besteht der Schädel eines jugendlichen Erwachsenen aus 21 Knochen; die Zahl derselben im Kindesalter ist jedoch viel grösser, im späteren Mannesalter kleiner.

24 Rippen, 12 an jeder Seite, — trotzdem eine derselben im Paradiese zur Bildung der Eva verwendet wurde — helfen den Brustkorb bilden, die meisten derselben sind durch knorpelige Zwischenstücke mit dem Brustbein verbunden.

Am Schultergürtel unterscheidet man stets zwei Knochen: Schulterblatt und Schlüsselbein.

Am Becken, in welchem die Beine eingelenkt sind, gibt es im Erwachsenen nur zwei Knochen, welche sich seitlich an das *Sacrum* anlegen und den bezeichnenden Namen *Ossa innominata* haben. Im Kinde besteht jeder dieser Knochen aus 3 Stücken, dem *Os pubis*, *ischii* und *ilii*, die sich an der Bildung der Gelenkpfanne betheiligen.

33 Knochen in jedem Arme und in jedem Bein (die *Patella* mitgezählt).

Nun müssen wir noch die Art und Weise betrachten, wie die Knochen unter einander verbunden sind, um das Skelet aufzubauen — einestheils die Hohlräume des Körpers bilden zu helfen, anderntheils ein System beweglicher starrer Hebel zusammenzusetzen. Die Mittel hierzu bilden Nähte, steife knorpelige Bandmasse und Knorpel; Gelenke: fibröse Kapsel, Bänder, Knochenenden mit Knorpelüberzug und Synovialhaut.

Die Gelenke spielen so frei und leicht, und der Schwerpunkt des Körpers liegt so hoch oben im Rumpf, dass man keinen Leichnam zum freien aufrechten Stehen bringen kann, immer knicken dabei die Glieder zusammen und — »machtlos dem Gesetz der Schwere folgt sie, die entgötterte Natur«!

Die aufrechte Stellung, auf welche sich der gläubige Mensch so viel zu Gute thut und welche er doch so leicht und ohne daran zu denken annimmt, ist das Resultat eines höchst complicirten und feinen Zusammen- und Gegeneinanderwirkens fast sämmtlicher Skeletmuskeln.

Was ist es nun, was diese freie abgestufte Muskelthätigkeit ins

Spiel bringt und ordnet? Es ist, wie ich Ihnen gleich beweisen will, eine Function des Nervensystems. Gestatten Sie mir vorher nur einige Worte über die Structur desselben.

Die specifischen Elemente dieses überaus wichtigen Gewebes sind die Nervenzellen und die Nervenfasern. Die letzteren sind mikroskopisch feine, glashelle, cylindrische Fäden und Röhren mit theils öligem, theils eiweissartigem Inhalt; die ersteren: mikroskopisch kleine rundliche oder sternförmige Klümpchen einer gleichfalls fetthaltigen und eiweissartigen Substanz, welche fadenförmige Fortsätze aussenden, die sie unter einander und mit den Nervenfasern verbinden. Man kann sagen, die Nervenfasern entspringen aus den Nervenzellen. Durch die Zusammenhäufung und planmässige Anordnung von Nervenzellennetzen und Nervenfasern entstehen die sogenannten Centralorgane, wie das Gehirn, das Rückenmark, die sympathischen Ganglien und Nervenknoten. Die von diesen Centren ausgehenden Nervenfasern bilden, zu vielfach verästelten Bündeln, d. h. Bindegewebsscheiden zusammengefasst, das peripherische Nervensystem, dessen weisse Stränge wie Telegraphendrähte den Körper durchziehen und einerseits in den Muskeln und Drüsen, andererseits in den Organen der Empfindung ihr Ende finden, während ihr Ursprung, wie gesagt, in der Ganglienmasse der Centralorgane zu suchen ist.

Lassen Sie einen aufrecht stehenden Menschen einen Stoss oder Schlag auf den Kopf bekommen — im Augenblick wird der Getroffene zusammenstürzen und erschlafft und empfindungslos am Boden liegen bleiben. Was ist ihm geschehen? Der Stoss oder Schlag, welcher diese niederschmetternde Wirkung hatte, kann so erfolgt sein, dass weder ein einziger Muskel direct verletzt, ja auch nur berührt wurde, noch dass die geringste äussere oder innere Blutung eingetreten ist, ja wenn die Commotion oder Erschütterung nicht allzu heftig war, so wird der Leidende nach einigen Augenblicken von Ohnmacht und Empfindungslosigkeit wieder zu sich kommen und so wohl sein als zuvor. Ganz dieselbe vorübergehende Wirkung wird sogar zuweilen durch eine viel geringfügigere Ursache als Schlag oder Stoss auf den Kopf veranlasst! — Manche Menschen fallen in Ohnmacht beim blossen Anblick von Blut, — in Gegenwart einer Katze oder Spinne — nach einer plötzlichen Gemüthsbewegung u. s. w. Offenbar hat in allen diesen Fällen Nichts — am wenigsten die Muskeln selbst — eine dauernde Verletzung davongetragen und doch ist eine vernichtende Wirkung auf ein Etwas ausgeübt worden, was nicht nur die Thätigkeit der Muskeln beherrscht und regelt, sondern auch die bewusste Empfindung vermittelt.

Wo steckt dieses so wunderbare und so leicht verletzliche Etwas? Das werden Sie sogleich erfahren, wenn Sie die folgenden Thatsachen in Erwägung ziehen.

Es ist oft genug vorgekommen, dass Leute derart durch Stich oder Schuss im Nacken oder Rücken verwundet worden sind, dass das Rückenmark an dieser einen Stelle vollständig durchgetrennt wurde, während gar keine Verletzung oder Erschütterung irgend welcher anderen Theile stattfand. In diesen Fällen waren die Leute gleichfalls zusammengestürzt und hatten die Macht aufrecht zu stehen verloren — ohne dass jedoch — wie bei den auf den Kopf geschlagenen — die Klarheit ihres Bewusstseins auch nur für einen Augenblick getrübt worden wäre! Aber nicht blos die Kraft aufrecht zu stehen, sondern überhaupt alle und jede Fähigkeit irgend eine, wenn auch noch so schwache willkürliche Bewegung mit den Muskeln jener Körpertheile auszuführen, welche sich unterhalb der querdurchgetrennten Rückenmarksstelle befanden — war absolut dahin, und zwar für immer. Zugleich war jede Spur einer Empfindung an diesen Körpertheilen für immer verschwunden. Sie konnten berührt, gestochen, geschnitten, zermalmt werden, und der Mensch hatte nicht die leiseste Ahnung davon, obschon, wie gesagt, das Bewusstsein und die psychischen Functionen niemals eine Trübung oder sonstige Veränderung erlitten hatten, und überdies alle jene Körpertheile, welche mit von dem Gehirn und dem mit demselben zusammenhängenden oberen Rückenmarksstück ausgehenden Nerven versorgt sind, gerade so empfindlich und willkürlich beweglich blieben, wie sonst! Dies Alles beweist nun, dass das Gehirn offenbar unser gesuchtes Etwas ist, welches die psychischen Thätigkeiten vermittelt; und dies und noch manches Andere, was wir uns für die eingehende Darstellung der Nervenphysiologie versparen, beweist ferner, dass es die Nerven sind, welche, wie Telegraphendrähte die Depeschen, einerseits dem Gehirn die Eindrücke von aussen zuleiten, andererseits die Bewegungsimpulse vom Gehirn auf die Muskeln übertragen. Demnach können wir ganz allgemein zwei Klassen von Nerven unterscheiden: centripetale (wie die Empfindungs- und Sinnesnerven) und centrifugale (wie die motorischen). Das Rückenmark verhält sich unter diesen Umständen dem Gehirn gegenüber wie ein einfaches Leitungsorgan.

Aber wunderbar! so vollständig in den erwähnten Fällen von Rückenmarksdurchtrennung das Gehirn von den unteren Abtheilungen des Körpers abgeschnitten ist, eine eigenthümliche Herrschaft über die Muskeln und eine gewisse Fähigkeit Eindrücke von aussen zu empfangen ist dieser so zu sagen entseelten Körperabtheilung dennoch geblieben — denn werden z. B. die Fusssohlen gekitzelt, so machen die der Willkür gleichwohl absolut entzogenen Beine kräftige Zuckungen und oft sogar zweckmässige, combinirte Bewegungen, wie um sich dem lästigen Reize, der doch factisch keine Spur von bewusster Empfindung veranlasst, zu entziehen.

Bemerken Sie ferner dass, wenn in einem solchen Falle das Rückenmark in seiner ganzen Ausdehnung zerstört worden wäre, auf Kitzeln der Fusssohlen auch nicht die geringste Zuckung, geschweige denn eine combinirte Bewegung der Beine eintreten würde; so wird Ihnen einleuchten, dass das Rückenmark nicht blos ein einfacher Leitungsapparat für den Erregungsvorgang ist wie die Nerven, sondern, dass es die Fähigkeit besitzt centripetale Reize in centrifugale Bewegungsimpulse zu verwandeln, d. h. Erregung von einer Leitung auf die andere zu reflectiren und in mannigfaltiger Weise zu verarbeiten.

Haben wir bisher die Structur und Function jener Bestandtheile des Körpers betrachtet, welche der unmittelbare Sitz der psychischen Thätigkeiten sind, und die mannigfaltigen Empfindungen gleichwie die willkürlichen Bewegungen vermitteln — lauter Leistungen, welche recht eigentlich die charakteristischen animalen Lebensäusserungen ausmachen — so bleibt uns zum Schluss noch übrig, uns mit jenen Organen und Vorgängen zu beschäftigen, welche dem sogenannten vegetativen Leben dienen — und zuletzt eine kurze Besprechung der Generations- oder Zeugungsorgane und Vorgänge folgen zu lassen — um unsere einleitende Uebersicht über den Bau und den ganzen wundervollen physiologischen Mechanismus des menschlichen Körpers zu vollenden.

Sie erinnern sich des wichtigen Satzes, dass das Leben die Körpertheile verzehrt, — dass keine physiologische Arbeitsleistung zu Stande kommt ohne entsprechenden Stoffverbrauch! Die Arbeit, welche das Nerven- und Muskelsystem leisten, muss also auch entweder auf Kosten der Nerven- und Muskelsubstanz selbst oder eines anderen Materials geschehen. Und da der Körper nicht im Stande ist irgend etwas zu erschaffen, so muss er die Fähigkeit haben, einerseits seine Substanzverluste von aussen zu ersetzen, d. h. Nahrungs- oder Ersatzmaterial in sich aufzunehmen und zu assimiliren, andererseits aber das Unbrauchbargewordene — so zu sagen die Schlacken des Lebensprocesses — abzusondern und auszustossen.

Wir wissen bereits, dass er diese beiden fundamentalen Fähigkeiten im Allgemeinen wirklich besitzt. Der lebende Körper assimilirt und scheidet aus. Aber wir müssen nun genauer zusehen, wie dies eigentlich zugeht, welche Organe dabei thätig sind und wie ihre Thätigkeiten in geregeltem Zusammenwirken erhalten werden.

Da sind zunächst die Verdauungsorgane, welche Speise und Trank in Ernährungsmaterial verwandeln; da sind ferner die Circulationsorgane, welche die Bewegung und Vertheilung des Blutes, der Gewebesäfte und des assimilirten Ernährungsmaterials besorgen; da sind endlich die Excretions- oder Ausscheideorgane, durch welche der Körper seine verbrauchten und unbrauchbaren Zersetzungsproducte los wird. Eines dieser Organe — die Lunge — ist so eingerichtet, dass es nicht nur Auswurfsstoffe ausscheidet, sondern zugleich auch etwas aufnimmt, was zwar weder Speise noch Trank ist, für die Erhaltung des Lebensprocesses aber ebenso wichtig als beides erscheint — nämlich Sauerstoff!

Die Verdauungsorgane sind:

Der Darm oder Nahrungskanal im weitesten Sinne, nebst allen seinen drüsigen Anhängseln, die ihre Absonderungssäfte in die verschiedenen Abschnitte seiner Höhlung ergiessen — also

1) der Kopfdarm oder die Mundhöhle mit den Speicheldrüsen:

2) der Halsdarm oder Schlund mit dem Anhang der Speiseröhre;

3) der Brustdarm oder die Speiseröhre;

4) der Bauchdarm, d. h. der Magen mit den Magensaft- oder Labdrüsen, und Darm im engeren Sinne: nämlich der Dünndarm mit der Bauchspeicheldrüse und der Leber, die die Galle absondert, und der Dickdarm, welcher sich durch den After nach aussen öffnet.

Was die Verdauungsorgane thun, ist zuerst, dass sie die Nahrung aufnehmen und zerkleinern, sodann dass sie sie mit einer Reihe eigenthümlicher chemischer Agentien — oder Verdauungssäften —, die aus den verschiedenen genannten Drüsen stammen, innig durchfeuchten und behandeln und endlich hierdurch den Speisebrei Chymus in eine Flüssigkeit und in einen unlöslichen Rückstand trennen. Letzterer, der keinen Nahrungswerth hat, wird als Excrement oder Koth von Zeit zu Zeit durch den After ausgepresst, während erstere, die alle assimilirten Nährstoffe in Lösung oder feinster Vertheilung suspendirt enthält, von der Darmschleimhaut aufgesaugt wird, d. h. sie dringt in die Schleimhaut ein, gelangt in den daselbst befindlichen Abschnitt der Circulationsorgane und wird in den allgemeinen Strom der Säftebewegung hineingezogen. — Die continuirliche Unterhaltung und Vertheilung dieses Saftstromes im ganzen Körper ist, wie gesagt, die Aufgabe der Circulationsorgane, zu deren Skizzirung wir nun schreiten wollen.

Das Centrum des ganzen Circulationssystems ist das Herz,

ein muskulöses Gebilde, welches Hohlräume einschliesst, von denen
einerseits dickwandigere Gefässröhren — die sogenannten Arterien —
ausgehen, und in welche andererseits dünnwandigere Röhren — die
sogenannten Venen — einmünden. Die ersteren vertheilen sich im
ganzen Körper und verzweigen und verästeln sich dabei in immer zahl-
reichere und dünnere Gefässe, bis sie sich endlich in allen Körpertheilen
— mit Ausnahme einiger blutlosen Gewebe — in ein Netz mikroskopischer, unendlich zartwandiger Röhrchen, die Capillaren, auflösen.
Aus den Capillarnetzen entspringen dann wieder Venen als feine Rei-
ser, die zu immer wenigeren und gröberen Gefässröhren verschmelzen
und schliesslich als drei grosse Ströme wieder in das Herz einmünden.
So wird also ein grosser, in sich selbst zurücklaufender Röhrencirkel
geschlossen: derselbe ist während des Lebens mit Blut angefüllt, welches durch die Herzpumpe in einer fortwährenden kreisenden Bewegung erhalten wird, indem es durch die Arterien in die Capillarnetze,
aus diesen durch die Venen zum Herzen zurückzuströmen gezwungen
wird, von wo aus es seinen Kreislauf immer wieder von neuem
beginnt.

Ausser dem Kreislauf des Blutes gibt es aber noch eine andere
Strombewegung im Körper, deren Bahn hergestellt wird durch die
schwammige Masse des Bindegewebes und durch das aus demselben
entspringende Lymphgefässsystem, welches, ähnlich wie das Venen-
system angeordnet, schliesslich in dasselbe einmündet. Durch die per-
meablen dünnen Wandungen der Capillaren schwitzt nämlich aus dem
Blute fortwährend ein Strom einer Flüssigkeit aus, welche das Bindegewebe und, von diesem fortgeleitet, alle Gewebe des Körpers durchtränkt. Es ist dies die sogenannte Lymphe oder der Gewebesaft. Ein
Theil dieses die Gewebe continuirlich durchfeuchtenden Saftstroms
wird nun durch die Lymphgefässe in den Blutkreislauf zurückgeführt
und dem Blute neuerdings beigemischt: ein anderer Theil des Saftstroms geht direct ins Blut zurück, indem er die dünnen Wandungen
der Capillaren in entgegengesetzter Richtung durchsetzt, in welcher
er aus ihnen hervorgetreten war.

Jene Flüssigkeit, welche als Resultat der Verdauungsthätigkeit
alle assimilirten Nährstoffe in Lösung oder in feinster Vertheilung suspendirt enthält, und von welcher ich schon erwähnte, dass sie in das
Gewebe der Darmschleimhaut eindringt, gelangt auf demselben
Wege wie der Gewebesaft in den Blutstrom — nämlich theils direct,
durch die Wände der Darmcapillaren, theils indirect auf dem Umwege
durch die Lymphgefässe des Darms. Fortgerissen von dem Strome
der Circulation wird sie dem Blute innig beigemengt, und das Blut,

bereichert mit Ernährungsmaterial, gelangt ins Herz, von dem es durch die Arterien in die Capillaren aller Körpertheile hinausgetrieben wird. Durch die Wandungen der Capillaren quillt dann der Strom des Gewebesaftes, geschwängert mit den durch die Verdauung gelieferten Ersatzstoffen, hervor, durchtränkt die Gewebebestandtheile aller Organe des Körpers und kehrt — nachdem er die durch die Lebensthätigkeiten bedingten Verluste gedeckt und sich mit den neu brauchbaren Zersetzungsproducten beladen hat, in den Blutstrom zurück.

So sehen Sie denn, wie es die Aufgabe der Circulationsorgane ist, das Blut in kreisende Bewegung zu versetzen und den Saftstrom im Gange zu erhalten, welcher die Gewebe ernährt, indem er einerseits die dem Blute durch die Darmgefässe zugeführten und beigemischten Nährstoffe entzieht, und an die durchtränkten Gewebe zur Deckung ihres Substanzverlustes abgibt, andererseits, beladen mit ihren Zersetzungsproducten, welche früher oder später die Form von Kohlensäure, Wasser- und Harnstoff annehmen, ins Blut zurückkehrt. Diese Zersetzungsproducte wird aber das Blut und mit ihm der Körper überhaupt los durch die Excretions- oder Ausscheidungsorgane, deren es drei gibt: die Haut, die Nieren und die Lungen.

So verschieden diese drei Organe auch erscheinen mögen, so sind sie doch alle drei nach demselben Grundschema gebaut. Jedes derselben besteht nämlich zuletzt im Wesentlichen aus vielen zarten Gewebeschichten — wie überaus dünnes Fliesspapier, — deren eine Oberfläche frei liegt oder kleine Hohlräume auskleidet, die nach aussen münden, während diese Gewebeschichten selbst mit einem Capillargefässnetz durchzogen sind. Die Auswurfsstoffe werden nun mit dem Gewebesaftstrom aus dem Blute der Capillaren ausgeschieden und erscheinen an der freien Oberfläche der Gewebeschichten, um von da aus endlich den Körper ganz zu verlassen.

Jedes dieser drei Organe scheidet im Grossen und Ganzen dieselben Auswurfsstoffe aus, nämlich: Wasser, Kohlensäure und Harnstoff oder ein anderes stickstoffhaltiges Zersetzungsproduct von ähnlicher Bedeutung, — nur die relative Menge derselben ist verschieden.

Die Haut liefert viel Wasser als Schweiss und dampfförmige Ausdünstung, wenig Kohlensäure und noch weniger stickstoffhaltige Stoffe, wenn wir von den abfallenden Epidermoidalgebilden absehen. Die Nieren scheiden viel Wasser, ein Minimum von Kohlensäure und viel stickstoffreichen Harnstoff aus. Die Lungen endlich auch viel Wasser, Spuren von Ammoniak und sehr viel Kohlensäure.

Aber die Lungen spielen, wie schon erwähnt, noch eine andere Rolle als die eines Ausscheidungsorgans; denn für die an die Luft abgegebene Kohlensäure nehmen sie eine gleiche, ja fast noch grössere Menge von Sauerstoff aus der Luft ein. Der Sauerstoff, die sogenannte Lebensluft, ohne welchen keine Oxydation, keine Verbrennung, keine lebendige Kraftentwickelung möglich ist, gelangt in die Lungen und auf demselben Wege, auf welchem die Kohlensäure ausgeschieden wird, ins Blut, welches ihn absorbirt und in die allgemeine Säftebewegung mit hineinreisst. So dringt er zu allen Elementen des Körpers und zersetzt und oxydirt die complicirten Bestandtheile derselben zu den einfachen Auswurfsstoffen Wasser, Kohlensäure und Harnstoff.

Durch diese, an unzähligen Punkten vor sich gehende Verbrennung entstehen im Körper Wärmemengen, welche die Temperatur des Blutes bis zu 30—32 C. bringen und sich in die mannigfaltigsten lebendigen Kräfte umsetzen. Durch die rasche Circulation der heissen Gewebesäfte bekommt der ganze Körper seine gleichmässige Temperatur, wie ein Haus, das mit einem Heisswasser-Röhrenapparat geheizt wird.

Aber alle diese Verdauungs-, Circulations- und Ausscheidungsorgane wären nutzlos und könnten den lebendigen Verbrennungsprocess nicht auf die Dauer erhalten, wenn ihre Thätigkeiten nicht in bestimmt geregelter Ordnung und Energie zusammenwirkten.

Hierzu ist ein combinirendes Organ unerlässlich und dieses finden wir wieder im Nervensystem, welches nicht nur, wie wir bereits wissen, die Function hat, die psychischen Thätigkeiten zu vermitteln, und uns in den Stand zu setzen einerseits durch die Empfindungs- und Sinneswahrnehmungen zu erfahren, was in der Aussenwelt vorgeht, andererseits durch willkürliche Bewegungen verändernd in dieselben einzugreifen, sondern welches auch die Einrichtungen besitzt, die das Bedürfniss der Aufnahme und den Mechanismus der Verarbeitung oder Assimilirung der Nahrung — den Herzschlag, das Caliber der Gefässröhren und damit die Bewegung und Vertheilung des Saftstromes, die Athembewegungen und die Sauerstoffzufuhr, und endlich die Ausscheidungen, und somit das Zusammenwirken aller Lebensvorgänge mittelbar oder unmittelbar beherrschen und regeln.

Die Störung dieses regelrechten Zusammenwirkens führt zum Tode, worunter man gewöhnlich das Absterben des Körpers als Ganzes versteht. In diesem Sinne ist der Tod das absolute Aufhören der Functionen des Gehirns, der Circulations- und der Athmungs-Organe. Wenn der Tod eintritt, so stirbt der Körper als Ganzes zuerst; die letzten Structurbestandtheile der Gewebe behalten aber stets noch kürzere oder längere Zeit nach dem letzten Athemzuge ihre Lebenseigenschaften und Functionen bei. Daher kommt es, dass z. B. die

Muskeln eines Hingerichteten noch stundenlang nach dem Eintritt jenes Zustandes, den man gewöhnlich den Tod nennt, durch Application geeigneter Reize zu kräftigen Zusammenziehungen veranlasst werden können. Sie sehen also, so paradox es auch klingen mag, der Mensch ist todt, aber seine Muskeln leben noch. — Und das gilt von allen Geweben, nur mit dem Unterschiede, dass es kürzere oder längere Zeit dauert, bis der Tod in ihnen eintritt. Dies hängt theils von ihrer Structur ab, theils auch von der Art wie der Mensch getödtet, und unter welchen Bedingungen die Leiche aufbewahrt worden ist.

Bekanntlich sind die Todesarten sehr verschieden: wir sprechen vom natürlichen Tod in Folge hohen Alters oder einer der unzähligen Krankheiten; vom unnatürlichen Tode oder besser gewaltsamen Tode durch Erstickung, durch Verhungern, durch mechanische Verletzungen oder Gifte. Sehen wir genauer zu, so sind freilich alle die verschiedenen Todesarten zuletzt durch das Aufhören der Functionen immer derselben drei Hauptorgane bedingt — nämlich des verlängerten Markes, des Herzens und der Lungen. Man hat diese Gebilde deshalb poetisch den Dreifuss des Lebens genannt.

Vom allgemeinen Tode, welcher in dem absoluten Stillstand aller Lebensthätigkeiten sämmtlicher Gewebe des menschlichen Körpers besteht, müssen wir noch den localen Tod unterscheiden. Der locale Tod bezieht sich auf die Zerstörung der morphologischen Bestandtheile, welche ununterbrochen an fast allen Punkten des Körpers während des ganzen Lebens vor sich geht. Er ist die Quelle alles Lebens! Ohne dass wir es wissen und merken, sterben die individuellen Gewebebestandtheile ab und werden durch neue ersetzt. Nur wenn dieser locale Tod durch zufällige innere und äussere Ursachen in grösserem Maassstabe auftritt, können ganze Gewebe, ja ganze Gliedmassen bei lebendigem Leibe absterben. So kann ein glühendes Eisen ein Hautstück, mit dem es in Berührung gebracht wird, augenblicklich zerstören und den localen Tod desselben bedingen, so stirbt ein ganzes Glied ab, eine Hand z. B. wenn der Zu- und Abfluss des nährenden Saftstromes dauernd unterbrochen wird, und bietet dann die wunderbaren Erscheinungen des brandigen Zerfallens oder der Mumification dar. —

Der ganze Körper verfällt mit dem Aufhören des Lebens der Auflösung. Die eigenthümliche Anordnung und Richtung der Alltagskräfte, aus deren Zusammen- und Gegeneinanderwirken das Leben hervorging, ist für immer gestört, und der organischen Fesseln ledig, zertrümmern sie das Gebilde, welches sie gebaut und belebt. Der Sauerstoff wird zum absoluten Herrn. . . . Molecül um Molecül wird in die einzelnen Atome zerlegt, bis sich alle Weichtheile hauptsächlich in Wasser,

Kohlensäure. Ammoniak und einige Salze aufgelöst haben und nur die Knochen und Zähne übrig bleiben.

Aber selbst diese dichten und halbversteinerten Gebilde können nicht auf die Dauer der vereinten Wirkung von Luft und Wasser, Wärme und Kälte widerstehen. Früher oder später löst sich ihre knorpelige Grundlage, welche die Kalksalze zusammenhält, auf, und die erdigen Massen werden brüchig und zerfallen zu Staub, der sich im Wasser und auf der Erdoberfläche zerstreut, wie sich die gasförmigen Verwesungsproducte in der Atmosphäre verlieren.

So kehrt Stoff und Kraft, welche ein lebendes Individuum gebildet hatten, in den Gesammtvorrath des Weltganzen zurück, um nach längeren oder kürzeren Wanderungen durch ungemessene Räume sich an der Bildung neuer Formen, an der Erzeugung neuer Bewegungsorgane zu betheiligen.

Unter dem Einfluss der Sonnenstrahlen bringt die Pflanzenwelt eine Anzahl wandernder Kohlensäure-, Wasser-, Ammoniak- und Salzatome, indem Sauerstoff frei wird, in complicirte, aber niedrig oxydirte organische Verbindungen. Von den Pflanzen nähren sich die Thiere, der Mensch verzehrt beide — und daher ist es nicht unmöglich, dass Atome, welche einst einen integrirenden Bestandtheil des geschäftigen Gehirns eines Alexander des Grossen ausmachten, heute den Körper eines Faulthiers in Südamerika bilden helfen und im nächsten Jahrhundert vielleicht unserem eigenen Urenkel angehören werden. —

Das allgemeine Gesetz des Vergehens der Individuen bedingt mit logischer Nothwendigkeit, dass die Menschen die Fähigkeit besitzen müssen, Kinder zu zeugen, — vorausgesetzt, dass sich die Menschheit als Gattung und Ganzes o h n e Dazwischenkunft neuer fortschreitender Entwickelungen der Thierwelt nach DARWIN'schem Princip oder gar neuer Menschenschöpfungsacte — auf längere Zeit hinaus erhalten soll. — Das F o r t p f l a n z u n g s g e s c h ä f t vollzieht sich beim Menschen nach dem Typus der getrennt-geschlechtlichen Zeugung und zerfällt in drei Acte:

1. Absonderung des Zeugungs- oder Keimstoffes. Ei und Samen;
2. Befruchtung des Eies innerhalb der weiblichen Zeugungstheile durch die Begattung der Geschlechtsindividuen;
3. Beherbergung und Ernährung des in der Entwickelung befindlichen neuen Individuums bis zur Geburt.

Die Generationsorgane zerfallen demgemäss in die Geschlechtsdrüsen mit ihren Ausführungsgängen, in die Begattungstheile und in den nur beim Weibe zu physiologischer Bedeutung entwickelten Gestationsapparat, dessen wichtigster Bestandtheil die Gebärmutter ist.

Hiermit habe ich Ihnen ein Gesammtbild vom Bau und den Lebensverrichtungen des menschlichen Körpers gegeben, welches wir in der Folge im Detail ausmalen wollen!

Schliesslich ein ideographisches Schema aller Functionen:

I. Erhaltung des Individuums:

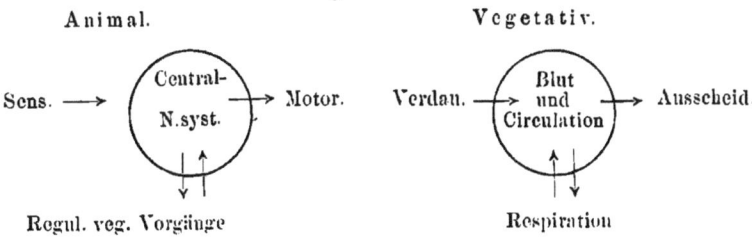

II. Erhaltung der Art:

Generation.

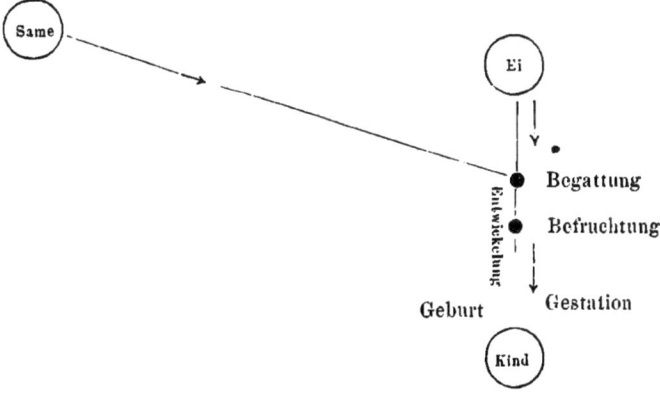